D1882121

एक थी शीना बोरा

सनसनीखेज़ क़त्ल की प्रामाणिक पड़ताल

संजय सिंह

एक थी शीना बोरा

सनसनीख़ेज़ क़त्ल की प्रामाणिक पड़ताल

फंडा
funda
राधाकृष्ण प्रकाशन का उपक्रम

ISBN : 978-81-959484-1-3

मूल्य : ₹399

© संजय सिंह

पहला संस्करण : 2023

राधाकृष्ण प्रकाशन का उपक्रम

प्रकाशक
राधाकृष्ण प्रकाशन प्राइवेट लिमिटेड
जी-17, जगतपुरी, दिल्ली-110 051

शाखाएँ : अशोक राजपथ, साइंस कॉलेज के सामने, पटना-800 006
पहली मंजिल, दरबारी बिल्डिंग, महात्मा गांधी मार्ग, प्रयागराज-211 001
वेबसाइट : www.radhakrishnaprakashan.com
ई-मेल : info@radhakrishnaprakashan.com

मुद्रक
बी.के. ऑफसेट
नवीन शाहदरा, दिल्ली-110 032

EK THI SHEENA BORA
Sansanikhez Katla Ki Pramanik Padtal
by Sanjay Singh

इस पुस्तक के सर्वाधिकार सुरक्षित हैं। प्रकाशक की लिखित अनुमति के बिना इसके किसी भी अंश को, फोटोकॉपी एवं रिकॉर्डिंग सहित इलेक्ट्रॉनिक अथवा मशीनी, किसी भी माध्यम से, अथवा ज्ञान के संग्रहण एवं पुन:प्रयोग की प्रणाली द्वारा, किसी भी रूप में, पुनरुत्पादित अथवा संचारित-प्रसारित नहीं किया जा सकता।

डिस्क्लेमर

इस किताब को बिना किसी पूर्वग्रह और दुर्भावना के लिखा गया है। 'शीना बोरा मर्डर' का मामला अभी अदालत में चल रहा है। इस किताब का उद्देश्य किसी भी तरह से उस केस, उसके किसी पहलू या उससे जुड़े किसी व्यक्ति/आरोपी/जाँच-एजेंसी या आम पाठक को किसी व्यक्ति विशेष या संस्था के बारे में प्रभावित करना नहीं है। लेखक मानता है कि बिना अदालती फ़ैसला आए किसी आरोपी को दोषी करार देना उचित नहीं है और यह किताब भी ऐसा कोई प्रयास नहीं करती। बतौर पत्रकार लेखक के अपने व्यक्तिगत अनुभवों के अलावा यह किताब 'शीना बोरा मर्डर' से जुड़ी उपलब्ध जानकारियों को सिलसिलेवार तरीक़े से पिरोकर एक जटिल मामले को सरल तरीक़े से समझाने का प्रयास मात्र है। इसके लिए अदालत में पेश दस्तावेज़ों और सबूतों के अलावा अन्य सामग्री का सहारा भी लिया गया है। सम्बन्धित लिंक किताब के आख़िर में 'सन्दर्भ सूची' में दिए गए हैं।

अंजाम बस यही है कि
सब मिट जाता है, ख़त्म हो जाता है
ऐसे जैसे कभी था ही नहीं

क्रम

लेखकीय

मेरी ढाई दशक से ज़्यादा वक़्त की क्राइम और खोजी पत्रकारिता के करियर में बहुत सारे केस और स्कैम आए, मगर कोई केस इतना पेचीदा नहीं आया जितना 'शीना बोरा मर्डर केस' है। इस केस में जिस तरह से रिश्तों में पेचीदगियाँ थीं और परत-दर-परत अविश्वसनीय तरीक़े से एक के बाद एक जो सनसनीखेज़ ख़ुलासे हुए, उन सबको किसी न्यूज़ रिपोर्ट या आधे घंटे की डॉक्यूमेंटरी में समेटना मुमकिन नहीं था। इंटरनेट पर इससे जुड़ी ख़बरों का मकड़जाल इस तरह से फैला है कि कहाँ से शुरू करें और कहाँ पर ख़त्म, पता ही नहीं चलता। ऐसे में लगा कि किताब के तौर पर 'शीना बोरा मर्डर केस' को लिखा जाए और इसके रहस्यमयी कन्फ़्यूज़न को दूर किया जाए। इसीलिए मैंने इस किताब को शुरू से शुरू कर सिलसिलेवार तरीक़े से अन्त तक ले जाने के अन्दाज़ में लिखा है, जिससे 'शीना बोरा मर्डर केस' थोड़ा सरल हो जाए और आम पाठक भी इस केस से सम्बन्धित वे तथ्य जान ले जिन्हें शायद ही कभी मीडिया रिपोर्ट में सिलसिलेवार तरीक़े से दिखाया गया हो।

2015 में जब 'शीना बोरा मर्डर केस' का ख़ुलासा हुआ तब मैं मुम्बई में *ज़ी न्यूज़* का रेज़िडेंट एडिटर था। *ज़ी न्यूज़* का सारा कवरेज मेरी ही निगरानी और मार्गदर्शन में हुआ। मैं ख़ुद फ़ील्ड में उतरकर रिपोर्टिंग कर रहा था। उस दौरान हासिल हुए अनुभव आग्रह कर रहे थे कि 'शीना बोरा मर्डर केस' को कलमबद्ध किया जाए। *ज़ी न्यूज़* की रिपोर्ट्स और अनुभव के अलावा, इस किताब को लिखने के लिए सैकड़ों पन्नों की चार्जशीट, एफआईआर, अदालत में पेश सबूतों, गवाहों के बयानों और मीडिया रिपोर्टिंग्स को खँगाला गया, ताकि वृहद, समग्र और विश्वसनीय नज़रिया निकलकर सामने आए। सैकड़ों टीवी रिपोर्टें और वीडियो, सोशल मीडिया पर उपलब्ध ढेर सारे कंटेंट के अलावा कुल मिलाकर हज़ारों पन्नों को पढ़ना और खँगालना पड़ा, जिसमें

महीनों का वक़्त लगा। किताब के आख़िर में जितने भी यूआरएल दिये गए हैं, उनको आख़िरी बार मार्च, 2022 में एक्सेस किया गया था।

यह केस अभी भी (किताब का पहला एडिशन आने तक) अदालत में जारी है, इसीलिए जब तक अदालत का फ़ैसला नहीं आ जाता तब तक किसी आरोपी को दोषी करार देना उचित नहीं होगा। ऐसा करना लेखक का उद्देश्य भी नहीं है। हालाँकि इस दौरान केस की मुख्य आरोपी इंद्राणी मुखर्जी को सुप्रीम कोर्ट ने 18 मई, 2022 को ज़मानत दे दी। इंद्राणी की ज़मानत याचिका पर सुनवाई के दौरान क़ानूनी जानकारों को अन्देशा था कि अगर इंद्राणी को ज़मानत मिलती है तो फिर उसी आधार पर सह-आरोपी संजीव खन्ना और श्यामवर राय की ज़मानत के दरवाज़े भी खुल जाएँगे। और ऐसा ही हुआ भी। इंद्राणी को ज़मानत मिलने के अगले ही महीने (जून, 2022 में) बॉम्बे हाईकोर्ट ने संजीव खन्ना को जमानत दे दी। इसके दो महीने बाद अगस्त, 2022 में श्यामवर राय को भी ज़मानत मिल गई।

इसके अलावा, मैं यहाँ विधि मुखर्जी की किताब 'द डेविल्स डॉटर' का ज़िक्र ज़रूर करना चाहूँगा। शीना बोरा केस से जुड़ी ख़बरें और क़यास आपको गूगल सर्च में अनगिनत मिल जाएँगे लेकिन जिस तरह से विधि ने उस उथल-पुथल के दौर में परिवार का सदस्य होने के नाते देखा-लिखा वह एकदम अलग और मानवीय नज़रिया पेश करता है। विधि की किताब से भी इस मामले को इनसाइडर व्यू के तौर पर समझने में मदद मिली। राकेश मारिया की किताब ने जाँच एजेंसी और इस मामले से जुड़ी राजनीति को समझने में मदद की। उससे भी सन्दर्भ लिये गए हैं। इस किताब को सँवारने और बेहतर बनाने में सुभाष दवे, आरके पब्लिकेशन के राम कुमार, विनोद कापड़ी और शहादत ख़ान के योगदान के लिए उनका आभारी हूँ।

आपके पठन और निष्पक्ष प्रतिक्रिया हेतु किताब आपके हाथों में है।

पूर्व कथन

22 अगस्त, 2015

"बॉस, मुम्बई पुलिस को अब फ़िल्मों की कहानी भी लिखनी चाहिए। अब सलीम-जावेद स्टाइल में एफआईआर लिखी जा रही हैं।"

राकेश त्रिवेदी ने अपने इस वाक्य से शनिवार की छुट्टी के दिन भी मेरा ध्यान काम की ओर खींच लिया था।

पाँच दिन लगातार ऑफ़िस में काम करने के बाद शनिवार सुकून भरा दिन होता है, क्योंकि साप्ताहिक छुट्टी होती है। हफ़्ते में यही एक दिन होता है जब मैं उस वृद्ध भिक्षु (ओल्ड मोंक) के साथ होता हूँ। उसी दिन राकेश त्रिवेदी का फ़ोन आया था। राकेश ज़ी न्यूज़ का तेज़तर्रार क्राइम रिपोर्टर था। मेरी ग़ैर-हाज़िरी में वही इंचार्ज होता था। मैं ज़ी न्यूज का मुम्बई ब्यूरो का रेज़िडेंट एडिटर था। मेरे साथ रिपोर्टर्स की पूरी टीम होती थी, जो मुझे हर ख़बर रिपोर्ट करती थी। मैं मूलतः क्राइम और इन्वेस्टिगेटिव जर्नलिस्ट था, इसलिए क्राइम की ख़बरों के प्रति मेरा अलग झुकाव होता है। इसी कारण सभी रिपोर्टर्स को मेरी ताक़ीद थी कि क्राइम वाली ख़बरों से मुझे रेगुलर अपडेटेड रखा जाए।

त्रिवेदी भी वही कर रहा था। हमेशा की तरह उसने अपडेट दिया कि दिन-भर में शहर में क्राइम के मामले में क्या-क्या हुआ? क्राइम की ख़बरों के मामले में वह एकदम ठंडा दिन था।

मुम्बई पुलिस के प्रेस रूम से त्रिवेदी ने फ़ोन किया था। उसने बताया था कि काम के हिसाब से यह बिलकुल नीरस दिन है। मगर एक ख़बर चौंकाने वाली थी। एक दिन पहले शुक्रवार यानी 21 अगस्त, 2015 को खार पुलिस स्टेशन की टीम गश्त पर थी। तभी उसे एक आदमी सन्देहास्पद तरीक़े से जाता दिखा। पुलिस को देखकर वह भागने लगा। पुलिस ने उसका पीछा किया और धर दबोचा। तलाशी में उसके पास से प्लास्टिक बैग में लिपटे हथियार

मिले—एक भरी हुई पिस्तौल (7.65 बोर की देसी पिस्तौल), तीन कारतूस और एक मैग्ज़ीन। पुलिस ने उस आदमी को गिरफ़्तार कर उसके ख़िलाफ़ इंडियन आर्म्स ऐक्ट के सेक्शन 3 और 25 के तहत केस दर्ज कर लिया।[1]

देखने में यह बिलकुल नीरस और घिसी-पिटी ख़बर थी। बीस सालों की क्राइम रिपोर्टिंग के बाद इतना पता तो था ही कि पुलिस डिपार्टमेंट में ऐसी ख़बरों के ख़ाके (Template) बने रहते हैं और वह सिर्फ़ ख़ानापूर्ति करके अपना काम चलाती रहती है।

सच या झूठ की बहस में न भी पड़ा जाए तब भी एक बात तय थी कि सब कुछ फ़िल्मी तरीक़े से हुआ। विश्वसनीयता का अपना स्तर होता है, जिसमें राज वही करता है जो बाद में 'Greater Good' (पुलिस की भाषा में बड़ा मक़सद) का हवाला देकर मौजूदा विसंगतियों के बारे में लोगों को नज़रअन्दाज़ करने के लिए मजबूर कर दे। इस मामले में भी कुछ ऐसा ही होता दिख रहा था, क्योंकि फ़ोन पर हुई हमारी बातचीत में विसंगतियों पर भी चर्चा हुई थी। बाद में दूसरे पत्रकारों और पुलिस हलक़ों में भी वही चर्चा गूँजी। क्राइम के क्षेत्र में कुछ बातें ऐसी होती हैं जिन पर चाहकर भी आँख मूँदकर यक़ीन करना मुश्किल होता है। जैसे उसी शाम 5.30 बजे मुम्बई के बांद्रा इलाक़े के चहल-पहल वाले कार्टर रोड से कोई हथियार ठिकाने लगाने के लिए क्यों गुज़रेगा?

दिनदहाड़े यह गिरफ़्तारी हुई, मगर गवाही के नाम पर नियमित पंच और पुलिस। कोई आम आदमी नहीं। पुलिस के मुताबिक़, पकड़े गए उस आदमी ने बताया कि वह पिस्तौल को ठिकाने लगाने या फेंकने जा रहा था।

वह आदमी सांताक्रुज़ ईस्ट इलाक़े में रहता था और अपने घर से क़रीब चार किलोमीटर की दूरी पर पकड़ा गया था। यानी वह एक या दो पुलिस स्टेशनों की सीमाएँ पार कर चुका था। फिर उसने खार पुलिस स्टेशन की टीम को देखकर ही भागना क्यों शुरू किया? इतना बड़ा रिस्क वह क्यों लेगा? वह भी दिनदहाड़े? सांताक्रुज़ इलाक़े में ही उसने हथियारों को ठिकाने क्यों नहीं लगाया?

मेरी और त्रिवेदी की बातचीत में पुलिस की कहानी में कई सारे झोल दिखे, जिसे लेकर हम ख़ूब हँसे। इस पर हम दोनों सहमत थे कि अगर कहानी लिखनी ही है तो इतनी फ़िल्मी भी मत लिखो। वैसे इस कहानी में दम नहीं था। मुझे इसे छोड़ देना चाहिए था। मगर बातचीत ख़त्म होते-होते मैंने त्रिवेदी से पूछ लिया कि पकड़ा गया आदमी काम क्या करता है?

उसने बताया कि वह ड्राइवर है। वह उस सिक्योरिटी एजेंसी में काम करता है जिसे रिटायर्ड पुलिस अफ़सर सुहैल बुद्धा चलाता है। उसका ऑफ़िस खार पुलिस स्टेशन के क्षेत्र में आता है।

पकड़ने वाली पुलिस टीम का नेतृत्व इंस्पेक्टर दिनेश क़दम ने किया। क़दम मुम्बई पुलिस के बेहतरीन जाँच अधिकारियों में से एक है। वह कमिश्नर राकेश मारिया का पसन्दीदा अफ़सर है। सुहैल बुद्धा और दिनेश क़दम किसी समय में एक साथ काम कर चुके थे।

पकड़ा गया आदमी श्यामवर राय सिक्योरिटी एजेंसी में काम करने से पहले मीडिया हस्ती पीटर और इंद्राणी मुखर्जी के यहाँ सालों तक ड्राइवर रह चुका था। इन्हीं मुखर्जी के साथ रिटायर्ड पुलिस अफ़सर सुहैल बुद्धा काम कर चुका था और उसका परिचित था। यानी कमिश्नर राकेश मारिया से दिनेश क़दम और पूर्व अफ़सर बुद्धा जुड़ा था। बुद्धा एक तरफ़ पकड़े गए आरोपी श्यामवर राय से जुड़ा था, वहीं इंद्राणी-पीटर मुखर्जी से भी जुड़ा था। गिरफ़्तार आरोपी श्यामवर राय भी इंद्राणी-पीटर मुखर्जी से जुड़ा हुआ था तो दूसरी ओर पूर्व अफ़सर बुद्धा से भी जुड़ा था।

इस कहानी में इतने सारे संयोग थे, लोग एक-दूसरे से कनेक्टेड नज़र आ रहे थे, मगर कोई बड़ा मक़सद नज़र नहीं आ रहा था, जिसके लिए उनका सम्भावित जुड़ाव हुआ होगा। जब तक सबूत न हो इस तरह की थ्योरी सिर्फ़ थ्योरी ही रहती है। यही वजह थी कि उस दिन हमने इसे हल्के में लेते हुए नज़रअन्दाज़ कर दिया।

उस वक़्त हम नहीं जानते थे कि इस मामूली-सी गिरफ़्तारी और पुलिस की फ़िल्मी पटकथा-सी कहानी से बिग-ब्रेकिंग केस की बुनियाद पड़ चुकी है। एक ऐसा केस, जो आने वाले कई दिनों और रातों तक हमारी नींद उड़ाकर रखने वाला था।

मैं जब 'वृद्ध भिक्षु' शराब की चुस्कियाँ ले रहा था तब वहाँ से आधे घंटे की दूरी पर खार पुलिस स्टेशन में बैठा ड्राइवर श्यामवर राय, अपनी पूर्व मालकिन इंद्राणी मुखर्जी के बारे में ऐसे-ऐसे ख़ुलासे कर रहा था, जिन पर आसानी से यक़ीन नहीं किया जा सकता था। पर उस मामूली से ड्राइवर द्वारा किए गए वे ख़ुलासे आधारहीन नहीं थे, भले ही ख़ुद उसके पास, उस वक़्त अपने ख़ुलासों को यक़ीनी बनाने का आधार नहीं था। इंद्राणी मुखर्जी और उसका मीडिया मुगल पति पीटर, किसी परिचय के मोहताज नहीं थे। अगले कुछ दिनों में देश रिश्तों के एक मकड़जाल में उलझने जा रहा था।

रिश्तों का मकड़जाल

चूँकि रिश्तों में पेचीदगी और क्रॉस कनेक्शन बहुत ज़्यादा है तो इसलिए किताब पढ़ने के दौरान जब-जब पाठक को किरदार/रिश्तों के बारे में कन्फ़्यूज़न हो तो बीच-बीच में आकर वे यह चैप्टर देख सकते हैं। प्रमुख चरित्र कुछ ऐसे हैं—

- **इंद्राणी :** दुर्गा-उपेंद्र बोरा की बेटी। पहले कथित पति सिद्धार्थ दास से दो बच्चे—शीना और मिखाइल। दूसरे पति संजीव खन्ना से एक बेटी विधि। तीसरे पति पीटर ने विधि को गोद ले लिया। समय-समय पर तीनों पतियों से तलाक। शीना की हत्या के वक़्त 2012 में उम्र क़रीब 40-42 साल।
- **पीटर :** मीडिया मुगल। पहली शादी शबनम सिंह से की। शबनम से दो बेटे—रॉबिन और राहुल। दूसरी पत्नी इंद्राणी के पूर्व पति से हुई बेटी विधि को गोद लिया। बाद में दोनों पत्नियों से तलाक। शीना की हत्या के वक़्त उम्र क़रीब 58 साल।
- **शीना बोरा :** इंद्राणी के पहले पति सिद्धार्थ दास से पैदा हुई बेटी। इंद्राणी ने दुनिया के सामने शीना को अपनी बहन बताकर पेश किया। राहुल (तकनीकी तौर पर सौतेले भाई) की प्रेमिका। 2012 में हत्या के वक़्त शीना की उम्र 24-25 थी।
- **मिखाइल बोरा :** इंद्राणी के पहले पति सिद्धार्थ दास से पैदा हुआ बेटा। उसे इंद्राणी ने दुनिया के सामने अपना भाई बताकर पेश किया। शीना की हत्या के वक़्त साल 2012 में उम्र क़रीब 22-23 साल।
- **राहुल :** पीटर और शबनम की सन्तान। शीना (तकनीकी रूप से सौतेला भाई) का प्रेमी। शीना की हत्या के वक़्त उम्र क़रीब 29-30।
- **सिद्धार्थ दास :** इंद्राणी का पहला पति। शीना और मिखाइल का पिता।

इंद्राणी ने उसे छोड़ दिया था। शीना की हत्या के वक़्त उम्र क़रीब 46 साल।

- **संजीव खन्ना :** कोलकाता निवासी और इंद्राणी का दूसरा पति। उसकी बायोलॉजिकल बेटी विधि को इंद्राणी के तीसरे पति पीटर ने गोद ले लिया था। इंद्राणी से तलाक हुआ। हत्याकांड में इंद्राणी का सह-आरोपी। शीना की हत्या के वक़्त उम्र क़रीब 47 साल।
- **दुर्गा-उपेंद्र बोरा :** इंद्राणी के माता-पिता। शीना-मिखाइल के नानी-नाना। दोनों ने शीना-मिखाइल को अपना बेटी-बेटा बताकर पाला।
- **विधि :** इंद्राणी के दूसरे पति संजीव खन्ना की बायोलॉजिकल बेटी, जिसे इंद्राणी के तीसरे पति पीटर ने गोद ले लिया था। शीना की हत्या के वक़्त उम्र क़रीब 15 साल।
- **श्यामवर राय :** पीटर-इंद्राणी परिवार का ड्राइवर। हत्याकांड का सह-आरोपी, जो बाद में वादामाफ गवाह बन गया। शीना की हत्या के वक़्त उम्र क़रीब 40 साल।
- **काजल :** इंद्राणी की सेक्रेटरी, जिसे इंद्राणी के आदेश पर बहुत से सही-ग़लत काम करने पड़े। शीना की हत्या के वक़्त साल 2012 में उम्र क़रीब 33 साल।

शीना-राहुल की लव स्टोरी

शीना

- बायोलॉजिकल माता-पिता : इंद्राणी मुखर्जी और सिद्धार्थ दास।
- माँ इंद्राणी का मौजूदा पति पीटर, जो राहुल का बायोलॉजिकल पिता है।
- राहुल से ख़ून का कोई डायरेक्ट या इनडायरेक्ट रिश्ता नहीं।
- समाज के सामने राहुल की सौतेली मौसी के तौर पर पेश।
- रिश्ते में राहुल की (तकनीकी तौर पर) सौतेली बहन।
- राहुल की प्रेमिका और मंगेतर।

राहुल

- बायोलॉजिकल माता-पिता : पीटर मुखर्जी और शबनम सिंह।
- पिता पीटर की मौजूदा पत्नी इंद्राणी, जो शीना की बायोलॉजिकल माँ है।
- शीना से ख़ून का कोई डायरेक्ट या इनडायरेक्ट रिश्ता नहीं।
- समाज के सामने शीना के सौतेले भांजे के तौर पर पेश।
- रिश्ते में शीना का (तकनीकी तौर पर) सौतेला भाई।
- शीना का प्रेमी और मंगेतर।

इंद्राणी परिवार

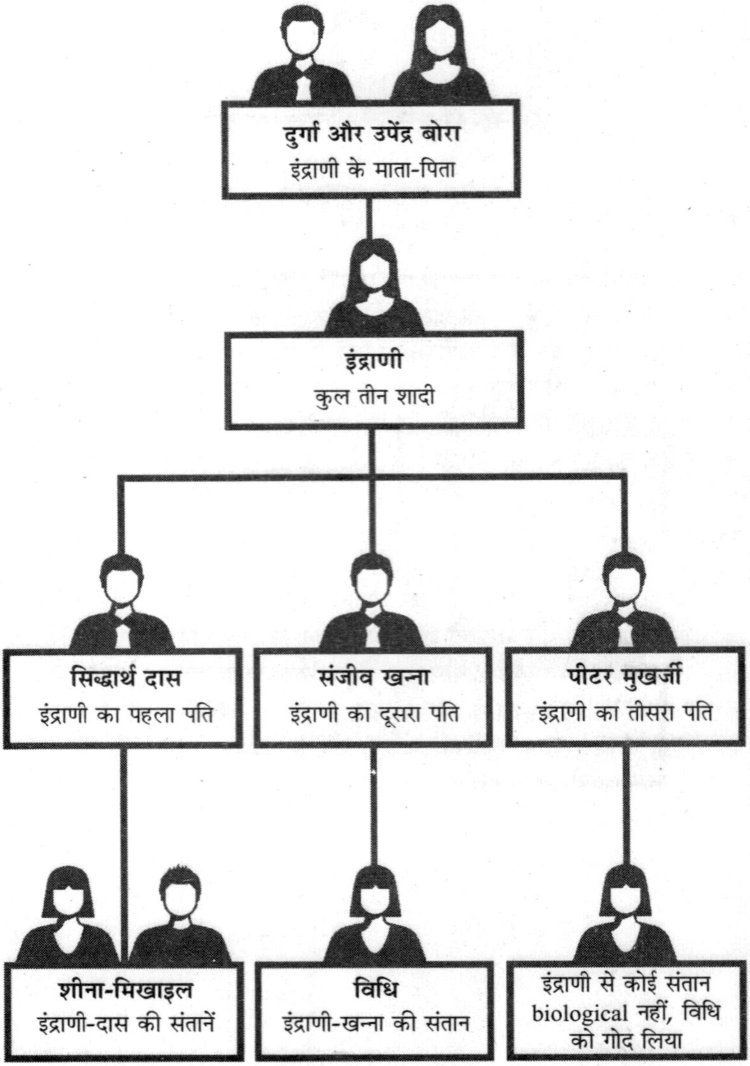
दुर्गा और उपेंद्र बोरा
इंद्राणी के माता-पिता
इंद्राणी
कुल तीन शादी
सिद्धार्थ दास
इंद्राणी का पहला पति
संजीव खन्ना
इंद्राणी का दूसरा पति
पीटर मुखर्जी
इंद्राणी का तीसरा पति
शीना-मिखाइल
इंद्राणी-दास की संतानें
विधि
इंद्राणी-खन्ना की संतान
इंद्राणी से कोई संतान biological नहीं, विधि को गोद लिया

पीटर परिवार

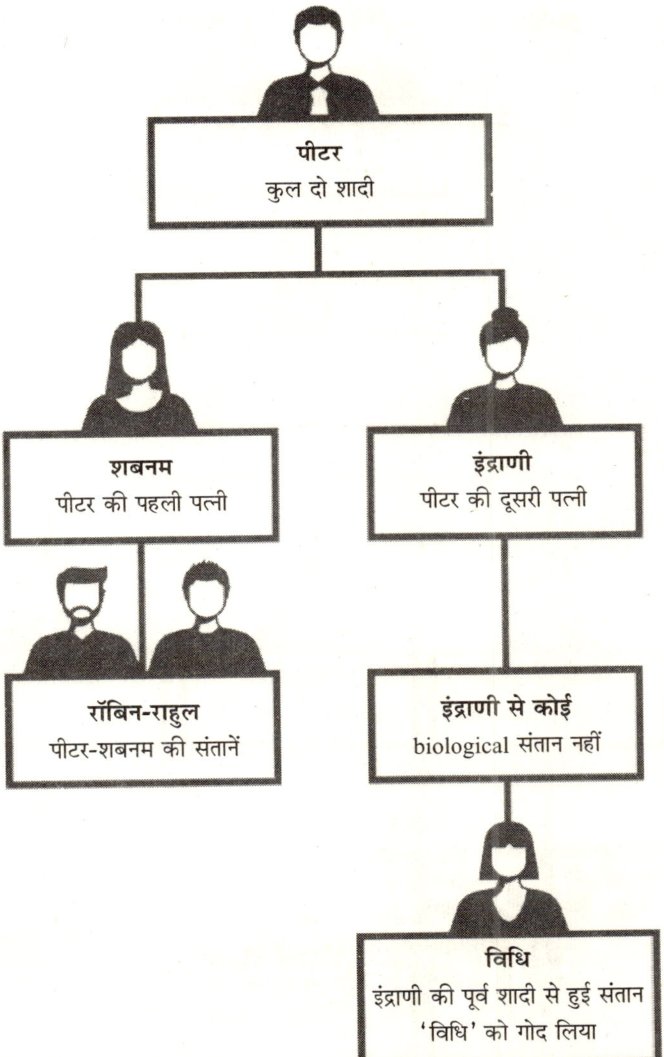

पीटर
कुल दो शादी
शबनम
पीटर की पहली पत्नी
इंद्राणी
पीटर की दूसरी पत्नी
रॉबिन-राहुल
पीटर-शबनम की संतानें
इंद्राणी से कोई
biological संतान नहीं
विधि
इंद्राणी की पूर्व शादी से हुई संतान
'विधि' को गोद लिया

एक थी शीना बोरा

जवाब ही सवाल है

"आपको यह जानकर बहुत अजीब लगेगा मगर सच्चाई यही है कि इंद्राणी न तो मेरी माँ है और न ही मेरी बहन। वह एक नेक इंसान है, जो कुछ सालों पहले हमारे जीवन में आई थी।"

14 मार्च, 2013 की शाम पीटर ने जब अपना मेल बॉक्स खोला तो उसे sheena.bora@hotmail.com से यह ईमेल आया हुआ मिला। यह मेल शाम 4:11 पर आया था, जिसमें 'शीना' ने उपरोक्त पंक्तियों को उद्धृत करते हुए इंद्राणी से अपने रिश्ते और राहुल के साथ प्रेम-प्रसंग पर व्यापक रूप से अपनी बात रखी। पीटर ने मेल खोलने के बाद उसे पढ़ना शुरू किया—

> आभार व्यक्त करने जैसी औपचारिकता में न जाते हुए आपसे मैं सीधे मुद्दे पर आकर अपने मेल लिखने का कारण स्पष्ट करूँगी।
>
> इंद्राणी से आज मुझे दुखी करने वाला और ग़ुस्से से भरा मेल मिला। मैंने बस कुछ घंटों पहले ही मेल को देखा और मैं इस निष्कर्ष पर पहुँची हूँ कि उसके इस दुख का सबसे बड़ा कारण मैं रही हूँ। मेरे मन की शान्ति के लिए यह बहुत महत्त्वपूर्ण है कि मैं अपने बुरे कर्मों से मुक्ति पाने के लिए एक सच्चा प्रयास करूँ। मुझे एहसास हुआ कि मुझसे जो बन सके मुझे उसके लिए करना चाहिए, ताकि मैं उसके उस दुख को कम कर सकूँ, जो मैंने उसे दिया है। इसलिए मैंने यह निर्णय लिया और अन्ततः तुम्हारे सामने निष्पक्ष रूप से पेश होने की कोशिश की, ताकि तुम दोनों के बीच कम-से-कम कोई शिकायत न रहे। इस मेल में जो तुम आगे पढ़ोगे, हो सकता है इससे तुम्हें काफ़ी दुख हो, लेकिन किसी न किसी दिन सच तो बाहर आना ही है। और केवल यही एक रास्ता है, जिससे तुम

हमारे रिश्ते के रहस्यमयी आधार को समझ पाओगे, जो हममें से न तो कोई प्रकट कर पाया है और न ही समझा पाया है। साथ ही किस तरह, जिन लोगों पर मैंने बड़े यक़ीन के साथ इस जानकारी को साझा कर भरोसा किया था, उन्होंने परिस्थितियों का फ़ायदा उठाया।

इसके बाद नाटकीय घटनाक्रम के रूप में शीना के जीवन में इंद्राणी के आने की कहानी को बयान करते हुए लिखा—

> यह सब तुम्हें बड़ा अजीब लग सकता है लेकिन केवल यही और बस यही असल सच है। इंद्राणी न तो मेरी बहन है और न ही मेरी माँ, वह बस एक अच्छी सहयोगी मित्र है, जो हमारी ज़िन्दगी में कुछ साल पहले आई थी। मुझे सबसे शुरुआत से शुरू करने दो ताकि तुम्हें सब कुछ स्पष्ट तरीक़े से समझ आए। मेरे क़ानूनी तौर पर माता-पिता बी.के. बोरा और डी. आर. बोरा हैं, जो वास्तव में मेरे नाना-नानी हैं, जिनकी केवल एक ही बेटी थी, इंद्राणी बोरा (तुम्हारी पत्नी की हमनाम), जो मेरी माँ थी। मेरी माँ के जिस आदमी से दो बच्चे थे, मैं और मिखाइल, उससे उन्होंने भागकर शादी की थी, क्योंकि उनके पेरेंट्स ने इस रिश्ते को पूरी तरह से नकार दिया था। कई सालों तक कड़ी मशक़्क़त करने के बाद जब ख़ुद से सभी ज़रूरतों को पूरा न कर पाने के चलते उन्होंने घर लौटने का फ़ैसला लिया तो उस समय मेरी माँ के गर्भ में मिखाइल था, क्योंकि मेरे पिता निचली जाति से थे और धनवान परिवार से नहीं थे, इसलिए मेरे नाना-नानी को उन्हें स्वीकार करने में काफ़ी शर्मिंदगी हुई। मैं अपने पुराने घरेलू नौकर-नौकरानी से सुनती हूँ कि जब मेरी माँ घर वापस आई तो उनके साथ अपने ही घर में बहुत बुरा बर्ताव किया जाने लगा। मेरे नाना-नानी मेरे पापा से बात तक नहीं करते थे। बुरे बर्ताव से तंग आकर मेरी माँ ने फिर से घर छोड़ने का फ़ैसला किया, तब मेरी उम्र 2 साल से भी कम थी और मिखाइल कुछ महीनों का ही था। मेरी उस समय की अपनी माँ के बारे में कोई याद नहीं है, जब उन्होंने घर छोड़ा था, क्योंकि उस समय मैं काफ़ी छोटी थी। उसके बाद फिर कहानी बढ़ती गई, मेरे पिताजी को नाना-नानी ने घर से तुरन्त बाहर फेंक दिया, जिसके बारे में भी मुझे कुछ याद नहीं है। इसके बाद हम दोनों को नाना-नानी ने

अपने बच्चों के रूप में गोद ले लिया। हम बस यह जानते थे कि हम उनके बच्चे हैं और हमारी एक बड़ी बहन इंद्राणी थी, जो घर से भाग गई थी। हमारे परिवार ने आगे भी इसी बात को कायम रखा। 1991 का समय असम में काफ़ी अशान्ति का दौर था, काफ़ी सारी गिरफ़्तारियाँ हो रही थीं। इस दौरान, ज़ख़्मी हालत में एक बेहोश जवान लड़की को मेरे एक आईपीएस अंकल घर लेकर आए। मैं उस समय काफ़ी छोटी थी, मुझे कभी समझ नहीं आया और न मैं जानती थी कि वो लड़की कौन थी और कहाँ से आई थी। उसका चेहरा चोटिल था, फिर भी मुझे लगा वह मेरी माँ के फोटोग्राफ़ से मेल खाती है। हालाँकि मेरे हिसाब से वह लड़की काफ़ी जवान थी। कुछ दिन हमारे घर में रखने के बाद उस लड़की को वापस भेज दिया गया। फिर वह कभी दिखाई नहीं दी। जैसे-जैसे हम बड़े होते गए तो हमारे दोस्त और चचेरे भाई-बहन बड़ी विवादास्पद कहानियाँ सुनाते थे, जैसे कि तुम्हारे माता-पिता असल में तुम्हारे नाना-नानी हैं और तुम्हारी खोई हुई बहन तुम्हारी माँ है, लेकिन मेरे पिताजी का कहीं कोई ज़िक्र नहीं था, अगर वो हमारी माँ है तो। समय के साथ ये कहानियाँ भी ख़त्म होती गईं और हम बस नाना-नानी के बच्चे बनकर बड़े होते गए। जब कभी भी हम हमारी बहन के बारे में पूछते तो हमें जवाब मिलता कि उसने हमारे परिवार को शर्मिंदा किया, इसलिए वो भाग गई। उसके बारे में कोई चर्चा नहीं होगी।

इंद्राणी की कहानी को आगे बढ़ाते हुए शीना बनी इंद्राणी लिखती है—

और अगली बार हमने हमारी बहन के बारे में तब सुना जब उसकी और आपकी फ़ोटो एक अख़बार में छपी। हमारे चचेरे भाई-बहन उस अख़बार को लेकर हमारे माता-पिता के पास आए थे। यही वह समय था जब मेरी माँ/नानी ने तुम्हें लिखा कि तुम इस शादी को मानने से मुकर जाओ। लेकिन शादी तो असल में हुई ही थी, इसलिए उन्होंने तब हम दोनों भाई-बहन को बैठाया और समझाया कि क्या हुआ था और इंद्राणी कौन थी?

आपकी पत्नी इंद्राणी, वही लड़की है जो हमारे घर मूर्च्छित अवस्था

में लाई गई थी। हमारे अंकल ने हमें कभी नहीं बताया कि वो उन्हें कहाँ और कैसे मिली थी? शायद इसलिए, क्योंकि उन्हें उसकी सुरक्षा और अपने पुलिस ऑफ़िसर के मूल्यों को ध्यान में रखना था। उन्होंने मेरे माता-पिता को बस इतना बताया कि वो उसे तब तक अस्पताल नहीं ले जा सकते थे जब तक कि वह उसे असम से बाहर न ले जाएँ। हमारे एक और अंकल नर्सिंग होम चलाते थे, इसलिए उस लड़की को उनके नर्सिंग होम में रखा गया। वह अपनी याददाश्त पूरी तरह से खो चुकी थी, इसलिए ठीक होने के बाद उसे मेरी माँ की पहचान दी गई। इसके बदले में उससे पैसे लिये गए। अपनी खोई याददाश्त और मेरी माँ की पहचान लेकर वह लड़की कोलकाता चली गई। वह कोलकाता में मेरे पुलिस अंकल के एक दोस्त के परिवार के साथ रहने लगी। उसे इंद्राणी बोरा नाम के साथ पूरी जानकारी दी गई और 1991 में इस नाम के साथ उसकी एक पूरी नई पहचान तैयार की गई। अगर तुम्हें उसका जन्म प्रमाणपत्र मिले तो तुम देखना कि वह उसी वर्ष का बना है। हालाँकि उसे बहुत साल पहले का बनवाना चाहिए था, जब वह पैदा हुई थी तब। जैसे-जैसे वह ठीक हुई तो उसे यह याद करने में काफ़ी कठिनाई हुई कि वह असल में कौन है, पर सब व्यर्थ था। वह धीरे-धीरे ख़ुद को इंद्राणी बोरा समझने लगी। हालाँकि वह जानती थी कि यह उसकी असल पहचान नहीं है। जिस परिवार में वह रह रही थी उसके ज़रिए उसकी मुलाक़ात संजीव खन्ना से हुई और उन्होंने कुछ सालों में शादी कर ली। संजीव के परिवार वालों ने जब मेरे माता-पिता से सम्पर्क किया तो मेरे माता-पिता ने कहा कि उनका उनकी बेटी से कोई लेना-देना नहीं है, क्योंकि उनकी बेटी ने घर में झगड़ा होने पर घर छोड़ दिया था, जो कि एक लड़की के लिए शर्मिंदगी भरा काम था। लेकिन सच्चाई तो यह थी कि वह लड़की, जिसकी शादी संजीव के साथ हुई थी, उनकी बेटी नहीं थी। देखा जाए तो पुलिस भी इस मामले में ज़्यादा घुसना नहीं चाहती थी। मुझे ज़्यादा नहीं पता कि क्या हुआ था, क्योंकि जब उसकी शादी संजीव से हो रही थी तब मैं इस पूरे प्रकरण में कहीं नहीं थी। बहुत बाद में जानकारी जुटाने के लिए मैंने जब संजीव से मिलने की कोशिश की तो उसने मेरी कोई मदद नहीं की। उलटा उसने

मुझे चेतावनी दी कि मैं इंद्राणी या विधि के आसपास भी न भटकूँ।

पीटर से इंद्राणी के मिलने और उनके रिश्ते के बारे में उसने लिखा—

इंद्राणी जब तुमसे मिली तो शायद उसे तुम्हें सब कुछ बता देना चाहिए था। लेकिन या तो वह डरी हुई थी कि तुम उस पर भरोसा नहीं करोगे या फिर वह बस इंद्राणी ही थी, और कुछ नहीं। मैंने जब बहुत समय पहले उससे यह पूछा तो उसने बताया कि उसे तुम्हें या किसी और को यह सब बताने में बड़ा असहज महसूस होता था कि वह नहीं जानती कि वह कौन है, कहाँ से आई है और उसका नाम क्या है? एक बार जब तुमसे उसकी शादी हो गई तो यह मामला इतना चर्चित हुआ कि इंद्राणी बोरा की पहचान को समेटे रखना आसान नहीं था। मेरे माता-पिता के माध्यम से ही इंद्राणी के बारे में जानकारी जुटाना सही तरीक़ा था, क्योंकि मेरी ख़ुद की माँ इंद्राणी के नाना-नानी ने सब कुछ उनके नाम कर दिया था और मेरे माता-पिता (शीना के नाना-नानी और इंद्राणी के माता-पिता) किसी भी चीज़ को तब तक नहीं छू सकते थे जब तक कि इंद्राणी ख़ुद वापस नहीं आ जाती।

उन्होंने उसको मीडिया के सामने अपनी फ़र्ज़ी पहचान उजागर करने को लेकर ब्लैक-मेल करना शुरू कर दिया, जब तक कि वह उनकी शर्तें नहीं मान जाती और पेपर वर्क करके सम्पत्ति उनके सुपुर्द नहीं कर देती, जो इंद्राणी बोरा के नाना-नानी ने उसके नाम की थी। शायद इंद्राणी के पास कोई कारण नहीं था कि वो यह सब न करे, जैसा कि वो जानती थी कि सम्पत्ति की असली हक़दार वह नहीं है, लेकिन उसे असम वापस जाने में बहुत असहजता महसूस हुई। अपने पुलिस मित्रों के परामर्श पर वह हमसे कोलकाता में, जहाँ वह ठीक हुई थी, मिलने के लिए तैयार हुई। यह पहली बार था जब हमारी उससे मुलाक़ात हुई और इस प्रकार धीरे-धीरे हमारी पहचान तुम्हारी फ़ैमिली से हुई। शायद हमारी खोई हुई बहन की ललक इतनी ज़्यादा थी कि हमने इंद्राणी को अपनी बहन की तरह स्वीकार करना शुरू कर दिया, और शायद उसके दिल में भी कहीं कुछ ख़ालीपन था, जिससे उसने भी हमें अपने भाई-बहन की तरह

खुले दिल से अपनाया और हमारे माता-पिता को अपने माता-पिता की तरह समझा। अजीब है कि हम यह सब भूल गए कि वह बस कोई और थी, जिसने हमारी पारिवारिक पहचान को उधार लिया था। मैं जब बॉम्बे शिफ्ट हुई तो उसके साथ अधिक समय गुज़ारने लगी, तब उसने बताया कि तुमसे शादी करने के बाद वह काफ़ी अकेली थी और वह कितनी ख़ुशक़िस्मत है कि उसे हमारे रूप में एक परिवार मिल गया। दूसरी चीज़ों से उसे कोई फ़र्क़ नहीं पड़ता। हमने दोस्तों और परिवार वालों के सामने स्थिति को ऐसे ही बनाए रखा कि हमारे माता-पिता ने अपनी खोई हुई बेटी को ढूँढ़ निकाला है और हमें हमारी खोई हुई बहन वापस मिल गई है।

गुवाहाटी के एक सफ़र पर मेरी आंटी ने मुझे बताया कि इंद्राणी मुखर्जी मेरी बहन नहीं, मेरी माँ है। मगर अब यह बीती बात है, क्योंकि अब हम लोग सब साथ हैं, इत्यादि-इत्यादि। मेरे लिए इस बात का कोई महत्त्व नहीं है, क्योंकि मुझे पता है कि इंद्राणी से मेरा कोई रिश्ता नहीं है। फिर भी मैं उसे ऐसे प्यार करती हूँ जैसे वह मेरी अपनी हो। जैसा कि आपको पता है, अगले कुछ साल हमने परिवार की तरह गुज़ारे। मिखाइल और मैं आपके परिवार और दोस्तों से मिलने-जुलने लगे, कोई ढोंग रचने के लिए नहीं बल्कि आम औपचारिकता के तौर पर। लेकिन इंद्राणी आपको मेरे माता-पिता से मिलाने की हिम्मत नहीं जुटा पा रही थी। साथ ही यह बताने की कि वे उसके माता-पिता हैं, क्योंकि वे असल में उसके माता-पिता नहीं थे।

मेल में राहुल के बॉम्बे आने और शीना-राहुल प्रेम-सम्बन्ध के बारे में खुलासा करते हुए उसने लिखा था—

ज़िन्दगी आगे चलती गई और राहुल कुछ समय के लिए बम्बई आया। उस वक़्त मैं कौसत्व के साथ रिलेशनशिप में थी। शुरुआत में मुझे राहुल के घर पर होने से कोई फ़र्क़ नहीं पड़ा था, क्योंकि जब मैं कॉलेज के लिए निकलती थी तो वह सोया हुआ रहता था और जब मैं वापस आती थी तो वह बाहर निकला होता था। मैं कॉलेज से थकी हुई वापस आती थी और आराम करती थी। उसकी

उन छुट्टियों के आख़िरी दिनों के एक दिन आप और इंद्राणी बाहर गए हुए थे, जब हमने कुछ वाइन लीं और हम एक-दूसरे के क़रीब आए। मुझे कोई अन्दाज़ा नहीं था कि हमारे बीच कोई रिश्ता बन जाएगा। वो अगली सुबह निकल गया और मुझे लगा कि हमारे बीच सब वहीं ख़त्म हो गया। राहुल वापस सारा के पास चला गया और मैं कौसत्व के पास। लेकिन राहुल कुछ महीनों बाद वापस आया। उन महीनों में उसने मेरे से बातें जारी रखी थीं और शायद उसकी गर्लफ्रेंड सारा भी उसे छोड़कर चली गई थी। हम लोग पहले दोस्त थे, फिर हम क़रीब आते गए और देखते ही देखते हम लोग रिलेशनशिप में आ गए। इस रिलेशनशिप के साथ मैंने राहुल और उसके कुछ दोस्तों के साथ नशा करना भी शुरू कर दिया। नशे में धुत्त एक दिन मैंने राहुल के आगे सब उगल दिया। मैंने राहुल से सारी बातें गुप्त रखने का वादा करवाया था और मुझे लगा, क्योंकि वो भी नशे में धुत्त था, तो वह वैसे भी सब भूल जाएगा। उसने मेरे सामने भी यह बात फिर कभी नहीं उठाई। उस रात जब इंद्राणी, प्रीतुल भैया और आप बांद्रा आए थे, मैं उनके साथ चली गई और राहुल आपके साथ, उस रात उसने यह बात आपके सामने उठाई। उसने जो कहा, उसमें कुछ तो सच हो सकता है, लेकिन आपकी पत्नी इंद्राणी के बारे में कुछ सच नहीं था। दुर्भाग्य की बात है कि उसने मनगढ़ंत कहानी बनाकर आपको सब झूठ बताया, जबकि उसको पूरा सच पता था। यही कारण है कि आपके पूछने पर मैंने इन सब बातों से इनकार कर दिया। जब आप उसके साथ एम्बी वैली में थे, मैं राहुल से बात करने की और मिलने की कोशिश कर रही थी, क्योंकि मैं जानना चाहती थी कि सच जानते हुए भी उसने आपसे इंद्राणी के बारे में झूठ क्यों बोला। मैं ये सवाल-जवाब फ़ोन पर नहीं करना चाहती थी, क्योंकि मामला नाजुक था और मुझे डर था कि अगर फ़ोन की रिकॉर्डिंग की गई तो लोग ख़तरे में पड़ सकते हैं। उसके बाद मैं कुछ हफ़्तों के लिए वापस गुवाहाटी चली गई। लेकिन राहुल मेरे पीछे पड़ा था, और अगर मैं सच कहूँ तो मैं भी उससे प्यार करती थी। राहुल उस समय मुझसे मिलने गुवाहाटी आया। हमने अपना प्रेम-सम्बन्ध और नशा करना जारी रखा। उस वक़्त तक मैं राहुल के प्यार और नशे की आदत में इतनी चूर थी

> कि मैं वह सब मानने-करने को तैयार थी जो राहुल मुझसे कहता, बशर्ते राहुल और नशा मेरे हाथ से न छूटे।

इसके बाद राहुल की माँ और पीटर की पूर्व पत्नी शबनम के परिवार की इंद्राणी से नफ़रत का खुलासा करते हुए लिखा था—

> हम लोग उसके बाद कुछ समय के लिए देहरादून गए और उस समय मुझे समझ आया कि इंद्राणी को फँसाने के लिए पूरा षड्यंत्र तैयार हो चुका है। इंद्राणी किसी को कुछ भी बताने की हालत में नहीं है, आपको भी नहीं। राहुल के मामा शमीम ने इंद्राणी का दोस्त डिकी बनकर करण हुकू को फ़ोन करके बताया कि इंद्राणी ने उसे राहुल को घर से बाहर ले जाने के लिए कहा है। इस साजिश में मैं उनके साथ मिली हुई थी, क्योंकि एक तो मैं राहुल के प्यार में स्वार्थी हो चली थी और दूसरा उन्होंने मेरे दिमाग़ में यह बात घुसा दी थी कि इंद्राणी का मेरे साथ कोई रिश्ता नहीं है, क्योंकि मैं राहुल से प्यार करती हूँ इसलिए मुझे इंद्राणी का आपसे रिश्ता तुड़वाने में उनकी मदद करनी चाहिए। मैं अब जब उस वक़्त के बारे में सोचती हूँ तो मुझे अपने बुरे बर्ताव के कारण बहुत शर्मिंदगी होती है। समय के बीतने के साथ ही मुझे समझ आया कि जिस आदमी के साथ मैं रह रही थी वो सिर्फ़ आलसी और स्वार्थी ही नहीं बल्कि इडिपस कॉम्प्लेक्स से ग्रसित भी था। मेरे आसपास उसके जो रिश्तेदार थे, वे भी उतने ही स्वार्थी थे। मिखाइल मुझे डॉक्टर माचिसवाला के पास ले गया। नशे की लत छोड़ने के बाद मैंने सोचना शुरू किया कि आगे क्या करना है। जब मुझे पता लगा कि मुझे श्रीपर्णा की शादी में इंद्राणी से मिलना पड़ेगा तो मुझे समझ नहीं आया कि मुझे क्या करना चाहिए, इसलिए मैंने जाकर अपने माता-पिता को सब सच-सच बता दिया कि कैसे राहुल और उसकी माँ ने मेरा इस्तेमाल करके इंद्राणी को बर्बाद किया है। मेरे माता-पिता और मेरा भाई चाहते थे कि मैं इस सबसे हाथ धोकर निकल जाऊँ। वे इसलिए भी बहुत दुखी थे कि मैं राहुल के साथ शादी में जा रही थी। उन्होंने इंद्राणी से भी मिन्नतें कीं कि वो मुझे और राहुल को साथ न जाने दे। लेकिन मैं फिर भी राहुल और उसकी माँ के साथ शादी में गई, क्योंकि वो कहावत है न, 'अपने

दोस्तों को क़रीब रखो लेकिन अपने दुश्मनों को और भी क़रीब रखो।' मैं इंद्राणी को शादी में चलती सारी वारदातों की ख़बर माया के ज़रिए पहुँचाती रही।

उसके बाद मुझे पता था कि मुझे इस सब गन्दगी और दुष्कर्म से बाहर निकलना है, जहाँ मैं मासूम लोगों की ज़िन्दगी बर्बाद करने में शामिल थी, क्योंकि राहुल और उसकी माँ को आपसे कुछ खुन्नस थी। आपको बर्बाद करने और आपके साथ-साथ इंद्राणी और विड्स (विधि) को बर्बाद करने के मिशन में मैं उनका और साथ नहीं दे सकती थी। बाक़ी क्या हुआ, वो तो आप जानते ही हैं। भगवान का शुक्र है कि मैं उस सब पाप से अब दूर हूँ। मैंने सोचा था कि कभी मुड़कर वापस नहीं देखूँगी और न ही आपसे बात करूँगी। मगर आज इंद्राणी का दुख भरा ईमेल पढ़कर मुझे समझ आया कि मुझे चीज़ें सही करनी ही पड़ेंगी और अपने पाप धोने ही होंगे।

'मुझे ऐसा लग रहा है कि अतीत को याद करने की कोशिश में मेरा सिर फट जाएगा और मेरे अपनों से मिले धोखे के कारण मेरे दिल के टुकड़े-टुकड़े हो जाएँगे। मैं बस एक लम्बी नींद सोना चाहती हूँ, जिससे मुझे कभी उठना न पड़े। जब मैं उठूँ तो जन्नत में उठूँ।' इंद्राणी ने मुझे आज जो ईमेल लिखा, उसकी बस एक लाइन मैं यहाँ आपके साथ साझा कर रही हूँ। उसने मुझे उस सारे दर्द के बारे में बताया, जो उसे आपसे मिला है और फिर मुझसे पूछा कि बिन बात मैंने उसके साथ इतना बुरा क्यों किया। उसके लिए ऐसी ज़िन्दगी जीना बहुत ही दुखद है, जहाँ उसे पता है कि हर रोज़ राहुल और उसकी माँ उसको बर्बाद करने की नई-नई साजिशें बना रहे हैं, फिर चाहे वो ऐसा आपके कारण ही क्यों न कर रहे हों। उसके लिए एक ऐसे व्यक्ति के साथ रहना भी बेहद दुखद है, जो उनके जितना ही स्वार्थी और क्रूर है। उसका विड्स के अलावा कोई परिवार नहीं है। अगर निराशा में उसने कुछ ग़लत क़दम उठा लिया तो मैं ख़ुद को, आपको, राहुल को और उसकी माँ को कभी माफ़ नहीं कर पाऊँगी।

मेल के आख़िर में लिखा था—

> अगर आप अपने पाप धोना चाहते हैं तो इस ईमेल का जवाब मत दीजिएगा और इसके बारे में किसी से बात मत कीजिएगा, इंद्राणी से भी नहीं। हम सबने एक-दूसरे को बहुत दुख दिया है। इस ईमेल के कारण और दुख फैलाने की कोई ज़रूरत नहीं है। मैं और मेरा परिवार आप लोगों की ज़िन्दगियों से निकल चुके हैं। मुझे पता है कि इंद्राणी के दोस्त उसकी देखरेख कर रहे हैं और उसको कोई नुक़सान नहीं पहुँचा सकता, फिर भी मैं आपसे विनती करती हूँ कि उसको थोड़ी शान्ति दें और मानसिक सन्तुलन बनाने का मौक़ा दें, और सब बुरी चीज़ों और बुरे लोगों को उससे और विड्स से दूर रखें। जैसा कि मैं ईमेल में पहले कह चुकी हूँ, मैं यह सब सिर्फ़ अपने पाप धोने के लिए कर रही हूँ।

अपने इस लम्बे-चौड़े मेल को कुछ इस तरह ख़त्म करते हुए शीना उर्फ़ इंद्राणी ने लिखा—

> मुझे पता है कि आपको मेरी सलाह मानने की कोई ज़रूरत नहीं है, फिर भी मैं आपसे कहना चाहूँगी कि अपने बेटे से बच के रहिएगा। आपके और इंद्राणी के साथ मैंने कुछ बहुत ही अच्छा वक़्त गुज़ारा है और काश वो सब कभी न बदलता। लेकिन हम सबको पता है वो सब अतीत की बातें हैं और मैं अपनी आगे की ज़िन्दगी उन अच्छी यादों के साथ जी लूँगी, जो आप दोनों और विड्स के साथ मैंने बनाई थीं, फिर चाहे हम लोग बस कुछ ही साल साथ क्यों न रहे हों। मैंने इंद्राणी के रूप में एक अच्छे दोस्त को खोया है। मैं उसका बहुत आदर करती हूँ। मुझे कभी-कभी उससे ईर्ष्या भी होती थी कि उसमें ऐसी ज़िन्दगी जीने का कितना साहस और शक्ति है, जिसके अतीत के बारे में वह कुछ नहीं जानती। मैं आशा करती हूँ कि उसे वो ख़ुशी मिल जाएगी जिसकी वो हक़दार है, और किसी दिन शायद उसकी याददाश्त भी लौट आएगी। मैं विड्स के लिए भी अच्छा ही चाहती हूँ और कभी-कभी मैं फेसबुक पर जाकर उसकी तस्वीरें भी देखती हूँ। भगवान आप सबका साथ दे और आपको इस तूफ़ान को सहने की शक्ति दे।[2-3]
>
> शीना।

पीटर ने मेल पूरा पढ़ने के बाद इसे दोबारा पढ़ा, और फिर कई बार और। यह मेल उसे शीना ने लिखा था, उस शीना ने, जिसकी लगभग ग्यारह म्हीने पहले हत्या हो चुकी थी, जैसाकि उसके बेटे राहुल ने आशंका जताई थी।

हक़ीक़त में 24 अप्रैल, 2012 को शीना की हत्या की जा चुकी थी, तो फिर उसकी मेल आईडी से यह मेल किसने भेजा? यह मेल शीना ने ही उसे भेजा है तो 24 अप्रैल, 2012 के बाद से उसने किसी से कोई सम्पर्क क्यों नहीं किया? मेल करने वाली शीना है तो वह है कहाँ? शीना वाक़ई मर गई हैं तो वह कौन है जिसने शीना के मेल आईडी से उसे मेल किया है?

जितनी बार भी यह मेल पढ़ा, उतने ही सवाल उसके दिमाग़ में कुलबुलाने लगे यह स्वाभाविक था। एक के बाद एक सवाल पैदा हो रहे थे मगर किसी सवाल का जवाब नहीं था। देखा जाए तो यह मेल भी अपने-आप में एक जवाब ही था, उस सवाल का, जिसे पिछले ग्यारह महीनों से हर कोई पूछ रहा था कि शीना कहाँ है? वह मर गई है या ज़िन्दा है? ज़िन्दा है तो कहाँ है? यह मेल अगर उसके ज़िन्दा होने के सवाल का जवाब है तो इस जवाब से पैदा होने वाले सवालों के जवाब कहाँ हैं?

एक कुटिल और चालाक दिमाग़ के हाथों खेलने वाले जिस्म में मोहब्बत-भरा दिल नहीं हो सकता।

—शहादत

कुछ भी भुलाया नहीं जा सकता

वक़्त अच्छा हो या बुरा, बीत जाता है। पर कई बार वक़्त ठहर भी जाता है, बीतता नहीं है, जैसाकि यह वक़्त ठहर गया है।

मुम्बई की भायखला जेल में इंद्राणी मुखर्जी को दो साल हो चुके हैं। भायखला जेल विशेष तौर से महिलाओं के लिए बनी है। कभी नरम गद्दों और गरम-स्वादिष्ट खाने की आदी मुखर्जी ने ख़ुद को जेल के माहौल में ढाल लिया है। अब वह ऐसी ही दिखती है, जैसी बाक़ी महिलाएँ क़ैदी। हालाँकि पहले की तरह ही अब उसके बाल कुछ वक़्त सफ़ेद रहने के बाद फिर से काले हो गए हैं। उसकी त्वचा का रंग भी निखर गया और वह कुछ-कुछ उसी रूप में लौट आई है जिसमें वह कभी बाहर की दुनिया में रहा करती थी। पर अब वक़्त वैसा नहीं रहा, जैसा कभी उसके लिए हुआ करता था।

उसे अभी भी सेवन सिस्टर्स के नाम से मशहूर नॉर्थ-ईस्ट के सात राज्यों में से एक असम की राजधानी गुवाहाटी याद है। अपने उसी पुराने रंग-रूप में। उस ज़माने में इस राजधानी शहर में सुन्दरपुर नामक बस्ती बसना शुरू ही हुई थी और इस कॉलोनी में कुछ दूसरे परिवारों के साथ दुर्गारानी और उपेंद्र बोरा नामक दम्पती भी आकर बसे थे। इनके यहाँ 1968 में एक बेटी ने जन्म लिया, जिसका नाम रखा गया—इंद्राणी। यह मिडिल क्लास फ़ैमिली थी, जो सुन्दरनगर के मकान नम्बर 8 में रहती थी। उन दिनों वह एक आबाद होती बस्ती थी, इसलिए इलाक़ा उतना विकसित नहीं था, जितना कि अब दिखाई देता है।

कच्चे रास्ते और धूल-भरी सड़कें आज पक्के रास्तों में तब्दील हो चुकी हैं। इन रास्तों पर अब अक्सर यहाँ रहने वालों की गाड़ियाँ घूमती दिख जाती हैं। उस वक़्त गुवाहाटी शहर भी उतना विकसित नहीं था, जितना आज हो चुका है। इंद्राणी का बचपन का 'घोरुवा नाम' (घरेलू नाम) पोरी था, असमिया भाषा में जिसका मतलब होता है 'परी'।

बोरा दम्पती के पड़ोसियों का कहना है कि बोरा परिवार औसत मध्यवर्गीय ज़िन्दगी बसर कर रहा था। शुरुआती शिक्षा के बाद इंद्राणी को गुवाहाटी के सेंट मेरी'ज स्कूल में भर्ती करवाया गया। यह स्कूल असम के प्रतिष्ठित गर्ल्स स्कूलों में से एक है।

स्कूल के रिकॉर्ड बताते हैं कि इंद्राणी पढ़ने में तेज़ थी। 1983 में उसने 80 फ़ीसदी से ज़्यादा अंकों के साथ हाईस्कूल पास किया। वैसे उसके सहपाठी उसे बिगड़ैल लड़की के रूप में याद रखते हैं, जो पढ़ाई में हमेशा अच्छे अंक लाती थी, लेकिन हमेशा अपनी मनमर्ज़ी करती थी।

हाईस्कूल के बाद इंद्राणी ने गुवाहाटी के कॉटन कॉलेज में दाख़िला लिया। इस कॉलेज का गौरवपूर्ण इतिहास रहा है। इस कॉलेज से असम की कई मशहूर शख़्सियतें पढ़कर निकली हैं। इन शख़्सियतों में दिवंगत संगीतकार भूपेन हजारिका से लेकर राज्य के पूर्व मुख्यमंत्री सरतचन्द्र सिन्हा तक शामिल हैं।

कॉटन कॉलेज में इंद्राणी की मुलाक़ात विष्णु चौधरी से हुई, जो वहाँ क़ानून की पढ़ाई कर रहा था। विष्णु गुवाहाटी के मशहूर डॉक्टर बीएल चौधरी का बेटा था। उसके कुछ पुराने सहपाठी सरगोशी के अन्दाज़ में कहते पाए जाते हैं कि दोनों ने कुछ समय के लिए शादी कर ली थी, लेकिन चौधरी का कहना है कि उनके बीच सम्बन्ध ज़रूर था, पर उन्होंने शादी नहीं की थी। गुवाहाटी के उलूबाड़ी में रहने वाले चौधरी ने कहा—

> मैं गुवाहाटी यूनिवर्सिटी के लॉ कॉलेज में पढ़ता था और परी कॉटन कॉलेज में बीए प्रथम वर्ष में पढ़ रही थी। वह काफ़ी सुन्दर थी। बुद्धिमान होने के साथ ही महत्त्वाकांक्षी भी। मुझे तो यही पता था कि वह माँ-बाप की इकलौती लड़की है।[4]

कॉटन कॉलेज में पढ़ाई पूरी करने के बाद इंद्राणी ने शिलांग के लेडी क्वीन कॉलेज में दाख़िला लिया। सेवन सिस्टर्स के दूसरे राज्य मेघालय की राजधानी शिलांग से गुवाहाटी की दूरी महज़ सौ किलोमीटर है। शिलांग में वह अक्सर लोकप्रिय रेस्तराँ 'चिराग़' में जाया करती थी। किसी पाँच सितारा होटल जैसे वैभव और फ़र्स्ट क्लास फर्नीचर्स से सुसज्जित चिराग़ रेस्तराँ शिलांग का एक लोकप्रिय टूरिस्ट डेस्टिनेशन है। देश-विदेश के पर्यटकों के समूह लंच और डिनर के लिए यहाँ आते रहते हैं। स्थानीय हाई सोसाइटी के लोग भी डिनर और लंच के लिए यहीं आते हैं। पार्टियाँ आयोजित करते हैं और सोशल इवनिंग और फ़न नाइट्स का लुत्फ़ उठाते हैं। चिराग़ रेस्तराँ में दी गई ऐसी ही

एक पार्टी में जब इंद्राणी पहुँची तो वहाँ उसकी मुलाक़ात सिद्धार्थ दास से हुई।

दास एक शानदार नौजवान था। उसके मुताबिक़ वह 1984 में एक कॉमन फ्रेंड के ज़रिए इंद्राणी से मिला था। दास को इंद्राणी बेहद आकर्षक लगी थी। उन दिनों दास की भी लड़कियों में काफ़ी फॉलोइंग थी। दास और इंद्राणी जल्दी ही घुल-मिल गए और बार-बार मिलने लगे। उन्हें प्यार हो गया। इंद्राणी सिद्धार्थ दास को 'सिड' कहती थी।[5] सिद्धार्थ दास का जन्म शिलांग में हुआ था। उसके पिता पोस्ट एंड टेलीग्राफ़ डिपार्टमेंट में काम करते थे। उसने 1986 में आर्ट्स सब्जेक्ट में अपना ग्रेजुएशन पूरा किया था।[6]

कॉलेज ख़त्म करने के बाद इंद्राणी वापस गुवाहाटी के सुन्दरपुर आ गई। इस बार दास उसके साथ था। वे लोग इंद्राणी के घर में ही रहने लगे। उन्होंने एक बेकरी शुरू की। दास के मुताबिक़ इंद्राणी के माता-पिता भी उसे पसन्द करते थे और उसके साथ रहने से उन्हें कोई आपत्ति नहीं थी। हम (इंद्राणी-दास) एक ही कमरे में रहते थे। बाद में दास ने दावा किया कि वे साथ ज़रूर रहते थे मगर उन्होंने कभी शादी नहीं की।[7]

बेकरी का उनका बिज़नेस चला नहीं। इंद्राणी को बेरोज़गार पति मंज़ूर नहीं था। साथ ही सिद्धार्थ के अनुसार, इंद्राणी को महँगे कपड़ों, परफ़्यूम्स और लग्ज़री कारों का शौक़ था।

सिद्धार्थ ने इंद्राणी के शौक़ के बारे में बताते हुए कहा—

> जब वह मेरे साथ रिश्ते में थी, तब भी वह दूसरे पुरुषों से महँगे उपहार स्वीकार करती थी और उनकी कारों में घूमती थी। हम इस पर झगड़ा करते थे। बाद में वह आकर माफ़ी माँगती थी और समझौता कर झगड़ा ख़त्म करती थी।[8] वह शेयर्स और इस तरह की अन्य चीज़ों में निवेश करने पर भी ज़ोर देती थी, ताकि जल्दी मुनाफ़ा हो सके।

द टेलीग्राफ़ को दिए इंटरव्यू में दास ने इंद्राणी के साथ अपने रिश्ते को लेकर कुछ और ख़ुलासे और दावे किए। इन दावों और ख़ुलासों ने उस इंटरव्यू को इतना रोचक बना दिया कि वह इंद्राणी की बीती ज़िन्दगी के बारे में जानने के लिए एक अहम दस्तावेज़ बन गया। इंद्राणी के साथ और अपनी ज़िन्दगी के उतार-चढ़ाव के बारे में दास ने इस इंटरव्यू में जो बताया उसमें दास की तरफ़ की दूसरी कहानी भी उभरकर आती है। दास ने द टेलीग्राफ़ को बताया—

शीना का जन्म फ़रवरी, 1987 में हुआ था। बेटी के जन्म के बाद उन्होंने एक अदालत में शादी करने के बारे में सोचा, लेकिन इंद्राणी कुछ महीनों से बीमार थी। जब तक वह ठीक होती, वह फिर से गर्भवती हो गई। मिखाइल का जन्म सितम्बर, 1988 में हुआ। इंद्राणी कभी दूसरा बच्चा नहीं चाहती थी, लेकिन गर्भपात के लिए बहुत देर हो चुकी थी। इंद्राणी मेरी कम आमदनी से निराश थी और एक बेहतर जीवन चाहती थी। वह मुझे मेरे व्यवसाय के अलावा दूसरी नौकरी ढूँढ़ने के लिए कहती थी, लेकिन मैं अपना कारख़ाना स्थापित करने की कोशिश में व्यस्त था।

1989 में इंद्राणी ने कहा कि हमारी आय परिवार चलाने के लिए पर्याप्त नहीं है और वह शिलांग जा रही है, जहाँ उसे नौकरी मिली थी। उसने कहा कि एक बार जब वह वहाँ सेटल हो जाएगी तो कुछ महीनों बाद मुझे भी आने के लिए कहेगी। चार महीने तक इंद्राणी ने न कोई फ़ोन किया और न ही किसी और माध्यम से कोई जानकारी दी। पाँचवें महीने उसके माता-पिता ने मुझे घर छोड़ने के लिए कह दिया। मैं बच्चों की कस्टडी लेना चाहता था, लेकिन उन्होंने इसकी अनुमति नहीं दी। मैंने उनका घर छोड़ दिया। मेरे पास इंद्राणी का शिलांग का पता नहीं था। मैंने काफ़ी खोजबीन की और दो महीने की तलाश के बाद आख़िरकार एक कॉमन फ्रेंड के ज़रिए मुझे इंद्राणी का पता मिल गया। इंद्राणी शिलांग में एक निजी फ़र्म के साथ काम कर रही थी। शायद बहुत अच्छे वेतन पर। वह मुझसे महँगी ड्रेस और बड़े आकार के शेड्स (चश्मे) पहनकर मिलने आई। इंद्राणी ने मुझे बताया कि वह किसी और (व्यक्ति) के साथ जुड़ चुकी है और अपने वर्तमान जीवन से ख़ुश है। उसने मुझे अपने जीवन से दूर जाने और उसे फिर से परेशान नहीं करने के लिए कहा। गुवाहाटी वापसी के दौरान मेरा रोड एक्सीडेंट हो गया। इस एक्सीडेंट में दाएँ पैर की हड्डी टूटने के चलते मैं छह महीने तक बिस्तर पर रहा।[9]

इंद्राणी अब दो बच्चों की माँ थी। दोनों बच्चों के नाम चुनने के पीछे भी दिलचस्प क़िस्सा है।

अपने प्रेम-सम्बन्धों के दौरान दास और इंद्राणी ने शिलांग के मूवी हॉल

में फ़िल्म 'शीना : क्वीन ऑफ़ द जंगल' देखी थी। आपको याद होगा कि 'शीना : क्वीन ऑफ़ द जंगल' 1984 में आई अमेरिकी सुपरहीरो फ़िल्म है। यह फ़िल्म कॉमिक-बुक पर आधारित थी। 1930 के दशक में पहली बार कॉमिक बुक में 'शीना' के बारे में उल्लेख किया गया था। इस कॉमिक बुक में शीना को ऐसी साहसी लड़की के रूप में दिखाया गया था, जो जंगल में रहती है और वहाँ के पशु-पक्षियों को अपना साथी समझती है।

इस एक्शन-एडवेंचर सुपरहीरो फ़िल्म और सोप ओपेरा-स्टाइल ड्रामा को केन्या में फ़िल्माया गया था। यह काल्पनिक अफ्रीकी देश टिगोरा में ज़ांबौली जनजाति में रहने वाली लड़की की कहानी है। फ़िल्म में तान्या रॉबर्ट्स, टेड वास और ट्रेवर थॉमस ने मुख्य किरदार निभाया है। इस फ़िल्म को जॉन गिलर्मिन द्वारा निर्देशित किया गया था और लोरेंजो सेम्पल जूनियर द्वारा लिखा गया था। लोरेंजो ने फ़र्स्ट 'किंग कांग' के 1976 के रीमेक में लेखन कार्य किया था।

कोलम्बिया पिक्चर्स द्वारा 17 अगस्त, 1984 को रिलीज़ की गई फ़िल्म 'शीना : द क्वीन ऑफ़ जंगल' ने कई हफ़्तों तक हाउसफुल रखा था। फ़िल्म पाँच गोल्डन रास्पबेरी पुरस्कारों के लिए नामांकित हुई, जिसमें वर्स्ट पिक्चर, वर्स्ट एक्ट्रेस (तान्या रॉबर्ट्स), वर्स्ट डायरेक्टर, वर्स्ट स्क्रीनप्ले और वर्स्ट म्यूज़िकल स्कोर शामिल हैं।

इस फ़िल्म को देखते हुए इंद्राणी और दास ने वहाँ अन्तरंग पल बिताए, जो यादगार रहे। फ़िल्म जब ख़त्म हो गई तो दोनों ने फ़ैसला किया कि अगर उनकी बच्ची पैदा हुई तो उसका नाम शीना रखेंगे। इसीलिए शीना को उसका यह नाम मिला। बेटे का नाम सोवियत रूस के नेता मिखाइल गोर्बाचेव के नाम पर मिखाइल रखा गया।[10]

इंद्राणी ने कुछ समय बाद हलफ़नामा बनवाया। इस हलफ़नामे में उसने लिखा कि वह और दास आपसी सहमति से अलग हो गए हैं। उनके बीच 1989 से कोई सम्बन्ध नहीं है। हलफ़नामे में लिखा था—

> मेरी बेटी शीना और बेटा मिखाइल मेरे साथ हैं और उन्हें मैंने अपने माता-पिता उपेंद्र-दुर्गा बोरा को क़ानूनी रूप से दे दिया है।[11]

जून, 1990 में इंद्राणी यह कहकर कोलकाता चली गई कि वह अपनी पढ़ाई पूरी करना चाहती है। गुवाहाटी से शिलांग और शिलांग से अब कोलकाता यात्रा में दास पूरी तरह इंद्राणी की ज़िन्दगी से बाहर हो चुका था या फिर इंद्राणी ने

ही उसे अपनी ज़िन्दगी से बाहर कर दिया था। अच्छी और आराम की ज़िन्दगी जीने की महत्त्वाकांक्षी इंद्राणी ने कोलकाता को अपना नया ठिकाना बनाया।

इंद्राणी ने पारिवारिक झंझटों से मुक्त और नई उड़ान भरने के लिए लगभग 22 साल की ख़ूबसूरत युवती के रूप में कोलकाता में अपना नया प्रोफ़ेशनल जन्म लिया। असम के गुवाहाटी और मेघालय के शिलांग के मुक़ाबले कोलकाता बड़ा शहर था। देश के चार सबसे बड़े मेट्रो शहरों में से एक, जिसका अपना ग्लैमर, गौरवशाली इतिहास, बड़ी इकोनॉमी और बड़े बिज़नेसमैन थे। यह इंद्राणी के लिए बेहतर अवसरों वाला शहर था। शहर के पार्टीबाज़ लोग आज भी इंद्राणी को आकर्षक और हँसमुख युवती के रूप में याद करते हैं। कोलकाता का कॉरपोरेट जगत आज तक उसके उस मादक असमिया सौन्दर्य को नहीं भुला पाया है, जब वह काली, लाल या पीली शिफ़ॉन की साड़ी में लिपटी अपनी छोटी-सी एचआर फ़र्म 'आइएनएक्स सर्विसेज़' के लिए काम की तलाश में हर कॉरपोरेट का दरवाज़ा खटखटाती फिरती थी। इसके बावजूद, इंद्राणी को कोलकाता के अभिजातवर्गीय संस्कारों में ढलने में ज़्यादा वक़्त नहीं लगा।[12]

कोलकाता आने के बाद वह एक मामूली-से पीजी में रही थी। लेकिन उसका मिलना-जुलना हमेशा बड़े लोगों के बीच रहा। अपने काम के सिलसिले में वह हर रोज़ नए लोगों से मिलती। उन्हें अपने काम के बारे में बताती। उनसे अपनी कम्पनी की उन स्कीमों के बारे में विस्तार से चर्चा करती जिन्हें लेकर वे लोग कई फ़ायदे उठा सकते थे और अपने बिज़नेस को बेहतर बना सकते थे। इन्हीं मेल-मुलाक़ातों में एक दिन उसकी मुलाक़ात संजीव खन्ना से हुई। संजीव खन्ना अक्सर भारत के सबसे पुराने और प्रतिष्ठित स्पोर्ट्स क्लब सीसी&एफसी (Calcutta Cricket & Football Club) का सदस्य था और वहाँ अक्सर जाया करता था। यह क्लब उस दौर में कोलकाता के नामी-गिरामी अमीर और बिज़नेसमैन लोगों का अड्डा हुआ करता था।

सीसी एंड एफसी के इन्हीं नामी-गिरामी और गप्पबाज़ लोगों से संजीव खन्ना के बारे में कई कहानियाँ सुनने को मिलती हैं, जो उसके जीवन के कई अनछुए पहलुओं को उजागर करती हैं। संजीव खन्ना जब बच्चा था तभी उसके पिता की कथित तौर पर हत्या कर दी गई थी। पिता की हत्या के बाद उसकी माँ ने हेस्टिंग्स में उसका पालन-पोषण किया। शुरुआती शिक्षा के बाद संजीव खन्ना आगे की पढ़ाई के लिए अजमेर के मेयो कॉलेज चला गया। वहाँ से लौटने के बाद वह अपने क़रीबी स्कूली मित्र अजय रावला के साथ कोलकाता में कई

प्रोजेक्ट्स से जुड़ा। इन प्रोजेक्ट्स से उसने काफ़ी पैसा कमाया और नाम भी।[13]

संजीव को जानने वाले लोग कहते हैं कि खन्ना अपना काम करवा लेना जानता था। खन्ना के बारे में ये लोग कहते हैं कि वह एक हँसमुख और दोस्ताना मिज़ाज का शख़्स था, जो बड़ों का सम्मान करता था। उसकी पढ़ाई-लिखाई और पारिवारिक पृष्ठभूमि अच्छी थी। क्लब की प्रमुख गतिविधियों, जैसे—हॉकी, फुटबॉल या रग्बी से उसका कोई लेना-देना नहीं था, लेकिन मोटर रैली का वह दीवाना था। वह बहुत सारे लोगों को जानता था। उसके व्यक्तित्व का बुरा पक्ष यह था कि उसे शराब पसन्द थी और वह बहुत शराब पीता था। कभी-कभार वह नशे में दूसरों से उलझ भी जाता था। कई बार मार-पीट भी हो गई, जिसके चलते उसे कुछ दिनों के लिए क्लब से निलम्बित तक कर दिया जाता था। कई बार उसने पैसे नहीं चुकाए होते थे। उसके कुछ क़रीबी दोस्त बताते हैं कि वह उदास शहज़ादे की तरह ज़िन्दगी जीता था। उदासी के इन्हीं दिनों में एक रोज़ उसकी मुलाक़ात इंद्राणी से हुई और वह उस पर फ़िदा हो गया।[14]

खन्ना के साथ इंद्राणी की ज़िन्दगी में उसका रसूख़ और ग्लैमर भी आया, जिससे उसके बिज़नेस को फ़ायदा हो सकता था। दोनों के बीच निकटता बढ़ी और जल्दी ही यह निकटता रोमांस में तब्दील हो गई। दोनों ने मार्च, 1993 में शादी कर ली।

खन्ना के मुताबिक़, 1990 में इंद्राणी के कोलकाता आने के कुछ महीने बाद उन दोनों की मुलाक़ात हुई थी। वह एक कंप्यूटर कोर्स कर रही थी और पेइंग गेस्ट के रूप में रहती थी। हमने कुछ समय के लिए एक-दूसरे को डेट किया और फिर 1993 में एक छोटे से समारोह में शादी कर ली। शादी के समारोह के छोटा होने के बावजूद इंद्राणी के परिवार की ओर से शायद ही कोई उस शादी में शामिल हुआ था।

खन्ना का कहना था—

> इंद्राणी के पिता से एक बार मिलने के अलावा वह उसके परिवार के किसी भी सदस्य से कभी नहीं मिला।[15]

खन्ना से शादी के बाद अब इंद्राणी की पहुँच कोलकाता के अलीपुर में रईसों के इलाक़े हेस्टिंग्स तक हो गई थी, जहाँ वह बेधड़क जाती और नए-नए लोगों से मित्रता करती।

क्लबों की दुनिया में दिलचस्पी रखने वाले कोलकाता के कुछ लोगों का मानना है कि खन्ना से शादी के बाद हेस्टिंग्स जा पहुँची इंद्राणी के सीसी&एफसी

क्लब में लगातार आने-जाने से वहाँ के उच्च वर्ग में वह जानी-मानी शख़्सियत हो गई थी।

1997 में संजीव खन्ना और इंद्राणी के यहाँ एक बेटी हुई, जिसका नाम उन्होंने 'विधि' रखा।

इंद्राणी ने आइएनएक्स सर्विसेज़ नाम की कम्पनी शुरू कर दी थी। उसका ऑफ़िस भी खुल चुका था। एचआर कंसल्टेंसी का काम चल रहा था। उसकी एचआर कम्पनी रेस्तराँ, छोटे होटलों और इवेंट वग़ैरह में अपनी सेवाएँ देती थी। कई सारी कॉलेज से निकली नई-नई लड़कियों को उसने काम पर रखा था। कुछ साल में उसका नेटवर्क फैलने लगा। कोलकाता के प्रभावशाली रईस तबक़े तक इंद्राणी की पहुँच बनाने में शायद टी.पी. रॉय नाम का शख़्स भी मददगार साबित रहा था, जिसे उसके दोस्त 'रॉनी' कहकर बुलाते थे। वह उत्तरी बंगाल के दुआर स्थित चाय बागानों का मालिक हुआ करता था। रॉय शहर के क्लबों का सक्रिय सदस्य था। कुछ साल पहले उसे लकवा मार गया। टॉलीगंज क्लब के सदस्य आज भी इस गप्पी बुज़ुर्ग को याद करते हैं, जो ख़ुद अपना ड्रिंक बनाता था। उसके साथ एक नर्स भी होती थी। रॉय ऐसे पुराने रईस ख़ानदान से था जिसकी छवि शहर में बहुत ऊँची थी, क्योंकि उसके बाप-दादाओं ने कला के प्रति अपने प्रेम आदि से बहुत पैसा बनाया था और हमेशा ऐयाशी-भरा जीवन जिया था। रॉय और उसके परिवार को जानने वाला एक शख़्स बताता है—

> उनके पास अब वैसा पैसा नहीं रह गया है।

क्लब के एक बुज़ुर्ग सदस्य कहते हैं—

> उनका सामाजिक सम्पर्क हालाँकि हमेशा बना रहा। इंद्राणी उनके क़रीब थी और उनके माध्यम से उसकी पहुँच बेहद नकचढ़े और अभिजात समाज के उस विशिष्ट हिस्से तक हो गई जो वैसे मुमकिन नहीं होता।

इंद्राणी के बारे में एक और एचआर कंसल्टेंट बताते हैं—

> वह कभी किटी पार्टी की शौक़ीन नहीं रही। उसके शिकार की पसन्दीदा जगहें कॉरपोरेट दफ़्तर थे, सीसीएफसी था, वे जगहें जहाँ रईस मारवाड़ी लड़कियों का जुटान होता था, जिनमें अधिकतर 'क्वीन

ऑफ़ द मिशंस' और 'कलकत्ता गर्ल्स कॉलेज' से पढ़ी होती थीं, और आइएएस अफ़सरों की पत्नियों का 'सर्किट'।

शहर की बदलती सीरत के साथ शायद इन्हीं तबक़ों के माध्यम से इंद्राणी कामयाबी की सीढ़ियाँ चढ़ती गई। कोलकाता में इंद्राणी की जो छवियाँ हैं वे परस्पर विरोधाभासी हैं। मधुर व्यक्तित्व से लेकर जोड़-जुगाड़ करने वाली, विनम्र लेकिन अक्खड़, ज़िन्दादिल लेकिन प्रतिशोध से भरी हुई। एक वरिष्ठ एचआर कर्मी की मानें तो वह 'अपनी महत्त्वाकांक्षा में अंधी' थी। इसके बावजूद, "दूसरों को उसके भीतर ऐसी किसी भी प्रवृत्ति का एहसास तक नहीं होता था।"[16]

इंद्राणी के व्यक्तित्व के इस विरोधाभासी पहलू पर बात करते हुए खन्ना ने कहा—

> वह हमेशा इसे बड़ा बनाना चाहती थी और मैंने उसे कभी नहीं रोका।[17]

खन्ना इंद्राणी जितना महत्त्वाकांक्षी नहीं था। इंद्राणी की इन गतिविधियों और तिकड़मबाजियों की वजह से अब उसका और खन्ना का वैवाहिक जीवन भी प्रभावित होने लगा। दोनों में धीरे-धीरे दूरियाँ बढ़ीं और आख़िर में वे अलग हो गए। इंद्राणी खन्ना को कोलकाता में ही छोड़कर मुम्बई पहुँच गई।

इंद्राणी जिस साल मुम्बई पहुँची थी बिज़नेस के हिसाब से वह साल बड़ा अफ़रा-तफ़री भरा था। एक ऐसा साल, जिसमें घटित घटनाओं को कभी भुलाया नहीं जा सकता। अमेरिका के वर्ल्ड ट्रेड सेंटर पर आतंकवादी हमला हो चुका था, भारत गुजरात भूकंप से उभरने की कोशिश कर रहा था और नॉर्थ ईस्ट और बंगाल के लिए महत्त्वपूर्ण ढाका (बांग्लादेश) मैत्री बस सेवा की शुरुआत कर रहा था। इन्हीं घटनाओं के बीच इंद्राणी के मुम्बई प्रवास को लेकर विज्ञापन जगत के बादशाह एलेक पदमसी की पत्नी शैरोन प्रभाकर बताती हैं कि एलेक अपने क्लाइंट्स से मिलने के लिए अक्सर कोलकाता जाया करते थे, जहाँ इंद्राणी से उनकी भेंट होती रहती थी। वह हर पार्टी में मौजूद होती थी। उसकी फ़र्म को रिलायंस से एक कॉन्टैक्ट मिला था। उसकी शादी फँसी हुई थी और वह कुछ बड़ा करने का सपना देख रही थी। पदमसी कहते हैं कि उन्होंने ही उस दुबली-पतली विनम्र महिला (इंद्राणी) को मुम्बई आने के लिए कहा था। वह साल 2001 में जब वह मुम्बई आई तो आर्थिक राजधानी में सम्पर्क साधने का अपना ज़रिया उसने पदमसी को बनाया।[18]

मुम्बई पहुँचने पर इंद्राणी ने कोलकाता को मानो एक तरह से त्याग दिया। फूलों का रस चूसने के बाद जैसे भँवरा बाग़ से फुर्र हो जाता है वैसे ही वह कोलकाता से ग़ायब हो गई। वहाँ सीसी&एफसी क्लब में लोग उसके बारे में चटखारे लेकर बातें बनाने लगे। संजीव खन्ना अब 'बेचारा संजू' कहलाने लगा। तलाक़ के बाद बेटी विधि की कस्टडी भी इंद्राणी को मिल गई। खन्ना एक बार फिर तनहा रह गया।

अपनी किताब *Devil's Daughter* (डेविल्स डॉटर) में विधि लिखती है कि इंद्राणी ने उसे बताया था कि विधि की कस्टडी हासिल करने के बदले इंद्राणी ने अपना सब कुछ (पैसे और प्रॉपर्टी) छोड़ दिया था।

मुम्बई में एचआर का अपना बिज़नेस खड़ा करने के लिए एक दोस्त ने इंद्राणी को पैसे उधार दिए थे।[19] मगर सब कुछ ऐसा नहीं था। तलाक़ के बाद भी खन्ना इंद्राणी को भुला नहीं पाया था और वह लगातार उसके सम्पर्क में था। जहाँ तक उससे हो सकता था वह सम्पर्क बनाने और बिज़नेस बढ़ाने में उसकी मदद करता रहा था। मुम्बई में भी इंद्राणी के बिज़नेस को खन्ना की मदद मिलती रही थी। खन्ना के दोस्त बलविंदर सिंह धामी ने खन्ना के कहने पर इंद्राणी की मदद की थी।[20] धामी के बयान के अनुसार—

> उसकी और संजीव खन्ना की पहली मुलाक़ात 1985-86 में हुई थी। एक्टिंग में दिलचस्पी होने के कारण बाद में धामी मुम्बई शिफ़्ट हो गया। उसने आठ-दस छोटी-मोटी फ़िल्मों में एक्टिंग की भी। एक बार जब वह कोलकाता में था तो संजीव खन्ना के घर लंच के लिए गया। उस लंच के दौरान, संजीव खन्ना की पत्नी इंद्राणी ने मुम्बई में अपनी आइएनएक्स कम्पनी का ऑफ़िस खोलने की इच्छा ज़ाहिर की। धामी ने इंद्राणी को मुम्बई में अपने घर पर ऑफ़िस खोलने और रहने का ऑफ़र दिया। यह भी तय हुआ कि जो भी प्रॉफ़िट होगा उसमें से आधा धामी ले लेगा, क्योंकि वह लॉजिस्टिक सपोर्ट दे रहा है। इंद्राणी इस पर राज़ी हो गई। 1999 के आख़िर में मुम्बई का एक चक्कर लगाने के बाद इंद्राणी 2002 में मुम्बई आ गई और 15 दिन मेरे घर ठहरी। इसी बीच इंद्राणी कोलकाता जाकर अपनी बेटी विधि को भी साथ ले आई।

बेटी के साथ मुम्बई आने के बाद इंद्राणी ने यहाँ अपना बिज़नेस खड़ा करने के लिए हाथ-पैर मारना शुरू किए। यहाँ भी वह कोलकाता की तरह

हर रोज़ नए-नए लोगों से मिल रही थी। अपना नेटवर्क बना रही थी और अपनी कम्पनी की सेवाओं के बारे में बड़े बिज़नेस टायकून्स से अपॉइंटमेंट ले रही थी। इसमें उसकी मदद कर रहे थे एलेक पदमसी। वे उसे उन लोगों से मिलने के लिए कहते, जिनसे उसके बिज़नेस को फ़ायदा हो सकता था। मुम्बई में इंद्राणी के लिए एलेक पदमसी काफ़ी काम के साबित हो रहे थे। कई बार इन मुलाक़ातों में एलेक के दूसरे साथी भी होते, जिनसे अब इंद्राणी की भी जान-पहचान हो गई थी। ऐसी ही मुलाक़ातों की एक शाम एलेक और उसके साथियों के साथ इंद्राणी साल 2002 में मुम्बई के कफ़ परेड के पाँच सितारा होटल 'द प्रेसिडेंट' के मशहूर 'द लाइब्रेरी बार' में गई। मुम्बई के अमीर लोगों की चहल-पहल से हमेशा गुलज़ार रहने वाला यह एक लग्जरी बार है। यहाँ हर वक़्त मुम्बई के बिज़नेसमैन बैठे रहते हैं। वे यहाँ अपना ख़ाली वक़्त बिताते हैं, शराब पीते हैं, कपल्स डांस देखते हैं, दोस्तों से मिलते हैं, लंच और डिनर करते हैं और इन सबके बीच बिज़नेस को बढ़ाने और फैलाने के नए-नए मंसूबे भी बनाते हैं। इन्हीं मेल-मुलाक़ातों और मंसूबों ने मुम्बई में कई अदना कारोबारियों को बिज़नेस टायकून बनाया है तो कई को दिवालिया भी किया। यह बार मुम्बई के उच्चवर्गीय समाज से सम्बन्धित कई लोगों के जीवन का टर्निंग पॉइंट रहा है। बिलकुल उसी तरह जैसे यह इंद्राणी की ज़िन्दगी के लिए भी टर्निंग पॉइंट साबित होने वाला था। एक ऐसा पॉइंट, जो उस जैसी कम नामचीन, जोड़-तोड़ करने में माहिर और अपने काम के लिए हर किसी से सम्बन्ध बनाने वाली महिला को रातों-रात बदल देने वाला था और पलक झपकते ही उसे मीडिया जगत की सबसे मशहूर शख़्सियतों में शुमार कर देने वाला था।

मुम्बई शहर की ख़ासियत है कि लोकल ट्रेन से लेकर पाँच सितारा होटलों तक, हर कहीं जगह की कमी हमेशा ही रहती है। यह बात पाँच सितारा होटल 'द प्रेसिडेंट' के मशहूर 'द लाइब्रेरी बार' के बारे में भी सच है। 'द लाइब्रेरी बार' दक्षिण मुम्बई के कफ़ परेड पर है। हर रोज़ की तरह उस दिन भी इसके दरवाज़े पहली बार आने वाले हर अजनबी और हर रोज़ आने वाले जाने-पहचाने लोगों के लिए खुले थे। शाम का वक़्त था। रोज़ की तरह उस शाम भी बहुत भीड़ थी। लोगों के आने-जाने से बार का दरवाज़ा बार-बार बन्द और खुल रहा था। बार के अन्दर का माहौल बहुत आनन्दित और उल्लासपूर्ण था। रंगीन लाइटें जगमगा रही थीं। एक ओर कुछ कपल्स डांस कर रहे थे

तो उनके सामने टेबल्स पर दोस्तों के समूह में बैठे लोगों को वेटर्स ड्रिंक्स पेश कर रहे थे। कुछ लोग वहाँ के खाने का आनन्द ले रहे थे तो कुछ लोग आपस में गॉसिप कर रहे थे। कई लोग ड्रिंक्स काउंटर पर खड़े अपनी पसन्द की ड्रिंक्स बनवा रहे थे। कुछ लोग अपने किसी नए दोस्त का परिचय अपने पुराने दोस्तों से करा रहे थे। बार की हर टेबल पर कोई न कोई गतिविधि हो रही थी जब एलेक-इंद्राणी और उनके साथी वहाँ पहुँचे।

पहले से उनकी वहाँ कोई बुकिंग नहीं थी। शायद उनका ख़याल था कि इतनी महँगी जगह होने से वहाँ उतनी भीड़ न हो कि उन्हें जगह तलाश करने के लिए खड़े होना पड़े। पर वे ग़लत थे। दरवाज़ा खुलने पर जब एलेक-इंद्राणी और उनके साथी अन्दर पहुँचे तो वहाँ का माहौल देखकर वे सब थोड़ा झेंप गए, क्योंकि बार में कोई भी टेबल ख़ाली नहीं थी। सारे टेबल भरे हुए थे। जगह की तलाश में उन्होंने इधर-उधर नज़रें दौड़ाईं पर एक भी टेबल ख़ाली नहीं दिखी। उन्होंने कुछ देर इन्तज़ार करने की सोची। वे दरवाज़े से कुछ हटकर खड़े हो गए और बार की अन्दरूनी जगमगाती-रंगीन दुनिया देखने लगे। ख़ाली टेबल की तलाश में उनकी नज़रें कभी डांस करते कपल्स पर जा रही थीं तो कभी टेबल्स पर बैठे लोगों की ओर। एक-दो बार उनमें से कई ने ड्रिंक्स काउंटर की ओर भी देखा, पर कोई उस तरफ़ गया नहीं। वे बस, लोगों को वहाँ जाते और अपनी पसन्दीदा ड्रिंक्स बनवाते देखते रहे।

काफ़ी देर ऐसे ही खड़े रहने के बाद एकाएक उनकी नज़र एक टेबल पर गई। इस टेबल पर मीडिया मुगल पीटर मुखर्जी, ऐड गुरु सुहैल सेठ और दिवंगत राजनेता मुरली देवरा बैठे थे। ये तीनों दोस्त बैठे ड्रिंक्स कर रहे थे और बातचीत में मशगूल थे। तभी इनमें से एक की नज़र एलेक पदमसी पर पड़ी। उसने हाथ हिलाकर एलेक को अपनी टेबल पर आने का इशारा किया। इन्वाइट किए जाने पर एलेक इंद्राणी और दूसरे दोस्तों के साथ उस टेबल पर जाकर बैठ गए। टेबल पर शुरुआती हाय-हैलो के बाद एलेक ने अपने साथियों के लिए ड्रिंक्स ऑर्डर की। ड्रिंक्स पीते हुए पीटर की टेबल पर थोड़ी देर के लिए उनका डेरा जमा। इसी बीच एलेक पदमसी ने इंद्राणी को पीटर मुखर्जी से मिलवाया। एलेक ने पीटर से इंद्राणी को उसके बिज़नेस में मदद करने के लिए कहा। पीटर तब स्टार इंडिया का सीईओ था। टीवी की दुनिया का उस वक़्त का सबसे सफल नाम। परिचय होने के बाद पीटर ने कुछ देर इंद्राणी से बात की। बीच-बीच में वह अपने ड्रिंक्स से छोटी-छोटी घूँट लेता रहा। उन अजनबी लोगों से पहली मुलाक़ात के बावजूद इंद्राणी के स्वभाव

में किसी प्रकार की झिझक या हिचक नहीं थी। वह नॉर्मल बिहैव कर रही थी और पीटर और बाकी साथियों के हर सवाल का जवाब मुस्कुराते और बीच-बीच में हँसते हुए दे रही थी। पीटर की तरह वह भी बातचीत के बीच में अपने गिलास से ड्रिंक का एकाध घूँट ले रही थी। साथ ही उसकी नज़र बार की रौनक और डांस कर रहे कपल्स की ओर भी उठ जाती थी। वे लोग काफ़ी देर तक पीटर की टेबल पर बैठे रहे और उस हल्की-फुल्की बातचीत से भरी शाम का लुत्फ उठाते रहे।

थोड़ी देर बाद एलेक ने इंद्राणी और अपने साथियों को वहीं छोड़ा और एक दूसरे पाँच सितारा होटल के लिए निकल गए। इंद्राणी ने भी उनके साथ जाने की कोशिश नहीं की।

पीटर मुखर्जी के दोस्त और ऐड गुरु सुहैल सेठ सन् 2002 की उस शाम पीटर के साथ मौजूद थे, जब पीटर और इंद्राणी की पहली मुलाक़ात हुई थी। यह मुलाक़ात एलेक पदमसी ने करवाई थी। इस मुलाक़ात के बारे में सुहैल सेठ कहते हैं कि इंद्राणी द प्रेसिडेंट होटल के लाइब्रेरी बार में आई तो एलेक पदमसी के साथ थी लेकिन वापस पीटर के साथ गई थी। उस पहली मुलाक़ात और उसके बाद के वाक़िये का उल्लेख सुहैल सेठ ने *द टेलीग्राफ़* अख़बार में लिखे अपने गेस्ट कॉलम में भी किया था।[21] यह लेख इंद्राणी और पीटर के बीच हुई उस पहली मुलाक़ात के बारे में विस्तार से चर्चा करता है। साथ ही उस वक़्त के इंद्राणी के व्यक्तित्व से भी परिचय कराता है। बार में इंद्राणी एलेक पदमसी के साथ आई थी पर उसकी खूबसूरती से प्रभावित हुए लेखक ने एलेक को नहीं बल्कि इंद्राणी को अपनी टेबल जॉइन करने के लिए कहा था। टेबल जॉइन करने के लिए कहने के इस वाक़िए में दिलचस्प बात यह है कि एलेक उन लोगों के पुराने दोस्त थे, जबकि इंद्राणी अपरिचित थी। अनजान होने पर भी इंद्राणी को अपनी टेबल पर इन्वाइट करने के बारे में लेखक अपने लेख में लिखते हैं—

> मैं पीटर मुखर्जी को लगभग 15 साल से जानता हूँ। उस शाम मैंने पीटर, सुमंत्र दत्ता (स्टार एग्जीक्यूटिव) और दिवंगत राजनेता मुरली देवरा को द प्रेसिडेंट होटल के लाइब्रेरी बार में मिलने के लिए बुलाया था। वह मुम्बई की आम शाम की तरह ही एक शाम थी और मैं उस शाम को अपने दोस्तों के साथ बिताना चाहता था। बार के अन्दर बैठे हम लोग ड्रिंक कर रहे थे कि तभी ख़ूबसूरत महिला

इंद्राणी वहाँ पहुँची। उसके साथ एलेक पदमसी थे। एलेक ने हम सबसे हेलो कहा। मैंने पहल करते हुए इंद्राणी (न कि एलेक) को हमारी टेबल पर ज्वाइन करने को कहा। हमारी टेबल पर पीटर की तत्कालीन गर्लफ्रेंड सपना भी बैठी थी। अगर मुझे ठीक से याद है तो वह जेडब्ल्यूटी ('जे. वाल्टर थॉम्पसन' एडवरटाइजमेंट होल्डिंग कम्पनी) के लिए काम करती थी। इंद्राणी में एक चार्म था और बातचीत के दौरान उसने मुझे याद दिलाया कि कैसे उसकी और मेरी एक बार कलकत्ता के सीसी&एफसी क्लब में मुलाक़ात हुई थी। फिर उसने अपने पति और बेटी विधि के बारे में बताते हुए जानकारी दी कि अब वह और उसका पति एक दूसरे से अलग हो चुके हैं।

वह शाम अच्छी गुजरी। इस शाम का पीटर पर यह असर हुआ कि उसने अपनी गर्लफ्रेंड सपना को घर छोड़ने के लिए मुझे और सुमंत्र को कहा और ख़ुद इंद्राणी के साथ चला गया। मैं दो दिन बाद दिल्ली से वापस आया और फिर इंद्राणी को फ़ोन किया और पूछा कि वह कहाँ है। जैसे ही मैंने फ़ोन नीचे रखा, मुझे पीटर का फ़ोन आया और उसने कहा कि वह इंद्राणी के बारे में बहुत गम्भीर है और उससे शादी करने पर विचार कर रहा है, इसलिए मुझे शायद इंद्राणी को अलग नज़र से देखना चाहिए। मैंने उसी वक़्त से वैसा ही किया। पीटर और इंद्राणी फिर एक-दूसरे से संजीदगी से मिलने लगे। लगभग तीन महीने बाद पीटर ने मुझे फ़ोन कर बताया कि वह और इंद्राणी शादी कर रहे हैं। शादी उनके पोचखानावाला रोड के निवास स्थान पर हुई, एकदम छोटे स्तर पर। मुझे इंद्राणी के परिवार से कोई नहीं दिखा, मगर उसकी बेटी विधि वहाँ थी।

शादी के बाद वे अपने हनीमून पर चले गए और लगभग एक महीने बाद वे जब दिल्ली आ रहे थे, तब पीटर ने मुझसे कहा कि हम सभी को मिलना चाहिए। इसलिए मैंने इस नवविवाहित जोड़े के सम्मान में घर पर डिनर आयोजित करने का निर्णय लिया, जिसमें पीटर के सभी मित्र शामिल थे।

पीटर के स्टार इंडिया कम्पनी से हटने के बाद उसने और इंद्राणी

ने अपनी मीडिया कम्पनी आइएनएक्स शुरू की और उन वर्षों के दौरान, मैं और वे लगातार ट्रैवल कर रहे थे और व्यस्त थे, इसलिए हम उतने सम्पर्क में नहीं रहे जितना हम आम तौर पर होते थे। हम बहुत कम मिले थे। मैंने देखा कि पीटर में इंद्राणी की बेटी के प्रति कितना प्यार और अपनापन था।

इस बीच इंद्राणी एक मीडिया टायकून के रूप में उभरी और कोलकाता की इस लड़की ने मुम्बई में ख़ुद की पहचान क़ायम की। कुछ साल बाद इंद्राणी और पीटर दोनों ने मुझे यह बताने के लिए फ़ोन किया कि वे आइएनएक्स बेच रहे हैं और इंग्लैंड जा रहे हैं। फिर वे इंग्लैंड के ब्रिस्टल चले गए, जहाँ उनकी बेटी विधि भी तब पढ़ रही थी।

लगभग तीन साल पहले इंद्राणी ने मुझे यह कहने के लिए बुलाया कि वह और पीटर मुम्बई आ रहे हैं और मेरे साथ डिनर करना चाहेंगे। मगर मैं तब न्यूयॉर्क में था, इसलिए मैंने उनसे फिर कभी लंदन और/या ब्रिस्टल में मिलने के लिए कहा। मैं फिर उन दोनों से कुछ महीने बाद लंदन में मिला, जहाँ मेरा लेक्चर होना था। इसके बाद हम ड्रिंक और डिनर के लिए बाहर गए। वह आख़िरी पल था जब मैंने उन्हें देखा था।

मुम्बई में अपने शुरुआती प्रवास के दौरान ही इंद्राणी विधि को अपने साथ ले आई थी। विधि इंद्राणी के दूसरे पति संजीव खन्ना की बेटी थी, जिसकी उसने क़ानूनी कस्टडी हासिल कर ली थी। इंद्राणी से शादी के बाद पीटर ने उसकी बेटी विधि को भी क़ानूनी तौर पर गोद ले लिया था। विधि ने अपनी किताब *डेविल्स डॉटर* में पीटर-इंद्राणी की उस पहली मुलाक़ात के बारे में भी लिखा है। विधि लिखती है: जैसे कि मुझे बाद में उन दोनों ने बताया था, वह मुलाक़ात उनकी यादों में कुछ इस प्रकार बसी थी—

जैसे ही एलेक पदमसी ने पीटर-इन्द्राणी को एक-दूसरे से मिलवाया वैसे ही दोनों के भीतर कहीं पटाखे फूटे। इन्द्राणी ने पीटर से उसका कार्ड लिया। पीटर ने भी कई बार उससे कहा कि अगर कोई ज़रूरत हो तो उसे फ़ोन करे। कुछ दिन बीते। इंद्राणी ने अब तक फ़ोन नहीं

> किया था। पीटर की उत्सुकता बढ़ती जा रही थी। पीटर ने एलेक से बात करके उससे इन्द्राणी का नम्बर लिया और उसे फ़ोन किया। इंद्राणी को कोई आश्चर्य नहीं हुआ। वह तो जैसे इन्तज़ार ही कर रही थी। पीटर ने इन्द्राणी को डेट के लिए कहा और उस शाम दोनों साथ वाइन टेस्टिंग इवेंट के लिए गए। बकौल पीटर वह पूरी तरह से अभिभूत थे और इन्द्राणी ने उनके पैरों के नीचे से ज़मीन खींच ली थी। इंद्राणी के साथ अपनी उस पहली ही डेट पर पीटर इतने ज़्यादा इश्कियाए हुए थे कि तीसरी ही डेट पर उन्होंने इन्द्राणी को प्रपोज़ कर दिया था।[22]

पीटर अपनी पहली पत्नी शबनम को छोड़ चुका था और इंद्राणी अपने दूसरे पति संजीव खन्ना से अलग हो चुकी थी। उसने मुम्बई आने से पहले ही खन्ना से तलाक़ ले लिया था। जब वह मुम्बई आई तो हर रिश्ते से मानो एकदम मुक्त थी। उस वक़्त उसके पास लोगों को दिखाने के लिए केवल एक ही रिश्ता था, उसकी बेटी विधि का रिश्ता। वे दोनों एक-दूसरे के लिए उपलब्ध थे। पीटर ने इंद्राणी को शादी के लिए प्रपोज किया तो उसने हाँ करने में देर नहीं की। साथ ही शर्त रखी कि पीटर को पहले उसकी पाँच साल की बेटी विधि की रज़ामंदी भी लेनी होगी और शादी के बाद विधि उन दोनों के साथ ही रहेगी। पीटर इंद्राणी की इस शर्त पर ख़ुशी-ख़ुशी राज़ी हो गया।

सब कुछ बहुत आसानी से हो गया, जैसाकि उसने सोचा था। पीटर ने विधि से उसकी माँ इंद्राणी से शादी करने की इजाज़त माँगी तो उसने आसानी से हाँ कर दी। शादी के बाद विधि उन दोनों के साथ रहने लगी। कुछ समय बाद पीटर ने विधि को क़ानूनी तौर पर गोद ले लिया।

शादी के बाद पीटर-इंद्राणी को ऐसे कपल के रूप में जाना जाने लगा जो एक-दूसरे से दूर नहीं रह सकते थे। इंद्राणी और पीटर दो जिस्म एक जान थे। इंद्राणी ने शहर में बहुत कामयाबी हासिल की। पीटर गोल्फ़ खेलते थे और कारों के शौक़ीन थे, तो इंद्राणी टॉप सीईओ के साथ मीटिंग करती, मिलती-जुलती, फ़ोन पर बात करती और अपनी पसन्दीदा मटन करी पकाती।

मुम्बई के उच्च वर्ग में पीटर और इंद्राणी की इस लव मैरिज के बारे में एक क़िस्सा बहुत मशहूर है। पहली मुलाक़ात के बाद पीटर और इंद्राणी दोनों को इश्क़ में डूबे हुए अभी कुछ हफ़्ते ही बीते थे कि सोशलाइट फ़रजाना कॉन्ट्रैक्टर के मालाबार हिल स्थित मकान पर साल 2002 में एक डिनर के

दौरान दोनों ने टेबल के नीचे एक-दूसरे का हाथ पकड़ लिया। एक के दाएँ हाथ में दूसरे का बायाँ हाथ था और एक ने दाएँ तो दूसरे ने बाएँ हाथ से खाना खाया। स्टार टीवी के सीईओ की इस हरक़त पर उनके दोस्तों ने ख़ूब मज़े लिये और मज़ाक़ उड़ाया।

इसी तरह का एक और मशहूर क़िस्सा है कि इंद्राणी ने मुम्बई के अपने शुरुआती दिनों में एक पार्टी के दौरान अभिनेत्री सिमी गरेवाल पर कुछ भद्दी फब्तियाँ कसी थीं। एक और दोस्त था जिसने एक बार एक सीईओ को उसे सलाह देते देखा था कि उसे अपना वाइन का गिलास कैसे थामना चाहिए। इंद्राणी ने ऐसी कई और सलाहें अपने अन्य परिचित मित्रों को दी थीं, जिन्होंने उसके सामने तो उसकी सलाहों के लिए धन्यवाद कहा, पर दिल से उसके इस व्यवहार को पसन्द नहीं किया था। कहा जाता है कि अपनी इस टीका-टिप्पणी के चलते उसने जल्द ही कई ख़ामोश दुश्मन बना लिये थे।

मुखर्जी दम्पती के लिए मुम्बई के पैसेवाले तबक़े ने अपने दरवाज़े खोल दिए क्योंकि वे पीटर को जानते थे, उसकी पत्नी को नहीं, जिसके बारे में टीवी जगत से जुड़ी रवीना राज कोहली कहती हैं—

> अक्सर शराब के दौर में हम उसके बारे में बातें किया करते थे।

उन लोगों के बीच अपनी स्वीकार्यता बढ़ाने के लिए इंद्राणी काफ़ी कुशलता से आगे बढ़ रही थी। उसे लोगों से बात करने का ढंग आता था। वह आसानी से लोगों में घुल-मिल जाती थी। उनसे बात करते हुए उनकी आँखों में झाँकती। बातों के अनुसार भाव बनाने के लिए वह आँखों की पुतलियाँ घुमाती और भौंहें मटकाती। दो-चार जुमलों के बाद ही वह उन्हें 'बेब' और 'बेबी' जैसे अनौपचारिक शब्दों से पुकारने लगती। वह इतना नॉर्मल होकर बात करती कि उससे पहली बार मिलने वाला इंसान भी यह अन्दाज़ा नहीं लगा पाता था कि वह उससे पहली बार मिल रहा है। फिर वह एक जाने-माने सीईओ की पत्नी थी। इंद्राणी के इस व्यवहार पर उद्योग जगत की एक बड़ी शख़्सियत की पत्नी कहती हैं—

> वह बहुत अच्छी थी, इतनी अच्छी कि थोड़ी देर बाद आपको उस पर विश्वास ही नहीं हो पाता। वह बात करते वक़्त सामने वाले की आँखों में सीधा देखती थी। अपनी भौंहें मटकाते हुए आपको 'बेब' कहती। कोई भी इतना भला तो नहीं होता।

सोशलाइट और पूर्व मिस इंडिया क्वीनी सिंह कहती हैं—

> वह मुम्बई के अभिजात समाज का हिस्सा कभी नहीं थी। वह बाहरी थी। मुम्बई का समाज उसे स्वीकार नहीं करता था, इसलिए वह पूरी सोची-समझी रणनीति के साथ लोगों को अपना बनाने में जुटी थी।[23]

शीना के मर्डर और इंद्राणी की गिरफ़्तारी के बाद जब सारा मामला खुला तब मुखर्जी परिवार के मित्र और ऐड गुरु सुहैल सेठ ने कहा—

> इस मामले में मुझे तीन बातें अजीब लगीं, पहली यह कि इंद्राणी की पृष्ठभूमि के बारे में पीटर कुछ भी नहीं जानता था। दूसरी बात यह कि तीन साल तक बहन से सम्पर्क न होने पर भी भाई मिखाइल ने किसी से कुछ नहीं कहा। तीसरी बात यह कि इतने साल तक शीना के नाना-नानी क्यों चुप रहे?

उन्होंने आगे कहा—

> पीटर और इंद्राणी की जब मुम्बई में शादी हुई तो उसमें इंद्राणी के मायके से कोई शामिल नहीं हुआ। जब दिल्ली में मैंने उनके लिए रिसेप्शन दिया तो उसमें भी इंद्राणी के मायके से कोई नहीं आया। ऐसे में यह मामला सन्देहास्पद और अजीब था।[24]

ज़ाहिर है कि यह एक बाद में सोचा जाने वाला विषय था, मगर आशंका के बीज तो बोये जा चुके थे। सब कुछ हमेशा स्वप्निल रोमांटिक दुनिया की तरह नहीं चलता। पीटर-इंद्राणी दम्पती भी इसके अपवाद कैसे हो सकते थे।

इस सबके बीच दो बहुत बड़ी बातें हो रही थीं, जो आने वाले वक़्त के लिए लांचिंग पैड का काम करने वाली थीं। एक, पीटर के बिज़नेस जगत में इंद्राणी की एंट्री और दूसरी, पारिवारिक कलह। इंद्राणी का एक अलग रूप सामने आने वाला था। मगर, इस सब कुछ से पहले वह पीटर के इश्क़ में गुम थी, वह जानती थी कि पीटर क्या है?

द प्रेसिडेंट होटल में हुई उस पहली मुलाक़ात से पहले ही एक मीडिया टाइकून के रूप में इंद्राणी पीटर को जानती थी। पीटर का जन्म 1955 में इंग्लैंड में हुआ था। उसके पिता एक डॉक्टर थे। पीटर की स्कूली शिक्षा विश्वप्रसिद्ध दून स्कूल में हुई थी। आगे की पढ़ाई इंग्लैंड में।

पीटर के प्रोफ़ेशनल करियर की शुरुआत मल्टीनेशनल कंपनियों से हुई थी। इस क्रम में उन्होंने अमेरिकन फूड प्रोसेसिंग कम्पनी हेंज़, ब्रिटिश रिटेलर स्टोरहाउस, एडवरटाइज़िंग एजेंसी ओगिल्वी और माथेर, हांगकांग की डीडीबी नीधाम आदि कंपनियों में अलग-अलग देशों में अलग-अलग पदों पर काम किया और तरक़्क़ी की सीढ़ियाँ चढ़ता गया। पीटर के करियर में बड़ा मोड़ तब आया जब उसने 1993 में हांगकांग में स्टार टीवी ज्वाइन किया। हांगकांग में स्टार टीवी ज्वाइन करने के बाद वह बतौर सेल्स डायरेक्टर (इंडिया) मुम्बई शिफ्ट हो गया। इंडिया आने के बाद स्टार टीवी में भी वह एक के बाद एक सफलता हासिल करता गया और आख़िर में स्टार इंडिया का सीईओ बन गया। उस वक़्त स्टार इंडिया की हालत क्या थी, यह हर कोई जानता है। वे ज़ी और सोनी जैसे चैनल्स की चढ़त के दिन थे। इसलिए पीटर ने जब स्टार इंडिया के सीईओ के रूप में कार्यभार सँभाला तो किसी ने भी उसे बधाई नहीं दी। लोगों ने उसके इस फ़ैसले की दबे मुँह आलोचना ही की। मानो जैसे कि पीटर इस खस्ता चैनल के साथ जुड़कर अपने करियर को तबाह कर रहा हो। पर ऐसा कुछ नहीं हुआ।

1999 में पीटर मुखर्जी ने रतिकान्त बसु से स्टार टीवी इंडिया के प्रमुख के रूप में पदभार सँभाला। किसी ने नहीं सोचा था कि वह किसी भी तरह स्टार प्लस को एक साल से भी कम समय में नम्बर वन के पायदान पर पहुँचा देगा। उसके पूर्ववर्ती लोग स्टार नेटवर्क की स्थिति को सुधारने में विफल रहे थे। अपने तमाम ख़र्चों और प्रयासों के बावजूद स्टार टीवी, ज़ी और सोनी जैसे चैनलों से पीछे चल रहा था। पीटर ने स्टार टीवी में आकर सब बदल दिया।

पीटर के स्टार टीवी को जॉइन करने के फैसले को अच्छा नहीं माने जाने के पीछे एक वजह यह भी थी कि उसके पूर्ववर्ती स्टार प्रमुख रतिकान्त बसु के पीछे सफलता का एक इतिहास था। बसु ने सफलतापूर्वक दूरदर्शन का नेतृत्व किया था। पूर्व नौकरशाह होने के चलते सरकार के भीतर भी उनके काफ़ी कनेक्शन थे। वर्षों का अनुभव तो था ही। इतनी विशेषताएँ होने के बावजूद, बसु स्टार टीवी को नम्बर एक नहीं बना पाए थे। बसु के विपरीत पीटर के पास सिर्फ़ सेल्स और मार्केटिंग का अनुभव था। प्रोग्रामिंग का कोई ख़ास अनुभव उसे नहीं था, जो टीवी चैनल चलाने के लिए ज़रूरी होता है। मगर पीटर काफ़ी अनुशासित था। सभी को ख़ुश रखना जानता था। इसी हुनर के बल पर पीटर ने अपने सभी विरोधियों को ग़लत साबित कर दिया। वह पल कौन भूल सकता है जब पीटर बॉलीवुड के शहंशाह अमिताभ बच्चन के

साथ गेम शो 'कौन बनेगा करोड़पति' (केबीसी) लेकर आए थे। इस शो ने भारतीय टेलीविज़न की दुनिया ही बदल दी थी। भारत के सबसे लोकप्रिय इस रियलिटी/गेम शो का पहला एपिसोड स्टार प्लस पर 3 जुलाई, 2000 को प्रसारित हुआ था। तब से यह शो लगातार चला आ रहा है। इस शो के तीन सीज़न शाहरुख ख़ान ने होस्ट किए और बाक़ी के सभी सीज़न अमिताभ बच्चन करते आ रहे हैं। जब यह शो शुरू हुआ तो शायद ही किसी ने सोचा था कि इस क्विज शो को लोग इतना पसन्द करेंगे। लेकिन अमिताभ ने इस शो के साथ इतिहास रच दिया। इस शो के ज़रिये पीटर ने स्टार टीवी की हालत तो बदली ही, अमिताभ बच्चन की क़िस्मत को भी बदल दिया। एक इंटरव्यू में अपनी ज़िन्दगी में केसीबी के रोल का उल्लेख करते हुए अमिताभ बच्चन ने कहा था कि मेरे हालात बदलने में केबीसी का अहम रोल रहा है। यह ऐसे वक़्त मेरे पास आया, जब मुझे सबसे ज़्यादा ज़रूरत थी। यक़ीन मानिए, इसने सभी के पैसे चुकाने में मेरी बहुत मदद की। यह वह लोन है, जिसे मैं कभी भुला नहीं सकता। इसके अलावा, पीटर स्टार टीवी पर 'क्योंकि सास भी कभी बहू थी' और 'कहानी घर घर की' सीरियल लेकर आए। इन धारावाहिकों ने स्टार टीवी की टीआरपीसी में दिन दुगुनी और रात चौगुनी बढ़ोतरी की।

इस सबके चलते स्टार प्लस प्रतियोगी चैनलों (ज़ी और सोनी) को पीछे छोड़ मार्केट लीडर बन गया और सालों तक बना रहा। स्टार के साथ रह चुके कॉरपोरेट कम्युनिकेशंस हेड यश खन्ना कहते हैं—

> पीटर के पास यह जानने की क्षमता है कि क्या (चीज़) काम करेगी और क्या नहीं।[25]

अब पीटर एंटरटेनमेंट इंडस्ट्री और कॉरपोरेट वर्ल्ड का एक जाना-पहचाना नाम बन गया था। *इंडिया टुडे* मैगज़ीन ने पीटर को लगातार तीन साल तक 'भारत के 50 सबसे प्रभावशाली लोग' की लिस्ट में रखा।[26] इस लिस्ट में रतन टाटा, मुकेश अंबानी, अमिताभ बच्चन, आनन्द महिंद्रा, नारायण मूर्ति, कुमारमंगलम बिरला, नन्दन निलकेनी, अज़ीम प्रेमजी और सुभाष चन्द्रा जैसे लोग शामिल थे।

एक तरफ़ पीटर का प्रोफ़ेशनल करियर एक के बाद एक नई बुलंदियों को छू रहा था, दूसरी ओर उसका व्यक्तिगत जीवन उतना ही संघर्ष और परेशानियों से भरा हुआ था। पीटर की पहली शादी शबनम सिंह से हुई थी। यह एक अरेंज्ड मैरिज थी।[27] उस शादी से पीटर के दो बेटे रॉबिन और राहुल

हुए। शबनम की माँ सीमा सिंह के मुताबिक़ शुरू में तो सब ठीक-ठाक चला मगर बाद में रिश्तों में तल्ख़ी आ गई। शबनम सिंह का एक बयान था—

> पीटर में नैतिकता नाम की कोई चीज़ नहीं थी। पीटर अपने आसपास की युवा महिलाओं पर मोहित रहते थे। पीटर को लेट नाइट पार्टियाँ पसन्द थीं और उनकी लाइफ़ में बहुत-सी महिलाएँ थीं। यही एकमात्र कारण था कि मैंने पीटर से शादी तोड़ने का फ़ैसला किया।[28]

आख़िरकार, दोनों में तलाक़ हो गया। यह शादी 1978 से 1994 तक चली। पीटर ने दोनों बेटों के पालन-पोषण के लिए पैसे भी दिए। तलाक के बाद शबनम उत्तराखंड की राजधानी देहरादून जा बसी। उनके साथ उनके दोनों बेटे, रॉबिन और राहुल भी देहरादून चले गए।

2002 में इंद्राणी से हुई शादी के बाद मुखर्जी दम्पती के बीच सब कुछ ठीक चल रहा था। पीटर ने इंद्राणी की बेटी परी यानी विधि को क़ानूनी तौर पर गोद ले लिया था। विधि अब उनके साथ ही रह रही थी और पीटर से घुल-मिल गई थी। ये सब मुम्बई की मार्लो बिल्डिंग में रहते थे। विधि की लिखी किताब के मुताबिक़ पीटर ने दिल से विधि को अपना लिया था। पीटर के साथ अपने रिश्ते को लेकर विधि ने लिखा—

> मेरी माँ ने हमारी सारी चीज़ें मुम्बई मूव कर दी थीं। पापा (पीटर) के मुताबिक़ मैं सेटल हो चुकी थी। पापा पहले कहते थे कि हमारे बीच सब कुछ सहज कैसे होगा। पापा नर्वस थे कि हमारे बीच सब कुछ सतही होगा। मगर हम इतनी जल्दी जुड़ गए कि माँ को भी यक़ीन नहीं हुआ।[29]

इंद्राणी और पीटर सेलिब्रिटी और पावर कपल थे, इसलिए हमेशा लाइमलाइट में रहे। अख़बारों में उनके बारे में ख़बरें और उनकी तस्वीरें छपती रहती थीं। ऐसे ही एक दिन द *टेलीग्राफ़* अख़बार में उनकी शादी के कुछ महीनों बाद पीटर-इंद्राणी की तस्वीर छपी। द *टेलीग्राफ़* पूर्वी भारत का बड़ा अख़बार है। इस तस्वीर पर बोरा दम्पती (इंद्राणी के माता-पिता) की भी नज़र गई और यहीं से वह मोड़ आया, जिसने हमेशा के लिए सब कुछ बदल दिया।

पहले पति सिद्धार्थ से हुए दोनों बच्चों (शीना और मिखाइल) को जब से इंद्राणी अपने माता-पिता (उपेंद्र बोरा-दुर्गा) के पास छोड़कर ग़ायब हुई थी तब से

उनके बीच कोई सम्पर्क नहीं हुआ था। वे दोनों ही शीना और मिखाइल के माँ-बाप बनकर रह रहे थे। बोरा दम्पती ने ही दोनों बच्चों को अपने दम पर बड़ा किया। शीना का नाम डिज़्नीलैंड स्कूल में लिखवाया गया, जो आज सुदर्शन पब्लिक स्कूल के नाम से जाना जाता है। यह स्कूल गुवाहाटी के खानपारा इलाक़े में स्थित है। शान्त स्वभाव की शीना ने हाईस्कूल की परीक्षा 80 फ़ीसदी से ज़्यादा अंकों से पास की और इंटरमीडिएट की बोर्ड परीक्षा ह्यूमैनिटी विषय में फैकल्टी हायर सेकंडरी स्कूल से पास की। मिखाइल पढ़ाई में उतना तेज़ नहीं था। नवीं क्लास में डिज़्नीलैंड स्कूल से उसका नाम कट गया और बोर्ड की परीक्षा उसने प्राइवेट छात्र के रूप में पास की। इस वक़्त तक बोरा परिवार की आय का मुख्य स्रोत 'चाणक्य इन' नाम का उनका गेस्ट हाउस था जो साल 2000 में बन्द हो गया। गेस्ट हाउस के बन्द होने पर बोरा दम्पती को घर का ख़र्च चलाने में दिक़्क़त आने लगी। ऐसा जान पड़ता है कि इस दौर में उपेंद्र, दुर्गारानी और दोनों बच्चों का इंद्राणी से कोई सम्पर्क नहीं रह गया था।[30]

शीना के बचपन के दोस्त अर्नब सिकंदर के मुताबिक़ शीना काफ़ी हँसमुख लड़की थी। वह कला और संगीत में काफ़ी अच्छी थी। उसने बताया कि शीना के नाना-नानी भी काफ़ी लाड़-प्यार करने वाले थे, जिन्होंने उसे और उसके भाई मिखाइल को बड़ा किया।[31]

गुवाहाटी में शीना बोरा के साथ पढ़ने वाले एक शख़्स ने स्कूल के दिनों में उससे अपने जुड़ाव को याद करते हुए *हिन्दुस्तान टाइम्स* को बताया—

> जब हम गुवाहाटी के खानापारा इलाक़े के स्कूल में एक साथ थे तो हमने शीना को अपनी माँ के बारे में बात करते नहीं सुना। यहाँ तक कि अभिभावक शिक्षक संघ (पीटीए) की बैठकों में भी हमने आम तौर पर शीना को उसके नाना के साथ देखा। शीना हममें से बाक़ी लोगों की तरह सामान्य मध्यवर्ग की बच्ची थी और वह जू रोड के पास सुन्दरपुर में मध्यवर्गीय इलाक़े में रहती थी। वह हमारे दोस्तों के सर्कल में लोकप्रिय थी—जब तक हम साथ थे, कक्षा दो से कक्षा 10 तक। सबमें फुसफुसाहट थी कि शीना की माँ ने उसे छोड़ दिया है। उसका भाई मिखाइल उसी स्कूल में था, लेकिन वह हमसे एक या दो साल छोटा था। मैं उससे परिचित नहीं था। जिस शीना को हम जानते थे वह पढ़ाई में बहुत अच्छी, मेधावी

और एक्स्ट्रा करिकुलर एक्टिविटीज़ में सबसे आगे रहती थी। मुझे आज भी याद है, तब हम शायद कक्षा आठ में थे, तो शीना ने एक कार्यक्रम में फ़िल्म 'मिशन कश्मीर' के 'बुमरो-बुमरो' गाने पर डांस किया था। एक बार हमारे एक सहपाठी को किसी कारण स्कूल से निकाल दिया गया था। हम सभी उस समय 10वीं कक्षा में थे। सभी छात्रों ने उस लड़के का समर्थन किया और स्कूल अधिकारियों के ख़िलाफ़ प्रोटेस्ट किया। उस प्रोटेस्ट में शीना ने भी हमारे साथ हिस्सा लिया था। विरोध के बाद स्कूल प्रशासन ने छात्र को वापस स्कूल में ले लिया था। शीना हमारे शिक्षकों की पसन्दीदा थी। वह ज़मीन से जुड़ी हुई और विनम्र स्वभाव की लड़की थी।[32]

शीना के एक और सहपाठी रूपमुद्रा कटकी बताते हैं—

> साल 1999 की बात है जब मैं पहली बार शीना से (गुवाहाटी) मिला था। वह कक्षा छह की छात्रा थी और मैं उस समय कक्षा दस में था। कुछ साल सीनियर होने के कारण मेरे लिए अपने सभी जूनियर्स को याद रखना सम्भव नहीं था लेकिन शीना अलग थी। वह बहुत ही आकर्षक चेहरे वाली हँसमुख लड़की थी। एक ऐसा चेहरा, जिसे आसानी से भूलना मुश्किल था। मैं अक्सर हमारे स्कूल की इमारत के गलियारों में उसके पास से गुज़रता था। वह एक सुन्दर प्री-टीन लड़की थी मगर उसके चेहरे से लगता था कि आगे जाकर एक दिन वह बेहद ख़ूबसूरत महिला का चेहरा बनेगा।[33]

एक ख़ुश-दिल और विनम्र स्वभाव की लड़की के रूप में शीना जैसे-जैसे बड़ी होती गई, उसे धीरे-धीरे हालात की समझ आती गई। उसे पता चला कि उसके स्कूल में जो क़ानूनी माँ-पिता बनकर आते हैं, वे असल में उसके नाना-नानी हैं। यह पता चलने के बाद एक बच्चे के मानस पटल पर क्या असर हुआ होगा, उसका अन्दाज़ा लगाना मुश्किल नहीं है। वह स्कूली छात्रा-भर थी। उसमें अपने असली माता-पिता (जैविक माता-पिता) से मिलने की इच्छा थी। उसने अपने स्कूल के दिनों में ही डायरी लिखनी शुरू कर दी थी। यह डायरी बाद में जाँच एजेंसियों ने संजीव खन्ना के घर से बरामद की। इस डायरी की एंट्रीज़[34] से काफ़ी हद तक शीना बोरा के किशोर मन की तत्कालीन सोच का प्रतिबिम्ब झलकता है।

02 जुलाई, 2002 में उसने अपनी डायरी में लिखा—

डियर डैडी, मैं आपको लेटर भेजना चाहती हूँ मगर मेरे पास पोस्ट करने के लिए लिफ़ाफ़ा तक नहीं है। मुझे तो यह भी नहीं पता कि ये लिफ़ाफ़े कहाँ मिलते होंगे। मैं तो उनसे (नाना-नानी) लिफ़ाफ़े लाने के लिए कहना भी नहीं चाहती, क्योंकि वे नहीं चाहते कि मैं आपको लेटर लिखूँ। मगर मैं आपको बहुत कुछ लिखना चाहती हूँ, क्योंकि मैं आपको बहुत मिस करती हूँ। मैं आपको बहुत प्यार करती हूँ और मैं जानती हूँ कि आप भी मुझे बहुत प्यार करते हैं। मैं चाहती हूँ...

इसके ठीक अगले दिन यानी 03 जुलाई, 2002 को शीना ने अपनी डायरी में लिखा—

आपसे बात करना चाहती हूँ और जानना चाहती हूँ जो कुछ भी आप मुझे बताना चाहते हैं। मैं आपको फ़ोन नहीं कर सकती। क्या आपको मेरी याद नहीं है। वे कहते हैं कि आप अच्छे नहीं हैं। वे हर ग़लत बात के लिए आपको दोष देते हैं। लेकिन मेरी अन्तरात्मा मुझे उन पर विश्वास करने की अनुमति नहीं देती है।

30 जुलाई, 2002 की एक एंट्री में वह लिखती है—

हे डैडी, आप गुवाहाटी क्यों नहीं आ जाते। सितम्बर से मेरी क्लासेज़ हैं। डैडी, मैं आपको मिस करती हूँ और आशा है कि आप भी करते होंगे। मैं आपके पत्र का इन्तज़ार करूँगी।

विद लॉट्स ऑफ लव एंड किसेस,

आपकी शीना

इसी मानसिकता के साथ शीना बड़ी हो रही थी। इससे उसका अकेलापन और कुंठा भी ज़ाहिर होती है। 11 फरवरी, 2003 को उसने अपनी डायरी में लिखा—

ओह! हैप्पी बर्थडे टू मी। लेकिन मैं ख़ुश नहीं हूँ। ऐसा लगता है जैसे मुझे अपने जीवन में कुछ नहीं मिला। कुछ भी नहीं। मेरा

> भविष्य मुझे क्षीण लगता है। मुझे डिप्रेशन ने हर तरफ़ से घेर लिया है। घृणित जीवन है यह। मुझे अपनी माँ से नफ़रत है। वह ब्लडी बिच। वह माँ नहीं, एक चुड़ैल है।...

अगले दिन 12 फरवरी, 2003 को उसने अपनी डायरी में दर्ज किया—

> इन सालों में कितने सारे लोगों की कीप, भगवान ही जानता है। और अब जब उसने उस बूढ़े आदमी से शादी कर ली। आइता और काका को उसका यह कृत्य बहुत प्रतिष्ठित, बहुत समझदारी भरा लगता है, मगर मुझे नहीं। मैं उससे नफ़रत करती हूँ। मेरी इच्छा है कि उसकी आत्मा को नर्क भी नसीब न हो। मुझे बहुत दुख है, बहुत से आँसू बहेंगे मगर कब। कहाँ और किसके सामने?

यहाँ आइता और काका का मतलब उसके नानी-नाना से है और बूढ़ा आदमी पीटर है।

शीना की ख़ास दोस्त संजना बताती है—

> जहाँ तक मुझे याद है, साल 2002 में एक दिन शीना बोरा ने मुझे एक अख़बार दिखाया, जिसमें इंद्राणी और पीटर की फ़ोटो छपी थी जो कि स्टार टीवी चैनल में काम करते थे। ख़बर पढ़ने के बाद शीना रोने लगी। शीना-मिखाइल को पता था कि इंद्राणी उनकी माँ है।[35]

अपने सहपाठियों के बीच हँसती-मुस्कुराती इस लड़की के अन्दर कितना ग़ुस्सा और घृणा से भरा कोमल दिल था, इसके बारे में बाक़ी लोगों को अन्दाज़ा नहीं था।

उपेंद्र बोरा और दुर्गा बोरा ने 2004 के एक दिन द *टेलीग्राफ* अख़बार के एक पृष्ठ पर अपनी बेटी इंद्राणी और पीटर की फ़ोटो देखी।[36] इस फ़ोटो में इंद्राणी पीटर के साथ काफ़ी महँगे कपड़ों और गहनों में सजी खड़ी थी। अपनी बेटी को इतने अमीर आदमी के साथ देखने के बाद बोरा दम्पती ने इंद्राणी से सम्पर्क किया और शीना-मिखाइल के लिए आर्थिक मदद माँगी। इंद्राणी के माता-पिता ने तक़रीबन एक दशक में उसे पहली बार यह चिट्ठी लिखी थी। उन्होंने उसे बताया कि उन्हें पैसों की दिक़्क़त है और अब वे बच्चों का ख़याल नहीं रख सकते। उन्होंने इंद्राणी से हर महीने कुछ पैसे भेजने का आग्रह किया।

इंद्राणी को डर था कि इस पत्र से पीटर के सामने उसका अतीत न खुल जाए, इसलिए उसने उनकी मदद करने का फ़ैसला किया।[37]

इंद्राणी ने शीना और मिखाइल दोनों बच्चों को कोलकाता बुलाया। वहाँ उसने उनसे एक कैफ़े में मुलाक़ात की। इंद्राणी उनकी मदद करने को तैयार हो गई, मगर इस शर्त पर कि दोनों भाई-बहन लोगों के बीच उसे माँ कहकर नहीं बुलाएँगे। वे उसे अपनी बड़ी बहन कहेंगे। इंद्राणी ने उन्हें वजह बताई कि अब वह हाई-सोसायटी का हिस्सा है और अपने लिए कोई बदनामी नहीं चाहती है।[38]

इंद्राणी की इस शर्त को सुनकर पहले तो मानो भाई-बहन बौखला गए। उन्होंने इंद्राणी से साफ़ मना कर दिया कि वे उसे 'बहन' कहकर नहीं बुलाएँगे। इस पर इंद्राणी ने उन्हें मदद देने से मना कर दिया। इंद्राणी ने कहा कि अगर वह उन्हें पैसे नहीं देगी तो उनके नाना-नानी का घर नहीं चलेगा। उन्हें पढ़ाई के लिए भी दिक़्क़त होगी और वे अपनी अन्य ज़रूरतें भी पूरी नहीं कर सकेंगे। इस पर भी दोनों भाई-बहन ने उसकी शर्त मानने से इनकार कर दिया। उनके इनकार को सुनकर इंद्राणी काफ़ी ग़ुस्सा हुई। फिर उन्हें समझाने के अन्दाज़ में अपनी स्थिति के बारे में बताया। उसने कहा कि अगर वे लोग उसकी इस शर्त को मान लेते हैं तो वह हमेशा ख़ुशी-ख़ुशी उनकी मदद करती रहेगी। इंद्राणी की बात सुनकर और अपनी तत्कालीन स्थिति का अन्दाज़ा लगाते हुए शीना-मिखाइल राज़ी हो गए कि वे उसे 'बहन' की बजाय इंद्राणी कहकर बुलाएँगे। उनके पास चॉइस नहीं थी। पढ़ाई उनकी ज़रूरत थी। उस वक़्त दोनों के पास पैसे नहीं थे। दोनों इंद्राणी की शर्त पर उसके साथ एक नया, असहज और न निभाया जा सकने वाला रिश्ता बनाने पर राज़ी हो गए। मगर अन्दर से वे क्षुब्ध थे और ग़ुस्से से भरे हुए थे। उन्होंने तक़रीबन 13 साल बाद अपनी माँ को पहली बार देखा था। इसके बाद भी वे उसे 'माँ' कहकर नहीं बुला सकते थे। उनका उसे माँ कहने का अधिकार इंद्राणी ने बड़ी बेरहमी और चालाकी से छीन लिया था, और वे मासूम बच्चे उसका विरोध तक करने की हालत में नहीं थे।

सीबीआई को दिए बयान में मिखाइल ने कलकत्ता में इंद्राणी से हुई अपनी पहली मुलाक़ात के बारे में कुछ इस तरह बताया—

> मैं जब नौवीं में और शीना दसवीं में थी तो हमें आर्थिक संकट का सामना करना पड़ा, क्योंकि हमारा ख़र्चा गेस्ट हाउस के किराए से

चलता था। उन दिनों मेरे नाना ने *टेलीग्राफ़* अख़बार में एक ख़बर को पढ़ा। इस ख़बर में पीटर मुखर्जी और इंद्राणी मुखर्जी की शादी के बारे में जानकारी दी गई थी। ख़बर के साथ उनकी फ़ोटो भी प्रकाशित हुई थी। मेरे नानाजी ने स्टार इंडिया का पता तलाश किया। उन्होंने स्टार इंडिया प्राइवेट लिमिटेड के सीईओ को एक पत्र लिखा। इस पत्र में उन्होंने उल्लेख किया कि इंद्राणी उनकी बेटी है और वह तुरन्त इंद्राणी से बात करना चाहते हैं। मुझे ठीक से याद नहीं कि उस पत्र में क्या लिखा गया था। लेकिन मुझे याद है कि बस पत्र भेजा गया था। पत्र भेजने के कुछ दिन बाद ही लैंडलाइन पर एक दिन इंद्राणी का फ़ोन आया। उस समय मैं दसवीं में पढ़ रहा था। इंद्राणी ने बताया कि वह मुझसे और शीना से मिलना चाहती है, इसलिए वह गुवाहाटी से कलकत्ता के हवाई टिकट भेज रही है। मेरे और शीना के लिए एयर टिकट कूरियर के ज़रिये भेजा गया था। हम कलकत्ता गए। इंद्राणी ख़ुद हमें लेने एयरपोर्ट पहुँची। वह हमें ओबेरॉय के फाइव स्टार होटल ले गई, जहाँ वह ठहरी हुई थी। जब हम ओबेरॉय होटल के पास पहुँचे तो होटल में एंट्री करने से पहले इंद्राणी ने हमसे कहा कि उसे हमसे कुछ बात करनी है। उसने हमें बताया कि वह हमारी आर्थिक मदद कर सकती है। उसने यह भी कहा कि अब वह हाई सोसाइटी का हिस्सा है तो वह हमें अपनी तत्कालीन स्थिति के मुताबिक़ कुछ निर्देश देना चाहती है। उसने हमें बताया कि जैसा कि हम जानते हैं कि उसने पीटर मुखर्जी के साथ शादी की है उसकी एक बेटी भी है, जिसका नाम विधि है। इसके अलावा, उसने हमें बताया कि इस वक़्त विधि उसके साथ होटल में रह रही है। इसलिए, किसी को भी, पीटर या किसी अन्य व्यक्ति को यह नहीं पता होना चाहिए कि मैं और शीना इंद्राणी के बच्चे हैं। इस शर्त पर वह हमारी मदद करने के लिए तैयार थी। उसने हमें सभी की उपस्थिति में उसे 'बड़ी दीदी' कहने के लिए कहा। मैंने और शीना ने उन्हें बड़ी दीदी कहने से साफ़ इनकार कर दिया, क्योंकि वह हमारी माँ हैं। लेकिन, हमें आगे की शिक्षा के लिए मदद की ज़रूरत थी। इसलिए, हम उसे उसके पहले नाम 'इंद्राणी' से बुलाने के लिए तैयार हो गए। इसके बाद हम दो दिन एक होटल में रुके और फ़्लाइट से वापस गुवाहाटी आ गए।

किशोरावस्था मानव-जीवन का एक नाजुक दौर होता है। यह वह समय होता है जब किशोर अपने को वयस्क समझता है और वयस्क उसे बालक समझते हैं। इसी दौर में बच्चे के अन्दर कई तरह के शारीरिक और मानसिक बदलाव दिखाई देने लगते हैं। उम्र के इस पड़ाव पर कई तरह के सवाल, जिज्ञासाएँ और चुनौतियाँ सामने आती हैं। क्योंकि किशोर में शारीरिक और मानसिक स्वतंत्रता की प्रबल भावना होती है। वह बड़ों के आदेशों, विभिन्न परम्पराओं, रीति-रिवाजों और अन्धविश्वासों के बन्धनों में न बँधकर स्वतंत्र जीवन व्यतीत करना चाहता है। ये बातें शीना की उम्र के किशोरों में होना कोई अचरज की बात नहीं थी।

इंद्राणी के साथ हुई इस मुलाक़ात में शीना और मिखाइल को एक और झटका लगा। उन्हें पता चला कि उनकी एक और बहन भी है विधि उस वक़्त सात साल की थी। वह इंद्राणी और पीटर के साथ रह रही थी। यहाँ सोचने वाली बात है कि यह सब जानकर शीना और मिखाइल पर क्या बीती होगी। वे 13-14 सालों में पहली बार अपनी माँ से मिले थे और उनके सामने एक अस्वीकार्य शर्त रख दी गई थी। उस उम्र में, अपनी ज़रूरतों को देखते हुए इंद्राणी के सामने राज़ी होने के अलावा उनके पास कोई चारा नहीं था। सवाल ज़िन्दा रहने और बेहतर शिक्षा की ज़रूरत का था। साथ ही हाई-सोसाइटी का हिस्सा बनने का ग्लैमर भी था, जो बड़े-बड़ों को भ्रमित कर देता है। वे दोनों तो फिर भी किशोर उम्र के ही थे। यह अन्दाज़ा लगाना मुश्किल नहीं है कि इस पूरे घटनाक्रम ने शीना के किशोर मस्तिष्क पर क्या प्रभाव छोड़ा होगा?

दो दिन बाद शीना अपने भाई मिखाइल के साथ कोलकाता से वापस गुवाहाटी लौट आई। इस मुलाक़ात के कुछ दिन बाद ही इंद्राणी ने गुवाहाटी वाले घर की साज-सज्जा और मरम्मत करवाई। इसी घर में इंद्राणी ने एक हाउस वार्मिंग पार्टी भी अरेंज की। इस पार्टी में प्रनामी और संजना जैसे कई पुराने दोस्तों को बुलाया गया। सबने पार्टी अटेंड की और इंद्राणी की सफलता को इंजॉय किया।[39]

शीना को तब शायद इंद्राणी की अगली चाल का अन्दाज़ा नहीं होगा, जो उसे उसके भाई और बचपन से उनको पाल-पोस रहे नाना-नानी से अलग कर देने वाली थी। कुछ वक़्त के बाद मिखाइल को उसकी मर्ज़ी के ख़िलाफ़ इंद्राणी ने उच्च शिक्षा के नाम पर बैंगलोर इंटरनेशनल स्कूल भेज दिया और शीना को मुम्बई बुला लिया। शीना की सौतेली बहन विधि अपनी किताब *डेविल्स डॉटर* में शीना के बारे में लिखती है—

2007 में किसी वक़्त माँ ने मुझे एक ख़ूबसूरत-सी लड़की से मिलवाया। माँ ने बताया कि वह उनकी बहन शीना थी। वह लम्बी और सुडौल थी, काले बाल और गोरी त्वचा वाली। उसकी शानदार भूरी आँखें थीं और उसके बाक़ी नाक-नक़्श उसके ख़ूबसूरत चेहरे जैसे ही थे। शीना काफ़ी हद तक माँ जैसी ही लगती थी। पहली कुछ मुलाक़ातों के बाद ही दोनों एक-दूसरे को बहुत पसन्द करने लगे। शीना मेरी माँ के होम टाउन गुवाहाटी से थी और अपनी स्कूली शिक्षा पूरी कर रही थी। माँ ने बताया कि सेंट ज़ेवियर्स कॉलेज में पढ़ने के लिए शीना जल्द ही मुम्बई शिफ़्ट हो रही है।

शीना अविश्वसनीय रूप से स्मार्ट गर्ल थी। मुझे बताया गया कि जैसे मेरी माँ ने किया था वैसे ही शीना ने भी हर क्लास में टॉप किया था। शीना बहुत ही सहज तरीक़े से हमारी ज़िन्दगी का हिस्सा बन गई। वह मुझे हमेशा छोटी बहन की तरह मानती। कमरे में फ़ालतू के डांस करते हुए, फ़िल्म देखते हुए, आइसक्रीम खाने के लिए बाहर जाते हुए, बहनों की नोक-झोंक और फिर रूठना-मनाना करते हुए बहुत से दिन हमने साथ बिताए। हम दोनों में बहनों वाला कनेक्शन था। हम दोनों एक दूसरे को बहुत प्यार करती थीं।

शीना के मुम्बई आ जाने के बाद सब कुछ सहज चलता रहा था। वह सेटल हो चुकी थी, कॉलेज जा रही थी, अपनी एक दोस्त विभूति के साथ मरीन ड्राइव पर ख़ुद का ठिकाना भी था।[40]

मिखाइल के बयान पर यक़ीन किया जाए तो शीना को उससे अलग करने की वजह कुछ और ही थी। अपने बयान में उसने बताया—

एक बार शीना का फ़ोन आया कि उसमें और इंद्राणी के बीच किसी वजह से भारी झगड़ा हुआ। इस झगड़े के दौरान इंद्राणी ने शीना को कनपटी पर जोरदार चाँटा मारा और उसका सारा सामान उठाकर नीचे फेंक दिया। हाथ पकड़कर उसे घर से बाहर निकाल दिया। मुझे टेंशन हुई तो मैंने शीना से पूछा कि अब तेरे रहने का क्या होगा। शीना ने बताया कि पीटर ने इंद्राणी को समझाने की कोशिश की मगर इंद्राणी कुछ भी समझने को तैयार नहीं है। पीटर ने उसके रहने का इन्तजाम एक पेइंग गेस्ट के तौर पर करने की

> बात कही है। शीना थोड़े दिन पेइंग गेस्ट के तौर पर रही। इसी दौरान वह पार्ट टाइम नौकरी करती। नौकरी से मिले पैसों से उसने अपने लिए किराये का घर तलाश करना शुरू कर दिया।

यहाँ थोड़ा ठहरने की ज़रूरत है ताकि हालात को अच्छी तरह समझा जा सके। शीना जब इंद्राणी के कहने पर उसके पास मुम्बई रहने के लिए आई तो विधि को नहीं पता था कि शीना उसकी सौतेली बहन है। मगर शीना को यह पता था। ऐसे में जो सोच बननी स्वाभाविक है, वह यह है कि क्यों अपनी एक बेटी विधि को इंद्राणी ने हमेशा साथ रखा और दूसरे बच्चों, शीना और मिखाइल को नहीं? विधि को एक बेटी के रूप में इंद्राणी ने दुनिया और पीटर के सामने स्वीकारा और पीटर से भी स्वीकार करवाया। वहीं शीना और बेटे मिखाइल को दुनिया के सामने सन्तान मानने से इनकार कर दिया। एक ओर इंद्राणी विधि को दुनिया की हर सुख-सुविधा दे रही थी तो दूसरी ओर शीना और बेटे मिखाइल से वही माँ सौदेबाज़ी कर रही थी। इस सौदेबाज़ी में आर्थिक मदद के बदले शीना-मिखाइल से 'माँ' पुकारने का उनका अधिकार छीन लिया गया। उस वक़्त या बाद में भी सामने कोई भी, कैसा भी संयत व्यवहार करे मगर शीना जैसी संवेदनशील लड़की के मन पर इसका कोई असर नहीं हुआ होगा, ये कहना ज़्यादती होगी। फिर भी विधि मुखर्जी के अनुभव को देखा जाए तो शीना ने कभी विधि के प्रति मन में कोई द्वेष नहीं रखा। इंद्राणी ने भले ही शीना को असली रिश्ते के तहत नहीं अपनाया, मगर शीना ने विधि को अपनी छोटी बहन के तौर पर अपनाया। उसे प्यार दिया और उसकी देखभाल की।

इंद्राणी को लिखे एक ईमेल में शीना का यह दर्द साफ़ तौर पर झलकता है, जिसमें उसने लिखा—

> हमेशा आपसे इस बात को लेकर अपसेट रही हूँ, क्योंकि बतौर माँ आपने हमें छोड़ दिया और कभी जानने की परवाह नहीं की कि हम ज़िन्दा भी हैं या नहीं।[41]

इन सभी तथ्यों को देखा जाए तो साफ़ पता चलता है कि इंद्राणी की करतूतों से नाराज़गी की आँच ने भी दोनों बहनों के बीच कभी तल्ख़ी पैदा नहीं होने दी। दोनों के बीच क़रीब दस साल का फ़ासला था, मगर कॉलेज में पढ़ने की उम्र के दौरान शीना ने जो अपनापन और मैच्योरिटी दिखाई वह

ग़ौर करने लायक है। यह मैच्योरिटी और समझदारी इंद्राणी में नहीं आई थी। कई सालों बाद 2021 में 24 साल की विधि ने अपनी किताब में जो मानवीय संवेदना अपने सौतेले भाई-बहन के प्रति महसूस की, क्या वैसी ही संवेदना 2007 में तब 35 साल की इंद्राणी ने बतौर माँ अपने जन्म दिए बच्चों के प्रति महसूस की होगी? शीना और मिखाइल के साथ अपने रिश्ते को लेकर विधि ने लिखा—

> मेरे दिमाग़ में बहुत से विचार चल रहे थे। मेरी माँ ऐसा कैसे कर सकती है? इन तमाम बातों में क्या पैसा सचमुच इतना महत्त्वपूर्ण था? मुझे जो शिक्षा मिली वह शीना को क्यों नहीं मिली? शीना-मिखाइल को मेरी माँ मुम्बई क्यों लाई? क्या उसने सोचा नहीं कि दो टीन-एजर्स के लिए यह एडजस्ट करना कितना मुश्किल होगा कि उन्हें तब अपनी माँ को बहन मानने की एक्टिंग करनी पड़ रही थी जब उनकी माँ उनके ही सामने सारा प्यार मुझ पर न्योछावर कर रही थी।[42]

इंद्राणी के शीना के ख़र्चे उठाने के वादे के बाद के दौर में अगर इनकम टैक्स रिटर्न के आँकड़ों पर नज़र डालें तो पता चलता है कि विधि और शीना को गिफ़्ट दिए जाने को लेकर जो एंट्री हुई, उसके हिसाब से जितना ख़र्च विधि पर इन तीन सालों में किया गया, उसका दसवाँ हिस्सा भी शीना पर ख़र्च नहीं हुआ। यह दस गुणा का अन्तर इतना ज़्यादा है कि किसी भी समझदार इंसान की समझ में आए बिना नहीं रहेगा। यहाँ तक कि इंद्राणी की जो तब की वसीयत थी, उसमें भी लगभग सब कुछ विधि के नाम पर ही था। इससे यह भी पता लगता है कि इंद्राणी भले ही माँ के तौर पर दोनों बेटियों में भेदभाव करती हो मगर शीना ने कभी विधि के साथ भेदभाव नहीं किया।

पीटर के वर्ली वाले घर पर ही शीना और राहुल की पहली मुलाक़ात हुई। एक औपचारिक और रस्मी मुलाक़ात। इस मुलाक़ात का जो कोई भी गवाह रहा होगा, उसे कभी भी इस बात का अन्दाज़ा नहीं होगा कि यह मामूली-सी मुलाक़ात आगे जाकर पहले दोस्ती और फिर कभी न भुलाई जा सकने वाली मोहब्बत में बदल जाएगी। राहुल जब तक मुम्बई में इंद्राणी-पीटर के घर रहा उसके और शीना के सम्बन्ध औपचारिक ही रहे। वे दोनों जब भी एक-दूसरे से मिलते बस हाय-हेलो करते और अपने काम से निकल जाते। वे दोनों

लगभग हमउम्र थे। दोनों अपनी ट्वेंटीज़ में थे। एक-दूसरे के प्रति आकर्षित होना उनके लिए स्वाभाविक था।

मगर शीना-राहुल की इस कहानी को समझने से पहले उनकी रिश्तों की पेचीदगियों को समझना भी ज़रूरी हो जाता है। शबनम सिंह से हुई पीटर की पहली शादी से दो बेटे राहुल और रॉबिन हुए थे। सिद्धार्थ दास के साथ इंद्राणी की पहली शादी से बेटी शीना और बेटा मिखाइल पैदा हुए थे। अब पीटर और इंद्राणी पति-पत्नी थे। ऐसे में राहुल-शीना तकनीकी तौर पर सौतेले भाई-बहन हुए, मगर उनमें ख़ून का कोई रिश्ता नहीं था। दोनों के माँ-बाप अलग-अलग थे। शीना और राहुल की मुलाक़ात के उस दौर की बात करें तो इंद्राणी के सामाजिक दिखावे वाले रिश्ते में शीना राहुल की सौतेली मौसी लगती थी। मगर शीना को सच पता था।

राहुल की स्कूली शिक्षा इंग्लैंड के बर्खमस्टेड, हर्टफोर्डशायर में हुई थी। उसका एक बड़ा भाई रॉबिन भी था। राहुल बेहद हैंडसम था। वह शर्मीला था और मॉडल बनना चाहता था। वह बॉलीवुड में बतौर ऐक्टर करियर बनाने की कोशिश भी कर रहा था। विधि के मुताबिक़—

> जब राहुल इंडिया वापस आया तो वह हमारे साथ मार्लो बिल्डिंग के गेस्ट रूम में रहा। वह युवा था और अपनी नई लाइफ़ के साथ सेटल हो रहा था। वह ज़्यादातर टाइम मौज़-मस्ती करते, टीवी देखते और एक-दो बीयर पीते हुए बिताता था।[43]

इंद्राणी और राहुल के बीच बनती नहीं थी, मगर राहुल और शीना के बीच बात बनना शुरू हो गई थी। राहुल के मुताबिक़—

> मैं पहली बार शीना से वर्ली के फ़्लैट में मिला था। इसके बाद हम अक्सर मिलने लगे और हमारे बीच गहरी दोस्ती हो गई।[44]

राहुल एक महीना मुम्बई में बिताने के बाद लंदन चला गया, लेकिन कुछ महीनों बाद फिर मुम्बई लौट आया। इस बार इंद्राणी ने पीटर से कहा कि वह उसे कहीं और रहने के लिए कहे। राहुल ने खार-डांडा में एक फ़्लैट किराए पर ले लिया। पीटर की मदद से राहुल को लोअर परेल इलाक़े में प्राइम फोकस फ़र्म में नौकरी मिल गई। अब वह शीना से बार-बार मिलने लगा और धीरे-धीरे दोनों में प्यार हो गया।

राहुल-शीना के इश्क़ की इस दास्तान के इमोशनल पार्ट को जानने के

लिए विधि मुखर्जी की किताब को देखा जाना चाहिए। विधि ने अपनी किताब *डेविल्स डॉटर* में शीना-राहुल की प्रेम-कहानी का खुलासा करते हुए लिखा है—

> जब राहुल मुम्बई आया तो उसके और शीना के बीच अच्छी बनने लगी। शीना की वजह से मेरे और राहुल के बीच के सम्बन्ध भी बेहतर हो गए। हम तीनों मिलकर बहुत मज़े करते। मुझे याद है वे रातें जब हम बैठकर बेहिसाब गपशप करते। मैं तब सिर्फ़ दस साल की थी मगर वे मुझे हमउम्र महसूस करवाते। जब आप बच्चे होते हैं तो हमेशा बड़ों के साथ हैंगआउट करना चाहते हैं? उन्होंने मुझे हर चीज़ में शामिल किया। कभी हम साथ में डरावनी फ़िल्में देखते। मुझे शीना के रूम में बैठकर देखी गई डरावनी फ़िल्म *द ग्रज* याद है, क्योंकि हम उसे देखते वक़्त काफ़ी डर गए थे। डर के मारे मैं तीन दिन तक सो नहीं पाई थी। अगले कुछ महीनों के दौरान शीना-राहुल में इश्क़ हो गया और हर कोई इससे ख़ुश था। मेरे पापा भी ख़ुश थे, क्योंकि वे सोचते थे कि शीना का राहुल पर बहुत प्रभाव है।[45]

इंद्राणी के साथ अपने रिश्तों की पेचीदगी को लेकर शीना एक तरह के तनाव से गुज़र रही थी। बाहर से वह लोगों को ख़ुश दिखाई देती थी पर उसके मन में हमेशा एक पीड़ा टीसती रहती। जिस माँ ने उसे जन्म दिया था, दुनिया की नज़रों में वह उसकी बहन थी। अब जो शख़्स उससे प्रेम करने का आग्रह कर रहा था, बाहरी रिश्ते में वह उसकी सौतेली मौसी थी। पर वह जान्ती थी कि भले ही दुनिया की नज़रों में उसके रिश्ते जो भी हों, हक़ीक़त में वे जो हैं उससे राहुल के साथ उसके रिश्ते पर कोई फ़र्क़ नहीं पड़ेगा। शीना की ज़िन्दगी में राहुल इमोशनल सपोर्ट के तौर पर आया। शीना जिस प्यार से अब तक वंचित रही थी, वह उसे राहुल से मिल रहा था।

राहुल और शीना का प्यार परवान चढ़ता गया। उनके तमाम कॉमन फ्रेंड्स को इसके बारे में पता था। दोनों की जोड़ी को देखकर उनके दोस्त कहते कि एक-दूजे के लिए ही बने हैं। एक बार पूरा परिवार न्यू ईयर मनाने के लिए गोवा गया। राहुल और शीना को भी वहाँ पहुँचना था लेकिन वे नहीं पहुँचे। शायद दोनों ये क़ीमती पल एक-दूसरे के साथ बिताना चाहते थे। दोनों अपनी ज़िन्दगी एक-दूसरे के साथ बिताना चाहते थे। उनके इन प्रगाढ़ होते सम्बन्धों से क़रीबी लोग अनजान नहीं थे।

साल 2008 के आख़िर में शीना और इंद्राणी के बीच भारी बहस हुई, जिसके बाद शीना ने मार्लो वाला घर छोड़ने का फ़ैसला कर लिया। राहुल के मुताबिक़—

> दिसम्बर, 2008 में जब मैं वर्ली के घर में था तो शीना बहुत ही अपसेट थी। उसकी इंद्राणी से बहस हुई थी। उस समय शीना ने मुझे बताया था कि वह अब इंद्राणी की बहन होने का नाटक नहीं करना चाहती। उसे अच्छा नहीं लगता कि विधि को बेटी की तरह रखा जाता है और उसे नहीं। यह उसके साथ सही नहीं हो रहा, इसलिए वह रो भी रही थी। मैंने उससे कहा भी कि अगर वह चाहे तो मेरे साथ मेरे फ़्लैट में रह सकती है। उस दिन शीना ने मेरा प्रस्ताव मान लिया और मेरे साथ खार-डांडा वाले फ़्लैट में रहने आ गई। हम वहाँ फरवरी या मार्च, 2009 तक रहे।[46]

इंद्राणी-शीना के रिश्ते की इस पेचीदगी को, जिसे इंद्राणी ने अपने तथाकथित हाई-सोसाइटी वाले सम्मान को बचाने के लिए गढ़ा था, जो कोई भी जानेगा, उसे शॉक ज़रूर लगेगा, राहुल भी इसका अपवाद नहीं हो सकता। उसे जब पता चला होगा कि शीना-मिखाइल दरअसल इंद्राणी के बहन-भाई नहीं बल्कि बेटी-बेटा हैं, तो उसे कैसा लगा होगा, यह तो बस वही शख़्स जान सकता है जो इस स्थिति से गुज़रा हो। शीना से यह सब जानने के बाद राहुल ने रिश्तों के इस मकड़जाल के बारे में अपने पिता पीटर को बता दिया। पीटर को उसने बताया कि उसे शीना से पता चला है कि इंद्राणी शीना-मिखाइल की बहन नहीं बल्कि माँ है। यह बात इंद्राणी ने सबसे छुपाए रखी। उसने शीना की पढ़ाई का ख़र्च उठाने के लिए उसे ज़बरदस्ती अपने बहन बनने के लिए कहा। राहुल से यह जानकर पीटर को बड़ा झटका लगा। पीटर ने इस बारे में इंद्राणी से पूछा। इंद्राणी ने तुरन्त इसका खंडन कर दिया। उसने कहा कि ऐसा कुछ नहीं है। शीना वास्तव में ही उसकी बहन है। अगर शीना उसकी बेटी होती तो वह उसे शीना के बारे में भी विधि की तरह ही बता देती। चूँकि, शीना इंद्राणी की बेटी नहीं है तो उसने पीटर को उसके बारे में बताना ज़रूरी नहीं समझा।

इंद्राणी की इस सफ़ाई पर पीटर ने जब राहुल की बताई बात को दोहराया कि यह सब राहुल को शीना ने बताया है तो इंद्राणी भड़क उठी। उसने ग़ुस्से में पीटर से काफ़ी बहस की। कहा कि उसे अपनी पत्नी के सिवा हर किसी की बात पर यक़ीन है।[47] यह सही बात नहीं है। शीना उसकी बेटी नहीं, बहन

है। अगर वह उसकी बेटी होती तो वह कभी भी उसे दुनिया से या पीटर से न छुपाती। शीना मेरी बहन है, इसलिए मैंने कभी तुम्हें उसके बारे में नहीं बताया। अब उसे आगे की पढ़ाई के लिए मेरी मदद की ज़रूरत है तो मैंने बड़ी बहन का फ़र्ज़ निभाते हुए उसे मुम्बई बुला लिया। इस पर पीटर ने कहा कि राहुल को शीना ने बताया है। उसने ख़ुद मुझे भी यही बात बताई है। इस पर इंद्राणी ने कहा कि शीना को कहीं से ग़लत जानकारी मिली है कि तुम्हारे बेटे राहुल को मुझसे नफ़रत है, मैंने उसकी माँ की जगह जो ले ली, कि वह यह सब एक उद्देश्य के तहत कर रहा है, और तुम इस उद्देश्य में उसकी मदद कर रहे हो। उसकी बातों पर यक़ीन करके। राहुल तुमसे-मुझसे इस बात से नाख़ुश है कि तुमने उसकी माँ को छोड़कर मुझसे शादी कर ली। तुम्हें दूसरों से ज़्यादा अपनी पत्नी पर यक़ीन होना चाहिए। कोई पत्नी भला अपने पति से कैसे झूठ बोल सकती है। वह भी तब जब वह उससे इतना प्यार करती हो!

इंद्राणी की इन बातों को सुनकर पीटर राहुल से इस बारे में बात करना चाहता था, पर इंद्राणी के सामने आगे कुछ न कहकर ख़ामोश हो गया। उसने फ़ैसला किया कि वह इस बारे में राहुल से फिर कभी बात करेगा।

मीडिया को दिए इंटरव्यू में शीना-इंद्राणी के रिश्ते को लेकर पूछे गए एक सवाल के जवाब में पीटर ने कहा—

> मुझे नहीं पता था कि शीना इंद्राणी की बेटी है। दरअसल, शादी से पहले मुझे बताया गया था कि इंद्राणी का एक भाई और बहन है। शीना बहन और मिखाइल भाई है। कुछ समय बाद शीना ने बताया कि यह जानकारी ग़लत थी। मैं तारीख़ों के बारे में पूरी तरह से श्योर नहीं हूँ, लेकिन वह 2011 में मेरी भतीजी की शादी से ठीक पहले का समय था। तब मैं मुम्बई में शीना और राहुल से मिला था। उस समय शीना ने मुझे बताया कि इंद्राणी ने मुझे जो जानकारी दी थी, वह ग़लत थी। शीना ने मुझसे कहा कि जीजू (वह मुझे जीजू बुलाती थी) यह सही नहीं है। इंद्राणी ने आपको ग़लत जानकारी दी है। इंद्राणी ने यह बात किसी को भी बताने से मना किया था। मगर मैं यह आपको इसलिए बता रही हूँ, क्योंकि मैं आपको पसन्द करती हूँ और राहुल मेरा बॉयफ्रेंड है। मुझे यह बात पचाने में बहुत मुश्किल लगी, क्योंकि इतने सालों तक मुझे यही बताया गया कि वह मेरी पत्नी की बहन थी। मैं शीना की बात

> को फेस वैल्यू पर नहीं ले सकता था, क्योंकि बीते इतने वर्षों में मैंने यक़ीन किया था कि वह इंद्राणी की बहन है। मैंने इस बारे में इंद्राणी से पूछा। इंद्राणी ने कहा कि यह बिलकुल बकवास है। यह शीना को कहीं और से बताया गया होगा। इंद्राणी ने भी मुझे यह कहकर जवाब दिया था, 'देखो, तुम्हें पता है कि क्या, तुम अपने बेटे पर यक़ीन करना चुन रहे हो, जो किसी भी मामले में इस बात से नाख़ुश है कि तुमने दोबारा शादी कर ली और सबसे अच्छी बात जो उसे लगेगी वह यह होगा कि अगर ये शादी टूटेगी तो वह इससे ख़ुश होगा, जिससे उसकी माँ भी ख़ुश होगी, यही निश्चित रूप से उसका उद्देश्य होगा।'

यह पूछे जाने पर कि अपने-अपने ही बेटे का यक़ीन क्यों नहीं किया, जवाब में पीटर ने कहा—

> मैं अपनी पत्नी पर 10 में से 9.9 बार विश्वास करता हूँ। मैं 10 में से 10 बार कहने तक जाऊँगा, जब तक कि यह साबित नहीं हो जाता कि मैं ग़लत हूँ या यह साबित नहीं हो जाता कि वह ग़लत है। पीटर ने कहा—यह समझ से परे नहीं है कि एक सन्तान अपने माता-पिता की दूसरी शादी को नापसन्द करे।[48]

इंद्राणी पर अपने इस पुख़्ता यक़ीन के कारण पीटर ने शीना और राहुल की बातों पर विश्वास नहीं किया। वह किसी भी स्थिति में यह स्वीकार करने के लिए तैयार नहीं हुआ कि शीना इंद्राणी की बहन नहीं, बेटी है। इंद्राणी से बातचीत के बाद उसने इसे राहुल के साथ मिलकर बनाई गई शीना की एक चाल समझा। उसने आसानी से यह मान लिया कि राहुल इंद्राणी से पीटर की दूसरी शादी करने से ख़ुश नहीं है, इसलिए वह इस शादी को ख़त्म करवाना चाहता है, और अपने इस उद्देश्य को पूरा करने के लिए उसने शीना को अपने साथ मिला लिया है। आख़िर, शीना उससे प्यार करती है। प्रेम में लोग अन्धे हो जाते हैं। उनकी समझ-बूझ ख़त्म हो जाती है। वे वही करते हैं जो उनसे उनका प्रेमी करने के लिए कहता है। फिर पीटर भी तो इंद्राणी से प्यार करता है। इंद्राणी भी उससे प्यार करती थी, जैसा कि उसने उससे कहा था कि कोई पत्नी अपने पति से कैसे झूठ बोल सकती है, वह भी तब जब वह उससे इतना प्यार करती हो। इसलिए इंद्राणी पर यक़ीन न करने का उसके पास कोई कारण नहीं था।

बेटी विधि के मुताबिक़ भले ही पीटर ने तब इंद्राणी की बात को सच मान लिया हो फिर भी इसे पीटर के ख़िलाफ़ हथियार के तौर पर लिया गया। इंद्राणी ने पीटर की इस बात को लेकर इतना बवाल किया कि वह आगे इस विषय पर कभी बात करने के लिए हिम्मत नहीं जुटा सका। इंद्राणी पीटर की इस कथित 'बेवकूफ़ी' पर उसे लगातार झिड़कती रही है। वह उसे बार-बार यही कहती रही है कि उसने उसके बजाय अपने बेटे राहुल पर यक़ीन किया। हालाँकि, ऐसा नहीं था। पीटर ने अपने बेटे की बात को सुना ज़रूर था, पर उस पर यक़ीन कभी नहीं किया था। उसकी बताई बात पर यक़ीन करने के लिए उसने इस बारे में इंद्राणी से जानना ज़रूरी समझा। उसने सोचा कि अगर यह बात सच है तो इंद्राणी उससे कभी झूठ नहीं बोलेगी। वह, जो भी होगा, सब सच-सच बता देगी। मगर इंद्राणी ने इस बात को पीटर के ख़िलाफ़ ही इस्तेमाल किया। उसने इस बात को पीटर को दबाने और उस पर अपनी बढ़त बनाने के मौक़े के तौर पर लिया। वह उससे कहती कि तुम मेरे बजाय अपने बेटे या शीना पर यक़ीन कैसे कर सकते हो? तुम इतने बेवकूफ़ कैसे हो सकते हो? इंसान को कुछ तो अपनी अक्ल से काम लेना चाहिए। किसी की भी बात पर आँखें बन्द करके यक़ीन नहीं कर लेना चाहिए। इसी तरह की बातें वह लगातार पीटर से कहती और पीटर ख़ामोश बैठा सुनता रहता, क्योंकि इंद्राणी जब ग़ुस्से में होती थी उसके सामने बोलने का कोई मतलब नहीं होत था। फिर किसी की इतनी हिम्मत भी नहीं होती थी कि उसे पलटकर जवाब दे।

पीटर के साथ इंद्राणी के झगड़े का उल्लेख करते हुए विधि ने अपनी किताब में लिखा—

> तुम मेरी बजाय उस पर भरोसा कैसे कर सकते हो? तुम इतने स्टुपिड कैसे हो सकते हो? आदि-आदि कहती। इस पर पीटर कोई जवाब नहीं देता था, क्योंकि जब माँ ग़ुस्से में होती थी तब एक भी शब्द बोलने का स्कोप नहीं होता था।[49]
>
> मार्च, 2009 के किसी दिन राहुल के खार-डांडा वाले फ़्लैट पर बड़ा बखेड़ा खड़ा हो गया। इंद्राणी को उसकी दोस्त राधिका का फ़ोन आया। उसने उसे बताया कि शीना का कॉलेज में परफॉरमेंस गिर रहा है, आदि-आदि। उसके अलावा, कहानियाँ घूम रही थीं कि शीना और राहुल ड्रग्स लेते हैं। यह माँ के लिए टिपिंग पॉइंट था। माँ को शायद लगा कि वह शीना को असम से पढ़ाई करवाने

लाई थी और राहुल का उस पर ख़राब प्रभाव पड़ रहा है। इस फ़ोन कॉल के बाद माँ ने सीधे पीटर को फ़ोन किया। उन्होंने पीटर से कहा कि स्थिति ठीक करनी होगी। शीना-राहुल को अलग करना पड़ेगा। दोनों राहुल के फ़्लैट पर जाने के लिए निकले। पीटर वहाँ इंद्राणी से पहले पहुँच गए। पीटर ने राहुल-शीना को चेतावनी दी कि उन दोनों के साथ रहने से इंद्राणी बहुत अपसेट है। इससे पहले कि इंद्राणी यहाँ आ जाए और कोई बखेड़ा खड़ा हो, दोनों को वहाँ से निकल जाना चाहिए। पीटर की बात पूरी भी नहीं हुई थी कि इंद्राणी वहाँ पहुँच गई। इंद्राणी ने शीना का हाथ पकड़ा और उसे अपने साथ ले गई।[50]

शीना को गुवाहाटी रवाना कर दिया गया। उसके जाने के कुछ देर बाद राहुल पीटर के साथ वर्ली वाले फ़्लैट पर आया। वह शीना को उससे अलग किए जाने पर रो रहा था और बार-बार पीटर से उसके बारे में पूछ रहा था। वह जानना चाहता था कि उसे और शीना को अलग क्यों किया जा रहा है? वे दोनों एक-दूसरे से प्यार करते हैं और अलग नहीं रह सकते। पीटर ने राहुल को समझाया कि शीना यहाँ पढ़ने के लिए आई है, उसे पढ़ाई करने दो। अगर वह पढ़ेगी नहीं तो इंद्राणी ग़ुस्सा हो जाएगी। वर्ली वाले फ़्लैट में राहुल और पीटर जब ये सब बातें कर रहे थे तब इंद्राणी वहाँ नहीं थी। वह कहीं बाहर गई हुई थी। पीटर ने राहुल से अपने साथ मुम्बई से कहीं बाहर चलने के लिए कहा। राहुल पीटर के साथ चलने के लिए तैयार हो गया। पीटर राहुल को लेकर एम्बी वैली रिजॉर्ट चला आया। एम्बी वैली रिजॉर्ट में रहने के दौरान पीटर लगातार इंद्राणी से फ़ोन पर बात करता रहा और उसे मैसेज भेजता रहा। राहुल भी शीना को कॉल और मैसेज करता रहा। उसे पता चला कि शीना को पहले गुवाहाटी और फिर गुवाहाटी से दिल्ली भेज दिया गया है।

राहुल ने इस पूरे घटनाक्रम को विस्तार से बताते हुए कहा—

उस घटना के बाद मेरे पिता पीटर मेरे साथ लगभग एक से दो घंटे तक रहे। मैं रो रहा था, क्योंकि शीना को मुझसे दूर कर दिया गया था। हम दोनों एक-दूसरे से प्यार करते थे। फिर मेरे पिता पीटर मुझे वर्ली के घर में लेकर चले गए तो मैंने उनसे पूछा कि हमें अलग क्यों किया जा रहा है और शीना कहाँ है? जब मैं अपने

पिता से वर्ली के घर में बैठकर बात कर रहा था तो इंद्राणी वहाँ नहीं थी। मेरे पिता ने मुझे समझाया कि वह और मैं कुछ समय के लिए मुम्बई से बाहर चले जाते हैं। इसके बाद मैं और मेरे पिता एम्बी-वैली रिज़ॉर्ट चले गए, जो मुम्बई के बाहर है। हम वहाँ दो दिन और एक रात रुके। वहाँ रहते हुए भी मेरे पिता और इंद्राणी लगातार फ़ोन पर बात करते रहते थे और एक-दूसरे को मैसेज भेजते रहते थे। हम, मैं और शीना भी एक-दूसरे को मैसेज भेजते। शीना ने मुझे बताया कि उसे गुवाहाटी वापस भेज दिया गया है। दो दिन बाद मैं और मेरे पिता वापस मुम्बई चले आए और मेरे पिता ने मुझे खार-डांडा में मेरे फ़्लैट पर छोड़ दिया। थोड़े समय बाद मैं और शीना फिर से एक-दूसरे के कॉन्टैक्ट में आ गए, बातें करने लगे, ईमेल भेजने लगे। शीना को गुवाहाटी से दिल्ली भेज दिया गया, जहाँ वह इंद्राणी की फ्रेंड के साथ रहने लगी, जिसका नाम विवेक मित्तल था। शीना का भाई मिखाइल भी वहीं, उनके साथ ही रहता था।[51]

शीना के अपने यहाँ आकर रहने के बारे में विवेक मित्तल ने बताया—

मार्च, 2009 के आख़िरी हफ़्ते या अप्रैल के पहले हफ़्ते में शीना दिल्ली आई और हमारे साथ हमारे फ़्लैट पर रही। उसके आने के दो-तीन दिनों के भीतर वह बीमार पड़ गई। उसे गुड़गाँव के अर्टेमिस हॉस्पिटल में भर्ती किया गया। उसकी जाँच करने के बाद डॉक्टर ने कहा कि वह उसकी गार्जियन से बात करना चाहते हैं। मैंने बताया कि इंद्राणी मुम्बई में रहती है। डॉक्टर ने उसे कॉल करने पर ज़ोर दिया। मैंने इंद्राणी को फ़ोन किया तो वह तुरन्त आ पहुँची। तीन-चार दिन के इलाज के बाद शीना को अस्पताल से डिस्चार्ज कर दिया गया। इंद्राणी के निर्देशानुसार, मैंने शीना का सारा सामान एयरपोर्ट पर ले जाकर जेट एयरवेज़ के एक कर्मचारी को सौंप दिया। शीना को एक व्यक्ति के साथ दिल्ली से बैंगलोर भेज दिया गया, जिसे मैं नहीं जानता। इंद्राणी शीना के साथ नहीं गई। इंद्राणी सीधे मुम्बई गई।[52]

विवेक मित्तल जिस अनजान आदमी की बात कर रहे हैं, वह और कोई

नहीं बल्कि शीना का एक्स बॉयफ्रेंड कौस्तुभ सैकिया था। सैकिया को इंद्राणी ने बैंगलोर से बुलाया था। उसने सैकिया को शीना को अपने साथ बैंगलोर ले जाने के लिए कहा था। बैंगलोर में ही शीना के अन्य दोस्त प्रणय ने कॉल कर राहुल को शीना की बीमारी के बारे में बताया। राहुल ने बताया कि शीना को जब गुवाहाटी से दिल्ली भेजा गया था, उसके किसी को भी कॉल करने पर पाबन्दी लगा दी गई थी। राहुल उसे लगातार कॉल कर रहा था पर शीना उसकी किसी कॉल का भी जवाब नहीं दे रही थी। एक बार उसने राहुल का कॉल लिया तो उनकी ठीक से बात नहीं हो सकी। शीना राहुल से कुछ अजीब-सी और थकी-थकी आवाज़ में बात कर रही थी। उसने राहुल को बताया कि उसे ज़बरदस्ती पहले मुम्बई से गुवाहाटी और फिर गुवाहाटी से दिल्ली भेज दिया गया। अब उसे उसकी मर्ज़ी के ख़िलाफ़ कौस्तुभ सैकिया के पास बैंगलोर भेजा जा रहा है। वह सैकिया के साथ नहीं रहना चाहती है। सैकिया उसके साथ अपने ख़त्म हो चुके रिश्ते को फिर से ज़िन्दा करने की कोशिश कर रहा है। शीना के लिए यह सब बर्दाश्त करना मुश्किल होता जा रहा है।[53]

शीना को मुम्बई से गुवाहाटी और गुवाहाटी से दिल्ली भेजे जाने, उसके बीमार होने और फिर ज़बरदस्ती उसे उसके एक्स बॉयफ्रेंड कौस्तुभ सैकिया के पास बैंगलोर भेजे जाने के बारे में राहुल ने बताया—

> जब से शीना दिल्ली के अस्पताल में भर्ती हुई थी तब से शीना को मुझसे फ़ोन पर बात करने के लिए रोका गया था, इसलिए वह मेरे मैसेज का भी जवाब नहीं देती थी और न ही मेरे कॉल उठाती थी। जब उसने मेरे कॉल को उठाया तो वह नॉर्मल नहीं अजीब लग रही थी। इंद्राणी ने शीना के एक्स बॉयफ्रेंड को फ़ोन किया जो बैंगलोर में रहता था। उसने उसे दिल्ली बुलाया और शीना के साथ दिल्ली में रहने के लिए कहा। कौस्तुभ सैकिया और वह दो दिन तक वहीं साथ में ही रहे। शीना ने राहुल को बताया कि वह इस समय बैंगलोर में है लेकिन वह अपनी मर्ज़ी से नहीं है। वह नहीं चाहती कि वह कौस्तुभ के साथ रहे। कौस्तुभ उनके रिश्ते को फिर से खड़ा करना चाहता है, लेकिन वह नहीं चाहती।

राहुल ने आगे बताया कि एक दिन कौस्तुभ और शीना के बीच झगड़ा हो गया। इस झगड़े में कौस्तुभ ने बीयर की बोतल शीना के पैर पर दे मारी। शीना ने अपने क्लोज़ फ्रेंड प्रणय को फ़ोन किया। प्रणय ने शीना को कौस्तुभ

के घर से बुला लिया और अपने घर में रखा। प्रणय ने अपने पेरेंट्स को शीना की परिस्थिति के बारे में बताया। उन दिनों प्रणय के फाइनल एग्जाम चल रहे थे। उसके पेरेंट्स नहीं चाहते थे कि शीना से सम्बन्धित किसी भी प्रकार की गतिविधि का असर उनके बेटे की पढ़ाई पर पड़े। इसलिए उन्होंने कहा कि वह इस सिचुएशन को नहीं सँभाल सकते। तब मैंने प्रणय और शीना से बात की। मैं बैंगलोर चला गया। यह मई, 2009 के आख़िर या जून की शुरुआत का वक़्त था। बैंगलोर में मैं शीना से मिला। शीना ने मुझे बताया कि वह गर्मी के कारण बेहोश हो गई थी, इसलिए उसे अस्पताल में एडमिट किया गया था। शीना ने मुझे यह भी बताया कि उस समय शीना और इंद्राणी दोनों का ज्वाइंट एकाउंट था और उसमें से सारे पैसे (15000 रुपये) निकाल लिये गए थे। वे पैसे शीना ने नहीं निकाले थे। शीना का मोबाइल कनेक्शन भी बन्द करवा दिया गया था।

राहुल के बैंगलोर जाने से पहले एक दिन जब शीना राहुल से बात कर रही थी तो उसने यह भी बताया कि उसने उनसे कोई पैसे नहीं लिये हैं। शीना जब मुझसे बात कर रही थी तब उसने राहुल के सामने दवाई खाई। उसके बाद वह और सुस्त और बीमार-सी लगने लगी। राहुल ने अपनी माँ शबनम सिंह से बात की। शबनम ने राहुल को शीना को किसी डॉक्टर को दिखाने के लिए कहा। अपनी माँ की सलाह पर उसने शीना को बैंगलोर के डॉक्टर माल्या हॉस्पिटल में ले जाकर दिखाया। डॉक्टर ने बताया कि शीना को ये सब दवाइयाँ लेने की कोई ज़रूरत नहीं है। उसे सिर्फ़ मल्टी विटामिन्स की दवा दी जानी चाहिए।

बैंगलोर से निकलकर राहुल और शीना गुवाहाटी में शीना के नाना-नानी के पास जाने के बारे में सोचते हैं। शीना उन्हें कॉन्टैक्ट करती है लेकिन उसके नाना उपेंद्र बोरा उसे बताते हैं कि इंद्राणी उसे ढूँढ़ रही है। उसे ढूँढ़ते हुए वह कभी भी गुवाहाटी आ सकती है, इसलिए बेहतर यही रहेगा कि शीना-राहुल दोनों देहरादून चले जाएँ। वे दोनों राहुल की माँ शबनम सिंह के पास देहरादून चले जाते हैं। दोनों वहाँ दो-तीन हफ़्ते रहे। इस दौरान उन्होंने शीना के पूरी तरह स्वस्थ होने का इन्तज़ार किया। इसी बीच शीना की अपने नाना-नानी से भी बात होती रहती है। उनसे शीना को पता चलता है कि मुम्बई से शीना के लिए लेटर आया है। इस लेटर के मुताबिक़, शीना को रिलायंस की मुम्बई मेट्रो में जॉब ऑफ़र हुई है। यह ख़बर सुनकर शीना बहुत ख़ुश होती है। वह उस जॉब को करना चाहती है। अपने नाना-नानी से बात करने के अगले दिन शीना

राहुल के साथ देहरादून से गुवाहाटी के लिए निकल जाती है। वहाँ चार-पाँच दिन रुककर वे दोनों वापस मुम्बई आ जाते हैं। मुम्बई में पहली रात वे एक होटल में रुकते हैं। शीना मुम्बई की रिलायंस मेट्रो कम्पनी ज्वॉइन कर लेती है। रिलायंस ने शीना को लोखंडवाला, अँधेरी में घर भी मुहैया करवाया था मगर उन्हें वह घर सुरक्षित नहीं लगा। लिहाज़ा वहाँ एक-दो दिन रहकर शीना-राहुल गोरेगाँव (ईस्ट) के मंत्री पार्क में रहने आ जाते हैं। दोनों वहाँ चार-पाँच महीने साथ रहते हैं। इसी बीच शीना और इंद्राणी में एक बार फ़ोन पर झगड़ा होता है, जिसके बाद शीना-राहुल इंद्राणी-पीटर से अपने सारे सम्पर्क तोड़ लेते हैं।

2010 की शुरुआत में ही शीना-राहुल गोरेगाँव (ईस्ट) की रहेजा हाइट्स बिल्डिंग में शिफ़्ट हो जाते हैं, जहाँ वे अगले एक साल तक रहते हैं। इस दौरान सब कुछ ठीक-ठाक चलता रहता है। शीना की रिलायंस मेट्रो की नौकरी जारी है और राहुल मॉडलिंग-एक्टिंग में काम करने की कोशिश करता रहता है। आगे जाकर दोनों आरे कॉलोनी के रॉयल पाम्स में रहने लगे और वहाँ दो-तीन महीने रहने के बाद दोनों अँधेरी के मरोल इलाक़े में शिफ़्ट हो गए।[54]

शीना और राहुल एक-दूसरे के साथ काफ़ी अरसे से लिव-इन रिलेशनशिप में रह रहे थे। दोनों के बीच का प्यार मज़बूत रिश्ते की शक्ल अख़्तियार कर चुका था। दोनों का अपनी एक्सटेंडेड फ़ैमिली के रिश्तों और उनकी पेचीदगियों से कोई लेना-देना नहीं था। दोनों दुनिया की नज़रों में सौतेले मौसी-भतीजा या फिर परिवार की नज़र में सौतेले भाई-बहन जैसे दायरों से बाहर आ चुके थे। दोनों जानते थे कि उन दोनों के माँ-बाप अलग-अलग हैं और कहीं से भी ख़ून का या डीएनए वाला सम्बन्ध उनके बीच नहीं है। आख़िरकार दोनों ने शादी करने का मन बना लिया। 2011 में राहुल शीना को लेकर देहरादून गया ताकि उसके परिवार से शादी की इजाज़त ले सके।

देहरादून के नेहरू कॉलोनी थाना क्षेत्र के बद्रीपुर में राहुल की माँ शबनम का गुल-ए-शबनम नाम से फ़ार्म हाउस था। गुल-ए-शबनम से कुछ ही दूरी पर शबनम की माँ सीमा सिंह का 'शंकर सदन' नाम से बँगला था। इस बँगले में सीमा सिंह अपने बेटे शालीन सिंह के साथ रहती थीं। शीना राहुल के साथ पहली बार शबनम के फ़ार्म हाउस पर आई थी। राहुल ने अपनी माँ को शीना से शादी करने की बात बताई तो शबनम सिंह ने राय-मशविरे के लिए अपने भाई और माँ को भी बुला लिया। राहुल की माँ शबनम के भाई शालीन और पिता आनन्द सिंह समेत पूरा परिवार शीना से मिला। सभी लोग शीना के

मिलनसार व्यवहार के क़ायल हो गए। शीना के व्यक्तित्व में कुछ ऐसा था जो लोगों पर अपनी गहरी और लम्बे समय तक बनी रहने वाली छाप छोड़ जाता था। वह ख़ूबसूरत और साफ़ दिल की लड़की थी। उससे बात करना हमेशा ही एक मीठा एहसास होता था। शीना ने अपने व्यवहार और बर्ताव से राहुल के परिवार के बुज़ुर्गों का दिल जीत लिया। शीना बोरा से प्रभावित होकर शबनम के परिवार ने इस शादी के लिए एक मत से सहमति दी। राहुल के मामा शालीन सिंह ने शीना से हुई अपनी उस पहली और शायद आख़िरी मुलाक़ात को याद करते हुए बताया—

> शीना उनमें से थी जो लोगों पर ताउम्र रहने वाला गहरा असर छोड़ जाता था। वह ख़ूबसूरत और दिल की साफ़ लड़की थी। उससे बात करना अच्छा लगता था। हममें से किसी ने भी उसकी शादी पर एतराज़ नहीं किया था।[55]

यह दीवाली का वक़्त था। राहुल-शीना की इंगेजमेंट कर दी गई। इस समारोह में पिता पीटर को छोड़कर राहुल के परिवार के सभी सदस्य मौजूद थे। सगाई के बाद शीना-राहुल ने गुवाहाटी फ़ोन करके शीना के नाना-नानी से बात की और आशीर्वाद लिया। उन दोनों की सगाई की ख़बर सुनकर वे दोनों भी बहुत ख़ुश हुए। नाना-नानी से बात करने के बाद शीना ने अपने पिता सिद्धार्थ दास को फ़ोन किया। दास उन दिनों कोलकाता में रहता था। बीते दिनों में उसकी शीना से बात हो चुकी थी।

कोलकाता के अपने उदास और नीरस से कमरे में बैठे हुए दास ने जब फ़ोन की घंटी सुनी तो वह चौंक पड़ा। उसने आहिस्ता से फ़ोन उठाया और उदासी-भरी आवाज़ में हेलो कहा। दूसरी तरफ़ से उसकी इकलौती और प्यारी बेटी की चहकती और खनकती हुई आवाज़ सुनाई दी। इस आवाज़ को सुनते ही उसके सूखे होंठों पर बारिश की तरल बूँदों की तरह मुस्कुराहट तैर गई। शीना ने उसे बताया कि उसने राहुल से इंगेजमेंट कर ली है और वह अपने इस नए रिश्ते को सफल बनाने के लिए अपने पिता का आशीर्वाद चाहती है। सिद्धार्थ दास ने नम आँखों और ख़ुशी से भरी आवाज़ में अपनी बेटी को लम्बे और सुखी वैवाहिक जीवन का आशीर्वाद दिया। उन्होंने उसकी ख़ैरियत पूछी और फिर कुछ देर बात करने के बाद फ़ोन रख दिया।

एक मीडिया टायकून का भूतपूर्व पति सिद्धार्थ दास कोलकाता में गुमनामी

की ज़िन्दगी जी रहा था। इंद्राणी से अलग होने के बाद उसने कई तरह के कारोबार और बिज़नेस शुरू करने की कोशिश की पर वह किसी में भी अपनी पूर्व पत्नी की तरह कामयाब न हो सका। परिवार के बिखराव और अकेलेपन ने मानो उसकी सारी ज़िन्दादिली छीन ली थी। वह एक तरह से टूट गया था। वह बार-बार अपने बच्चों को याद करता और उनसे बात करने की कोशिश करता। इस सिलसिले में वह कई बार गुवाहाटी गया और हर बार नाकाम होकर लौटा। उसने कई बार अपने पूर्व सास-ससुर से अपने बच्चों का कॉन्टैक्ट नम्बर माँगा पर उन्होंने हर बार मना कर दिया। आठ साल के लम्बे अन्तराल के बाद आख़िरकार दास को शीना और मिखाइल का कॉन्टैक्ट नम्बर मिल गया। दास ने शीना को 2010 में फ़ोन किया। शीना तब मुम्बई में रह रही थी। शीना ने दास को बताया कि वह काम करती है और जल्द ही अपने पासपोर्ट को रिन्यू करवाने के सिलसिले में गुवाहाटी जाएगी।

दास ने मिखाइल को भी फ़ोन किया, जो उस वक़्त दिल्ली में था। मिखाइल से तो दास की मुलाक़ात नहीं हुई, मगर शीना उसी साल गुवाहाटी में उससे मिली थी। बाद में भी उनकी बातचीत होती रही।

इंद्राणी द्वारा छोड़े जाने और बच्चों से अलग किए जाने के बाद सिद्धार्थ दास के जीवन का ग्राफ़ इंद्राणी की तरह ऊपर नहीं गया बल्कि संघर्ष भरा रहा। बिज़नेस ठप्प हुआ, बेरोज़गार रहा, असम छोड़कर नौकरी करने अरुणाचल प्रदेश गया। फिर वहाँ नौकरी छोड़ी और कोलकाता आया।

अब कोलकाता में एक छोटी-सी फ़र्म में नौकरी करते हुए अपने परिवार के साथ रह रहे थे।

अपनी इंगेजमेंट के बाद जब शीना ने दास को फ़ोन किया तो उसने अपने पिता से राहुल की बात भी करवाई। दास इस इंगेजमेंट से बहुत ख़ुश थे। उन्होंने अपनी तरफ़ से फ़ोन पर दोनों को आशीर्वाद दिया। इस तरह से शीना को अपनी माँ से तो नहीं लेकिन पिता से आशीर्वाद ज़रूर मिला। 11 फरवरी, 2012 को शीना के जन्मदिन पर भी दास ने उससे फ़ोन पर बात की थी।[56] उस वक़्त भी वे सब बेहद ख़ुश थे।[57-58]

इंगेजमेंट के अगले दिन शीना राहुल के साथ मुम्बई लौट आई और अपनी रूटीन ज़िन्दगी जीने लगी। मगर हमेशा के लिए नहीं, क्योंकि वह क़ातिलाना बीज, जो रोपा गया था, वह वक़्त की उर्वर खाद पाकर किसी के मन में पौधे के रूप में बड़ा हो रहा था।

मुकम्मल इश्क़ की अधूरी दास्तान

मोहब्बत के सिवा इस दुनिया में तुम जो कुछ देखते हो वह सब झूठ है।

शीना से इंगेजमेंट करने और वापस मुम्बई लौट आने के बाद राहुल को लग रहा था कि सब कुछ ठीक-ठाक चल रहा है। वह अपनी ज़िन्दगी और उसमें शीना की मौजूदगी से बहुत ख़ुश था। उसे लगता था कि अब किसी चीज़ की कमी नहीं है और अब उसे अपने करियर पर फोकस करना चाहिए। वह अपने करियर को एक नई और ऊँची उड़ान देने के लिए कई योजनाओं पर काम कर रहा था। ठीक ऐसे ही, जैसे वह व्यापक दुनिया/फ़ैमिली उनके ख़िलाफ़ षड्यंत्र रच रही थी। वहाँ सब कुछ नॉर्मल नहीं था। इंद्राणी ने राहुल-शीना की जोड़ी को तोड़ने की लगभग हर सम्भव कोशिश की। शीना को विरासत से बेदख़ल करने से लेकर उसके पुराने बायफ्रेंड को उसकी ज़िन्दगी में जबरन वापस लाने की नाकाम कोशिशों तक। शीना के भाई मिखाइल से लेकर शीना के नाना-नानी तक से उस पर दबाव डलवाने की कोशिश की। शीना की आर्थिक लाइफ़लाइन काटने से लेकर उसके नाना-नानी बोरा दम्पती का आर्थिक सपोर्ट वापस लेने की कोशिश भी की। पीटर-विधि पर दबाव बनाया कि राहुल-शीना से सम्पर्क तोड़ दें। कहीं शीना-राहुल को नशेड़ी भी बताया तो कभी शीना के दोस्तों में भी उसकी इमेज ख़राब करने की कोशिश की।

इंद्राणी की इन नाकाम कोशिशों की कड़ी में एक शादी में भारी बखेड़ा होने की चर्चा भी है। मार्च, 2011 में पीटर के भाई की बेटी श्रीपर्णा की शादी थी। यह शादी गोवा में हो रही थी। इस शादी में सभी को निमंत्रित किया गया था। यहाँ तक कि पीटर की पहली पत्नी शबनम और उससे हुए बेटों राहुल और रॉबिन को भी। यह शादी एक तरह से रिश्तों के पेचीदा ताने-बाने वाले पीटर-इंद्राणी परिवार के लिए बड़ा बवाल खड़ा करने जा रही थी। इस पूरे

मामले की गवाह रही विधि को लगता था कि इस स्तर पर यह सब होना अजीब है। इंद्राणी को जब इस शादी में पीटर की पूर्व पत्नी शबनम और उसके दोनों बेटों के आने के बारे में पता चला तो वह परेशान हो गई। ग़ुस्से में पागलों की तरह हर किसी पर चीख़ने-चिल्लाने लगी। पीटर फ़ैमिली के लिए यह वक़्त बहुत तनाव भरा और तकलीफ़देह था, फिर भी पीटर इंद्राणी के साथ था। किसी को अन्दाज़ा नहीं था कि इंद्राणी के दिमाग़ में क्या चल रहा है। एक के बाद एक लड़ाइयों के बाद वह शादी में जाने के लिए राज़ी हो गई। यानी अब विधि और पीटर भी शादी में जा सकते थे, पर शर्तों के साथ।

इस शादी में जाने के लिए इंद्राणी द्वारा पीटर-विधि के लिए लगाई गई शर्तों का उल्लेख करते हुए विधि कहती है—

> जब माँ को पता चला कि पीटर की पूर्व पत्नी भी इस शादी में शामिल होने वाली है तो वह बौखला गई। उन्होंने शादी में जाने से साफ़-साफ़ इनकार कर दिया। मुझे नहीं समझ आया, क्यों? इस स्टेज पर लड़ाई होना अजीब था और यह रोज़ हो रही थी। अगर कोई बीच-बचाव करने के लिए बोलता कि माँ ओवर-रिएक्ट कर रही है तो वह उसे तुरन्त चुप करा देतीं। यह बेहद तनाव भरा और तकलीफ़देह था। मैं सोचती कि वह (पीटर) क्यों उसके साथ है और कैसे निबाह रहे हैं? मुझे कोई आइडिया नहीं था कि माँ के दिमाग़ में क्या चल रहा था। आख़िरकार सैकड़ों लड़ाइयों के बाद माँ शादी में जाने को राज़ी हो गई, जिसका मतलब था कि बाकी (विधि-पीटर) भी शादी में जा सकते हैं। इसके लिए बहुत-सी शर्तें थीं, जिनमें एक यह भी थी कि किसी भी हालत में राहुल-शीना से सम्पर्क नहीं करना है।[59]

शादी के दौरान दोनों पक्षों के बीच जमकर तक़रार हुई। इंद्राणी के कहने पर पीटर ने राहुल को शादी में न आने के लिए कहा। मगर शबनम और राहुल-शीना ने यह शादी अटेंड की जिसकी वजह से और झगड़ा हुआ और इंद्राणी का ग़ुस्सा फूटा। यह बात पता चलती है एक एसएमएस से, जो विधि ने राहुल को भेजा था। इस एसएमएस में विधि ने लिखा था—

> उम्मम शीना...ये सिर्फ़ हम दोनों के बीच ही रहना चाहिए...तुम और राहुल जरा सँभलकर रहना, क्योंकि माँ तुम दोनों के बारे में

'चिन्तित' हैं...मैं तुम दोनों को चेतावनी दे रही हूँ...कुछ भी हो सकता है...प्लीज़...किसी को कुछ नहीं बताना वरना मैं मारी जाऊँगी...अगर मारी नहीं गई तो भी माँ कुछ बेहद बुरा करेगी... मेरा यक़ीन करो...मैं सिर्फ़ तुम दोनों की सलामती चाहती हूँ...माँ कहती है कि वह तुम्हारी रिलेशनशिप ब्रेक नहीं करना चाहती, वह किसी को रास्ते से हटाना चाहती है...और मैंने कुछ अजीब सुना है। प्लीज़ जवाब दो...XXX।[60]

विधि के इस मैसेज के बाद राहुल-शीना और माँ शबनम काफ़ी चिन्तित हो गए।[61] वह अन्दाज़ा लगाने की कोशिश करने लगे कि इंद्राणी इस घटनाक्रम के बाद कौन-सा क़दम उठाने वाली है। लेकिन कोई इंद्राणी के दिमाग़ को इतनी आसानी से नहीं पढ़ सकता था। इतना सब होने पर भी विधि और शीना, दोनों सौतेली बहनों का प्यार कम नहीं हुआ। दोनों शादी के दौरान छुप-छुपकर मिले। शादी के कुछ दिन पहले ही इंद्राणी गोवा चली गई थी। पीटर और विधि को दो दिन बाद जाना था। विधि-पीटर ने गुप्त तौर पर राहुल-शीना के साथ बेहद अच्छी मुलाक़ात की और डिनर किया। वहाँ शीना ने उन्हें बताया कि वह हाल ही में अपने असली पिता से मिली है।

इंद्राणी को विधि-पीटर की राहुल-शीना से इस मुलाक़ात के बारे में ड्राइवर प्रोंटो से पता चल गया। इंद्राणी ने इसका भारी इश्यू बनाया। इंद्राणी ने इसका भी फ़ायदा उठाया और पीटर के उस सन्देह को भी धराशायी कर दिया, कि इंद्राणी-शीना माँ-बेटी हैं। इंद्राणी ने कहा कि वह डीएनए टेस्ट करवाने को भी तैयार है। उसने राहुल-शीना के साथ ड्रग्स लेने के तथाकथित सबूत भी दिए। इंद्राणी ने सारा नैरेटिव इस तरह से बदला कि ऐसा लगे जैसे राहुल-शीना उनके ख़िलाफ़ साज़िश कर रहे हैं, ताकि वह बुरी दिखे। इंद्राणी ने पीटर को तलाक़ देने और छोड़ने की धमकी तक दे डाली। आख़िरकार विधि-पीटर इंद्राणी के झाँसे में आ गए और उन्होंने उससे माफ़ी माँगी।[62]

इस माफ़ी वाले घटनाक्रम के बाद थोड़े अरसे के लिए विधि-पीटर के सम्बन्ध राहुल-शीना से तनाव भरे रहे। हालाँकि इस दौरान भी उनके बीच ईमेल के ज़रिये बातचीत होती रहती थी। इस बातचीत से उनके बीच के तनाव का पता चलता है।

2 अप्रैल, 2011 को शीना ने एक ईमेल पीटर को भेजा। इस ईमेल में उसने लिखा कि सारे मामले में राहुल को बेवजह घसीटा जा रहा है। दो साल

पहले जो ईमेल या मैसेज राहुल के फ़ोन से आए थे, वे मैंने भेजे थे। मैं विधि को बहुत प्यार करती हूँ और हमेशा करूँगी। मेरी व्यक्तिगत प्रॉब्लम इंद्राणी के साथ है। मैंने कभी आपकी लाइफ़ में दख़लंदाज़ी नहीं की और मेरी लाइफ़ में आपकी दख़लंदाज़ी बर्दाश्त नहीं की जाएगी...जो कि आपके/इंद्राणी की तरफ़ से श्रीपर्णा/नाना-नानी से मुझे या राहुल को आए। आपकी तरफ़ से आए मैसेज में लिखा था कि श्रीपर्णा की शादी में हमें क्या करना है और क्या नहीं करना है, वह बेहद ग़लत था। आपकी तरफ़ से एक बड़ा उपकार होगा अगर आप इंद्राणी को यह समझा पाएँ कि मेरे और राहुल के बारे में बदनामी फैलाने से कुछ नहीं होगा।

पीटर को 2 अप्रैल, 2011 को भेजे उस मेल[63] को शीना ने कुछ तरह लिखा था—

> मैं आपको यह स्पष्ट कर देना चाहती हूँ कि क़रीब दो साल पहले इंद्राणी को जो टेक्स्ट मैसेज भेजे गए थे, वे सभी मैंने किए थे। मैंने कुछ टेक्स्ट मैसेज भेजने और कॉल करने के लिए राहुल के फ़ोन का इस्तेमाल किया था। राहुल का उन टेक्स्ट मैसेज से कोई लेना-देना नहीं है। यह मेरे और इंद्राणी के बीच का पर्सनल फ़ैमिली मैटर है। इन सब में राहुल को बेवजह घसीटा गया है।
>
> विधि के मेलबॉक्स से मुझे भेजे गए एक बहुत बुरे, परेशान करने वाले और अपमानजनक ईमेल से मैं बेहद परेशान थी। उस रात मुझे इस बात की जानकारी नहीं थी कि किसी और ने उसके मेलबॉक्स का इस्तेमाल कर मुझे इस तरह का मेल भेजा था, बिना यह सोचे कि यह अन्य लोगों और रिश्तों को किस तरह प्रभावित कर सकता है। विधि से मैं बहुत प्यार करती हूँ मगर उसकी मेल आईडी से वह मेल पाकर सचमुच मेरा दिल टूट गया था।
>
> मैं चाहती हूँ कि विधि यह जान ले। मैं अब भी उससे बहुत प्यार करती हूँ और मुझे उसके ख़िलाफ़ कोई शिकायत नहीं है। इसके अलावा, मेरे अन्दर आपके लिए कभी कोई दुर्भावना नहीं है और न ही कभी होगी। मैं कभी भी आपको किसी भी तरह से चोट नहीं पहुँचाना चाहती। मेरा मसला केवल इंद्राणी से है, जो पर्सनल है।
>
> मुझे लगता है कि कहानी के केवल एक पक्ष को जानकर किसी भी

चीज़ या किसी को भी आँकना बहुत ग़लत है। कृपया, उन टेक्स्ट मैसेज के लिए मुझसे 'माफ़ी' के बारे में बात न करें। आपको बीती बातें जानने की भी कोशिश करनी चाहिए और यह पता लगाना चाहिए कि मुझे किस तरह से परेशान किया गया। मैं उन टेक्स्ट मैसेज से विलचित हूँ। यदि आप इस मामले में विधि या इंद्राणी को कुछ भी सुझाव या सलाह नहीं देते हैं तो मैं इसके लिए आपकी सराहना करूँगी। मुझे आपसे कुछ भी नहीं चाहिए और न ही मुझे आपसे किसी चीज़ की उम्मीद है।

मैंने आपके जीवन में कभी हस्तक्षेप नहीं किया है और मैं भी आप सभी से ऐसा ही करने की उम्मीद करती हूँ। मुझे उम्मीद है कि आपकी/इंद्राणी की ओर से किसी सलाह, सुझाव आदि को लेकर राहुल, मुझे, श्रीपर्णा या मेरे दादा-दादी को कोई टेक्स्ट मैसेज नहीं किया जाएगा। श्रीपर्णा की शादी में हमें क्या करना चाहिए और क्या नहीं करना चाहिए, यह बताने के लिए आपके द्वारा किए गए टेक्स्ट मैसेज सही नहीं थे। यह सिर्फ़ आपकी ओर से अनावश्यक हस्तक्षेप था। बहुत अच्छा होगा यदि आप इंद्राणी को समझा सकें कि मेरे या राहुल के बारे में उलटी-सीधी बातें करने से कुछ भी हल नहीं होगा। यह अपरिपक्वता और मूर्खतापूर्ण है। मेरे इस मेल को पढ़ने के बाद आपकी ओर से अगर मुझे कोई बुरा और बेतुका मेल नहीं लिखा जाता है तो मुझे इससे बहुत ख़ुशी होगी। मुझे किसी के या अपने लिए कोई समस्या पैदा करने में कोई दिलचस्पी नहीं है। यह मेल सिर्फ़ उस कटुता, क्रोध और भ्रम को दूर करने के लिए लिखा गया है जो आप सभी के मन में किसी भी कारण से है। उम्मीद है यह मेल उस भ्रम, क्रोध या कटुता को दूर करने में आपकी मदद करेगा!

मुझे अपने बीच में मत लाइए। मुझे एक तरफ़ रखिए। आप और राहुल पिता-पुत्र हैं। मैं आपके बीच कोई दख़लंदाज़ी नहीं करना चाहती। अगर आप दोनों सम्पर्क में रहते हैं तो मुझे कभी भी इससे कोई समस्या नहीं होगी।

आपको और विधि को शादी में देखकर अच्छा लगा। बरसों पहले

गोवा में बिताए हमारे उस छोटे से हॉलीडे की कुछ सुखद और अच्छी यादें अपने साथ जो भी लेकर आई हूँ।

वैसे भी, सभी ने जो भी कहा और किया है, मेरे मन में किसी के लिए कोई दुर्भावना नहीं है। मैं आप सभी के सुखद जीवन की कामना करती हूँ। विधि को मेरा प्यार देना। मैं उसे याद करती हूँ।

अपना ख़याल रखना।

शीना के इस ईमेल का जवाब पीटर ने अगले ही दिन दिया। पीटर ने अपने मेल में शीना को लिखा कि दो साल पहले जो मैसेज आए थे वे आहत करने वाले थे। उनकी भाषा घटिया थी। कैसी भी परिस्थिति हो मुझे नहीं लगता कि कोई भी अच्छी फ़ैमिली वाला व्यक्ति किसी को भी ऐसे मैसेज लिखेगा। तुमने कहा कि तुमने राहुल के फ़ोन से कुछ मैसेज भेजे और राहुल का इससे कोई लेना-देना नहीं है। मेरा इस पर यक़ीन करना मुश्किल है कि सभी मैसेज़ तुमने भेजे थे। फिर राहुल को ऐसी क्या ज़रूरत आन पड़ी कि उसे तुम्हारे और इंद्राणी के बीच के पर्सनल पारिवारिक मसले के बीच आना पड़ा। तुम मेरे बेटे को अपने पर्सनल फ़ैमिली मैटर में घसीटे बिना भी उसे हल कर सकती थीं। इसके अलावा, जहाँ तक तुम्हारी माफ़ो का सवाल है तो मैं इस पर कोई टिप्पणी नहीं करना चाहता, क्योंकि यह तुम्हारा पर्सनल फ़ैमिली मैटर है। मेरा उससे कोई लेना-देना नहीं है।

4 अप्रैल, 2011 को दोपहर के 1:44 बजे शीना को लिखे अपने मेल[64] की शुरुआत पीटर ने कुछ इस प्रकार की थी—

शीना

गुड मॉर्निंग

लगभग दो साल पहले जो मैसेज मिले वे बहुत भयानक थे। उन्हें पढ़कर मुझे बहुत दुख हुआ। उनकी भाषा बहुत चौंकाने वाली थी। उन मैसेज को पढ़कर मुझे यक़ीन नहीं हुआ कि ये मैसेज किसी अच्छी पारिवारिक पृष्ठभूमि से आने वाले व्यक्ति ने लिखे हैं। चाहे परिस्थितियाँ कैसी भी हों कम-से-कम मुझे अपने बेटे या उसकी गर्लफ्रेंड से ऐसे मैसेज की उम्मीद नहीं थी।

जैसा कि तुमने बताया कि तुमने कुछ टेक्स्ट मैसेज़ भेजने और कॉल करने के लिए राहुल के फ़ोन का इस्तेमाल किया था और इस सबसे राहुल का कोई लेना-देना नहीं है। मेरा इस पर यक़ीन करना थोड़ा मुश्किल है कि वे सभी मैसेज तुमने भेजे थे। यह हुआ भी कैसे, राहुल को पता चला कि तुम्हारे और इंद्राणी के बीच कोई पर्सनल फ़ैमिली मैटर है, जिसमें उसका शामिल होना भी ज़रूरी है। तुम मेरे बेटे को इसमें घसीटे बिना, मुझे कॉल करने या कुछ मैसेज भेजने के लिए उसके फ़ोन का इस्तेमाल किए बिना भी इस पर्सनल फ़ैमिली मैटर से ख़ुद निपट सकती थी। ये मैसेज तुम दोनों के फ़ोन से मेरे फ़ोन और इंद्राणी के फ़ोन पर एक के बाद एक आए। जब भी मैं इन मैसेज को पढ़ता हूँ तो मुझे नफ़रत होती है।

मैंने अपने बच्चों को कभी भी लोगों को इस तरह के भद्दे मैसेज भेजने या ख़ुद को इस तरह से इस्तेमाल करने या ऐसे लोगों के साथ रहने की अनुमति नहीं दी है, जो इस तरह की अभद्र भाषा में इस तरह के मैसेज भेज सकते हैं। परिस्थितियाँ या कारण चाहे जो भी हों, कहीं न कहीं एक लाइन खींचनी पड़ती है।

मैं ख़ास तौर से इस बात से परेशान रहता हूँ कि मैंने राहुल को इंग्लैंड से भारत वापस बुलाया ताकि वह कुछ काम शुरू कर सके, स्वतंत्र रूप से रह सके और अपनी लाइफ़ सेट कर सके। लेकिन हो इसके उलट रहा है। वह एक ऐसे रिश्ते में फँस गया है, जिससे वह बाहर नहीं निकल सकता। इस रिश्ते के चलते वह अपनी लाइफ़ भी सेट नहीं कर पाया है। उसे यह भी नहीं पता कि उसने उन मामलों में शामिल होकर अपना बहुमूल्य समय बर्बाद किया है, जो उससे सम्बन्धित नहीं हैं, क्योंकि वे तुम्हारे पर्सनल फ़ैमिली मैटर हैं। जब तक वह तुम्हारे साथ रिश्ते में नहीं आया था तब तक सब ठीक था। हम एक परिवार के रूप में साथ समय बिताते थे, एक साथ छुट्टियाँ मनाते थे, लेकिन यह सब तब से ख़त्म हो गया जब से वह तुम्हारे साथ रिश्ते में गया है। पहले से तय कार्यक्रम के बावजूद वह गोवा में फ़ैमिली क्रिसमस वैकेशन मनाने के लिए हमारे साथ नहीं जा पाया, क्योंकि तुम उसे अपने पर्सनल मैटर में अपने साथ चाहती थी। यही इसका सार है।

मुझे राहुल के साथ अपने सम्बन्ध में तुम्हारी किसी सलाह या सहमति की आवश्यकता नहीं है और न ही सम्पर्क में रहने या न रहने के मामले में। जब तक मैं जीवित रहूँगा मैं सबसे अच्छे तरीक़े से अपने 3 बच्चों को सलाह देता रहूँगा। उन्हें बताऊँगा कि जब वे किन्हीं लोगों से जुड़ते हैं तो उन्हें कैसे व्यवहार करना चाहिए। उन्हें अपने बड़ों का सम्मान करने और किसी के साथ दुर्व्यवहार न करने के लिए उनका मार्गदर्शन करूँगा। मेरे पिता एक सख़्त आदमी थे और उन्होंने कभी भी हममें से किसी के भी बुरे व्यवहार और अपमान को बर्दाश्त नहीं किया। राहुल के पिता के रूप में मैं उससे भी यही उम्मीद करता हूँ और तुम्हारे पर्सनल फ़ैमिली मैटर में उसकी अनावश्यक भागीदारी के लिए माफ़ी की आशा करता हूँ। इसके साथ ही तुम्हें यह भी बता दूँ कि राहुल ने मुझसे कहा था कि वह माफ़ी माँगने वाला ड्राफ़्ट तैयार कर चुका था लेकिन तुमने उसे वो माफ़ी माँगने वाला ड्राफ़्ट न भेजने की सलाह दी। मेरा मानना है कि यह ग़लत सलाह थी और स्वीकार्य नहीं है।

जहाँ तक तुम्हारी माफ़ी का सवाल है तो मैं उस पर टिप्पणी करने में सक्षम नहीं हूँ, क्योंकि यह तुम्हारा पर्सनल फ़ैमिली मैटर है और इससे मुझे कोई सरोकार नहीं है। इसके अलावा, तुम इस पोज़िशन में नहीं हो कि मुझे सलाह दे सको कि मैं अपनी पत्नी को क्या बताऊँ।

संयोग से मैंने विधि को तुम्हारे टच में न रहने के लिए भी कहा है, जब तक कि मुझे नहीं लगता कि यह उसके लिए ऐसा करने का सही समय है। वह एक युवा लड़की है और उसे जानने की ज़रूरत है कि वह क्या कर रही है। हालाँकि वह पहले से ही ऐसा कर चुकी है। तुम्हारे लिए अपने पर्सनल फ़ैमिली मैटर में मेरे किसी भी बच्चे को शामिल न करना सबसे अच्छा है।

शीना, मुझे उम्मीद है कि मैंने इस पर अपना रुख़ साफ़ कर दिया है और मैं तुम्हें आश्वस्त करता हूँ कि हममें से किसी के मन में तुम्हारे या किसी के प्रति कोई कड़वाहट या दुर्भावना नहीं है। कभी नहीं थी और न ही कभी होगी।

मेहरबानी करके इस मेल को मेरी नाराज़गी या ग़ुस्से की प्रतिक्रिया

के रूप में न पढ़ना, क्योंकि ऐसा बिलकुल भी नहीं है। जहाँ तक मेरी पत्नी और मेरे 3 बच्चों के साथ मेरे सम्बन्धों और तुम्हारे पर्सनल फ़ैमिली मैटर पर मेरे रुख़ का सम्बन्ध है तो यह मेरी स्थिति को साफ़ करने के लिए लिखा गया एक मेल है।

मैं हक़ीक़त में तुम सबके सुखद भविष्य की कामना करता हूँ और शुभकामनाएँ देता हूँ। मैं आशान्वित हूँ कि जहाँ तक राहुल जाएगा, ख़ुशक़िस्मती उसका साथ देगी, क्योंकि वह हम सबको बहुत प्यारा है।

—पीटर

विधि के ईमेल अकाउंट से भी शीना को एक ईमेल गया था। इस ईमेल में लिखा गया कि उससे सम्पर्क न किया जाए।

चार्जशीट के मुताबिक़, 02 अप्रैल, 2011 को विधि के ईमेल अकाउंट से शीना को ईमेल[65] जाता है और उस ईमेल को राहुल और रॉबिन को भी भेजा जाता है। उसमें मेल लिखा गया था—

शीना, मैं तुमसे कहना चाहती हूँ कि मैं नहीं चाहती कि तुम भविष्य में इस तरह के स्टुपिड ईमेल भेजो और मुझे इन ईमेल्स में कॉपी मार्क भी मत करो।

उसी दिन, उसी मिनट में विधि के ईमेल अकाउंट से एक और ईमेल शीना को किया जाता है। उस ईमेल[66] को राहुल को भी भेजा जाता है। उसमें लिखा था—

पिछला ईमेल मेरा नहीं था। मुझसे ज़बरदस्ती भिजवाया गया।

इसका ये मतलब निकाला गया कि विधि से इंद्राणी न सिर्फ़ ज़बरदस्ती ईमेल भिजवा रही थी बल्कि उसे शीना-राहुल से दूर रखने की कोशिश भी कर रही थी।

3 अप्रैल, 2011 को विधि के ईमेल अकाउंट से शीना को ईमेल[67] किया जाता है। उस ईमेल को राहुल, पीटर और रॉबिन को भी भेजा जाता है। ईमेल में लिखा गया—

> शीना, मुझे मेरे पेरेंट्स ने कहा है कि जब तक वे न कहें, तुमसे कॉन्टैक्ट न करूँ। तुम भी भविष्य में मुझे फ़ोन या ईमेल से सम्पर्क मत करना और न ही अपने किसी को भी भेजे गए ईमेल की मुझे कॉपी भेजना। मैं तुम्हें बता देना चाहती हूँ कि मैं तुम्हारे पर्सनल मैटर्स, जो मेरी माँ या किसी अन्य के साथ हों, में इंट्रेस्टिड नहीं हूँ, क्योंकि मेरा उनसे कोई सरोकार नहीं है।

इसके साथ ही राहुल ने भी पीटर को एक मेल लिखा। इस मेल में राहुल ने पीटर को बहुत-सी ग़ुस्से भरी और तनाव पैदा करने वाली बातें लिखीं।[68]

11 अप्रैल, 2011 को राहुल ने पीटर के ईमेल को 'बेवकूफ़ी भरा' बताते हुए अपने जवाब की शुरुआत करते हुए लिखा—

> शीना ने मेरी सलाह के विपरीत जाकर आपको जो ईमेल भेजा था वह हमारी तरफ़ से इस बेहूदगी को सुलझाने की दूसरी कोशिश थी। मगर जवाब में हमें जो ईमेल आया वह न सिर्फ़ आवेश भरा था बल्कि दिशाहीन भी था, और मूर्खतापूर्ण भी, जो आपके स्तर के व्यक्ति से अपेक्षित नहीं था। फिर भी यह साफ़ हो गया कि आप इसका समाधान नहीं चाहते हो।

इस मेल के बाद पीटर ने एक और मेल[69] राहुल को लिखा। इस मेल में पीटर ने राहुल से माफ़ी माँगने की माँग की। पीटर ने लिखा—

> मैं अभी भी इस बात पर क़ायम हूँ कि तुम्हें दो बातों के लिए माफ़ी माँगने की ज़रूरत है। पहली कि तुमने मेरे, इंद्राणी और विधि के सन्दर्भ में गंदी गालियों वाले जो मैसेज मुझे और इंद्राणी को भेजे थे। दूसरी कि अगर वो मैसेज तुमने नहीं भेजे थे और तुम्हारे फ़ोन से शीना ने भेजे थे, फिर भी तुम्हें माफ़ी माँगनी चाहिए, क्योंकि ज़रूरत न होते हुए भी तुम शीना-विधि के बीच की ईमेल बातचीत में घुसे, जबकि वो ईमेल न तुम्हें भेजे गए थे न ही तुम्हें उसकी कॉपी गई थी। उसके बाद कई सारे फ़ोन कॉल और गाली वाले मैसेज का सिलसिला शुरू हुआ, जिसके बाद मैंने तय किया कि जब तक तुम मुझसे, इंद्राणी और विधि से माफ़ी नहीं माँगते तब तक तुमसे बात नहीं करूँगा।

13 अप्रैल, 2011 को राहुल ने पीटर के माफ़ी माँगने की माँग वाले मेल का जवाब लिखा। इस मेल में राहुल ने सालों पहले उसके फ़ोन से किए गए मैसेज को अपना मानने से इनकार किया। राहुल ने कहा कि वे मैसेज केवल पीटर और इंद्राणी द्वारा ग़ुस्सा दिलाए जाने के रिएक्शन में किए गए थे। राहुल लिखता है कि वे मैसेज उसने नहीं किए थे। किसी और ने उसके फ़ोन से वे मैसेज किए थे। मेल[70] में माफ़ी माँगने से इनकार करते हुए राहुल ने लिखा—

> पहली बात, मैं आपसे फिर कह रहा हूँ कि दो साल पहले जो अप्रिय मैसेज आपको या इंद्राणी या विधि को भेजे गए थे, वे मैंने नहीं भेजे थे। वो मैसेज एक रिएक्शन थे, जिसके लिए आपने ही उकसाया था। मेरा फ़ोन इस्तेमाल हुआ लेकिन वो मैसेज मैंने नहीं भेजे, इसीलिए माफ़ी माँगने जैसा कुछ है ही नहीं।

इन मैसेज और मेल्स को पढ़ने के बाद एक बात जो उभरकर आती है, वह यह कि यह परिवार आमने-सामने बैठकर मसलों को सुलझाने की बजाय आपस में ज़रूरत से ज़्यादा ईमेलबाज़ी करता था और उनमें अपनी तमाम भावनाओं का दरिया बहा देता था।

ज़ी न्यूज़ की एडिटोरियल मीटिंग में अक्सर चर्चा होती थी कि पीटर या तो पहेली है या फिर कन्फ़्यूज़्ड। पीटर शुरू में राहुल-शीना की रिलेशनशिप के ख़िलाफ़ नहीं था पर बाद में वह उनके सम्बन्धों के ख़िलाफ़ हो जाता है। इंद्राणी से चोरी-छिपे पीटर राहुल-शीना के साथ डिनर करता है। फिर कुछ दिन बाद हुई भतीजी की शादी में राहुल-शीना को आने से मना कर देता है। पीटर अपने बेटे राहुल और इंद्राणी की बेटी शीना की बात पर यक़ीन नहीं करता मगर उस इंद्राणी की बात पर यक़ीन करता है जो उससे लगातार झगड़ती है। पीटर इंद्राणी से शीना उसकी बेटी है या नहीं, इस बारे में सवाल तो करता है मगर इंद्राणी जब डीएनए टेस्ट करवाने की पेशकश करती है तो पलट जाता है। पीटर के सम्बन्ध राहुल-शीना से मधुर थे। फिर पीटर की भतीजी की शादी के दौरान ख़राब हुए। इसके बाद फिर से उनके बीच सम्बन्ध अच्छे हो गए। कुछ दिनों बाद फिर सम्बन्ध ख़राब हो गए। क्या यह पीटर के दिल की बात बनाम इंद्राणी के दबाव के बीच की खींचतान थी, जिसमें पीटर बार-बार कभी इधर तो कभी उधर लुढ़क रहा था?

पीटर एक तरफ़ इतना स्नेहपूर्ण है कि गोद ली हुई बेटी पर जान न्योछावर कर रहा था मगर ख़ुद के सगे बेटे राहुल की ख़ुशी पर ध्यान नहीं दे रहा था।

पीटर राहुल के साथ सहानुभूति रखता है पर इंद्राणी के ख़िलाफ़ जाने से डरता है। कॉरपोरेट जगत में पीटर बॉस है, पर असल ज़िन्दगी में इंद्राणी को बॉस मान चुका है। पीटर कभी शीना को राहुल पर पॉज़िटिव इन्फ्लुएंस बताता है तो कभी उसे राहुल से दूर रहने को कहता है। इसके विपरीत अगर शीना का आकलन करें तो वह एक अलग ही धरातल पर खड़ी मिलती है। उसके बचपन, उसकी त्रासदी और मानसिक स्थिति से हम अच्छी तरह वाक़िफ़ हैं। एक लड़की, जिसे माँ बचपन में छोड़कर चली गई। 13-14 साल बाद जब माँ मिली तो उसने सौदेबाज़ी की और आर्थिक सहायता देने के नाम पर माँ कहने का हक़ छीन लिया। मन मसोसकर शीना को माँ की बात माननी पड़ी, क्योंकि उसके सामने उसके जीवन और भविष्य का सवाल था। मगर वह दबने वालों में से नहीं थी। जब-जब इंद्राणी ने उस पर ज़बरदस्ती कंट्रोल करने की कोशिश की तब-तब शीना ने बाग़ी तेवर अपनाए और पलटकर जवाब भी दिया।

शीना शायद सिर्फ़ प्यार की भूखी थी, वह ख़ालीपन, जो माँ की अनुपस्थिति और माँ पुकारने के हक़ की कमी से हुआ था, उसको शायद कहीं और से पूरा करना चाहती थी। जहाँ-जहाँ उसे प्रेम मिला वहाँ वह बेहद प्यारी, केयरिंग और रिश्ते निभाने वाली लड़की के रूप में सामने आई। उसका स्वभाव ही कुछ ऐसा था कि उसने सिर्फ़ राहुल का ही दिल नहीं जीता था बल्कि अपनी सौतेली बहन विधि को भी अपनी सगी बहन की तरह प्यार किया, यह जानते हुए भी कि विधि की समृद्धि के लिए ही इंद्राणी उसका हक़ छीन रही है।

शुरुआत में वह पीटर को भी बहुत पसन्द थी और पीटर को शीना का राहुल पर एक पॉज़िटिव असर नज़र आया। (भले ही बाद में इंद्राणी के दबाव या किसी अन्य कारण से पीटर ने अपना रुख़ बदल दिया हो।) राहुल के घरवालों (उसकी माँ शबनम और दूसरे रिश्तेदारों) का दिल भी शीना ने अपने निश्छल स्वभाव से जीत लिया था। स्कूल के दोस्त हों, रूममेट हों या फिर सहकर्मी सभी के लिए शीना एक बेहद प्यारी, कोमल और मधुर स्वभाव की लड़की थी, जिसे नापसन्द करना बहुत मुश्किल था। कुल मिलाकर जो बात उभरकर आती है वह यह कि शीना को दबाव डालकर नहीं झुकाया जा सकता था। प्रेम शायद उसकी एक कमज़ोरी थी। कोई भी अच्छा शिकारी अपने तरकश में अलग-अलग तरह के तीर रखता है। उसके 'साम-दाम' वाले तीर फेल हो जाएँ तो वह 'भेद' वाला तीर चलाकर अपना आख़िरी 'दंड' वाला तीर चलाने की बुनियाद तैयार करता है ताकि शिकार को शक न हो कि जो उसे पुचकार रहा है वही उस पर तीर भी चलाएगा।

एडिटोरियल मीटिंग की चर्चा चाहे जिस विषय से शुरू हुई हो आख़िरकार इंद्राणी पर आकर ही ख़त्म होती थी, क्योंकि उसके बारे में तयशुदा तौर पर कुछ भी निश्चित कर पाना बेहद मुश्किल था। वैसे जब हम अपनी एडिटोरियल मीटिंग और चर्चाओं में इसका एक आलोचनात्मक विश्लेषण करते थे तो अक्सर इंद्राणी की निकट भविष्य की सम्भावित समस्याओं पर कुछ इस तरह से आकलन करते थे। शीना के मुम्बई शिफ़्ट होने से पहले से ही इंद्राणी के राहुल से सम्बन्ध ख़राब थे। इंद्राणी के कहने पर ही पीटर ने राहुल को अपने वर्ली वाले घर से अलग कहीं और रहने को कहा था। शीना के साथ भी यही कहानी दोहराई गई। अब दोनों इंद्राणी-विरोधी (राहुल-शीना) एक साथ थे। धीरे-धीरे ही सही यह सच सामने आना ही था कि इंद्राणी शीना-मिखाइल की बहन नहीं, माँ है। इसका नुक़सान यह भी होने की सम्भावना थी कि विधि और पीटर की नज़रों और भरोसे में इंद्राणी का वज़न कम हो जाता, क्योंकि उसने इतना बड़ा सच छुपाया था। साथ ही जब यह बात खुलती तो इंद्राणी की तथाकथित हाई सोसाइटी में भी वह तिरस्कार और उपहास का पात्र बन जाती। शीना ने उसका राज़ अब तक उसके क़रीबियों तक ही खोलकर इंद्राणी के लिए परेशानी खड़ी की थी, अब अगर सार्वजनिक तौर पर यह बात और फैलती तब इंद्राणी किस मुँह से लोगों से मिलती। उसका आइएनएक्स के बिज़नेस का भट्ठा अब तक बैठ चुका था और कॉरपोरेट जगत में इंद्राणी-पीटर की साख को पहले ही झटका लग चुका था। उन्हें मुम्बई छोड़कर कुछ अरसे के लिए इंग्लैंड जाना पड़ा था। परी के जिस ऊँची उड़ान के सपने थे, वहीं उसके पंख कमज़ोर हो रहे थे। एक डर था कि जो कुछ है वह भी हाथ से न निकल जाए।

सीबीआई जाँच जैसे-जैसे आगे बढ़ी तो उसमें एक के बाद एक नए तथ्य सामने आते गए। हर नया तथ्य अपनी नवीनता और रहस्य से पुराने तथ्यों को मात देता गया। इन्हीं में यह बात भी उभरकर आई कि इंद्राणी को डर था कि अगर राहुल और शीना की शादी हो गई तो सारी प्रॉपर्टी और पैसा राहुल-शीना के पास चला जाएगा, क्योंकि वह जानती थी कि पीटर अपने बेटे राहुल को बहुत चाहता है। ऐसा होने पर विधि के भविष्य और उसे मिलने वाली विरासत से हाथ धोना पड़ेगा या उसमें से बहुत कम हिस्सा हाथ आएगा। इसके अलावा आइएनएक्स और विदेशी अकाउंट में पैसे पार्क होना भी अपराध का एक मोटिव हो सकता है।

ईमेल और मैसेजेस पर तनातनी कई महीनों तक होती रही। फिर अलग-अलग और दूर-दूर रहने के चलते लगातार सम्पर्क ख़त्म-सा होता दिखा। मगर 2012 की शुरुआत में इंद्राणी-शीना के रिश्तों में जमी बर्फ़ स्वाभाविक या साजिश के तौर पर पिघलने लगी। यह 2012 की बात है। इंद्राणी और शीना ने एक-दूसरे को कॉन्टैक्ट करना शुरू कर दिया। शीना अपनी आगे की पढ़ाई (एमबीए) करना चाहती है। उसे पैसों की ज़रूरत है। शायद इसलिए उसने फिर से इंद्राणी से कॉन्टैक्ट बहाल किया। 9 मार्च, 2012 को शीना ने इंद्राणी को लिखा[71]—

> पिछले दो साल में बहुत-सी चीज़ें हुईं...बहुत-से सोच-विचार और ख़ुलासे के बाद मुझे एहसास हुआ कि अपने बड़े होने के दौरान जिन वजहों से मैं आपसे नाराज़ रहती थी, वे सही नहीं थीं। भले ही आपको फ़र्क़ नहीं पड़ता हो मगर मुझे ख़राब लगा कि मैंने आपको कभी सुना नहीं। मगर मुझे लगता है कि आप जो कहती थीं उसे बिना सोच-विचार के ही ख़ारिज नहीं करना चाहिए था। बहरहाल आपसे इस सच्चाई की वजह से नाराज़ रही हूँ कि बतौर माँ आपने हमें छोड़ दिया। हम ज़िन्दा भी हैं या नहीं, कभी ये जानने की परवाह नहीं की। मगर मैंने कभी ये समझने की कोशिश नहीं की कि किस वजह से आपको घर छोड़ना पड़ा।

10 मार्च, 2012 को इंद्राणी ने शीना के उपरोक्त मेल के जवाब में हैरान और ख़ुश होते हुए लिखा कि वह ख़ुद शीना से बात करना चाह रही थी। उसने शीना को लिखा कि वह केवल उनके ही लिए है। इंद्राणी ने उसे यक़ीन दिलाया कि इतना सब होने के बाद भी वह अभी भी शीना से प्यार करती है। इंद्राणी ने शीना को लिखा[72]—

> माइ डार्लिंग, मैं कब से तुम्हारी तरफ़ से सुनने का इन्तज़ार कर रही थी और मैं ख़ुश हूँ कि तुमने कॉन्टैक्ट किया। मैं तुम्हें सोमवार को फ़ोन करूँगी और हम सब कुछ सुलझा लेंगे। मैं चाहती हूँ कि तुम रिलैक्स रहो और किसी बारे में कोई भी चिन्ता मत करो। मैं हमेशा तुम्हारे लिए हूँ और रहूँगी। मैंने हमेशा तुम्हें प्यार किया है और आगे भी करती रहूँगी, भले ही हम एक-दूसरे से कितना भी ग़ुस्सा हों।

11 मार्च, 2012 को शीना ने इंद्राणी को लिखे मेल[73] में कहा कि उसे

किसी भी सुलह-सफ़ाई की ज़रूरत नहीं है। शीना अब अपने और इंद्राणी के बीच पसरे ग़ैरज़रूरी तनाव को ख़त्म करना चाहती थी। शीना ने लिखा—

> कुछ भी सुलझाने की ज़रूरत नहीं है। सब अच्छा है। मैं सिर्फ़ हमारे बीच का ग़ैरज़रूरी तनाव और फ़ासला ख़त्म करना चाहती थी। मुझे आपसे जवाब की उम्मीद नहीं थी। मगर हाँ...मुझे बेहतर महसूस हो रहा है। आप कभी भी मुझे लिख सकती हैं।

इंद्राणी और शीना अप्रैल, 2012 तक बात करते रहे। अप्रैल, 2012 की शुरुआत में इंद्राणी-शीना ने एक-दूसरे के साथ ड्रिंक-डिनर का प्लान बनाया यह अप्रैल के पहले दस दिनों की बात है। राहुल ने शीना को बांद्रा के ताज लैंड्स एंड पर इंद्राणी के साथ डिनर करने के लिए ड्रॉप किया। डिनर के बाद राहुल गया और उसने जाकर शीना को ताज लैंड्स एंड से पिकअप किया तब राहुल ने देखा कि इंद्राणी ख़ुद की गाड़ी की तरफ़ जा रही थी। शीना ने राहुल को बताया कि वे लोग अगले डिनर के लिए प्लान कर रहे हैं।[74]

इसका यह मतलब हुआ कि बाहरी तौर पर इंद्राणी ने शीना के साथ अपनी बातचीत फिर से शुरू कर दी थी। इस बार इंद्राणी शीना को प्रताड़ित करने वाली डॉमिनेटिंग महिला नहीं बल्कि बदलाव के तहत माँ और सहेली के रोल में नज़र आ रही थी। यह 2012 के पहले सौ दिनों का डेवलपमेंट था

यह असामान्य था, ख़ास तौर से पिछले कुछ सालों के झगड़े को देखते हुए इंद्राणी का इस तरह से समझौते वाले मिज़ाज में आ जाना, बेयक़ीनी था। पर यक़ीन न करने का भी तो कोई आधार नहीं था। रही-सही कसर शीना के ईमेल के जवाब में आए इंद्राणी के ईमेल ने पूरी कर दी। शीना ने 9 मार्च, 2012 को इंद्राणी को ईमेल भेजा, जिसमें उसका दर्द झलकता है।[75] शीना इंद्राणी से पूछती है कि उसके राहुल के साथ जाने से इंद्राणी अपने माता-पिता की आर्थिक सहायता बन्द करने की धमकी क्यों देती है! वह पूछती है कि वह उसे घर से दूर रखने के लिए बोरा दम्पती पर दबाव क्यों डालती हैं! शीना ने इन्हीं सवालों के साथ अपने मेल की शुरुआत करते हुए इंद्राणी को लिखा—

> एक बार फिर जो मैं समझ नहीं पा रही हूँ, वह यह है कि अगर मैं राहुल के साथ गई, अगर मेरी शादी राहुल से हुई तो उसके लिए आप अपने ही माता-पिता को आर्थिक सहायता काटने की धमकी

क्यों देती हो? यह सब क्यों करती हो? मुझे घर से दूर रखने के लिए उन पर क्यों दबाव डाला? ऊपर की हाइलाइट की गई पंक्तियों को मैंने कल रात यह सोचकर लिखा था कि आप ही ऐता/काका (नाना-नानी) पर दबाव डाल रही हैं। काका की तरफ़ से अचानक से मैसेज की बाढ़ आ गई है।

उन्होंने लिखा, 'ये एसएमएस इस बात की पुष्टि है कि हमने राहुल के साथ तुम्हारे रिश्ते की अस्वीकृति के संकेत के रूप में अपनी वसीयत को बदलने का फ़ैसला किया है और तुम्हें हमारी सम्पत्ति से वंचित कर दिया है। हमें उम्मीद है कि हमने अपना रुख़ बहुत स्पष्ट कर दिया है। जब तक कि तुम राहुल के साथ रिश्ते में हो तब तक हमें सम्पर्क करने की कोशिश न करो। आदि-आदि' मैं उलझन में हूँ। मुझे नहीं पता कि कौन झूठ बोल रहा है, कौन सच। कृपया स्पष्ट करें। यह (मैसेज) आपकी या आपके माता-पिता की ओर से है? और अचानक यह सब क्यों?

क्या यह सब उन मैसेज के कारण है? आपको या तो मुझे जन्म नहीं देना चाहिए था या मुझे अपने माता-पिता के पास नहीं छोड़ना चाहिए था। आप मुझे अपने साथ क्यों नहीं ले गईं? इस सबके चलते अब मैं कहाँ की कहाँ आ गई हूँ? इस सबने मुझे एक बार फिर बहुत आहत और तबाह कर दिया है।

मैं राहुल के साथ बहुत ख़ुश और सुरक्षित हूँ...क्या यह माता-पिता/प्रियजनों के लिए सबसे महत्त्वपूर्ण बात नहीं होनी चाहिए? आपने वो किया जिसने आपको जीवन में ख़ुशी दी...मैं भी उसी की हक़दार हूँ। आप इससे परेशान क्यों हैं? मैं आपकी बेटी हूँ। मुझमें आपका ही अंश हैं...मैं अपना रास्ता खोज लूँगी और ठीक रहूँगी।

इंद्राणी ने शीना के इस भावुक ईमेल का बहुत ही सकारात्मक जवाब दिया। जाँचकर्ताओं के मुताबिक़ यह इंद्राणी की स्ट्रेटजी का हिस्सा था, जिसके चलते वह शीना को अपने विश्वास में ले सके और अपनी उस बेटी को ख़त्म करने के प्लान को अमल में ला पाए, जो उसके लिए परेशानियाँ खड़ी कर रही थी।[76]

इंद्राणी के संयम के पीछे भी बहुत कुछ था।

कहते हैं कि आप अपनी फ़ैमिली तो नहीं चुन सकते मगर फ़ैमिली

रियूनियन को चुन सकते हैं, क्योंकि फ़ैमिली रियूनियन जीवन के तमाम कड़े फ़ैसलों का एक रिवार्ड होता है और जब फ़ैमिली साथ आती है तो उसके सदस्य अपनी पूर्णता को महसूस करते हैं। ऐसे में सवाल उठता है कि क्या शीना हमेशा उसी तरह की इंद्राणी को माँ के रूप में चाहती थी, जिस नई व बदली हुई इंद्राणी से वह 2012 की शुरुआत में मिली थी? ऐसा अक्सर परिवारों में होता है कि झगड़े निपट भी जाते हैं और कोई-न-कोई समझौता कर लेता है या सरेंडर कर देता है। पर क्या इंद्राणी इतनी आसानी से सरेंडर करने वालों में थी? शायद नहीं। उसके दिमाग़ में एक प्लान की जगह तो थी ही। इंद्राणी ने अब तक मन बना लिया था। शायद उसके दिमाग़ में उस प्लान का ख़ाका भी तैयार हो चुका था।

इंद्राणी के इस प्री-प्लान का ख़ुलासा मिखाइल ने भी किया। मिखाइल ने बताया कि 2012 की शुरुआत में उसकी कई बार इंद्राणी से बातचीत हुई। इंद्राणी के साथ हुई अपनी इन बातों में उसने हर कॉल पर उससे शीना के बारे में भी पूछताछ की। उसने इंद्राणी को बताया कि शीना का नम्बर बन्द आ रहा है। क्या वह ठीक है? मिखाइल के इस जवाब पर इंद्राणी ने उसे शीना के अमेरिका जाने के प्लान के बारे में बताया। मीडिया को दिए इंटरव्यू में मिखाइल ने बताया—

> ये अप्रैल से पहले जनवरी-फरवरी की बात है जब एक दिन मैंने इंद्राणी को फ़ोन करके पूछा कि शीना फ़ोन का जवाब नहीं दे रही है, जिस पर इंद्राणी ने बताया कि शीना कुछ दिनों में अमेरिका जा रही है और वहाँ अपने लिए काम ढूँढ़ने पर ध्यान देना चाहती है, और एक बार वहाँ सेटल हो जाने के बाद वह सम्पर्क करेगी, तब तक वह नहीं चाहती थी कि उसे डिस्टर्ब किया जाए।

इसका मतलब था कि इंद्राणी ने पहले से ही एक पोस्ट-मर्डर पटकथा लिख ली थी। उसने मिखाइल बोरा के इलाज के बहाने मुम्बई के मशहूर मनोचिकित्सक यूसुफ़ माचिसवाला[77] से झूठ बोलकर प्रिस्क्रिप्शन वाली चिट्ठी हासिल कर ली, जिसमें एक एंटी-साइकॉटिक दवाई रिसडॉन के बारे में लिखा था। बतौर मनोचिकित्सक यूसुफ़ माचिसवाला यह दवाई रंग-विहीन, गंध-विहीन, स्वाद-विहीन और पानी या पिये जाने वाले तरल पदार्थ (जिसमें शराब भी शामिल है) में आसानी से घुल जाती है। इंद्राणी ने मनोचिकित्सक यूसुफ़ माचिसवाला से यह भी पूछा था कि इस दवाई की कितनी मात्रा एक

व्यक्ति के जीवन के लिए घातक हो सकती है। चिट्ठी के अलावा उसे दस्ताने, कुछ जूते, बड़े साइज़ के बैग, पेट्रोल के लिए कैन, एक निर्जन-सुनसान जगह चाहिए थी, जो उसके लिए बहुत मुश्किल नहीं था।

इस सब चीज़ों के अलावा, उसे कम-से-कम दो सहयोगियों की भी ज़रूरत थी। पहले सहयोगी के तौर पर उसे संजीव खन्ना याद आया। इन दिनों खन्ना की माली हालत बहुत अच्छी नहीं थी। इंद्राणी से तलाक़ के बाद खन्ना ने दोबारा शादी नहीं की थी और उसका इंद्राणी से सम्पर्क बना रहा था।

कोलकाता के बिज़नेसमैन अजय रावला[78] के मुताबिक़ संजीव खन्ना 2010 में उनकी कंस्ट्रक्शन साइट पर मैनेजर का काम करता था। उसने ऑफ़िस बिना किसी वजह के छोड़ दिया। वह शराबी था और ऑफ़िस हमेशा लेट आता था। 2011 में अजय रावला ने संजीव खन्ना को बीस हज़ार रुपये महीना पर रिटेनर रखा। अजय रावला के मुताबिक़ उन्होंने अपनी प्रॉपर्टी पर तलाक़ के बाद भी कई बार इंद्राणी को संजीव खन्ना से मिलने आते देखा था।

इसकी एक वजह विधि थी, जो दोनों के बीच कॉमन फैक्टर थी। खन्ना विधि को बहुत मिस करता था और बहुत बार उसे अपने साथ कोलकाता वापस लाने की इच्छा ज़ाहिर कर चुका था। मगर उसकी इच्छा इंद्राणी ने पूरी नहीं की। विधि को कोलकाता ले जाने की अनुमति देने से पहले इंद्राणी खन्ना का घर और रहन-सहन का स्तर देखना चाहती थी। एक ज़माने में जो खन्ना इंद्राणी का सहारा और बेहतर माली हालत वाला था, अब इंद्राणी उसे ख़ुद से निचले स्तर पर देखती थी। इंद्राणी अपने से लोअर क्लास में विधि को नहीं भेजना चाहती थी। मगर, भविष्य में धीरे-धीरे उससे सम्पर्क बढ़ाकर उसे 'विधि के बेहतर भविष्य' का सब्ज़बाग़ दिखाकर उसे अपनी प्लानिंग में शामिल करने वाली थी।

जो हो भी गया।

संजीव खन्ना को मुम्बई बुलाने और उसके इंद्राणी के वर्ली वाले घर से दो मिनट की दूरी पर स्थित होटल हिलटॉप में ठहरने का इन्तज़ाम भी हो गया। यानी अब इंद्राणी के अलावा संजीव खन्ना के पास भी मक़सद था।

खन्ना के बाद अभी एक और सहयोगी की ज़रूरत थी, जो हुक्म बजा सके। इतने साल की क्राइम पत्रकारिता से मुझे एक बात तो पता थी कि हर बड़ी कहानी में साहब-बीवी के अलावा एक ग़ुलाम भी होता है। फिर उस ग़ुलाम के पास भी कुछ ऐसा मक़सद होना चाहिए, जो साहब-बीवी के पास अक्सर होता

ही है। इंद्राणी को एक पिट्ठू चाहिए था और वह पिट्ठू था, ड्राइवर श्यामवर राय। इंद्राणी की प्लानिंग में ड्राइवर श्यामवर राय एक महत्त्वपूर्ण मोहरा था।

2004 से श्यामवर राय[79] पीटर मुखर्जी फ़ैमिली के यहाँ बतौर ड्राइवर काम करता था। श्यामवर राय पूरे परिवार से परिचित था। 2009-10 में पीटर, इंद्राणी और विधि मुम्बई से इंग्लैंड चले गए तब भी वह उनके ऑफ़िस में काम करता रहा।

मार्च, 2012 के आख़िर में इंद्राणी की सेक्रेटरी काजल मैडम ने ड्राइवर श्यामवर राय को कहा कि इंद्राणी मैडम ने कहा है कि श्याम के नाम का स्काइप[80] पर अकाउंट बना दो, क्योंकि उससे बात करनी है। काजल मैडम ने स्काइप पर अकाउंट खोल दिया जिसकी आईडी 'Shyamvarrai' थी। सेक्रेटरी काजल हमेशा इंद्राणी के कहने पर स्काइप कनेक्ट कर देती थी मगर श्यामवर राय और इंद्राणी में बात अकेले में होती थी। स्काइप पर जब इंद्राणी और श्यामवर राय में पहली बार बात हुई तो इंद्राणी ने कहा कि श्याम तुम मेरे भरोसे के आदमी हो। तुमसे बात करनी है। किसी से कुछ कहना नहीं, बोलना नहीं। तुम्हारी फ़ैमिली का मेडिकल और तुम्हारे बच्चों की पढ़ाई-लिखाई का ख़र्च मैं उठाऊँगी। तुम्हारी नौकरी भी हमेशा ऐसे ही चलती रहेगी। इसके बाद मुद्दे की बात पर आते हुए इंद्राणी ने कहा कि शीना और मिखाइल मुझे माँ कहकर सब जगह बदनाम कर रहे हैं और प्रॉपर्टी के लिए दोनों से बहुत झगड़ा चल रहा है। उधर साहब के बेटे राहुल के साथ शीना का प्रेम-प्रसंग चल रहा है तो मुझे शीना और मिखाइल को मारना है। तुमको टेंशन नहीं लेना है। तुम्हारा काम ड्राइवर का है। इस काम के लिए कोलकाता से एक आदमी आएगा। किसी को कुछ नहीं बतलाना, तुम्हें कुछ नहीं करना है।

इसके बाद कुछ दिनों के लिए बातचीत बन्द हो गई।

स्काइप पर बात अप्रैल, 2012 की शुरुआत में हुई। इंद्राणी तब बोली थी कि तुम फ़ैज़लभाई (ए.एम. मोटर्स) के यहाँ से गाड़ी ले लेना। इंद्राणी के कहने पर सेक्रेटरी काजल ने श्यामवर राय को 5000 रुपये दिए और इंद्राणी के इंडिया आगमन की डिटेल दी। श्यामवर राय ए.एम. मोटर्स गया और वहाँ से गाड़ी ली और इंद्राणी को 4 या 5 अप्रैल को एयरपोर्ट से मार्लो बिल्डिंग, वर्ली वाले घर लेकर आया। गाड़ी से उतरने के बाद इंद्राणी ने श्यामवर राय को ऊपर बुलाया। ऊपर आने पर इंद्राणी ने उससे कहा कि तुम मिखाइल को अपने फ़ोन से कॉल करो। स्पीकर ऑन रखना। उससे बोलो कि मैडम के घर में बहुत सारा पैसा है...तुम बम्बई आ जाओ...अपन मज़ा करेंगे। ड्राइवर

श्यामवर राय ने मिखाइल को फ़ोन किया और इंद्राणी की कही बात दुहराई मगर मिखाइल ने आने से मना कर दिया।

इंद्राणी दो दिन रुकी। जाने के वक़्त एक डॉक्टर की चिट्ठी (प्रिस्क्रिप्शन) ड्राइवर श्यामवर राय को दी और कहा कि इस चिट्ठी को सँभालकर रखना। मैं बाद में बताऊँगी कि इसका क्या करना है। दो दिन बाद फिर स्काइप पर ड्राइवर श्यामवर राय को कॉल आया। इंद्राणी ने कहा कि कल सुबह ग्यारह बजे मार्लो बिल्डिंग के गेट पर खड़े रहना। एक आदमी कोलकाता से आया है। वो एक पार्सल देगा जो गैरेज में रख देना और जो दवा की चिट्ठी तुम्हें दी थी उसे लेकर रखांगी मेडिकल स्टोर चले जाना। वहाँ वो चिट्ठी दिखाकर दवाई की बोतल ले लेना। इस बार सेक्रेटरी काजल से श्यामवर राय को 12,000 रुपये मिले।

इंद्राणी के कहे अनुसार दूसरे दिन मार्लो बिल्डिंग के गेट पर सुबह ग्यारह बजे ड्राइवर श्यामवर राय खड़ा था। एक अनजान आदमी आया। उसने ड्राइवर श्यामवर राय का नाम पूछा और एक पार्सल (प्लास्टिक की थैली में) राय को दिया। ड्राइवर श्यामवर राय ने पार्सल छुपाकर गैरेज में रख दिया और फिर रखांगी मेडिकल स्टोर से छह बोतल दवाई की लेकर इंद्राणी के निर्देशानुसार दिल्ली पहुँच गया। इसके बाद राय ने इंद्राणी को फ़ोन किया तो इंद्राणी ने बताया कि जिस आदमी को दवाई देनी थी उससे कॉन्टैक्ट नहीं हो रहा है। तुम फ़्लाइट से मुम्बई आ जाओ। ड्राइवर श्यामवर राय ने इंद्राणी से कहा कि पैसे कम पड़ेंगे। इस पर इंद्राणी के कहने पर सेक्रेटरी काजल ने राय के एचडीएफ़सी अकाउंट में दस हज़ार रुपये भेज दिए। ड्राइवर श्यामवर राय मुम्बई आ गया।

स्काइप पर दूसरे दिन फिर कॉल आया। इंद्राणी ने ड्राइवर श्यामवर राय से कहा कि फ़्लाइट से कोलकाता चले जाओ। कोलकाता एयरपोर्ट के बाहर एक आदमी तुमको फ़ोन करके मिलेगा, उसको वह दवाई सौंप देना जो रखांगी मेडिकल स्टोर से ली थी। इसके बाद एयरपोर्ट से ही वापस आ जाना। इस बार इंद्राणी के कहने पर उसकी सेक्रेटरी काजल ने ड्राइवर श्यामवर राय को बीस हज़ार रुपये दिए।

सब कुछ तय प्लान के अनुसार ही हुआ। राय दवाई लेकर कोलकाता गया। एयरपोर्ट के बाहर उस आदमी का फ़ोन आया। उसको राय ने दवाई सौंपी और मुम्बई लौट आया। उसके मुम्बई पहुँचने के बाद इंद्राणी का स्काइप पर कॉल आया। इंद्राणी ने बताया कि वह 23 अप्रैल को मुम्बई आ रही है। उसने श्यामवर राय को निर्देश दिया कि वह फ़ैज़लभाई के यहाँ से 22 तारीख़

को सुबह गाड़ी ले और पुराने रोड से लोनावला जाए। इसके बाद पुराने रोड से ही खंडाला, खोपोली होते हुए पाम बीच रोड घूमकर आ जाए। फिर मार्लो बिल्डिंग में गाड़ी खड़ी कर दे और मुझे 23 तारीख़ को टाइम पर एयरपोर्ट लेने आ जाए। इस बार इंद्राणी के कहने पर सेक्रेटरी काजल ने श्यामवर राय को पाँच हज़ार रुपये दिए।

ड्राइवर श्यामवर राय ने 22 तारीख़ को फ़ैज़लभाई के यहाँ से गाड़ी ली। वर्ली नाका से पेट्रोल भरवाया। वह गाड़ी ओपेट्रा शॅवरलेट थी। गाड़ी नं. था 2605। श्यामवर राय गाड़ी लेकर लोनावला गया। वहाँ से वापस खोपोली आया। फिर नवी मुम्बई के पाम बीच रोड होते हुए मार्लो बिल्डिंग पहुँच गया। गाड़ी बिल्डिंग में खड़ी कर दी और घर चला गया। दूसरे दिन सुबह 23 तारीख़ को मार्लो बिल्डिंग आया। गाड़ी ली और मालकिन इंद्राणी को लेने एयरपोर्ट गया। एयरपोर्ट से घर के रास्ते में इंद्राणी ने कहा कि दो दिन बचे हैं, शीना और मिखाइल का काम तमाम करना है। फिर मार्लो बिल्डिंग पहुँचकर बोली, मैं अभी आती हूँ। थोड़ी देर बाद इंद्राणी नीचे आई और श्यामवर राय से बोली कि कल जिस पुराने रोड से गए थे वहाँ से लोनावला ले लो। श्यामवर राय और मालकिन इंद्राणी लोनावला पहुँच गए। वहाँ पहुँचकर उसने कहा कि एक 20 लीटर का कैन ले लो। श्यामवर राय ने एक दुकान से 20 लीटर का कैन लेकर डिक्की में रख दिया। फिर खंडाला में एक जगह रुकने के लिए बोली। इंद्राणी गाड़ी से उतरी और इधर-उधर देखकर बोली कि यह मिखाइल के लिए बहुत अच्छी जगह है। फिर गाड़ी में बैठ गई और चलने के लिए कहा। इसी दौरान इंद्राणी ने मिखाइल से फ़ोन पर इंग्लिश में बात की। इसके बाद खोपोली पहुँचकर इंद्राणी बोली कि पेण का रास्ता देखो। फिर बोर्ड देखकर पेण रोड पर चलने को कहा। रास्ते में जाते समय दो जगह रुककर जायज़ा लिया। जाते समय तीसरी जगह रुकने के लिए कहा। गाड़ी से उतरकर इंद्राणी ने जंगल में इधर-उधर जगह देखी और बोली कि यह जगह शीना के लिए अच्छी है। तुम भी यह जगह याद रखना। कल आना है। गाड़ी वापस मार्लो बिल्डिंग ले चलो।

मुम्बई पहुँचने पर इंद्राणी दादर के प्लाज़ा थिएटर के पास गाड़ी रुकवाकर उतर गई और ड्राइवर श्यामवर राय से बोली कि अभी आती हूँ। राय ने गाड़ी का एक चक्कर लगाया। दूसरे चक्कर में इंद्राणी बस स्टॉप पर खड़ी दिखी। उसके साथ एक आदमी दो बैग लेकर खड़ा था। इंद्राणी ने डिक्की खुलवाई और दोनों बैग भीतर रखवा दिए। वह गाड़ी में बैठी और घर की ओर चल

दी। मार्लो बिल्डिंग पहुँचकर इंद्राणी अपने ड्राइवर श्यामवर राय से बोली कि ये सामान (बैग और कैन) गैरेज में रख देना और ड्राइवर रूम में आराम करना। राय ने वैसा ही किया।

24 अप्रैल, 2012 की सुबह 9-10 बजे इंद्राणी नीचे आई और ड्राइवर श्यामवर राय से कहा कि नज़दीकी रखांगी मेडिकल स्टोर ले चलो। वहाँ पहुँचकर इंद्राणी पहले मेडिकल स्टोर गई। स्टोर से निकलकर वह बगल की वाइन शॉप में घुस गई। इंद्राणी ने उन दोनों जगहों से सामान लाकर श्यामवर राय को गाड़ी में रखने के लिए दिया और फिर बगल के ब्यूटी पार्लर चली गई। सामान में वोदका और मैक्डॉवेल की बड़ी बोतल थी। दो छोटी बिसलरी पानी की बोतलें और दवाई की छह बोतलों के साथ दस्तानों का एक पैकेट भी था। ब्यूटी पार्लर से आने के बाद इंद्राणी श्यामवर राय को पास की बाटा जूतों की दुकान पर ले गई। वहाँ से उसने बाटा के तीन जोड़ी जूते (एक लेडीज़ और दो जेंट्स) ख़रीदे और श्यामवर राय से कहकर गाड़ी में रखवा दिए। फिर वह साड़ी की दुकान पर गई और दो साड़ियाँ लेकर आई। इसके बाद वे घर लौट आए।

मार्लो बिल्डिंग पहुँचकर इंद्राणी ने श्यामवर राय से कहा कि शराब की दोनों बोतलें और बिसलरी पानी की बोतलें लेकर ऊपर आ जाए। दवाई लेकर इंद्राणी ख़ुद ऊपर चली गई। इंद्राणी के कहे अनुसार सामान को लेकर श्यामवर राय ऊपर गया। तब इंद्राणी ने उसे बिसलरी पानी की एक बोतल और शराब की दोनों बोतलें खोलने के लिए कहा। इंद्राणी ने हाथ धोने की जगह (वाश बेसिन) में थोड़ी-सी शराब गिराई। फिर बिसलरी बोतल में से थोड़ा पानी भी गिराया। इंद्राणी ने श्यामवर राय के सामने शराब की बोतलों और पानी की बोतल में दवाई मिक्स की। इसके बाद शराब की दोनों बोतलें टेबल पर रखवा दीं और श्यामवर राय को दवाई मिले पानी की बोतल गाड़ी में रखने के लिए कहा। श्यामवर राय ने वैसा ही किया। इंद्राणी के निर्देशानुसार, श्यामवर राय ने कोलकाता के आदमी से मिले पार्सल को भी गाड़ी में रखा। साथ ही एक बैग भी मालकिन के आदेशानुसार गाड़ी में रखा। इसके बाद इंद्राणी के कहे अनुसार नीचे जाकर ड्राइवर रूम में आराम किया।

श्यामवर राय के मुताबिक़ इंद्राणी शाम को चार-साढ़े चार बजे नीचे आई और राय से बोली कि बांद्रा चलो। बांद्रा जाते समय रास्ते में उसने बताया कि उनके वहाँ पहुँचने तक शीना और कोलकाता से आने वाला आदमी पहुँच जाएँगे। बांद्रा पहुँचकर इंद्राणी ने गाड़ी नेशनल कॉलेज के पास रोकने के लिए

कहा। राय ने आगे जाकर यू टर्न लिया और गाड़ी खड़ी कर दी। तब शाम के साढ़े छह/सात बजे थे। फिर इंद्राणी उतरकर गाड़ी के पास खड़ी हो गई। राय भी गाड़ी से उतरकर बाहर खड़ा हो गया। थोड़ी देर में एक आदमी आया। इंद्राणी ने उससे श्यामवर राय का परिचय कराया कि इनका नाम संजीव खन्ना है। खन्ना ने इंद्राणी से कहा कि तुम मोबाइल क्यों लाई हो? इंद्राणी ने उसे इंग्लिश में जवाब दिया।

बांद्रा पहुँचने की यात्रा के दौरान इंद्राणी ने शीना को कई फ़ोन किए। शाम 6.30-6.45 बजे शीना को ड्रॉप करके राहुल चला गया था। उधर, शीना और इंद्राणी गले मिलीं। इंद्राणी ने शीना को पीने के लिए पानी की वह बोतल दी जिसमें बेहोशी की दवा मिली हुई थी। इंद्राणी फिर शीना को लेकर अमर संस साड़ी शॉप में गई। थोड़ी देर बाद दोनों वापस आ गईं। गाड़ी आगे गई। संजीव खन्ना गाड़ी में ड्राइवर के बगल की सीट पर बैठा था। इंद्राणी और शीना पीछे की सीट पर बैठी थीं।

इंद्राणी ने श्यामवर राय को गाड़ी पाली हिल की तरफ़ ले चलने के लिए कहा। तीनों (इंद्राणी, शीना और खन्ना) इंग्लिश में बातें कर रहे थे। थोड़ी देर बात करने के बाद सब चुप हो गए। राय ने सेंट्रर मिरर से देखा कि शीना आँखें बन्द किए बैठी है। इंद्राणी ने श्यामवर राय को गाड़ी साइड में रोकने को कहा। राय ने एक गली में गाड़ी बाएँ किनारे रोक दी। उस तरफ़ एक दीवार भी थी। तभी इंद्राणी ने खन्ना से पीछे आने को कहा। खन्ना पीछे जाकर शीना के बगल में बैठ गया। इंद्राणी ने ड्राइवर श्यामवर राय को शीना का मुँह दबाने के लिए कहा। राय ने ड्राइवर सीट से घूमकर देखा तो पाया कि खन्ना ने शीना के बाल पकड़ रखे थे। इंद्राणी शीना की जाँघ पर बैठकर उसका गला दबा रही थी। राय ने शीना के मुँह पर कसकर हाथ रखा। दम घुटने से छटपटाती शीना ने राय की उँगली को इतनी जोर से काटा कि राय की उँगली से ख़ून निकलने लगा।

राय वापस अपनी ड्राइवर सीट पर आकर बैठ गया।

कुछ ही पलों में सब कुछ शान्त हो गया। मानो एक तूफ़ान आकर गुज़र गया। खन्ना भी आगे ड्राइवर की सीट के बग़ल में आकर बैठ गया। पीछे शीना बेजान पड़ी थी। गाड़ी वहाँ से आगे निकली तो थोड़ी दूर जाने के बाद इंद्राणी ने खन्ना को इंग्लिश में कुछ कहा, जिसमें राय के पल्ले मिखाइल, राहुल और वर्ली जैसे कुछ जाने-पहचाने शब्द ही पड़े। थोड़ी देर आगे जाकर इंद्राणी ने गाड़ी रुकवाई और खन्ना गाड़ी से उतर गया।

इंद्राणी ने राय को गाड़ी बांद्रा के पाँच सितारा होटल ताज लैंड्स एंड में ले चलने के लिए कहा। इंद्राणी श्यामवर राय से बोली कि शीना को अब श्री बीएचके का फ़्लैट मिल गया है। इंद्राणी शीना के मुँह पर बैठ गई। उसके बाद शीना के शव को अगली और पिछली सीट के बीच की जगह में गिरा दिया। इंद्राणी ने गाड़ी होटल ताज लैंड्स एंड के गेट के बाहर रुकवाई और उतरकर होटल में चली गई। वह राय को बोलकर गई थी कि गाड़ी एक तरफ़ पार्क करके रखे, वह थोड़ी देर में लौटेगी। राय ने एक गार्डन के पास गाड़ी खड़ी करके लॉक कर दी और आसपास टहलने लगा। दस-पन्द्रह मिनट बाद इंद्राणी ने राय को होटल के गेट पर गाड़ी लाने के लिए कहा। गाड़ी आते ही इंद्राणी सवार हुई और राय को मार्लो बिल्डिंग चलने के लिए कहा।

रास्ते में इंद्राणी बोली कि शीना के मोबाइल पर बार-बार राहुल की कॉल आ रही है। मैं मैसेज भेज देती हूँ। उसने फिर मार्लो बिल्डिंग के क़रीब एक गार्डन के पास गाड़ी रोकने के लिए कहा। वहाँ खन्ना गाड़ी में आकर बैठ गया। इंद्राणी ने गाड़ी बिल्डिंग के भीतर ले जाने के लिए कहा। रात के क़रीब दस बजे वहाँ पहुँचने के बाद इंद्राणी ने श्यामवर राय को गाड़ी गैरेज के सामने लगाने के लिए कहा। राय ने गाड़ी वहाँ पार्क की तो इंद्राणी ने डिक्की में रखा बैग निकालकर देने के लिए कहा। राय ने बैग निकालकर दे दिया और इंद्राणी के कहे अनुसार गैरेज का शटर खोला। इसी बीच इंद्राणी और खन्ना ने शीना के शव को उस बैग में डाल दिया। फिर खन्ना और राय को इंद्राणी ने बैग गैरेज में रखने का निर्देश दिया। बैग गैरेज में रखे जाने के बाद राय ने गैरेज का ताला बन्द कर दिया।

इंद्राणी ने खन्ना से अंग्रेज़ी में कुछ कहा और खन्ना गेट के बाहर चला गया। राय को आराम करने का निर्देश देकर इंद्राणी भी ऊपर चली गई। राय आराम करने के लिए ड्राइवर रूम में चला गया।

राय ड्राइवर रूम में आराम कर रहा था कि थोड़ी देर बाद इंद्राणी का फ़ोन आया। इंद्राणी ने उसे फ्लोरा रेस्टोरेंट जाकर खाना लाने को कहा। इसी बीच इंद्राणी ने राय से कहा कि खन्ना बिल्डिंग के नीचे मिलेगा, उसे लेकर ऊपर आ जाए। राय जब लौटा तो खन्ना उसे बिल्डिंग के नीचे खड़ा मिला। राय और खन्ना दोनों ऊपर चले गए। इंद्राणी ने दरवाज़ा खोला। मिखाइल सामने बैठा था। मिखाइल शराब पी रहा था। डिम लाइट चालू थी। इंद्राणी के निर्देशानुसार, राय और खन्ना टेरेस पर चले गए, जहाँ इंद्राणी 10-15 मिनट बाद आई और इंग्लिश में खन्ना से कुछ बात की। इंद्राणी ने राय से कहा कि

मिखाइल कितनी शराब पीता है...अभी तक बेहोश नहीं हुआ। तब खन्ना ने कहा कि मिखाइल को बाद में देखते हैं। दो-दो बॉडी अलग-अलग कैसे लेकर जाएँगे। इंद्राणी ने राय से कहा कि कल सुबह जल्दी निकलना है, इसलिए अब वो जाकर आराम करे। खन्ना राय के साथ नीचे आ गया और गेट के बाहर चला गया।

श्यामवर राय ड्राइवर रूम में ठहरा हुआ था। उस रात उसे नींद नहीं आई। पूरी रात घबराहट में बीती।

25 अप्रैल, 2012 की सुबह चार बजे इंद्राणी ने राय को फ़ोन कर गाड़ी के पास पहुँचने के लिए कहा। राय फ्रेश होकर गाड़ी के पास पहुँचा तब सुबह के 4.30-4.45 का वक़्त हुआ था। खन्ना और इंद्राणी गाड़ी के पास खड़े थे। उनके पास अपने-अपने दो छोटे (ट्रैवल) बैग थे। उसके बाद इंद्राणी ने राय को गैरेज खोलकर बैग (लाश वाला) निकालने को कहा। राय और खन्ना ने गैरेज से बैग निकाला और गाड़ी में पीछे की सीट पर उकड़ूँ अवस्था में रख दिया। इंद्राणी ने राय को ख़ाली हुआ शव का बैग और कैन पीछे डिक्की में रखने को कहा। राय ने वैसा ही किया। अब खन्ना श्यामवर राय की बगल में बैठा। पीछे की सीट पर इंद्राणी बैठी थी...शीना की लाश के बगल में। इंद्राणी ने राय को गाड़ी चलाने को कहा।

इंद्राणी ने राय को निर्देश दिया कि कल जिस पेणवाले रास्ते से गए थे उसी तरफ़ गाड़ी ले चले और हाइवे पर पेट्रोल पम्प पर गाड़ी रोक दे। राय ने हाइवे पर एक पेट्रोल पम्प पर गाड़ी रोकी। खन्ना कैन लेकर गया और उसमें 10 लीटर पेट्रोल लेकर आया। कैन को डिक्की में रख दिया। उसी वक़्त इंद्राणी ने राय को नए ख़रीदे जूते पहनने को कहा। इंद्राणी और खन्ना ने भी अपने पुराने जूते उतारकर नए पहन लिये। तब तक इंद्राणी ने शीना (लाश) को लिपस्टिक लगाया और उसके बाल सँवारे। वहाँ से वे लोग पेण रोड के लिए रवाना हुए। इंद्राणी ने राय को गाड़ी चिह्नित स्थान पर यू टर्न लेकर खड़ी करने को कहा। राय, इंद्राणी और खन्ना तीनों गाड़ी से उतर गए। तभी एक बाइकवाला उनके सामने से गुज़रा। खन्ना और इंद्राणी ने शीना की लाश को गाड़ी से बाहर खींचा। राय ने लाश के पैर पकड़े और फिर तीनों ने मिलकर शीना के शव को जंगल में एक झाड़ी के पास रख दिया। इंद्राणी ने राय को बैग लाने के लिए कहा और खन्ना पेट्रोल का कैन लेकर लाश के पास आया। इस दौरान राय ने बैग इंद्राणी के हवाले कर दिया। इंद्राणी ने बैग में से साड़ी

और दस्ताने निकालकर शीना के ऊपर डाल दिए। बैग भी शव के ऊपर डाल दिया गया। खन्ना ने शीना के शव पर पेट्रोल छिड़क दिया। इंद्राणी ने अपनी पैंट की जेब से माचिस निकाली और शव से थोड़ी दूर जाकर तीली जलाकर बेटी के शव पर फेंक दी। जैसे ही आग की लपटें उठीं, इंद्राणी के कहने पर वे लोग तुरन्त गाड़ी में बैठकर वहाँ से निकल गए। रास्ते में इंद्राणी के कहे अनुसार सभी ने अपने नए जूते निकाल दिए। इंद्राणी ने राय से कहा कि वह उन दोनों (इंद्राणी-खन्ना) को बांद्रा में छोड़ दे। वहाँ से वे लोग एयरपोर्ट चले जाएँगे। राय से कहा कि वह बाद में गाड़ी को अच्छी तरह से साफ़ करवा ले। जब वे बांद्रा पहुँचे तो गाड़ी महबूब स्टूडियो के पास रोकी गई। स्टूडियो के पास कैफ़े कॉफ़ी डे की दुकान थी। दोनों गाड़ी से उतरकर बोले श्याम आओ कॉफ़ी पीते हैं और तीनों कॉफ़ी पीने चले गए।

कॉफ़ी पीने के बाद इंद्राणी ने राय को जाने और गाड़ी साफ़ करवाने का निर्देश दिया। इंद्राणी ने कहा कि वहाँ से वे टैक्सी से एयरपोर्ट चले जाएँगे। शीना के लिए ख़रीदी गई साड़ी और पॉलिथिन में रखे तीनों के जूते और उनके अपने बैग जो गाड़ी में थे, लेकर दोनों (इंद्राणी-खन्ना) वहाँ उतर गए। शीना का पर्स और मोबाइल तो इंद्राणी पिछली रात ही ले चुकी थी। उस वारदात के बाद जाते वक़्त इंद्राणी ने राय को ताक़ीद की कि वह इस घटना के बारे में किसी से कुछ भी न कहे, नहीं तो बहुत बुरा हाल होगा। इंद्राणी ने राय से कहा कि पार्सल से जो सामान कोलकाता से आया है, वह उसे सँभालकर रखे। उनके जाने के बाद राय ने वर्ली नाके पर एक वर्कशॉप में जाकर गाड़ी को अच्छे से साफ़ करवाया। इसके बाद मार्लो बिल्डिंग में ले जाकर गाड़ी पार्क कर दी।[81]

24 अप्रैल, 2012 (हत्या के पहले)

राहुल ने शीना को उसके ऑफ़िस से पिकअप किया और दोनों अपने मरोल वाले घर पहुँचे। शीना ने शावर लिया, कपड़े बदले और फिर वे लोग शीना को बांद्रा में अमर संस शॉप पर ड्रॉप करने के लिए मरोल से निकले। शीना और इंद्राणी के बीच डिनर और शॉपिंग का प्लान था। जब राहुल अपनी सुज़ुकी अल्टो गाड़ी चला रहा था तब शीना-इंद्राणी के बीच मोबाइल पर बात हो रही थी। शीना इंद्राणी को बता रही थी कि वे लोग कहाँ पहुँचे हैं और बांद्रा पहुँचने में अभी कितना वक़्त और लगेगा। शाम क़रीब 6.30-6.40 बजे तक राहुल-शीना बांद्रा के अमर संस शॉप वाली जगह पहुँचे। राहुल ने गाड़ी

अमर संस शॉप के सामने रोकी। राहुल गाड़ी पार्क करने के लिए जगह देख रहा था तभी उसे सिलवर कलर की एक गाड़ी अमर संस शॉप के साइड में पार्क की हुई दिखी और उसमें इंद्राणी जैसी दिखने वाली महिला और उनका ड्राइवर श्यामवर राय अन्दर बैठे दिखे। राहुल जानता था कि श्यामवर राय उसके पिता और इंद्राणी का साल 2008 से ड्राइवर था। एक और आदमी था जो कार के बाहर खड़े होकर स्मोकिंग कर रहा था। राहुल ने शीना को अमर संस शॉप के बाहर छोड़ा। शीना इंद्राणी और श्यामवर राय के पास गई, और राहुल अपने घर लौट आया।[82]

शाम 7.30-7.40 के आसपास राहुल ने शीना को मैसेज किया कि वह घर पहुँच गया और क्या वह (शीना) ठीक है...और तुम लोगों का क्या प्लान है? तुम्हें वापस लेने कब आऊँ।[83]

शीना के मोबाइल से राहुल को रिप्लाई मैसेज आया कि वे ड्रिंक करने के लिए बांद्रा के ताज लैंड्स एंड होटल के लिए निकल गए हैं। थोड़ी देर बाद फिर से मैसेज आया कि वे लोग ताज लैंड्स एंड होटल से निकलकर रॉयल चाइना रेस्टोरेंट में डिनर के लिए जा रहे हैं।

कुछ और समय के बाद मैसेज आया, जिसमें लिखा था कि इंद्राणी के साथ आज अच्छा समय बीता और मैं सोच रही थी कि आज की रात इंद्राणी के साथ ही बिताऊँ। राहुल सरप्राइज्ड हुआ, लेकिन उसने उसे लिखा, 'OK'।

25 अप्रैल, 2012 की सुबह

राहुल ने शीना के नम्बर पर फ़ोन किया तो किसी ने भी नहीं उठाया जबकि फ़ोन की रिंग लगातार जा रही थी। राहुल शीना से बात करने की कोशिश करता रहा तो थोड़ी देर बाद राहुल को शीना के फ़ोन से मैसेज मिला कि उसे 2/3 घंटे में (घर) ड्रॉप कर दिया जाएगा। लगभग आधे घंटे बाद राहुल को एक और मैसेज मिलता है। यह थोड़ा अजीब और अलग किस्म का मैसेज था। इस मैसेज में शीना ने राहुल को छोड़ने और किसी और से प्यार हो जाने की बात लिखी थी। शीना ने इस मैसेज में लिखा था—

> मुझे कोई और मिल गया है, मैं उससे प्यार करती हूँ और मैं ख़ुश हूँ उसके साथ, और वह बहुत अमीर भी है, मुझे माफ़ कर देना तुम।

राहुल को जब यह मैसेज मिला तो उसे सन्देह हुआ। राहुल ने शीना के

मोबाइल पर मैसेज किया कि जो भी हो वह उससे मिले और मैसेज करने की बजाय बात करे। तब राहुल को मैसेज मिला—

अभी नहीं, कुछ वक़्त बाद, शायद दो महीने बाद।

राहुल को यक़ीन ही नहीं हुआ, उसे लगा कि ज़रूर कुछ हुआ होगा जैसे कि तीन साल पहले नींद का इंजेक्शन देने की घटना हुई थी। एक या दो घंटे के बाद राहुल वर्ली पहुँच गया। बिल्डिंग के चौकीदार ने राहुल को रोकने की कोशिश की लेकिन राहुल ने उसकी बात नहीं मानी और अन्दर चला गया। इंद्राणी का घर चौथे और पाँचवें फ्लोर पर था। राहुल ने पाँचवें फ्लोर के रूम नम्बर 19 का दरवाज़ा खोला और अन्दर झाँककर देखा तो फ़्लैट में कोई दिखाई नहीं दिया। फिर चौथे फ्लोर के रूम नम्बर 18 पहुँचा तो उसका दरवाज़ा शायद काम वाली बाई ने खोला। राहुल ने उससे शीना और इंद्राणी के बारे में पूछताछ की लेकिन उसने राहुल को कुछ नहीं बताया। राहुल बाहर बिल्डिंग के नीचे गया और सिक्योरिटी गार्ड से पूछा कि सोसायटी में कौन आया और कब आया था। सिक्योरिटी गार्ड ने कोई जवाब नहीं दिया। राहुल ने सिक्योरिटी गार्ड को यह भी बोला कि अगर वह बिल्डिंग की एंट्री बुक चेक करके नहीं बताएगा कि कौन और कब आया था तो वह सीधा पुलिस के पास जाएगा। फिर राहुल वर्ली पुलिस स्टेशन गया और उन्हें स्थिति बताई। राहुल के साथ दो पुलिस हवलदार वर्ली की मार्लो बिल्डिंग में आए और सिक्योरिटी गार्ड से पूछा कि फ़्लैट नम्बर 19 में कौन आया था और वहाँ पहले से कौन था? सिक्योरिटी गार्ड ने पुलिस को बताया कि फ़्लैट नम्बर 19 से तीन लोग निकले और पैदल ही कहीं चले गए। उस वक़्त राहुल का सिर टेंशन की वजह से घूम रहा था। राहुल ने वर्ली पुलिस स्टेशन में शीना की मिसिंग रिपोर्ट लिखवाने की कोशिश की लेकिन पुलिस ने राहुल को बताया कि वह अपनी माँ के साथ गई है। पुलिस ने समझाते हुए यह भी कहा कि वह वापस आ जाएगी। राहुल को भी टेंशन नहीं लेनी चाहिए और अभी तक उनकी (राहुल-शीना) शादी नहीं हुई है। आख़िरकार वर्ली पुलिस स्टेशन की तरफ़ से कहा गया कि राहुल को उसके निवास क्षेत्र के लोकल पुलिस स्टेशन (एमआईडीसी) जाना चाहिए।

वर्ली पुलिस स्टेशन से निकलकर राहुल अँधेरी के एमआईडीसी पुलिस स्टेशन गया। उन्होंने भी राहुल से वही बातें कहीं और पूछा कि राहुल ने शीना को कल कहाँ ड्राप किया था। राहुल ने पुलिस को बताया कि उसने शीना को

बांद्रा में ड्राप किया था। तब एमआईडीसी पुलिस स्टेशन की तरफ़ से राहुल को कहा गया कि उसे बांद्रा पुलिस स्टेशन जाना चाहिए।

26 अप्रैल, 2012 यानी घटना के अगले दिन राहुल बांद्रा पुलिस स्टेशन गया और मिसिंग रिपोर्ट लिखवाने की कोशिश की। बांद्रा पुलिस ने भी वही कहा कि राहुल को टेंशन नहीं लेना चाहिए, क्योंकि शीना अपनी माँ के साथ गई है।

पुलिस स्टेशन से निकलकर राहुल अपने मरोल वाले घर गया। उन दिनों देहरादून से उसकी माँ शबनम वहाँ आई हुई थीं। राहुल ने घर जाकर अपनी माँ से पूरी स्थिति कह सुनाई। राहुल ने पापा पीटर से भी बात की, जो इंग्लैंड से आ रहे थे। राहुल ने शीना के बॉस, उसके फ्रेंड प्रणय, संजना और प्रणामी, जो गुवाहाटी में रहती थीं, इन सबसे बात की। 25 और 26 अप्रैल से लेकर एक हफ़्ते तक कई बार राहुल ने इंद्राणी मुखर्जी से भी बात की।[84]

अप्रैल, 2012 को शीना की बचपन की गुवाहाटी वाली दोस्त संजना फुकन को शीना के मोबाइल से एसएमएस मैसेज आया, जिसमें लिखा गया था कि वह राहुल के साथ ब्रेकअप कर रही है। उसे कोई और मिल गया है। साथ ही लिखा था कि वह फेसबुक से कुछ अरसे के लिए दूर रहेगी और अपना मोबाइल नम्बर भी बदल रही है। जैसे ही वह नया नम्बर लेगी वैसे ही वह शेयर करेगी। लेकिन वह नम्बर आगे राहुल के साथ न शेयर किया जाए। ये सब बात प्रणामी को भी बता दो।

यह मैसेज आने के बाद संजना को अचरज हुआ और उसने तुरन्त शीना के मोबाइल पर फ़ोन लगाया मगर सामने से कॉल डिसकनेक्ट कर दिया गया। इसके बाद शीना के मोबाइल से एक मैसेज आया कि वह बाद में फ़ोन करेगी। बाद में संजना ने कई बार फ़ोन किया लेकिन फ़ोन बन्द पाया गया।

कुछ ऐसा ही शीना-संजना-प्रणामी तिकड़ी की प्रणामी के साथ भी हुआ। संजना की तरह प्रणामी (उर्फ रिन्नी) भी गुवाहाटी से शीना के बचपन की दोस्त थी। उसने पुलिस को दिए बयान में कहा—

> जहाँ तक मुझे याद है कि अप्रैल, 2012 को किसी वक़्त मुझे शीना के मोबाइल से एसएमएस मैसेज आया, जिसमें लिखा गया था कि वह राहुल से ब्रेकअप कर रही है। उसे कोई और मिल गया है। मुझे अचरज हुआ और मैंने तुरन्त शीना के मोबाइल पर फ़ोन लगाया मगर सामने से कॉल नहीं लगा। उसके बाद मैंने कई बार फ़ोन किया लेकिन फ़ोन बन्द पाया गया। लगभग यही मैसेज हमारी

> क़रीबी दोस्त संजना के मोबाइल पर भी आया। मैं बहुत शॉक्ड और डिस्टर्ब्ड थी और उस मैसेज पर मुझे यक़ीन नहीं हुआ। मैंने राहुल को भी कॉन्टैक्ट किया, पर उसे भी शीना की लोकेशन के बारे में कुछ पता नहीं था।

चेहरे की रंगत इंसान के दिल का हाल बयान करती है। उसके चेहरे पर हवाइयाँ उड़ रही हैं। चारों तरफ़ इतना शोर है कि कुछ सुनाई नहीं पड़ता है। कुछ सुन न पाने के कारण इंसान कुछ सोच भी नहीं पाता है। वह अपने हाल से बेख़बर मानो कहीं खला में टकटकी लगाए देख रहा है। शायद वह किसी के लौट आने का इन्तज़ार कर रहा है। इन्तज़ार के इन लम्हों में वह यहाँ-वहाँ भाग-दौड़ रहा है। बदहवास है। थकन से चूर। कुछ भी ख़बर नहीं है। न अपनी और न ही दुनिया की। दौड़ता हुआ वह कभी इस पुलिस स्टेशन जाता है तो कभी उस पुलिस स्टेशन। पुलिस स्टेशन में मौजूद पुलिसकर्मियों से अपनी गर्लफ्रेंड के खो जाने की शिकायत करता है। पुलिसकर्मी उसकी बात को ध्यान से सुनते हैं। वे उसके हर कथन पर ग़ौर करते हैं और फिर आख़िर में यह कहते हुए तसल्ली देते हैं कि वह जल्दी ही लौट आएगी। उसकी उससे शादी तो नहीं हुई है। वह अपनी माँ के साथ है, जैसा कि उसने उन्हें बताया है। माँ के बारे में सुनते ही वह इंद्राणी के वर्ली वाले घर की ओर दौड़ जाता है। चौकीदार से बहस करता है। लिफ़्ट से फ़्लैट में जाता है और घर का हर कोना छान मारता है। उसे कहीं कोई नज़र नहीं आता। वह घर से बाहर जाता है और उस सड़क की ओर दौड़ लगा देता है जहाँ उसने आख़िरी बार शीना को छोड़ा था। वह उस जगह के दाएँ-बाएँ और आगे-पीछे के रास्ते पर जाता है। उन सड़कों पर बनी इमारतों, दुकानों और रेस्तराँओं के अन्दर झाँककर देखता है, पर कुछ भी ऐसा नहीं मिलता जो उसके बेचैन दिल को सुकून दे। कस्तूरी की तलाश में जंगल में भटकते किसी मृग की तरह वह भी कंक्रीट के इस जंगल में यहाँ-वहाँ भटक रहा है। उसकी कस्तूरी खो गई है। कस्तूरी खो जाने पर भी मृग मुतमइन है, क्योंकि कस्तूरी उसके पास है। पर शीना के खो जाने से राहुल बेहाल है, क्योंकि उसकी कस्तूरी उसके पास नहीं है। यहाँ-वहाँ शीना को खोजने के बाद वह एक बार फिर पुलिस स्टेशन जाता है। इस बार अपनी माँ शबनम सिंह के साथ। उसने एक बार फिर पुलिस से शीना के ग़ायब होने की रिपोर्ट लिखने के लिए कहा। उसके बार-बार आने पर तरस खाकर पुलिस ने शीना की गुमशुदगी की डायरी एंट्री कर ली है। राहुल

ने मिस्टर परमबीर सिंह, इंस्पेक्टर जनरल ऑफ़ पुलिस (आईजी) से भी बात की। उनसे रिक्वेस्ट किया कि कुछ एडवाइस दें। परमबीर सिंह राहुल की माँ के फ़ैमिली फ्रेंड थे। उन्होंने राहुल से कहा कि उसे शीना के बारे में मिसिंग रिपोर्ट लिखवानी चाहिए।

शीना के बचपन के दो दोस्तों संजना और प्रणामी ने भी शीना की तलाश में राहुल की मदद की। पुलिस को दिये अपने बयान[85] में संजना ने कहा—

> राहुल की दरख़्वास्त पर मैंने दिल्ली में अपने कज़न से सम्पर्क किया, जो सुप्रीम कोर्ट में वकील हैं। उनसे सलाह ली। उन्होंने कहा कि राहुल पुलिस में शिकायत दर्ज कर सकता है। मैंने यह बात राहुल को बताई। राहुल की कोशिशों के बाद भी एफ़आईआर दर्ज नहीं हुई। पुलिस ने कहा कि चिन्ता की कोई बात नहीं है, क्योंकि शीना अपनी माँ के साथ गई है। इसके बाद हमने शीना को ढूँढ़ने की बहुत कोशिश की मगर असफल रहे।

शीना के यूँ ग़ायब हो जाने से उसके रिलायंस ऑफ़िस से भी कॉल्स आ रहे थे। वह कई दिनों से ऑफ़िस नहीं गई थी। ऑफ़िस वालों को उसकी ज़रूरत थी। ऑफ़िस एचआर ने उसे कॉल लगाया मगर कोई जवाब नहीं मिला। कई बार कॉल लगाने के बाद भी जब उन्हें शीना की तरफ़ से कोई जवाब नहीं मिला तो ऑफ़िस की तरफ़ से एक लेडी स्टाफ उनके घर आई और उसने शीना का ऑफ़िशियल लैपटॉप और उसका आईडी कार्ड कलेक्ट किया। राहुल ने रिलायंस की उस लेडी स्टाफ वीना से बात की। उसने बताया कि उनके बॉस मिस्टर मुखर्जी उससे मिलना चाहते हैं। उसके बाद राहुल अपनी माँ के साथ रिलायंस ऑफ़िस गया और मिस्टर मुखर्जी से मिला। उन्होंने मिस्टर मुखर्जी को सिचुएशन के बारे में बताया। राहुल ने मिस्टर मुखर्जी से पूछा कि क्या शीना ने उन्हें कुछ बताया था या उसकी तरफ़ से कोई मैसेज मिला? मिस्टर मुखर्जी ने पुलिस में मिसिंग रिपोर्ट लिखवाने की राय दी। राहुल ने उनसे कहा कि मिसिंग रिपोर्ट लिखवाने की कोशिश कर चुका हूँ लेकिन पुलिस रिपोर्ट नहीं ले रही है। इसी दौरान एक और ख़ास बात हुई। जब शीना के ऑफ़िस से लेडी स्टाफ वीना राहुल के घर आई थी उस वक़्त राहुल अपने पापा पीटर और इंद्राणी मुखर्जी के साथ बात कर रहा था। किसी ने दरवाज़ा खटखटाया। राहुल ने दरवाज़ा खोला तो देखा कि सामने रिलायंस ऑफ़िस का स्टाफ मेम्बर था। उसने राहुल से पूछा कि शीना कहाँ है? ऑफ़िस के बॉस मिस्टर राहुल से

बात करना चाहते हैं। उस बातचीत को फ़ोन पर इंद्राणी ने सुन लिया। इंद्राणी मुखर्जी ने राहुल से पूछा कि शीना का बॉस कौन है। राहुल ने मिस्टर शुभोदय मुखर्जी का नाम बताया। इंद्राणी ने राहुल से उनका फ़ोन नम्बर माँगा, लेकिन राहुल ने मना कर दिया। राहुल और उसकी माँ शबनम जब मिस्टर शुभोदय मुखर्जी से मिले थे तो उन्होंने बताया था कि शीना आधे दिन की छुट्टी लेकर गई थी मगर पिछले तीन-चार दिनों से ऑफ़िस नहीं आ रही है। उन्होंने यह भी बताया कि शीना की तरफ़ से उन्हें कोई रेज़िग्नेशन लेटर भी नहीं मिला है।[86]

रिलायंस मेट्रो के एचआर और एडमिनिस्ट्रेशन वाइस प्रेसिडेंट शुभोदय मुखर्जी ने पुलिस को दिए अपने बयान[87] में बताया कि शीना 24 अप्रैल, 2012 को छुट्टी लेकर गई थी। बाद में उसके मोबाइल से मैसेज आया कि वह छुट्टी दो दिन के लिए बढ़ाना चाहती है। उसके बाद से वह लगातार शीना को कॉन्टैक्ट करने की कोशिश में लगे रहे थे। आख़िरकार 30 अप्रैल, 2012 को राहुल और उसकी माँ शबनम की शुभोदय मुखर्जी से उनके ऑफ़िस में मुलाक़ात हुई। तब शुभोदय मुखर्जी को पता चला कि शीना 24 अप्रैल को अपनी माँ इंद्राणी से मिलने गई थी और तब से लौटी नहीं है। शायद इंद्राणी ने शीना को भड़काकर कहीं भेज दिया होगा, क्योंकि इंद्राणी शीना-राहुल के रिश्ते से नाख़ुश थी।

शुभोदय मुखर्जी पुलिस को दिए अपने बयान में कहते हैं—

> उसी दिन मेरे मोबाइल पर एक अज्ञात व्यक्ति का फ़ोन आया। उसने अपना नाम इंद्राणी मुखर्जी बताया। मैंने उससे पूछा कि क्या वह शीना की माँ है, इस पर इनकार करते हुए इंद्राणी ने ख़ुद को शीना की बड़ी बहन बताया। उसने बताया कि शीना जिस लड़के (राहुल) के साथ रहती थी अब उसके साथ नहीं रहना चाहती और न ही किसी तरह का सम्बन्ध रखना चाहती है, इसलिए उसने अपना मोबाइल बन्द कर रखा है। मैंने इंद्राणी से कहा कि हमारी कम्पनी के नियम के मुताबिक़ उसे हमें बताना चाहिए था। हमने उसे कुछ काम दिया था वह भी उसने हैंडओवर नहीं किया। इस पर इंद्राणी ने कहा कि इसी वजह से शीना ने ख़ुद शुभोदय मुखर्जी का नम्बर देकर फ़ोन करके बताने को कहा है कि वह नौकरी छोड़ रही है। जल्द ही वह उन्हें अपना इस्तीफ़ा भेज देगी। उस वक़्त मैंने शीना से बात करने की माँग की जिसे इंद्राणी ने नकार दिया।

इस बातचीत के कुछ दिन बाद ही कूरियर द्वारा शीना का इस्तीफ़ा आ गया, जिसे मंज़ूर कर लिया गया।

इस पूरे घटनाक्रम से यह अन्दाज़ा लगाना आसान हो जाता है कि राहुल से रिलायंस स्टाफ़ की फ़ोन पर बातचीत को जैसे ही इंद्राणी ने सुना तो वह अपने कवरअप प्लान में जुट गई। इंद्राणी ने रिलायंस के मिस्टर शुभोदय मुखर्जी को फ़ोन किया और ख़ुद को शीना की बहन बताकर परिचय दिया। मगर जब शुभोदय मुखर्जी ने बहन वाले सम्बन्ध को नहीं स्वीकारा तब इंद्राणी नाराज़ हो गई और कहा कि राहुल झूठी बातें फैला रहा है। शीना बाहर गई है और किसी से सम्पर्क नहीं करना चाहती है। रिलायंस के शुभोदय मुखर्जी ने जब ज़ोर दिया कि वह ये बात शीना से सुनना चाहते हैं तब इंद्राणी ने उन्हें बताया कि शीना जल्द ही अपना इस्तीफ़ा उन्हें भेज देगी।[88]

इंद्राणी की सेक्रेटरी काजल शर्मा को इंद्राणी की तरफ़ से 3 मई, 2012 को एक ईमेल मिला। इस ईमेल के अचैटमेंट में शीना के इस्तीफ़े का मसौदा था। इंद्राणी ने सेक्रेटरी काजल शर्मा से झूठ कहा कि शीना बोरा यूएसए में है और वहाँ ईमेल की सुविधा के अभाव में वह इस्तीफ़ा नहीं भेज पा रही है। अपनी बॉस इंद्राणी की बात मानते हुए और उसके कहे अनुसार सेक्रेटरी काजल शर्मा ने शीना के दस्तख़त की प्रैक्टिस की और फिर उसके फ़र्ज़ी दस्तख़त कर इंद्राणी को उसी दिन स्कैन करके भेज दिया। इंद्राणी ने फर्ज़ी सिग्नेचर की मंज़ूरी दी। इंद्राणी के आदेश के मुताबिक़ ही सेक्रेटरी काजल ने अँधेरी के एक ख़ास कूरियर सर्विस वाले के ज़रिये वह इस्तीफ़ा रिलायंस मेट्रो के ऑफ़िस भिजवा दिया। इसमें यह ध्यान रखा गया था कि कूरियर उसी कंपनी से किया जाए जहाँ सीसीटीवी न हो।[89]

काजल ने इंद्राणी से मेल मिलने और फिर उससे बात होने के बारे में बताया। काजल ने कहा इंद्राणी ने उसे फ़ोन करके कहा कि शीना अमेरिका में जहाँ रहती है वहाँ उसके पास नेट की सुविधा नहीं है, इसलिए इंद्राणी काजल को शीना का इस्तीफ़ा भेज रही है। इस्तीफ़े पर काजल शीना के जाली दस्तख़त करके उसे शीना के रिलायंस मेट्रो के ऑफ़िस भेज दे। इंद्राणी ने काजल को निर्देश दिया कि इस पूरे मामले के बारे में किसी को पता नहीं चलना चाहिए। न ही किसी बात का कोई सबूत बाक़ी रहना चाहिए। पुलिस को दिये अपने बयान में काजल ने इस पूरे घटनाक्रम को कुछ यूँ बयान किया—

> मुझे इंद्राणी का विदेश से फ़ोन आया। उसने कहा कि शीना के

इस्तीफ़े और सिग्नेचर को उसने स्कैन करके भेजा है। उसने कहा कि मैं उस ईमेल का प्रिंट आउट निकालूँ। कोरे काग़ज़ पर शीना के साइन की प्रैक्टिस करूँ और फिर इस्तीफ़े के प्रिंट आउट पर साइन करके वापस उसे स्कैन करके भेज दूँ। मैंने जब मना किया तो इंद्राणी ने ज़ोर देकर कहा कि चूँकि शीना बोरा यूएसए में है और उसके पास ईमेल भेजने की कोई सुविधा नहीं, वहाँ इंटरनेट की सुविधा न होने के चलते वह इस्तीफ़ा नहीं भेज पा रही है और रिलायन्स कम्पनी से बार-बार फ़ोन पर फ़ोन आ रहे हैं। मेरे पास अपनी बॉस को मना करने का विकल्प नहीं था। लिहाजा मैंने इंद्राणी मैडम के कहे पर भरोसा करके सिग्नेचर की प्रैक्टिस की, इस्तीफ़े पर साइन किया और उसे स्कैन करके इंद्राणी को भेज दिया। बाद में फिर इंद्राणी का फ़ोन आया। उसने कहा कि मैं इस्तीफ़े को एक सफ़ेद लिफ़ाफ़े में डालकर उस पर रिलायंस ऑफ़िस का पता लिखकर, उस लिफ़ाफ़े को अँधेरी के किसी ऐसी कूरियर सर्विस के ऑफ़िस से भेजूँ जिसमें कहीं भी सीसीटीवी कैमरा न लगा हो। उसके बाद मैं किसी सिक्का डालने वाले पब्लिक फ़ोन से रिलायंस कम्पनी को फ़ोन करूँ। उन्हें शीना के भेजे गए इस्तीफ़े को स्वीकार करने के बारे में बताऊँ। उन्होंने मुझे रिलायंस के ऑफ़िस का फ़ोन नम्बर भी दिया। इस काम को इंद्राणी ने मुझे अकेले ही करने को कहा। मैंने उनके कहे मुताबिक़ पहले लिफ़ाफ़े में शीना का इस्तीफ़ा डाला, चपरासी को साथ लेकर रिक्शा में मुलुंड चेक नाका के पास स्थित मारुति कूरियर के ऑफ़िस में गई। वहाँ रिलायंस मेट्रो के ऑफ़िस को लेटर भेजा। मारुति कूरियर के ऑफ़िस से निकलकर बगल के पब्लिक फ़ोन से रिलायंस ऑफ़िस में फ़ोन कर उन्हें इस्तीफ़े की जानकारी भी दी।

इस पूरे मामले में जो बात अजीब है, वह यह कि अमेरिका जैसे देश में इंटरनेट का न होना एक न पचने वाला झूठ है। फिर भी इंद्राणी की सेक्रेटरी ने उसे मान लिया?

अपराध से सम्बन्धित कहानी अपने हर मोड़ पर कई आशंकाओं, सम्भावनाओं और निराशाओं को जन्म देती है। ऐसी कहानियों में कई मोड़

ऐसे भी आते हैं जहाँ कहने वाले के साथ-साथ सुनने और पढ़ने वाला भी ठहरकर सोचने पर मजबूर हो जाता है। जाँचकर्ताओं के मुताबिक़ अपनी साहसिकता और निर्लज्जता के साथ इंद्राणी अब तक पूरी चौकसी के साथ अपने मिशन में कामयाब होती जा रही थी। वह इस पूरे हत्याकांड में आने वाली हर चूक को बड़ी कुशलता से सँभालती और सुराग़ को बन्द कर रही थी। पर अभी एक सुराग़ और बाक़ी था। यह ऐसा सुराग़ था जिसके बन्द करने में इंद्राणी को अपनी पूरी ताक़त लगानी थी नहीं तो उसकी लुटिया भी डूब सकती थी...।

शीना को ढूँढ़ने की कोशिश में हताश हो रहे राहुल ने मई, 2012 के अन्त में मुम्बई छोड़कर देहरादून शिफ़्ट होने का फ़ैसला किया, जो उसकी माँ का नेटिव प्लेस था। राहुल ने मुम्बई में घर का सामान पैक किया और देहरादून चला गया। उससे पहले राहुल ने मकान मालिक मिस्टर एंड मिसेस मचाडो को लीव एंड लाइसेंस एग्रीमेंट कैंसल करने के लिए लेटर लिखा। मिसेस मचाडो ने राहुल को डिपॉज़िट का पैसा वापस करने से इनकार कर दिया। उन्होंने राहुल से कहा कि एग्रीमेंट कैंसल करने के लिए उन्हें शीना के सिग्नेचर भी चाहिए। वह घर राहुल और शीना के नाम पर लिया गया था। राहुल ने मकान मालिक को समझाया कि उसे भी नहीं पता कि शीना कहाँ है। और कि, वह ख़ुद उसे ढूँढ़ने की कोशिश कर रहा है।

सीबीआई की चार्जशीट में इस ईमेल की कॉपी है, जिसके मुताबिक़ 18 जुलाई, 2012 को मकान मालिक की तरफ़ से शीना के ओरिजनल ईमेल आईडी Sheena.bora@gmail.com पर ईमेल गया और इसे मिखाइल को भी भेजा गया। इस ईमेल में मकान मालिक ने लिखा कि अगर किराएदारी समाप्त करनी है तो इसकी जानकारी देता हुआ एक लेटर शीना को ख़ुद साइन करके भेजना होगा। लेटर में लिखा होना चाहिए कि वह अपनी मर्ज़ी से किराएदारी ख़त्म कर रही है। साथ ही यह भी लिखा होना चाहिए कि तुम्हारे पति राहुल मुखर्जी को सिक्योरिटी डिपॉज़िट रिफंड होने से तुम्हें कोई आपत्ति नहीं है।

राहुल ने पापा पीटर को भी उस घर के बारे में बताया। पीटर ने कहा कि डिपॉज़िट का पैसा वापस मिले या न मिले, इससे राहुल का कोई लेना-देना नहीं होना चाहिए। पीटर-इंद्राणी मकान मालिक से बात करके मामला सुलझा लेंगे। इसके बाद राहुल देहरादून के लिए निकल गया।

उस वक़्त इंद्राणी ने राहुल से शीना का सामान आइएनएक्स के ऑफ़िस में या फिर गुवाहाटी भेजने को कहा था। लेकिन राहुल ने इंद्राणी की बात को

यह कहते हुए मानने से साफ़ इनकार कर दिया कि जब तक शीना ख़ुद राहुल से यह नहीं कहेगी वह उसका कोई भी सामान कहीं नहीं भेजेगा।[90]

सिक्योरिटी डिपॉज़िट रिफंड के बारे में पता चलते ही इंद्राणी अपने एक और मिशन के लिए एक्टिव हो गई। मई, 2012 में इंद्राणी ने अपनी सेक्रेटरी काजल शर्मा से शीना बोरा के नाम से ईमेल आईडी बनाने के लिए कहा। सेक्रेटरी काजल शर्मा ने Sheena.bora@hotmail.com में ईमेल आईडी बनाई और यह ईमेल एड्रेस और पासवर्ड मोबाइल पर इंद्राणी को बता दिया।

काजल शर्मा के बयान के मुताबिक़ 21 जुलाई, 2012 को इंद्राणी ने उसे पहले ईमेल भेजा। फिर फ़ोन करके बताया कि शीना अँधेरी के जिस घर में रहती थी वहाँ की किराएदारी ख़त्म करने का लेटर ईमेल किया है। उसने उसका प्रिंट लेने और शीना के सिग्नेचर की प्रैक्टिस करने के बाद उस पर फ़र्ज़ी सिग्नेचर करने को कहा। काजल के मुताबिक़ उसने यह कहते हुए इंद्राणी की इस बात से असहमति जताई कि वह शीना के सिग्नेचर भूल गई है, मगर इंद्राणी ने उसे फिर से प्रैक्टिस करने और इंद्राणी को वापस ईमेल करने को कहा। इंद्राणी के कहे अनुसार काजल शर्मा ने वैसा ही किया। तब इंद्राणी ने काजल शर्मा को फ़ोन करके कहा कि सिग्नेचर ठीक है, अब लेटर को मकान मालिक के पास भिजवा दो।

अपनी बॉस के निर्देशानुसार सेक्रेटरी काजल शर्मा ने यही किया। इसी के साथ इंद्राणी ने वही Sheena.bora@hotmail.com के अकाउंट से मिखाइल को भी लेटर फॉरवर्ड किया और उससे कहा कि उसे मकान मालिक को भिजवा दे।[91]

21 जुलाई, 2012 को Sheena.bora@hotmail.com आईडी से ही मिखाइल को भेजे ईमेल[92] में लिखा गया—

> (हैलो ब्रदर :)!! एटैचमेंट में लेटर है। उन्हें फ़ैक्स कर दो और कम-से-कम उनको (लैंडलॉर्ड) और राहुल को एक साथ छुटकारा मिलेगा। आशा करती हूँ कि नाना-नानी ठीक होंगे। तुम्हारी गर्लफ्रेंड का क्या हाल है? सभी को मेरा स्नेह देना। जल्द ही बात करती हूँ।

6 अगस्त, 2012 को मिखाइल को शीना की आईडी से एक और ईमेल आया। इसमें पुराने वाले ईमेल पर फॉरवर्ड करते हुए लिखा था—

> वापस से भेज रही हूँ।

इन मेल के बारे में मिखाइल ने बाद में बताया कि अप्रैल वाली घटना के बाद एक दिन शीना ने उसे मेल किया। इस मेल में शीना ने मुम्बई में मचाडो दम्पती के साथ अपनी किरायेदारी ख़त्म करने के सम्बन्ध में मिखाइल से मदद करने को कहा। मिखाइल के बयान अनुसार—

> अप्रैल, 2012 की घटना के कुछ दिन बाद इंद्राणी ने मुझे फ़ोन किया और कहा कि शीना मुझे ईमेल करेगी। एक-दो दिन बाद शीना का ईमेल आया, जिसमें एक अटैचमेंट था। उस अटैचमेंट में किराएदारी ख़त्म करने के बारे में अथॉरिटी लेटर था।

इसी घटना से सम्बन्धित मिखाइल के एक और इंटरव्यू के मुताबिक़ जब उसे शीना के हॉटमेल वाले अकाउंट से ईमेल आया तब उसने इंद्राणी से कहा कि शीना उसे डायरेक्ट कॉन्टैक्ट क्यों नहीं करती? इसके जवाब में इंद्राणी ने बताया कि शीना फ़िलहाल किसी से सम्पर्क नहीं करना चाहती, इसलिए किराएदारी ख़त्म करने के मामले में वह मिखाइल की मदद ले रही है। इसके बाद मिखाइल से जैसा कहा गया, उसने वह कर दिया।

मिखाइल ने अपने बयान में बताया कि उसने इंद्राणी के निर्देश के अनुसार उस अटैचमेंट वाले लेटर को प्रिंट किया और मकान मालिक के पास मुम्बई भेज दिया।

इतना सब होने के बाद भी किरायेदारी वाला पेच ख़त्म नहीं हुआ। किरायेदारी समाप्त करने में अभी मकान मालिक की सहमति बाक़ी थी जिसने कई सम्भावनाओं को होने से पहले ही असम्भव कर दिया। यहाँ जानना ज़रूरी हो जाता है कि किरायेदारी ख़त्म करने में क्या-क्या पेच आए। इसके बारे में ज़्यादा जानकारी मकान मालिक के बयान से उभरकर आती है।

मकान मालिक डोमनिक मचाडो ने पुलिस को जो बयान दिया।[93] उसमें उन्होंने बताया कि एक रोज़ राहुल परेशान, रोता हुआ उनके पास आया और किरायेदारी ख़त्म करने के लिए कहा। उसने बताया कि शीना कहीं चली गई है और वह वापस नहीं आएगी। उसे पैसों की ज़रूरत है तो वह किरायेदारी ख़त्म करना चाहता है। डोमनिक मचाडो इस सम्बन्ध में विस्तार से बताते हुए कहते हैं—

> जुलाई, 2012 राहुल किरायेदारी ख़त्म करने के लिए आया। राहुल परेशान था और रो रहा था। उसने बताया, शीना पढ़ाई के लिए

विदेश चली गई है। उसके वापस आने की सम्भावना नहीं है। राहुल ने बताया कि शीना ने उससे सम्बन्ध तोड़ लिये हैं। राहुल ने कहा कि उसे पैसे की बेहद ज़रूरत है, इसलिए उसे सिक्योरिटी डिपॉज़िट के 70000 रुपये लौटा दिये जाएँ। हमने कहा कि बिना शीना की रज़ामंदी के हम डिपॉज़िट का पैसा नहीं लौटाएँगे। हमने कहा या तो शीना को सामने लाओ या फिर फ़ोन पर बात कराओ। राहुल ने बताया कि शीना का उससे कोई सम्पर्क नहीं है। उसने कहा कि अगर डिपॉज़िट के पैसे नहीं मिले तो भी वह हर हाल में घर ख़ाली कर देगा, क्योंकि उसे पैसे की दिक़्क़त है। राहुल ने हमारे सामने ही शीना की माँ इंद्राणी के इंटरनेशनल नम्बर पर फ़ोन लगाया मगर उससे सम्पर्क नहीं हो पाया। इसके बाद उसने शीना के भाई मिखाइल से फ़ोन पर हमारी बात करवाई। हमने मिखाइल से कहा कि वह शीना से अथॉरिटी लेटर लाकर दे। मैंने 18 जुलाई, 2012 को शीना-मिखाइल को ईमेल लिखा। ईमेल में लिखा कि अगर किराएदारी समाप्त करनी है तो इसकी जानकारी देता हुआ एक लेटर शीना को ख़ुद साइन करके भेजना होगा। लेटर में लिखा होना चाहिए कि तुम अपनी मर्ज़ी से किरायेदारी ख़त्म कर रही हो। साथ ही यह भी लिखा होना चाहिए कि तुम्हारे पति राहुल मुखर्जी को सिक्योरिटी डिपॉज़िट रिफंड देने से तुम्हें कोई आपत्ति नहीं है। अगस्त, 2012 में ब्लू डार्ट कूरियर कम्पनी से एक लेटर मिला, जिसमें शीना की तरफ़ से किराएदारी समाप्त करने और डिपॉज़िट के पैसे राहुल को लौटाने में कोई ऑब्जेक्शन न होने की बात लिखी थी। उस लेटर पर 21 जुलाई, 2012 की तारीख़ थी। फिर उसी लेटर को 8 अगस्त, 2012 को एक आदमी (श्यामवर राय) लेकर आया। हमने राहुल का फ़ोन आने पर उसे बताया कि चूँकि हमें वो लेटर सन्देहास्पद लग रहा है, इसलिए जब तक शीना नहीं आती तब तक हम डिपॉज़िट नहीं लौटाएँगे। हमने इस बारे में स्थानीय एमआईडीसी पुलिस स्टेशन को ख़त लिखकर जानकारी दी कि चूँकि हमें 21 जुलाई, 2012 का लेटर सन्देहास्पद लग रहा है, इसलिए हमने डिपॉज़िट का पैसा नहीं लौटाया।

यहाँ एक और सन्देह जन्म लेता है, जो लगातार राहुल को मथ रहा

होगा। शीना का पासपोर्ट राहुल के देहरादून वाले घर पर पड़ा था।[94] ऐसे में इंद्राणी का यह कहना कि शीना यूएसए चली गई है, इस बात ने भी राहुल के दिमाग़ में घंटी बजाई।

अपने जीवन में राहुल और पीटर दोनों ने काफ़ी इंटरनेशनल यात्राएँ की थीं। दोनों के पास ब्रिटिश पासपोर्ट है, दोनों अच्छी तरह से जानते थे कि कोई भी पासपोर्ट के बिना देश से बाहर नहीं जा सकता। मगर कुछ मीडिया रिपोर्ट्स[95] के मुताबिक़ इंद्राणी ने दोनों को शायद यह कहकर कनविन्स कर लिया कि जैसा यूरोपियन देशों में होता है, यह मुमकिन था कि भारत में भी ड्यूएल पासपोर्ट ले सकते हैं। इंद्राणी की इस दलील पर पीटर के सहमत होने की बात तो समझ आती पर राहुल कैसे इंद्राणी की इस बात को मान गया?

यह बात उनके मकान मालिक को भी हजम नहीं हो रही थी कि पासपोर्ट अगर राहुल के पास है तो शीना यूएसए कैसे जा सकती है? इस पर राहुल ने उनसे कहा कि इंद्राणी की बहुत पहुँच है और वह फ़र्ज़ी पासपोर्ट हासिल करके भी शीना को यूएसए भेज सकती है।[96]

आरोपियों ने जान-बूझकर राहुल को झूठ बताया कि शीना को नया पासपोर्ट जारी हो चुका है।[97] इसके बावजूद, राहुल की तरफ़ से शीना को ढूँढ़ने के लिए पुलिस पर लगातार दबाव बढ़ रहा था, तब यह दिखाने के लिए कि इंद्रागी (और पीटर) की तरफ़ से कुछ किया जा रहा है, साथ ही अपना पक्ष क्लियर रखने के लिए भी, पुलिस का इस्तेमाल किया गया।

'अप्रैल, 2012 में इंद्राणी-पीटर मुम्बई क्राइम ब्रांच के तत्कालीन एडिशनल पुलिस कमिश्नर (आईपीएस) देवेन भारती से मिले। उन्होंने आईपीसी भारती से अपनी रिश्तेदार (शीना) के मोबाइल का लोकेशन ढूँढ़ने में उनकी मदद माँगी। चूँकि दोनों देवेन भारती से परिचित थे, लिहाज़ा देवेन भारती ने इंस्पेक्टर नितिन अलखनुरे को इस काम पर लगाया। मगर एक-दो दिन में ही इंद्राणी-पीटर ने देवेन भारती को बताया कि रिश्तेदार का पता चल गया है, इसलिए पुलिस को आगे कुछ करने की ज़रूरत नहीं है। इस पर देवेन भारती ने इंस्पेक्टर नितिन अलखनुरे को कह दिया कि इस मामले में आगे कुछ न करे।'[98]

इससे जाँचकर्ताओं को यह अन्दाज़ा लगाना आसान हो जाता है कि अपने एक गुनाह को छुपाने के लिए अब उसने आग से खेलना शुरू कर दिया था। पहले तो उसने मुम्बई की सड़क पर शीना की जान ली। फिर उसके फ़ोन-ईमेल का इस्तेमाल किया, डॉक्यूमेंट्स का फ़र्ज़ीवाड़ा किया और अब उसकी

हिम्मत यहाँ तक बढ़ गई कि उसने पुलिस तक का इस्तेमाल करना शुरू कर दिया। वह भी सिर्फ़ यह दावा करने के लिए कि उनकी ओर से शीना को तलाश करने की पुरज़ोर और ईमानदार कोशिश हुई है।

राहुल के पीटर-शीना से बातचीत के ऑडियो टेप्स में देवेन भारती का ज़िक्र बार-बार आता है। इसमें राहुल को टालने (गुमराह करने) के लिए इंद्राणी और पीटर भी आईपीएस देवेन भारती का नाम लेते सुनाई देते हैं जबकि देवेन भारती इस सबसे अनजान थे।

इंद्राणी शीना की माँ थी। फिर वह उसकी बहन बनी। बहन से सहेली और अब वह शीना बन चुकी थी। उसके पास शीना का फ़ोन था। शीना के नाम से उसने फ़र्ज़ी ईमेल आईडी भी बनवा ली थी। शीना की हत्या के बाद अपनी ज़रूरत के हिसाब से उसने वक़्त-वक़्त पर अलग-अलग लोगों और शीना के दोस्तों को उसके फ़ोन और ईमेल अकाउंट से मैसेज और ईमेल किए। शीना के मोबाइल से जो एसएमएस इंद्राणी ने भेजा था, उसमें लिखा था कि शीना ने राहुल से ब्रेकअप कर लिया है, उसे कोई और मिल गया है। वह कुछ अरसे के लिए फेसबुक से दूर रहेगी। वह अपना मोबाइल नम्बर बदल रही है। जैसे ही वह अपना नया नम्बर लेगी, वह उसे शेयर करेगी। मगर वह नया नम्बर राहुल के साथ शेयर न किया जाए।

शीना के मोबाइल से भेजे गए इस मैसेज पर किसी भी दोस्त ने यक़ीन नहीं किया था क्योंकि शीना के ज़्यादातर दोस्तों ने उसके ग़ायब होने से कुछ ही दिन पहले उससे बात की थी। उस समय शीना ने ब्रेकअप के बारे में ऐसा कोई हिंट नहीं दिया था। शीना के कुछ दोस्तों ने उसके मोबाइल पर कॉन्टैक्ट करने की भी कोशिश की लेकिन सफल नहीं हो पाए।[99]

इंद्राणी की इन चालाकियों का अन्दाज़ा विधि के पुलिस को दिए गए बयान[100] से भी चल जाता है। एक तरफ़ वह शीना के नाम से विधि को ईमेल भेजती है। साथ ही विधि को राय देती है कि वह शीना से सम्पर्क न रखे। शीना की हत्या के क़रीब साल-भर बाद विधि को शीना के ईमेल अकाउंट से ईमेल आया था। विधि बताती है—

> 13 अप्रैल, 2013 को मुझे शीना का दूसरा ईमेल आया तब उसने मुझे नया ईमेल एड्रेस दिया। साथ ही कहा कि मैं यह किसी और को न दूँ। मैंने इस बारे में माँ को बताया तो माँ ने कहा कि उससे

सम्पर्क मत करो। उसके बाद 2013 में माँ ने मुझे मिखाइल को फेसबुक से ब्लॉक करने को कहा। मैंने वजह पूछी तो उन्होंने कहा कि मिखाइल से हमारा कोई सम्पर्क नहीं है। मैंने तब साल 2013 से शीना और मिखाइल से कोई सम्पर्क नहीं रखा। छह महीने पहले मार्च, 2015 में जब मुझे पत्रकारिता कोर्स में एडमिशन लेना था तब मैं न्यूयॉर्क, लंदन, एलए (लॉस एंजिल्स) में एडमिशन लेने का सोच रही थी। माँ ने मुझे बताया कि एलए में एडमिशन ले, क्योंकि शीना वहाँ रहती है और वह तुम्हारे रहने का इन्तज़ाम कर सकती है। मगर मैंने लंदन में एडमिशन लिया। उसके बाद अगस्त, 2015 में माँ को शीना के बारे में पूछा तो उसने बताया कि शीना ने अमेरिका के एलए में एक अमीर आदमी के साथ शादी की है। उस आदमी का हीरों का व्यापार है। माँ ने बताया कि शीना उसके साथ बेहद ख़ुश है, इसीलिए वह हम लोगों से सम्पर्क नहीं करती।

जाँचकर्ताओं का मानना है कि जिस सहजता से इंद्राणी ने हत्या के तीन साल से ज़्यादा वक़्त बाद तक अपने परिवार के लोगों के सामने शीना को झूठ, फ़र्ज़ी मेल्स और मैसेज के ज़रिये ज़िन्दा होने का विश्वास दिलाए रखा, उस इंद्राणी के लिए बाहरी व्यक्तियों के लिए यह करना तो और आसान रहा होगा।

इन्हीं बाहरी व्यक्तियों में एक थी विभूति सिंह। विभूति मुम्बई में शीना के साथ पढ़ती थी और मुम्बई में राधिका के यहाँ पीजी (पेइंग गेस्ट) में शीना की रूम पार्टनर थी। जब वह विदेश से पढ़कर लौटी तो उसने राधिका से शीना के मौजूदा ठिकाने के बारे में पूछा। राधिका ने उसे बताया कि उसे इंद्राणी से पता चला है कि शीना अमेरिका में सेटल हो गई है और अपने पुराने दोस्तों से सम्पर्क नहीं रखना चाहती।[101]

चार्जशीट के मुताबिक़, इंद्राणी का मक़सद कुल मिलाकर सभी को यह जताना था कि शीना ज़िन्दा है, यूएसए में है। उसकी लाइफ़ में अब कोई और है। वह बहुत ख़ुश है और सम्पर्क के मामले में लोगों से कटी रहेगी।

इसके लिए या तो अँधेरे में बैठे पीटर का इस्तेमाल किया गया या फिर पीटर सब जानते-बूझते हुए ख़ुद इसमें शामिल रहा। यह एक अदालती ज़िरह और पुलिस जाँच का मुद्दा है। मगर इतना तो अन्दाज़ा हो जाता है कि इंद्राणी ने यह भी पक्का किया कि राहुल या कोई और भी शीना से डायरेक्ट सम्पर्क या बात न कर सके (करता भी कैसे, शीना तो मर चुकी थी)।

यहाँ जानने लायक एक और वाक़िया यह है कि शीना की मौत के बाद शीना की पीटर से बातचीत हुई, जिसके बाद राहुल को लगा कि शीना सही-सलामत है। पीटर के भाई गौतम मुखर्जी के मुताबिक़ पीटर ने उन्हें बताया कि अप्रैल, 2012 में गोवा से लौटने के बाद जब वे लोग मुम्बई में वर्ली के घर पर पहुँचे तब पीटर गाड़ी पार्क कर रहा था। इंद्राणी ऊपर घर में चली गई। पीटर जब ऊपर गया तो उसने पाया कि इंद्राणी किसी से फ़ोन पर बात कर रही है। पीटर को देखकर इंद्राणी ने कॉलर से कहा, 'हैंग ऑन, पीटर से बात करो।' इंद्राणी ने फ़ोन पीटर को यह कहते हुए दिया कि शीना लाइन पर है। पीटर को दूसरी तरफ़ से आती महिला की आवाज सुनाई दी। उसने पीटर से कहा, 'हाय जीजू, शीना हियर...' उसके बाद फ़ोन ब्लैंक हो गया।[102]

(आगे जाकर यह बात पीटर के लिए सिरदर्द और बाक़ी लोगों के लिए बहस का मुद्दा बनी कि पीटर इसमें शामिल था या इंद्राणी ने पीटर को बेवकूफ़ बनाते हुए उसे आभास कराया कि वह शीना से बात कर रहा है।) इस वाक़िये के बाद पीटर ने राहुल को शीना से फ़ोन पर बात होने की जानकारी दी। तब राहुल ने पीटर से शीना का नम्बर माँगा तो पीटर ने उससे कहा कि फ़ोन इंद्राणी के मोबाइल पर आया था।

इस मामले में इंद्राणी की सेक्रेटरी काजल शर्मा ने अपने बयान[103] में जो कहा वह भी जानने लायक है—

> इंद्राणी ने कभी भी मुझे शीना बोरा बनकर पीटर से फ़ोन पर बात करने और ये कहने 'जीजू हाय आई एम फाइन' कहने के लिए नहीं कहा था। पीटर ने इस बारे में ग़लतबयानी की है।

जाँचकर्ताओं के मुताबिक़ इंद्राणी ने शीना के दोस्तों, राहुल, विधि, रिश्तेदारों और कर्मचारियों के अलावा कई सारे अन्य लोगों को झूठी जानकारी दी कि शीना यूएसए में है और ख़ुश है। राहुल की तमाम कोशिशों के बावजूद मुम्बई पुलिस (तीन पुलिस थानों वर्ली, एमआईडीसी और बांद्रा पुलिस स्टेशन) की तरफ़ से शीना को ढूँढ़ने के लिए कोई एक्शन नहीं लिया गया। इंद्राणी मुखर्जी की तरफ़ से शीना की मिसिंग की कोई शिकायत दर्ज नहीं करवाई गई। पीटर, शीना के नाना-नानी, भाई मिखाइल सभी शान्त रहे और कोई एक्शन नहीं लिया।[104]

शीना ग़ायब है। राहुल की हताशा बढ़ रही है। उसे इंद्राणी की चालें कामयाब होती दिख रही हैं। किसी को कोई फ़र्क़ नहीं पड़ रहा है। हर कोई शान्त है और अपनी ज़िन्दगी में व्यस्त है। अपने आसपास के लोगों को यूँ लापरवाह

देखकर राहुल की हिम्मत भी टूटने-टूटने को है और वह भी लगातार जूझने के बाद अब हथियार डालने के लिए तैयार नज़र आ रहा है। वह कुछ हद तक शान्त भी हो गया है। फिर भी उसका चेहरा मायूस है और आँखों में उदासी तैर रही है। चुप हो जाने पर भी उसके चेहरे से शीना की ग़ैरमौजूदगी का एहसास साफ़ झलकता है। अपने उस वक़्त की कंडिशन के बारे में राहुल बताता है—

> उसके बाद जब मैं देहरादून में था तो मेरे और इंद्राणी/पीटर के बीच ईमेल्स का आदान-प्रदान और बातचीत होती थी। मैं अक्सर पूछा करता था कि शीना कहाँ है? इंद्राणी का जवाब यही होता था कि शीना यूएसए में है और वहाँ ख़ुश है। मैं उसे भूल जाऊँ, उसके पीछे न पड़ूँ। न ही उसको चेज़ करूँ। इंद्राणी मुझसे यह सब कहती थी पर मैं मान ही नहीं सकता था कि शीना यूएसए में है। मैंने इंद्राणी और मेरे पापा के साथ बड़े ही ग़ुस्से में बात की। इसी दौरान मैं शीना के पापा सिद्धार्थ दास के टच में आया। मुझे लगा कि शीना शायद अपने पापा से मिलने के लिए उनके पास गई होगी, लेकिन जब मेरी सिद्धार्थ दास के साथ बात हुई तो उन्होंने कहा कि शीना की उन्हें कोई ख़बर नहीं है। उन्हें भी उसकी चिन्ता हो रही है। कुछ महीनों तक मैं और सिद्धार्थ दास एक-दूसरे को मैसेज करते रहे, शीना और उसकी लोकेशन के बारे में पूछताछ करते रहे। उसके बाद मैं भी शान्त हो गया और एक नॉर्मल ज़िन्दगी जीने लगा।[105]

सीबीआई को शीना के ईमेल बॉक्स से शीना को राहुल का भेजा ईमेल[106] मिला। यह ईमेल 19 जून, 2012 को किया गया था। इस मेल में राहुल ने लिखा था—

> मैं नहीं जानता कि यह सब क्या चल रहा है!! लोग मुझे अपनी चिन्ता को लेकर अभी भी फ़ोन किए जा रहे हैं। पी (पीटर) और आई (इन्द्राणी) अब भी मुझसे बकवास कर रहे हैं। मुझे गोली मारने और पीटने की धमकी दे रहे हैं। मुझे उम्मीद है कि तुम ठीक हो। मैं तुम्हारे एचडीएफसी के खाते में कुछ पैसे और डाल दूँगा, अगर तुम्हें कहीं भी आने-जाने की ज़रूरत लगे। तुम्हारे जवाब का इन्तज़ार रहेगा।

शीना की हत्या को सवा तीन साल से ज़्यादा का वक़्त बीत चुका है।

शीना की गुमशुदगी का मामला ठंडा हो चुका है। सभी को इंद्राणी ने यक़ीन दिला दिया कि वह यूएसए में अपनी ज़िन्दगी जी रही है। इंद्राणी और उसके सहयोगियों का परफेक्ट मर्डर का प्लान सफल होता नज़र आ रहा था। इंद्राणी निश्चिन्त थी कि अब उसका कोई कुछ नहीं बिगाड़ सकता। पर क्या हत्या जैसे जघन्य मामले में इस तरह निश्चिन्त हुआ जा सकता है...!

साल 2015, शीना की हत्या के तीन साल बाद

मोहब्बत अपना असली रंग जुदाई के लम्हों में ही दिखाती है।

पीटर और राहुल के बीच ईमेल का ज़बरदस्त आदान-प्रदान हुआ।[107] राहुल लगातार यही सोच रहा था कि शायद शीना के साथ कुछ अनहोनी हुई है। पीटर उसे आश्वस्त कर रहा था कि शीना ठीक है। पीटर के यह कहने के पीछे का आधार इंद्राणी के वे दावे थे, जो वह काफ़ी अरसे से हर किसी से करती आ रही थी। अगर तारीख़ों के क्रम में ईमेल के इस आदान-प्रदान को देखा जाए तो उसके अंशों को थोड़ा डिटेल में देखना होगा। इन मेल्स के डिटेल में जाने पर ये महज़ चार्जशीट में बतौर सबूत तक ही सीमित नहीं रहते। इनमें पिता-पुत्र की जटिल 'कभी ख़ुशी कभी गम' वाली रिलेशनशिप और शीना के एकाएक यूँ ग़ायब होने से जुड़ी बातें उभरकर आती हैं। उन आशंकाओं, सम्भावनाओं और वहमों को आधार मिलता नज़र आता है, जो शीना के ग़ायब होने के बाद से राहुल के मन में उठ और गिर रहे थे।

शीना की तलाश में दर-दर भटकने के दो दिन बाद 27 अप्रैल, 2012 को राहुल ने पीटर, इंद्राणी और विधि को सम्बोधित करते हुए बेहद आत्मग्लानि और स्वीकारोक्ति से भरा माफ़ीनामा वाला ईमेल लिखा। इसकी शुरुआत में उसने लिखा—

> मैं आप सबसे औपचारिक तौर पर माफ़ी माँगता हूँ, उन घटनाओं के लिए, जो आज से कुछ साल पहले हुईं, जब मेरे फ़ोन से आप सबको कुछ आहत करने वाले मैसेज भेजे गए।

राहुल उन मैसेजज की बात कर रहा था जो शीना ने राहुल के मोबाइल से भेजे थे, जिन्हें लेकर 2011 में उनके बीच काफ़ी तनातनी हुई थी। जिस इंद्राणी के साथ तनाव था उसी इंद्राणी से राहुल ने माफ़ी माँगी। राहुल ने इंद्राणी के

साथ अपने शुरुआती व्यवहार को लेकर भी सफ़ाई दी। उसने कहा कि उसके मन में किसी के लिए भी कोई बुराई नहीं है। इस मेल में राहुल कहता है कि इस दुनिया में हर कोई ख़ुश होने का हक़ रखता है। उसने अपनी गर्लफ्रेंड और मंगेतर शीना को भी यही बात समझाई थी। मेल में राहुल अपनी माँ शबनम का ज़िक्र भी करता है। पीटर से अलग होने के बाद शबनम जिस दर्द और पीड़ा से गुज़री, उसे राहुल आज तक नहीं भूला है। अपनी माँ की उस हालत को देखकर राहुल ने इस सबके लिए पीटर और फिर इंद्राणी को ज़िम्मेदार ठहराना शुरू कर दिया था। उसने पीटर-इंद्राणी की हर बात पर प्रतिक्रिया दी, जिससे उनके बीच झगड़े होने शुरू हुए। इंद्राणी को लिखे इस ईमेल को राहुल ने कुछ इस तरह शुरू किया—

> मुझे दुख है कि जब मैं दशक-भर पहले पहली बार इंद्राणी से मिला था तो मेरी और इंद्राणी के बीच की शुरुआत ख़राब रही थी। मैं चाहकर भी अतीत में जाकर इसे बदल नहीं सकता। मेरी किसी के साथ कोई दुर्भावना नहीं है और मैं समझता हूँ कि हर किसी को अपनी ख़ुशियाँ तलाशने का हक़ है। मैंने यह शीना को बताया था और शायद उसने यह बात आगे इंद्राणी को बताई होगी कि जब मैं भारत आया था तब मैंने अपनी माँ का तलाक़ की स्थिति से गुज़रने वाला दर्द देखा था। शायद इसी वजह से और मेरे युवा तेवर की सोच के चलते मैंने बिना सच के आधार के धारणात्मक फ़ैसले किए, जिससे हम सबके बीच भारी लड़ाई हुई। मेरे ख़याल से कोई और भी होता तो भी मैं ऐसे ही प्रतिक्रिया देता। यह इंद्राणी या किसी व्यक्ति विशेष के बारे में नहीं था।

अपने किए पर शर्मिंदा होने, माफ़ी माँग लेने और हर किसी को सफ़ाई देने के बाद अपने इस मेल के आख़िर में वह शीना का उल्लेख करना नहीं भूला। उसने अपना मैसेज शीना तक पहुँचाने की गुहार लगाते हुए लिखा—

> मैं शीना को बहुत याद करता हूँ। मैं चीज़ों को जल्द से जल्द बेहतर करने की कोशिश करूँगा। अगर उसे यह बात बता सकते हैं तो बता दीजिए।

बेटे राहुल के इस ईमेल पर जवाब देते हुए पिता पीटर ने उसी दिन उसे लिखा—

प्रिय राहुल, जो बीत गया सो बीत गया। हम सब आगे बढ़ते हैं और ख़ुश रहते हैं।

पाँच-छह दिन बाद 2 मई, 2012 को राहुल ने पीटर को फिर मेल लिखा। इस मेल में उसने शीना की गुमशुदगी के बाद अपनी हालत बयान की थी। राहुल को अभी भी समझ नहीं आ रहा था कि शीना इस तरह कैसे ग़ायब हो सकती है? शीना के ग़ायब होने के बारे में पीटर जो राहुल को कह रहा है वह उसे भी सच मान लेता है। राहुल शीना के इरादों का अन्दाज़ा लगाते हुए कहता है कि शीना ने कभी ज़ाहिर नहीं किया कि वह उससे प्यार नहीं करती है। शायद इसलिए कि वह उसे इस तरह धोखा देकर जाना चाहती थी, जैसे मैं उसके रास्ते में पड़ा हुआ कोई सड़क का अनजान पत्थर हूँ। राहुल प्रेमियों के बीच होने वाले ब्रेकअप के तरीक़ों पर बात करता है और कहता है कि ब्रेकअप के सभी तरीक़ों में इस तरीक़े को भी शामिल करना चाहिए, जो शीना ने उससे ब्रेकअप करने के लिए अपनाया है। राहुल लिखता है—

मैं अभी भी हक्का-बक्का हूँ। मैं सोच रहा था कि आप जो लगातार कह रहे थे अब वह सही लग रहा है। मेरे ख़याल से उसने आख़िरी वक़्त तक मुझे आभास दिया कि सब कुछ ठीक चल रहा है और उसके बाद मुझे एक बड़ा झटका दिया। मेरे ख़याल से अपने प्रेमी को छोड़ने के तरीक़ों में इस तरीक़े को भी जगह मिलेगी। मेरे ख़याल से कुछ समय में मैं सामान्य हो जाऊँगा। यह आसान नहीं है मगर मैं रोने-धोने से उबर चुका हूँ। जहाँ तक उसके सामान का सवाल है, आप लोगों को उसके लिए नई चीज़ें लेनी होंगी, क्योंकि मैं अब अच्छा इंसान नहीं रह गया हूँ। अच्छाई से तीन साल रहने का यह सिला मिला है। अब शायद नए नज़रिये की ज़रूरत है। मैंने सोचा कि आपको यह बता दूँ।

उसी दिन राहुल के इस मेल का जवाब देते हुए पीटर ने लिखा—

अपने हिसाब से वक़्त लो। नए रूटीन में ढल जाओ और जीवन को व्यवस्थित कर लो। जब दिल करे, ईमेल करो। अपने लैपटॉप के लिए एक डोंगल ले लो ताकि हम स्काइप पर भी बात कर सकें। यह जानकर अच्छा लगा कि अब तुम मिस्टर नाइस गाय नहीं रह गए। अपने आप को सबसे ऊपर रखो। लाइफ़ में जहाँ तुम्हें पहुँचना

है वहाँ पहुँच जाने के बाद आगे जीवन में तुम्हें मिस्टर नाइस गाय बनने के कई मौक़े आएँगे।

3 मई, 2012 को पिता पीटर ने फिर एक ईमेल राहुल को भेजा। इसमें बाक़ी रूटीन बातों के बाद उसने लिखा—

> तुम्हें जब भी, किसी भी बारे में मेरी मदद, सलाह और मार्गदर्शन की ज़रूरत होगी, उसके लिए मैं हमेशा तुम्हारे साथ हूँ। जहाँ तक सम्भव होगा मैं वो सब तुम्हें दूँगा मगर तुम्हें उसे माँगना पड़ेगा। वरना मुझे ऐसा लगेगा कि मैं ज़बरदस्ती कुछ तुम्हारे हलक में उतार रहा हूँ, जो कि मैं करना नहीं चाहता।

7 मई, 2012 को राहुल ने अपनी मानसिक स्थिति के बारे में लिखा। पीटर को लिखे इस मेल में राहुल ने उसे बताया कि वह पिछले हफ़्ते क्या कुछ सोचता रहा है। उसके दिमाग़ में कितना कुछ उमड़ता-घुमड़ता रहा है। वह शीना और पीटर-इंद्राणी के बीच हुई बातचीत को लेकर निकाले अपने निष्कर्ष को भी इस मेल में शेयर करता है। राहुल कहता है कि शीना की पीटर से बात हुई होगी। शीना ने राहुल को लेकर अपने बारे में जो सोचा होगा, वह बेहतर ही सोचा होगा। राहुल को अब इस सबसे कोई फ़र्क़ नहीं पड़ता। उसने अपने आपको कंट्रोल करना सीख लिया है। इस सबके बाद भी वह शीना को बहुत चाहता है। शीना से अपने जुड़ाव को लेकर उसने लिखा—

> पिछले पूरे हफ़्ते मैंने घोर चिन्तन किया। आप उम्मीद कर रहे होंगे कि मैं ज़रूर किसी निष्कर्ष पर पहुँचा रहूँगा, जिसे मैं आपके साथ शेयर करना चाहूँगा। मुझे एहसास हुआ है कि शीना और आप लोगों के बीच बातचीत हुई होगी। यह साफ़ है कि मेरी पुरानी सोच के विपरीत कोई मुझसे इतना ओपन नहीं रहा है। आप लोगों ने सामूहिक या अकेले में जो भी सोचा होगा, मुझे यक़ीन है कि वह शीना की बेहतरी के लिए होगा। मैं आपको यह बताना चाहता हूँ कि मैंने वो सब स्वीकार कर लिया है। मैं उससे बेहद प्यार करता हूँ। काश मैंने पिछले तीन सालों के दौरान और ज़्यादा क़रके उसे दिखाया होता। अब ये साफ़ होता जा रहा है कि मेरी नाकामयाबी, खासकर प्रोफ़ेशनल नाकामयाबी ने उसे मुझसे दूर धकेल दिया।"

राहुल यहाँ अपने व्यक्तिगत जीवन की नाकामियों पर शर्मिंदा है। उसे लगता है कि शीना उसे इसीलिए छोड़कर चली गई है कि वह उसे कुछ बड़ा करके नहीं दिखा सका। वह सोचता है कि अगर वह उसे कुछ बड़ा करके दिखाता तो शायद वह उसकी ज़िन्दगी में रुक जाती। उसे अपने आप पर, अपने करियर और काम पर ज़्यादा ध्यान देना चाहिए था। मेल में इन्हीं सब मनोभावों को व्यक्त करते हुए वह अपने पिता से कहता है—

> मुझे ख़ुद पर, ख़ुद की प्रगति पर ध्यान देकर एक सुरक्षित अस्तित्व बनाना चाहिए था, जिसे मैं उसके साथ बाँट सकता। मगर मैंने उसकी दैनिक ज़रूरतों पर फोकस करके और ज़रूरी सपोर्ट न देकर उसे निराश किया। मैं उम्मीद करता हूँ कि मैं क्या कहना चाह रहा हूँ और आपको उसका ख़याल रखने को कह रहा हूँ।

मेल को समाप्त करते हुए राहुल शीना की तारीफ़ करता है। उसे बच्ची कहता है और उसे तलाश करने में अपने पिता की मदद माँगता है। वह पीटर को बताता है कि वह शीना की याद में रो रहा है। उसने लिखा—

> शीना मुझसे ज़्यादा समझदार है मगर साथ ही वह काफ़ी हद तक एक बच्ची है। उसको उसकी ख़ुशी ढूँढ़ने में मदद कीजिएगा...सिर्फ़ अपनी ये भावना/सोच बताना चाहता था। बेहद प्यार से। आँखों में आँसू लिये भेज रहा हूँ...

राहुल के इस मेल के जवाब में उसी दिन पिता पीटर ने उसे लम्बा-चौड़ा ईमेल लिखा। इस मेल में उसने राहुल के स्वभाव, उसके साथ अपने रिश्ते और शीना को लेकर उसकी फ़िक्रों पर फ़ोकस किया। मेल की शुरुआत में पीटर ने लिखा—

> तुम्हारा पिता होने के नाते मैं तुम्हें हमेशा से जानता हूँ, इसलिए कह सकता हूँ कि तुम केयरिंग और संवेदनशील व्यक्ति हो, मगर जैसा कि तुमने ख़ुद अपने ईमेल में कहा कि कुछ मौक़ों पर तुम भोंदू भी होते हो। तुम आकार में कितना भी बड़े हो जाओ, मेरे लिए हमेशा छोटे राहुल ही रहोगे। मैं जो कहने जा रहा हूँ उस पर ध्यान दो। यह सिर्फ़ तुम्हें ख़ुश करने के लिए नहीं कह रहा हूँ। इसका गहरा अर्थ है। इसका मक़सद है कि तुम्हें इस समय में अच्छे से और अच्छा

इंसान बनना है। यह समझा जा सकता है कि तुमने जीवन में आगे बढ़ने के बारे में कितना सोचा है मगर मैं नहीं चाहता कि मेरे बड़े हो चुके बेटे को अपने आप पर अफ़सोस हो। उसकी आँखों में आँसू का एक क़तरा भी आए। तुम बच्चे नहीं हो, तुम तीस साल के क़रीब हो। अब सोच-विचार का समय ख़त्म और एक्शन का टाइम शुरू। तुम अपनी लाइफ़ के प्राइम में हो। तुम्हारे लिए कितना कुछ शेष है, मगर तुमने अपने आपको उस सब में झोंक दिया था। तुम्हें अपने आपको एक अपस्टैंडिंग जेंटलमैन से कम नहीं देखना चाहिए। बड़े बनो और बड़ा महसूस करो।

पीटर ने अपने इस ईमेल में आगे भी राहुल की हौसलाअफ़ज़ाई वाली बातें लिखी हैं, जैसे—

सबसे ज़रूरी बात है राहुल, कि तुम्हें भावनात्मक तौर पर आत्मनिर्भर होना होगा। तुम्हें किसी सारा या टीना या किसी एक्स या किसी वाई पर आश्रित नहीं होना चाहिए। सिवा उस गुड टाइम के जो तुम्हारी अपनी पसन्द का हो। तुम्हें मानसिक रूप से मज़बूत होना होगा। माइवे या हाइवे के सिद्धान्त पर अपने फ़ैसले करने होंगे। तुम्हारे अपने कई दोस्तों के ग्रुप होने चाहिए, जिनके साथ तुम बात कर सको, अच्छा वक़्त बिता सको, बिना उनके आर्थिक और भावनात्मक बोझ को ख़ुद तक लाए। यही सबका सार है। तुम्हारे साथ हाल में जो हुआ है उसे जीवन बदलने वाली घटना के सन्दर्भ में देखा जाना चाहिए, जो कि तुम्हें पीछे मुड़कर देखने का नहीं बल्कि आगे देखने का मौक़ा दे।

इस ईमेल के आख़िर में पीटर राहुल को कहता है कि वह जाकर काम ढूँढ़े, मेहनत करे और अपने आपको उसमें झोंक दे। ईमेल की आख़िरी लाइन में उसने लिखा—

जब तुम एक बार इस सबको पढ़ लोगे और चुन लोगे, उसके बाद तुमसे बात करता हूँ।

9 मई, 2012 को पीटर ने फिर राहुल को मेल लिखा। पीटर मेल में पूछता है कि राहुल उसके सवालों का जवाब क्यों नहीं देता? पीटर को लगता है कि राहुल अभी भी शायद पुरानी यादों में ही खोया हुआ है। अभी यादों के उस

झुरमुट से बाहर नहीं निकला है। शायद, निकलना ही नहीं चाहता है, या फिर वह पीटर की बातों से चुप्पी लगा गया है। राहुल की इस एकाएक ख़ामोशी पर अन्दाज़ा लगाते हुए उसने लिखा—

> तुम्हारा कोई जवाब नहीं आया, जिसके बाद मैं सोच रहा हूँ कि तुम अभी भी मेरा ईमेल हजम कर रहे हो या तुम अपना जवाब सोच रहे हो या मेरे इतना खरा बोलने के बाद तुम मुझसे नाराज़ हो। मेरा अन्दाजा है कि तुम्हारे ख़ामोश रहने में उपरोक्त तीनों की थोड़ी-थोड़ी शिरकत है।

पीटर के इस मेल के जवाब में राहुल ने लिखा कि उसने पीटर की बताई बातों पर काफ़ी सोच-विचार किया है। राहुल ने अपनी व्यस्तता और खान-पान का ज़िक्र करते हुए पीटर को लिखा—

> पिछली रात खाए स्वादिष्ट गुलाब जामुन के साथ-साथ आपका ईमेल भी मैंने हजम कर लिया था।

पीटर की भावनाओं और दार्शनिकता से सहमत होते हुए राहुल ने लिखा, वह उससे मोहब्बत करता है। उसकी किसी भी बात से नाराज़ नहीं है। उसे पीटर पर ग़ुस्सा आता भी नहीं है, क्योंकि ग़ुस्सा करने से किसी को भी फ़ायदा नहीं होता। राहुल ने यह बात इंडिया आने या फिर शीना के उसकी ज़िन्दगी में आने के बाद सीखी है। अपने जीवन में शीना की अहमियत का ज़िक्र करते हुए राहुल ने लिखा—

> मैं ग़ुस्सा नहीं हूँ। काफ़ी दिनों से मैं ग़ुस्सा नहीं हुआ और इन दिनों मैं ग़ुस्सा नहीं होता, क्योंकि ज़्यादातर हालात में उसका कोई फ़ायदा नहीं होता (हालाँकि हाल में कुछ हद तक मेरे धैर्य की परीक्षा हो चुकी है)। यह मैंने पिछले कुछ सालों में सीखा है, शायद यह इंडिया में होने की वजह से है या फिर शीना की वजह से या थोड़ा-थोड़ा दोनों वजह से।

राहुल के ईमेल को पढ़कर ख़ुश हुए पिता पीटर ने उसे जवाब में लिखा—

> तुम्हारा जवाब पढ़कर मेरा दिन बन गया। अब तुम बच्चे नहीं रहे, मैं कह सकता हूँ कि तुम बड़े हो गए हो। मुझे अपने पिता की बात

> याद आ गई, जो उन्हें उनके पिता ने कही थी और अब मैं तुम्हें कह रहा हूँ—पिता-पुत्र की लाइफ़ में तीन स्टेज होती हैं। पहली गुरु-शिष्य वाली, दूसरी टीन-एज़र का मार्गदर्शन-निर्देशन करने वाली और तीसरी बेटे के वयस्क होने पर दोस्तों वाली। यहाँ आप बेस्ट फ्रेंड की तरह सब कुछ शेयर कर सकते हो। अपने कर्तव्य निर्वाह में ध्यान न देने की वजह से मैं पहली और दूसरी स्टेज पर शायद थोड़ा-बहुत चूक गया हूँगा, मगर अब मैं सुधार करके दोस्तों वाली आख़िरी वाली स्टेज को खोना नहीं चाहता। बहरहाल, अब मैं भावुक हो रहा हूँ। ज़्यादा गुलाब जामुन भी मत खाओ। हर गुलाब जामुन में तीन से चार सौ कैलोरी तक होती है अर्थात हर गुलाब जामुन खाने पर जिम में एक घंटा देना होगा।

राहुल ख़ुश है। ख़ुश नहीं, शायद पुरसुकून। शीना के चले जाने की बेचैनी की इसमें मिलावट तो है, पर इतनी नहीं कि उसकी चुभन से वह बेचैन हो जाए। यह शायद एक बाप की नसीहतों का बेटे पर होने वाला असर है। उसे पीटर की हर बात अच्छी लगी। वह वाक़ई उसके बारे में फ़िक्रमंद है और हर बाप की तरह अपने बेटे का भला चाहता है। माँ-बाप के सिवा इस दुनिया में कोई अपना नहीं होता, पर वे मोहब्बत की जगह नहीं ले सकते। मोहब्बत ऐसा फूल है जो आपको हमेशा महकाए रखता है। जीवन के मुश्किल वक़्त में सहारा देता है और सूखे, कठिन रास्तों पर सावन की सुखद और ठंडी बौछारों की तरह आपके व्यक्तित्व पर बरसता है। पीटर के मेल को पढ़ने के बाद उसमें कही गई एक-एक बात की नसीहतों पर वह गम्भीरता से विचार करता है। कई दिनों तक उन पर चिन्तन-मनन करता है। सोचता है कि कोई बाप अपने बेटे को कभी धोखा नहीं दे सकता है। यह एक सोच मात्र है... ऐसी सोचों का कोई आधार नहीं होता।

15 मई, 2012 को पीटर ने फिर राहुल को मेल लिखा। वह राहुल से पूछता है कि वह अपना मेल बॉक्स तो लगातार देख रहा है। वह राहुल से बात न हो पाने पर होने वाली परेशानी को उससे साझा करता है। पीटर कहता है कि राहुल को अपनी सेहत का ध्यान रखना चाहिए। राहुल के बारे में अपनी चिन्ताओं को शेयर करते हुए पीटर ने लिखा—

> मैं आशा करता हूँ कि तुम अपना ईमेल वक़्त-वक़्त पर चेक करते होगे और तुम्हें यह समझना चाहिए कि मैं बहुत व्यथित था जब

> तुमसे इस हफ़्ते कनेक्ट नहीं कर पाया और अब, सब ठीक है, सुनकर राहत महसूस हुई। मैं किसी और बात से ज़्यादा तुम्हारी सेहत को लेकर चिन्तित था और सिर्फ़ जानना चाहता कि तुम ठीक हो।

इस मेल के बाद 27 मई, 2012 को राहुल ने एक के बाद एक, पीटर को दो ईमेल किए। इनमें से पहले मेल में वह पीटर से उसके स्वास्थ्य और शराब छोड़ने के संकल्प के बारे में सवाल करता है। शीना का यूँ अचानक चले जाना भी उसे अजीब लगता रहा है। इसी को लेकर वह पीटर से फिर सवाल करता है कि वह ऐसे क्यों चली गई? एकदम, बिना कोई सामान लिये या बिना किसी से कुछ कहे। उसका सारा सामान भी यहीं है। वह अपने साथ कुछ भी नहीं ले गई है। शीना के इस तरह से चले जाने से उसके दूसरे दोस्त भी परेशान हैं। उसके सभी दोस्त लगातार उसके बारे में पूछ रहे हैं और सवाल कर रहे हैं कि वह ऐसे कैसे चली गई? हो सकता है कि किसी ने उससे जल्दबाज़ी या हड़बड़ी में जाने के लिए कहा हो। फिर उसने जाने के बाद राहुल को जो मैसेज भेजे थे वे काफ़ी अटपटे थे, बेमेल। राहुल पीटर को बताता है कि एक बार जब वह पीटर के एक नम्बर पर उससे बात कर रहा था तो पीटर के दूसरे नम्बर से उसके पास मैसेज आ रहा था। शीना के बारे में केवल इंद्राणी जानती है। वह कहती है कि शीना जहाँ भी है, सही-सलामत है। बस वह किसी से कोई सम्पर्क नहीं रखना चाहती। किसी से कोई सम्पर्क, सम्बन्ध या ताल्लुक़ न रखना हजम होने वाली बात नहीं है। इस तरह कोई कैसे किसी से भी एकदम सारे सम्बन्ध ख़त्म कर सकता है? शीना के अचानक चले जाने में इंद्राणी की भूमिका का उल्लेख करते हुए उसने लिखा—

> हैलो पापा, व्हाट्सएप? शराब पीना बन्द किया क्या! शीना की कोई ख़बर या उससे कोई बातचीत? शीना का अचानक जाना अजीब है। उसका किसी से कोई सम्पर्क नहीं है। उसके सहकर्मी भी उसका ठिकाना पूछ रहे हैं। शीना ने घर से कोई सामान नहीं लिया, इसलिए ऐसा लगता है कि उसकी रवानगी हड़बड़ी में या अनियोजित तरीक़े से हुई होगी। उसके दोस्तों या उसके पिता को उसके सेलफ़ोन से कोई रेस्पांस नहीं मिला। शीना सोशल मीडिया पर बहुत सक्रिय होती थी। वहाँ भी कोई एक्टिविटी नहीं दिखी। 25 अप्रैल को शीना से मिले मैसेज परस्पर विरोधाभासी हैं, लेकिन तब से कोई सम्पर्क नहीं है। (और अतीत में इंद्राणी ने अन्य लोगों

के अकाउंट/फ़ोन से ईमेल और टेक्स्ट भेजे हैं)। वास्तव में जब मैं आपसे फ़ोन पर बात कर रहा था तो मुझे आपके दूसरे नम्बर से एक मैसेज मिला। इसके अलावा, एम्बी वैली में शीना के फ़ोन से टेक्स्ट रिसीव हुआ, जो मुझे बाद में पता चला कि शीना ने नहीं भेजा था। इंद्राणी का दावा है कि वह ठीक है लेकिन बात नहीं करना चाहती!! यह क्या बात हुई! किसी से भी बात नहीं करना चाहती!! यह बड़ा अजीब है।

मेल को ख़त्म करते हुए राहुल इस मामले में आगे किसी अनहोनी की आशंका व्यक्त करता है। वह कहता है कि उसके लिए ब्रेकअप बड़ी बात नहीं है। यहाँ मामला गुमशुदगी का भी है, जिससे कुछ भी हो सकता है। राहुल ने पीटर को साफ़ शब्दों में अपनी चिन्ता बताते हुए लिखा—

मैं एक ब्रेकअप से निपट सकता हूँ लेकिन यहाँ मामला गुमशुदगी का लगता है। आगे बखेड़ा हो सकता है।

इसके तुरन्त बाद भेजे अपने दूसरे ईमेल में राहुल ने लिखा—

मैं यह स्वीकार करने के लिए संघर्ष कर रहा हूँ और मुझे वास्तविकता में कुछ जवाब चाहिए कि क्या हुआ था? मैं शीना के लिए चिन्तित हूँ। मेरे ख़याल से यह सब कुछ बहुत अजीब है, जो कुछ मुझे बताया गया है, उसे लेकर सन्देह पैदा होता है।

राहुल के इन दोनों ईमेल्स से संकेत साफ़ है कि उसे शीना के अचानक ग़ायब होने और इंद्राणी के जवाबों पर सन्देह था। पीटर ने राहुल के इन मेल्स का जवाब दिया। पीटर अभी भी अपनी पुरानी बात पर अड़ा हुआ था। उसे इंद्राणी पर यक़ीन है कि शीना के बारे में वह जो कुछ कह रही है, वह सब सच है। उसमें ज़रा-सा भी झूठ नहीं है। पीटर कहता है कि लोग तो ऐसे ही होते हैं, दूसरों के मामलों में दख़ल देने वाले। राहुल से अगर कोई शीना के बारे में पूछे तो वह उनकी बातों का कोई जवाब न दे। अगर फिर भी कोई उससे पूछे तो कह दे कि वह ख़ुद इंद्राणी से जाकर पूछ ले। इंद्राणी उन लोगों से ख़ुद निपट लेगी। राहुल को शीना की चिन्ता नहीं करनी चाहिए, न ही अपना वक़्त इन सब चीज़ों में बर्बाद करना चाहिए। उसे इस वक़्त को कहीं और लगाना चाहिए। राहुल को शीना के बारे में सोचने के बजाय अपने बारे

में सोचना चाहिए और ज़िन्दगी में कुछ नया करना चाहिए। पीटर ने राहुल को समझाते हुए लिखा—

> मैं अपनी पुरानी बात पर क़ायम हूँ कि शीना ठीक है। अगर कोई उसके बारे में तुम्हें पूछे तो उन्हें इंद्राणी को फ़ोन करने के लिए कहना। उसके बाद शायद उन्हें राहत मिले। साफ़-सी बात है कि वह किसी से सम्पर्क नहीं रखना चाहती या उन लोगों के साथ सम्पर्क में है जिनके साथ वह सम्पर्क रखना चाहती है। मुझे नहीं लगता कि मिखाइल या गुवाहाटी के रिश्तेदार को उसके ठिकाने की जानकारी को लेकर कोई परेशानी है। उसने 25 अप्रैल को तुम्हें, मुझे और इंद्राणी को मैसेज भेजकर बताया कि वह सोशल मीडिया से दूर हो चुकी है या सोशल मीडिया पर अपना सब कुछ बदल दिया है। उसने अपना फ़ोन भी बदल दिया। अब उसे जब भी खुलकर बाहर आना होगा, मेरा अन्दाज़ा है कि वह ज़रूर आएगी। मुझे लगता है कि शीना की चिन्ता करने में तुम अपना समय और साँसें बर्बाद कर रहे हो। पिछले महीने अगर वह चाहती तो तुमसे सम्पर्क कर सकती थी, मगर अब तुम्हें मानना होगा कि उसने वह नहीं किया। अगर उसके तथाकथित पिता और दोस्तों को इतनी चिन्ता है तो क्यों नहीं वे इंद्राणी को या गुवाहाटी के रिश्तेदारों को फ़ोन करते, ख़ासकर तब जब तुम कह चुके हो कि तुम्हें कोई आइडिया नहीं है। इससे ज़्यादा मैं क्या कह सकता हूँ? शीना ने तुम्हारे साथ खिलवाड़ किया है। अब कहीं और चली गई। अगर तुम्हारी जगह मैं होता तो सब छोड़कर वापस अपनी ज़िन्दगी में लौट आता। अगर उसे तुमसे सम्पर्क करना होगा तो किसी दिन, जो भी दिन हो, वह सम्पर्क करेगी। ऐसे में ख़ुद को व्यर्थ में क्यों तकलीफ़ देना? यदि किसी को उसके बारे में जानना है और वह तुम्हें फ़ोन करे तो उसे इंद्राणी को फ़ोन या ईमेल करने को कहना। वह शायद उनकी जिज्ञासा शान्त कर पाए कि शीना ठीक है। उसकी चिन्ता करने की ज़रूरत नहीं। बाक़ी क्या हाल है? उम्मीद करता हूँ कि तुम ठीक से खा रहे होगे। सारा वक़्त शीना के बारे में सोचने के अलावा थोड़ा-बहुत काम के बारे में भी सोच रहे होगे। यह रोक दो और छोड़ दो।

पीटर के इस मेल को पढ़कर राहुल भड़क उठता है। वह उसे बहुत ग़ुस्से में जवाबी मेल लिखता है। पीटर से पूछता है कि इंद्राणी ही क्यों? इंद्राणी ही हर किसी को शीना के बारे में क्यों बताए? शीना ख़ुद क्यों नहीं बताती? शीना भी बात कर सकती है। पीटर द्वारा शीना के पिता सिद्धार्थ दास को शीना का 'कथित' पिता कहे जाने पर राहुल ने कहा कि वह उसका कथित पिता नहीं असली पिता है। उसी तरह जैसे इंद्राणी उसकी बहन नहीं, माँ है। उसने पीटर से पूछा कि वह दूसरी बातों पर यक़ीन करने की बजाय ख़ुद कुछ तहक़ीक़ात क्यों नहीं करता? पीटर को 'तथाकथित जीजू' कहकर उस पर तंज़ करते हुए राहुल ने लिखा—

> वह ख़ुद क्यों नहीं कह सकती? तथाकथित बाप से क्या मतलब? उसका नाम सिद्धार्थ दास है और वह शीना का बायोलॉजिकल बाप है, न कि तथाकथित बाप। उसी तरह से जैसे इंद्राणी उसकी बहन नहीं बल्कि माँ है। आपको जो बकवास पिलाई जा रही है उस पर भरोसा करने के बजाय आप ख़ुद होमवर्क क्यों नहीं करते...'तथाकथित जीजू।' पापा आप लगभग ख़राब हो।

इसके तुरन्त बाद राहुल ने पीटर को दूसरा मेल लिखा। इस मेल में उसने जमकर अपनी भड़ास निकाली और ग़ुस्से में गालियाँ भी बकीं। उसने पीटर से पूछा कि क्या वह पागल हैं? पीटर कुछ नहीं जानना चाहता है, क्योंकि वह डरता है। मेल की शुरुआत में गालियाँ बकते हुए राहुल ने पीटर को लिखा—

> भले ही इंद्राणी और शीना ने साथ मिलकर तय किया हो कि कैसे इस सम्बन्ध से बाहर निकला जाए, क्या यह सबसे अच्छा तरीक़ा था? मैं आपका बेटा हूँ और दिस इज़ फकिंग अप माई लाइफ़, मगर आप सिर्फ़ मुझे भूल जाने को कह रहे हो? मान लो? क्या आप भी पागल हैं? आपने उसे/उन्हें क्यों नहीं कहा कि सही करें, क्योंकि आप डरते थे।

पीटर ने राहुल के इन ईमेल्स का बहुत नरमी से जवाब दिया। उसने लिखा—

> ठीक है। चलो मान लेते हैं कि मिस्टर दास उसके पिता हैं। ठीक है। अगर वो अपनी बेटी के लिए इतने ही चिन्तित हैं तो तुम्हें फ़ोन करने के बजाय इंद्राणी को फ़ोन करके पूछ सकते हैं, क्योंकि मैं

कह सकता हूँ कि शीना की तरफ़ से इंद्राणी के मोबाइल पर जो सबसे हालिया मैसेज आया उसके मुताबिक़ शीना तुम्हें नहीं देखना चाहती। उसे अकेला छोड़ दिया जाए, आदि-आदि। चूँकि तुम मेरे बेटे हो सिर्फ़ यही वजह है कि मैं नहीं चाहता कि तुम्हारी हालत बद से बदतर हो जाए, इसलिए मैं तुमसे कह रहा हूँ कि तुम यह सब छोड़ दो, वरना फिर मैं कुछ भी नहीं कहूँगा। तुम्हारी जगह कोई और शीना की लाइफ़ में होता तो मुझे धेले भर का फ़र्क़ नहीं पड़ता।

पीटर ने अपने जवाब में लिखा कि वह चाहता है कि राहुल अब मूवऑन करे, क्योंकि उसे शीना के मुक़ाबले राहुल की दीर्घकालिक भलाई और ख़ुशी में अधिक दिलचस्पी है। पीटर ने लिखा—

> मुझे पागल कहो—ठीक है। मगर मैं तुम्हारी दीर्घकालिक ख़ुशी चाहता हूँ, ख़ास तौर पर जिस तरीक़े से उसने तुमसे सम्बन्ध तोड़ने का फ़ैसला किया है।

इसके आगे पीटर ने लिखा—

> तुम्हें उसके गुवाहाटी वाले परिचितों का सन्देश मिला था कि वह किसी अमीर बन्दे के साथ भाग गई है या वैसा कुछ। क्या तुम्हें अब भी यक़ीन नहीं है कि उसने ऐसा कुछ किया है? या तुम सोच रहे हो कि वह मैसेज भी इंद्राणी ने किसी और का फ़ोन इस्तेमाल करके भेजा था। मैंने तुम्हें बताया था कि शीना ने इंद्राणी से सम्पर्क किया, न कि इंद्राणी ने शीना को। उसने मुलाक़ात के लिए ज़ोर दिया। उससे पहले तीस और फिर उसे बढ़ाकर चालीस हज़ार रुपये माँगे। कहा कि वह किसी व्यक्ति को मिली है, जो नागपुर से है। फिर एक साड़ी की दुकान से साड़ी ख़रीदने के बाद वे ड्रिंक्स पर गए। साड़ी का बिल भी इंद्राणी के पास है। शीना तब और फिर लगातार देर रात तक किसी के साथ फ़ोन पर बात कर रही थी। उसी रात मुझे मैसेज आया कि उसने तुम्हें छोड़ दिया है, तुम्हें भी वैसा ही मैसेज भेजा। वह बिलकुल ठीक है। तुम किसी किशोर की तरह अपना पसीना बहा रहे हो। मुझे फिर से अफ़सोस के साथ दोहराना पड़ रहा है कि तुम्हें सब छोड़कर उसे भूल जाना चाहिए। लाइफ़ में आगे क्या करना है, उस पर सोचना चाहिए।

इसके कुछ ही मिनटों बाद पीटर ने एक और ईमेल राहुल को भेजा, जिसमें लिखा था—

> शीना ये सारी बातें तुम्हें बताने से डर रही थी। उसे लगा कि वह नहीं बता पाएगी, इसीलिए उसने यह रास्ता चुना। यह सही नहीं, शायद ख़राब रास्ता था। उसे लगा कि शायद तुम इसे ख़राब तरीक़े से लोगे और उसे जाने नहीं दोगे। यह सही तरीक़ा नहीं था। मुझे पता है और मैं ख़ुद कभी ऐसा नहीं करूँगा, मगर मैं शीना या किसी अन्य के बारे में यह नहीं कह सकता। मैं इस सबका हिस्सा नहीं था, सिवाय इस बात के कि मैंने उससे कहा था कि उसे एक लेटर लिखना चाहिए था। उस लेटर में अपनी सारी बात लिखकर, फिर जाना चाहिए था। मगर लगता है कि इन दिनों कोई लेटर नहीं लिखता, ऐसे में मैसेज या फेसबुक का इस्तेमाल एक मॉडर्न तरीक़ा हो सकता था। मुझे दुख है कि तुम्हें इन ख़राब हालात से गुज़रना पड़ रहा है। मैं चाहता हूँ कि तुम शीना के सारे सामान को एक बॉक्स में भरकर उससे छुटकारा पा लो या फिर इंद्राणी के मुम्बई ऑफ़िस में भेज दो और उसे भूल जाओ। उसे मन और नज़रों से दूर कर दो। यह कहना आसान है और करना मुश्किल, पर यही एकमात्र रास्ता है। इस घटना को तुम ख़ुद को क्षति कैसे पहुँचाने दे सकते हो? तुम एक सबल पुरुष हो और इससे निपटो। एक बार रो लो और फिर ख़त्म करो। लगातार मत रोते रहो या ग़ुस्सा होते रहो। उसका कोई फ़ायदा नहीं होगा। तुम्हें ये बात समझनी होगी कि शीना ने यह किया है और किसी अन्य ने उससे ये नहीं करवाया। उसने (जो) रास्ता और वक़्त चुना, दुखद है, मगर यह उसकी चॉइस थी।

पीटर के इस ईमेल के जवाब में राहुल ने 27-28 मई (तकनीकी तौर पर 28 मई, 2012) की आधी रात को लिखा—'बोलॉक्स टू यू ऑल।' इसका नज़दीकी और संभ्रांत अनुवाद होता है, "तुम सब भाड़ में जाओ।"

28 मई, 2012 की दोपहर को इसके जवाब में आहत पीटर ने तंज़ से शुरुआत करते हुए लिखा—

राहुल, यह अपने पिता को परफ़ेक्ट जवाब है? जिसने 18 साल की उम्र से काम शुरू करके अपनी लाइफ़ बनाई। फिर तुम्हें अपनी सामर्थ्य के हिसाब से बेस्ट मुहैया कराया।

आगे इसी ईमेल में पीटर ने लिखा कि उसने कितनी कड़ी और लगातार मेहनत से एक ढंग का जीवन स्तर क़ायम किया। उसने आगे लिखा—

अगर 'बोलॉक्स टू यू ऑल' ही तुम्हें कहना है तो मुझे इस बात का दुख है कि मैं तुम्हें इतने सालों में कुछ नहीं दे पाया। यह मेरी नाकामी है।

राहुल ने तुरन्त पीटर के ईमेल का जवाब देते हुए, और सभ्य सम्बोधन के साथ लिखा, 'डियर इंद्राणी (और पा)'। इसका मतलब यह निकाला जा सकता है कि ईमेल पीटर की आईडी पर भेजा गया था, मगर सारी बातें इंद्राणी के लिए कही गई थीं। उसने लिखा—

अब एक महीने से ज़्यादा वक़्त हो गया है। मुझे यक़ीन है कि आप लोगों को भी पता है, मैंने अब तक शीना से कुछ नहीं सुना है। 25 अप्रैल को उसके मोबाइल से जो मैसेज आया था 'सम्बन्ध ख़त्म करने वाला'। मैं उसे पूरी तरह से स्वीकार नहीं करता। इसके पहले ऐसे कई वाक़िये हुए हैं जब मैं पापा से बात कर रहा था तब उन्हीं के दूसरे फ़ोन से मुझे मैसेज आए। साफ़ है कि किसी और ने भेजा होगा, इसीलिए मैं इस एसएमएस के ज़रिये हुई बात को नहीं मानता। आपको याद होगा कि कुछ साल पहले जब बांद्रा में मुझे और शीना को आप लोगों ने अलग किया था, उसके बाद भी मुझे शीना के मोबाइल से आपने (इंद्राणी ने) मुझे और पापा को मैसेज भेजे थे जिनमें ऊटपटाँग दावे किए थे।

इस ईमेल की शुरुआत में ही इंद्राणी को निशाने पर लेने की बू मिलती है। अप्रत्यक्ष रूप से इंद्राणी को सम्बोधित करते हुए राहुल लिखता है—

इससे पहले कि हालात हर किसी के हाथ के बाहर हो जाएँ मैं कहूँगा कि मुद्दे को सुलझाने के लिए आप शीना की बात मुझसे (या फिर उसके किसी क़रीबी दोस्त से) कराएँ। उसके बाद शायद जैसा आप कहते हैं, हम सभी आगे बढ़ेंगे और ख़ुश रहेंगे। जब

> तक मैं शीना से सीधे नहीं सुन लेता, तब तक मेरे दिमाग़ में जो शंका है, उसके चलते आपका कहा मानना नामुमकिन है। दुर्भाग्य से ये शंका मुझे कुछ-कुछ उस सन्देह की दिशा में ले जा रही है जिससे सवाल उठता है कि क्यों शीना ख़ुद के लिए नहीं बोल रही है या बोलने में अक्षम है?

राहुल इस मेल में आगे जाकर और तल्ख़ हो जाता है। एक तरह से परोक्ष चेतावनी देते हुए वह लिखता है—

> मैंने इस मामले में क़ानूनी सलाह ली है। मुझे सलाह दी गई है कि जिन स्थितियों में वह 'ग़ायब' हुई है उसके लक्षण कुछ गड़बड़ वाले हैं। यानी 24 अप्रैल को बाहर जाने का मैसेज और 25 अप्रैल की सुबह विरोधाभाषी मैसेज, यहाँ तक कि उसने घर से कोई निजी सामान भी नहीं लिया। आम तौर पर उसके लगातार सम्पर्क में रहने वाले क़रीबियों (दोस्त, पिता और सहकर्मियों) ने शीना से कुछ नहीं सुना। एक दिन उसके ऑफ़िस से मुझे फ़ोन आया था, यह पूछने के लिए कि क्या मैंने शीना से कुछ सुना है, क्योंकि उन्हें शक था कि 25 तारीख़ को शीना की तरफ़ से जो एसएमएस आया था, जिसके बाद इस्तीफ़ा आया, क्या वह सचमुच शीना की तरफ़ से था। उनका कहना था कि क्या सिग्नेचर शीना के थे, यह फोरेंसिक मसला हो सकता है। प्लीज़ याद रखिए कि उन्होंने मुझे फ़ोन किया था, क्योंकि वे अब भी चिन्तित हैं। मैं आपको यह सब इसलिए बता रहा हूँ, क्योंकि मैं भी चिन्तित हूँ, इसलिए मुझे लगता है कि मुझे वकीलों की दी गई सलाह से सहमत होना ज़रूरी है, जो कि यह है कि मैं सारे तथ्य मुहैया कराऊँ, जैसे कि जो मुझे पता है, जो लोग शामिल हैं और जो पुरानी घटनाएँ हुई हैं, जिसके चलते मेरे दिमाग़ में सन्देह/धारणा है।

यहाँ राहुल जाँचकर्ताओं का भी ज़िक्र करता है। ईमेल के आख़िर में राहुल ज़्यादा सख़्त और प्रत्यक्ष तरीक़े से अपनी बात कहता है। वह उन तथ्यों की ओर इशारा करता है जो उससे छुपाए जा रहे हैं। वह पूछता कि क्या पीटर-इंद्राणी इसलिए चुप हैं कि इससे उनकी छवि ख़राब हो सकती है? वह कहता है कि उसे उनकी छवि ख़राब होने की कोई परवाह नहीं है। उसके लिए शीना

का हित महत्त्वपूर्ण है। वह साफ़ शब्दों में पीटर-इंद्राणी को चेतावनी देते हुए लिखता है कि अगर वे चाहते हैं कि वह उनके ख़िलाफ़ कोई एक्शन न ले तो सीधे-सीधे वे शीना से उसकी बात करा दें। शीना से बात करने की माँग करते हुए धमकी भरे लहजे में राहुल लिखता है—

> सब बातों को ध्यान में रखते हुए पता चलता है कि सच को छुपाया जा रहा है। इसके चलते शीना के 'ग़ायब' होने से जुड़ी परिस्थितियों से और ज़्यादा सन्देह पैदा होता है। धारणा यह भी है कि आपकी छवि पर आँच आ रही है। मुझे नहीं पता कि यह कितना सच है। मुझे उसकी सच में परवाह भी नहीं है। मेरे लिए सिर्फ़ शीना का हित ज़रूरी है। अगर वह सचमुच मुझे इस अजीबोग़रीब तरीक़े से छोड़ना चाहती है तो मैं यही बताना चाहता हूँ कि आप उसकी अपनी आवाज़ में मुझे यह सुनवा दीजिए, ताकि मुझे कोई रिपोर्ट न फ़ाइल करनी पड़े। आख़िरकार हम सब वयस्क हैं। हमें अपनी रिलेशनशिप या नौकरी छोड़ने के बारे में ख़ुद बोलने में सक्षम होना चाहिए। आपका यह दावा कि 'वह तुमसे बात नहीं करना चाहती', पर्याप्त नहीं है।

राहुल के इस ईमेल के बाद पूरा दिन बाप-बेटे के बीच एक के बाद दूसरे ईमेल का आदान-प्रदान जारी रहा, जिनमें से एक ईमेल में राहुल ने लिखा—

> मेरी तरफ़ से अब कुछ कहने को बाक़ी नहीं रहा। तुम लोग धोखेबाज़ और बेईमान हो। मैं तुम लोगों से कोई सरोकार नहीं रखना चाहता। एक बाप, जो यह कहता है कि जो चाहे करो मगर पकड़े मत जाओ, वो बाप मुझे कुछ सकारात्मक नहीं सिखा सकता।

राहुल के इन विद्रोही तेवरों को देखकर पीटर कुछ नरम पड़ गया। उसने सफ़ाई दी कि उसने जो कहा उसे वह नहीं कहना चाहिए था। उसने राहुल को समझाते हुए कहा कि बीते सालों में उसने निगेटिव बातों के साथ-साथ उसे कुछ पॉज़िटिव बातें भी बताई होंगी। पीटर ने अपनी पॉज़िटिविटी के बारे में बताते हुए राहुल को लिखा—

> मैंने जो तुम्हें कहा वो नहीं कहना चाहिए था। मैं उसे वापस लेता हूँ। इतने सालों में मैंने बुरी बातों के अलावा कुछ अच्छी और पॉज़िटिव

बातें भी कही होंगी। शायद तुम उन्हें अपनाओ।

इस पर राहुल ने लिखा—

> ग़लती हो या न हो। अगर मुझे आपको वही कहना हो जो आपने मुझे फ़ोन पर कहा था, जस्ट फ़क ऑफ़।

राहुल के उद्दंड जवाब से आहत पीटर ने लिखा—

> बिलकुल, तुम मुझे फ़क ऑफ़ कह सकते हो, मगर बड़ा फ़र्क़ यह है कि मैं हमेशा तुम्हारा पिता रहूँगा और तुम हमेशा मेरे बेटे। यह नहीं बदलेगा। मुझे इस बात में शंका नहीं है कि मैं हमेशा तुम्हारे लिए और तुम मेरे लिए गोली खाने को भी तैयार रहोगे। अगर नौबत आई तो मैं मेरी पत्नी, बच्चों, भाई-बहन के अलावा किसी को भी आसानी से फ़क ऑफ़ कह सकता हूँ। इतने सालों में कई सारी बातें मुझे आहत करने वाली हुईं, मगर लाइफ़ को तो आगे बढ़ना है। हर कोई सीख जाता है कि माफ़ करो, भूल जाओ या कई बार भूल जाओ, मगर माफ़ मत करो, यही जीवन है।

पीटर को एहसास है कि राहुल उससे नाराज़ है। नाराज़ नहीं, ग़ुस्सा है। शायद उससे नफ़रत भी करने लगा है। बाप बेटे पर ग़ुस्सा करे तो भी वह प्यार होता है। बेटा बाप से नफ़रत करे तो वह नफ़रत ही होती है। पीटर नहीं चाहता है कि यह नफ़रत ज़्यादा गहरी हो, या इसके कोई बुरे नतीजे सामने आएँ। राहुल उसका बेटा है। औलाद है उसकी। वह चाहकर भी उसे ख़ुद से दूर होते नहीं देख सकता। भले वह उससे कितने ही ग़ुस्से में बातें क्यों न करे। पीटर हालात की नज़ाकत को समझता है और राहुल को एक लम्बा मेल लिखता है। पीटर के मुताबिक़ यह दुनिया का सबसे लम्बा मेल था, जो एक असहाय बाप ने अपने बेटे की मोहब्बत में लिखा था। 29 मई, 2012 को पीटर ने राहुल को यह मेल लिखा। दुनिया के सबसे लम्बे ईमेल में (जिसका सम्पादित अंश यहाँ दिया जा रहा है।) पीटर ने लिखा—

> मैं जानता हूँ कि यह शायद दुनिया के इतिहास का सबसे लम्बा ईमेल होगा। मैंने अपनी लाइफ़ में अब तक जितना लिखा है, उन सबसे निश्चित तौर पर लम्बा।

मैंने कल तुम्हारे ईमेल देखे और पाया कि तुम किस क़दर नाराज़ हो। मुझ पर चीख़ रहे हो, मगर मैं अपने जीवन में अलग-अलग मिज़ाज के लोगों के साथ रहना सीख चुका हूँ। इसके अलावा, मैंने पाया कि दस में से नौ बार ग़ुस्साया इंसान ग़ुस्से की व्यर्थता जान जाता है। फिर या तो माफ़ी माँग लेता है या वक़्त के साथ सामान्य हो जाता है। तुम्हारे माफ़ीनामे के लिए शुक्रिया। मैं उसे पूरी इच्छा व विनम्रता से स्वीकार करता हूँ। मुझे इस बात की ख़ुशी है कि तुमने ग़ुस्सा निकाल दिया और फिर माफ़ी माँग ली। मुझे निजी तौर पर इससे कोई दिक़्क़त नहीं है, भले ही जो भुगत रहा है, उसे इसे पढ़कर या सुनकर कितना दर्द पहुँचता होगा। बाप-बेटे के बीच ये सामान्य बात है। मुझे लगता है कि इस तरह से चिल्लाना और अपने सीने से बोझ कम करना एक अच्छी बात है, मगर एक बार में यह सब शान्त हो जाना चाहिए। इसके बारे में बात करना, हँसना या भूल जाना चाहिए।

इंद्राणी के बारे में—

तुम्हें यक़ीन नहीं होगा मगर उसके मन में तुम्हारे प्रति कोई दुर्भावना नहीं है। उसे लगता है और वह कहती भी है कि ज़्यादातर ये मेरी ग़लती है कि उससे शादी के लिए पूछने से पहले मैंने तुम्हारी माँ के साथ फ़ाइनेंशियल सेटलमेंट पूरे तरीक़े से नहीं निपटाया। उसे लगता है कि वह बिना बात के इसमें उलझा दी गई और दुष्ट औरत के तौर पर देखी गई। सच तो यह है कि इंद्राणी को मिलने से पहले ही मेरा तलाक़ हो चुका था। मैं बाहर कई सारी औरतों के साथ रहा, मगर तब तक तुम्हारी माँ के साथ मेरा फ़ाइनेंशियल सेटलमेंट पूरा नहीं हुआ था।

आदर्श रूप में यह होना चाहिए था कि इंद्राणी को शादी के लिए पूछने से पहले ही मुझे तुम्हारी माँ के साथ सब कुछ निपटा लेना चाहिए था और वह चैप्टर ही बन्द कर देना चाहिए था। मगर यह हो न सका। बल्कि यह और ज़्यादा अव्यवस्थित हो गया। तुमने अपनी माँ की परेशानी भरी हालत देखी और उसके लिए इंद्राणी को ज़िम्मेदार मान लिया। इसलिए जब-जब तुम इंडिया आए, तुमने

इंद्राणी को तुम्हारी माँ की ज़िन्दगी में अव्यवस्था पैदा करने वाली, तनाव देने वाली और दुख देने वाली के तौर पर देखा। इसके चलते तुम दोनों के बीच दस साल पहले ही ग़लत शुरुआत हुई और तुम्हें लगा कि इंद्राणी भौतिकता आदि की फ़िराक़ में है। इतने सालों में मैंने अपने बेवकूफ़ी भरे तरीक़े से पुल बनकर इस खाई को पाटने की कोशिश की। सभी को साथ लाने की भी, चाहे वो फ़ैमिली फंक्शन हो या मेरा 50वाँ जन्मदिन, ताकि हम सभी शान्ति के साथ प्रसन्नचित्त रहें। मगर यह भी ठीक से नहीं हो पाया, क्योंकि दोनों तरफ़ परस्पर शक का अनदेखा प्रभाव हमेशा बना रहा।

शीना से सम्बन्धों के बारे में—

जब तुम शीना के साथ जुड़े और हमारे साथ नए साल पर गोवा नहीं आए तब यह हर किसी के लिए अप्रत्याशित था कि ये सम्बन्ध एक फुल ब्लॉवन रिलेशनशिप बन रहा है। उस वक़्त की तमाम नौटंकी के बावजूद इंद्राणी इस बारे में निश्चिन्त थी कि उसे तुमसे और शीना से कोई प्रॉब्लम नहीं थी, बशर्ते तुम काम पर ध्यान लगाकर अपने लिए करियर बनाओ। जब पुणे वाली नौकरी आशानुरूप नहीं चली तब शीना की लाइफ़ में तुम्हारी मौजूदगी इंद्राणी और उसके गुवाहाटी वाले रिश्तेदारों और भाई मिखाइल के लिए व्यथा बन गई, क्योंकि वे लोग सोच रहे थे कि मैं तुम्हें बढ़ावा दे रहा हूँ। इंद्राणी इसमें मेरा साथ दे रही है। इसके चलते वे लोग इंद्राणी का हमेशा कान खा रहे थे। मुझे बताया गया कि अगर तुम शीना की लाइफ़ में नहीं होते तो वे लोग या तो उसकी शादी कर दूर भेज देते या आगे की पढ़ाई के लिए कहीं भेज देते। मगर तुम कमा-धमा नहीं रहे हो, यह जानते हुए भी वे लोग ऐसा नहीं कर पाए, क्योंकि वह तुम्हारे साथ थी और मैं तुम्हें बढ़ावा दे रहा था। फिर फ़ोन पर हुई लड़ाई और बेकार मैसेज के बाद हम कट गए। अगले 2-3 साल तक हम लोग सम्पर्क में नहीं रहे, जबकि इस दौरान मैं गुप्त तरीक़े से तुम्हें पैसा भेजता था। अनुपम खेर एक्टिंग कॉलेज, बर्थडे ग्रीटिंग्स आदि के लिए पैसे भी भरे। जहाँ तक मुझे पता है शीना भी सम्पर्क में नहीं थी।

फिर अचानक एक दिन शीना ने इंद्राणी को ईमेल भेजकर अपनी हरकतों के लिए माफ़ी माँगी। उसने कहा कि उसे ग़लत जानकारी दी गई और बहकाया गया, आदि। शीना ने कहा कि वह सम्पर्क में रहना चाहती है और सुधार करना चाहती है। फिर शीना और इंद्राणी ने फ़ोन पर कुछ बार बातें कीं। जब इंद्राणी मुम्बई गई तब वे लोग मिले भी। उस वक़्त शीना ने बताया कि वह तुम्हारे साथ ख़ुश नहीं है, क्योंकि तुम करियर में कुछ रचनात्मक नहीं कर रहे हो। हालाँकि तुम उसके साथ अच्छे थे। उसका ख़याल रख रहे थे। मगर वह उससे ज़्यादा चाहती थी।

जैसा मैंने पहले बताया कि इंडिया में और गुवाहाटी में परिवार के लोगों का बहुत दबाव था, परिवार वाले अपनी लड़कियों को ऐसे हालात से बाहर निकालने के लिए किसी भी हद तक जा सकते हैं। मैं नहीं चाहता था कि कुछ बुरा हो। मैं और डिटेल में नहीं जाना चाहता। गुवाहाटी वाले सोच रहे थे कि मैं तुम्हें सपोर्ट कर रहा हूँ और तुम्हें बढ़ावा दे रहा हूँ। शुरुआत में मैं तुम्हारी रिलेशनशिप के ख़िलाफ़ नहीं था। मुझे लगा कि आर्थिक दबाव के चलते ये रिलेशनशिप अपने आप टूट जाएगी, क्योंकि शीना को लाइफ़ में जो चाहिए अगर उसको एक अरसे तक नहीं मिला तो वह तुम्हें छोड़ देगी। मुझे तुम्हारी सुरक्षा में दिलचस्पी थी। मैं समझ सकता था कि इससे थोड़े वक़्त के लिए तुम्हारा दिल टूटा रहेगा, उससे ज़्यादा कुछ नहीं होगा। इस सबके दौरान मैं तुम्हारे साथ कुछ बुरा नहीं होने देना चाहता था। कौन जानता है कि लोग अपनी लड़कियों और परिवार की इज़्ज़त बचाने के लिए किस हद तक जा सकते हैं?

मैं सिर्फ़ इतना जानता था कि शीना इस रिलेशनशिप से ख़ुश नहीं थी। उससे बाहर आना चाहती थी या जबरन बाहर धकेली जा रही थी। मगर कब वह अपनी चाल चलेगी ये डिटेल्स मैं नहीं जानता था, क्योंकि मैं जानना नहीं चाहता था। मैं सिर्फ़ यही कहना चाहता हूँ कि अगर वह तुम्हें छोड़ रही थी तो उसे कम-से-कम तुम्हें बताना चाहिए था। मैंने सुझाव दिया था कि वह कोई ख़त या ईमेल या वैसा कुछ लिखे। मैं उम्मीद करता हूँ कि मैं जो कह रहा हूँ उस पर तुम्हें यक़ीन होगा। बहरहाल यही तथ्य हैं। मैं कह सकता हूँ

कि यह इंद्राणी या किसी और के द्वारा तुम्हें दुख पहुँचाने के लिए नहीं किया गया। मगर फिर भी तुम्हें दुख पहुँचा।

रहस्य—

मेरी ज़िन्दगी में मैंने माना है कि कई बार लोगों को कुछ ऐसा करना होता है जिसकी वजह सिर्फ़ वही जानते हैं। वे इस बारे में किसी को नहीं बता पाते और इसे हमेशा एक सीक्रेट (रहस्य) रखते हैं। मेरे भी ऐसे एक-दो सीक्रेट हैं...और मैं उन्हें किसी को नहीं बताऊँगा। न तुम्हें, न रॉबिन को, न इंद्राणी को और न ही किसी और को। मैं उसके साथ मरूँगा। अब अगर तुम्हें लगता है कि यह एक झूठ है और नज़रअन्दाज़ करना है तो यह तुम्हारा फ़ैसला है। मेरा यक़ीन है कि कई बार ऐसी चीज़ें होती हैं जिन पर आपका कोई कंट्रोल नहीं होता। आपको अपनी सोच को दफ़न करना होता है। उन्हें पीछे छोड़ना होता है। मेरा यक़ीन है कि ऐसी कई सारी चीज़ें इंद्राणी की लाइफ़ में भी हैं। मगर मेरी उस बारे में जानने या उन्हें ढूँढ़ने में कोई दिलचस्पी नहीं है। मुझे इससे फ़र्क़ नहीं पड़ता। शीना का पिता वह है या कोई और, यह मेरे लिए मायने नहीं रखता। ये सब बहुत पहले हुआ था। शायद इससे जुड़े कुछ लोग इसे क्लोज चैप्टर मानकर ब्लॉक करना चाहते हैं। मेरे लिए यही ठीक है।

अगर तुम नहीं चाहते हो तो मैं तुम्हें इंद्राणी के सम्पर्क में रहने के लिए नहीं कह रहा हूँ। हालाँकि यह बेहतर रहेगा, अगर तुम रहो तो। मेरा विश्वास है कि आगामी कुछ सालों में सब ठीक हो जाएगा। शायद हो जाए, या शायद न भी हो, मगर सभ्य बने रहना इतना मुश्किल नहीं है। मैं तुम्हें कह सकता हूँ कि वह रत्ती-भर भी बुरी इंसान नहीं है। तुम्हें या किसी को नुक़सान पहुँचाने का बुरा इरादा नहीं रखती है। वह एक अच्छी दोस्त बन सकती है। ज़रूरत पड़ने पर तुम्हें या किसी को भी हमेशा मदद करेगी। एक बात और कहना चाहूँगा कि मेरी तरह वह भी सोचती है कि तुम आलसी हो और जितना आना चाहिए उससे कहीं ज़्यादा दूसरों के प्रभाव में आ जाते हो। मगर ये बात मैं ख़ुद के बारे में भी कह सकता हूँ। मेरा मानना है कि हम क्यों न ये बन्दिशें हटा दें, क्यों न हम तुम्हारी

इच्छानुसार हमेशा सम्पर्क में रहें। ज़रूरी नहीं कि रोज़, साप्ताहिक या मासिक तौर पर। यदा-कदा इंद्राणी भी—आख़िरकार हम दोनों ने एक-दूसरे से शादी की है। उसके दिल में मेरा हित है। वह मुझे ग़लत या ज़रूरत से ज़्यादा खाने-पीने नहीं देती। वह तय करती है कि मुझे अच्छी नींद आए और आराम मिले। यह आम तौर पर थोड़ा बोरिंग हो सकता है। मगर शायद यही वह है, जो मैं चाहता हूँ, बजाय इसके कि वह पार्टनर जो मेरी अति को हमेशा मान ले।

इस मेल को समाप्त करते हुए पीटर लिखता है—

मैं तुम्हें बेहद प्यार करता हूँ। हम पहले से कहीं ज़्यादा हर चीज़ के बारे में इतना खुलकर बात कर रहे हैं। मुझे सचमुच लगता है कि मैं तुम्हारे बेहद क़रीब हूँ। मैं प्रार्थना करता हूँ कि तुम वो सब पीछे छोड़ दो और जियो और जीने दो, इस एहसास के साथ कि हालात को देखते हुए अलग-अलग लोग अलग-अलग तरीक़े से वर्तमान या भूतकाल के काम करते हैं। कई बार उसके बारे में बात नहीं कर पाते। शायद इसी वजह से वे अपने दुख किसी के साथ भी शेयर नहीं कर पाते।

राहुल को भेजे पीटर के इस सबसे लम्बे मेल का जवाब राहुल ने उसी दिन दिया। राहुल ने अपने इस मेल में पीटर के प्रति अपने पिछले व्यवहार को लेकर शर्मिंदगी का इज़हार किया। उसने अपने किए पर अफ़सोस जताया और उसके लिए माफ़ी भी माँगी। उसने कहा कि वह अपनी मौजूदा स्थिति से हताश है। पीटर से ही उसकी बातचीत हो रही है तो वह उसी पर ग़ुस्सा हो गया। वैसे वह पीटर से उतना ग़ुस्सा नहीं है। उसने यह कहते हुए कि शीना से ख़फ़ा होना आसान है, लिखा—

मुझे बहुत बुरा लग रहा है कि मैं आप पर ईमेल के ज़रिये चिल्लाया। शायद काफ़ी हद तक ये ग़ैर-ज़रूरी था। सबसे पहले मैं उसके लिए माफ़ी माँगता हूँ। मुझे लगता है कि शायद मैं इस सबको लेकर हताश हूँ, और चूँकि आप मेरे फ़र्स्ट पॉइंट ऑफ़ कॉन्टैक्ट हो, इसलिए सारी हताशा आप पर निकलती है। मैं आपसे उतना ग़ुस्सा नहीं हूँ। बस, आपकी तरफ़ से निराश और व्यथित हूँ, क्योंकि सब हफ़्ता-भर से ज़्यादा पहले से जानने के बावजूद, आपने मुझे

चेतावनी नहीं दी। सच्चाई यह है कि अपनी रिलेशनशिप के टूटने के बारे में मैं अँधेरे में था। मेरे लिए शीना से ख़फ़ा होना आसान है, मगर मैं नहीं हूँ। शीना ने 25 अप्रैल की सुबह मैसेज भेजकर कहा कि वह कुछ घंटों में बात करेगी। मगर उस एसएमएस और उसके बाद वाले एसएमएस के बीच में जो हुआ, वो सिर्फ़ शीना और इंद्राणी के बीच हुआ। मुझे लगता है कि इंद्राणी के प्रभाव ने एक बार फिर मेरी लाइफ़ को दुखी कर दिया है। मैंने पहले भी कहा था कि मैं ऐसे प्रभाव से दूर रहता हूँ तो बेहतर रहता हूँ। आप जानते हैं कि मुझे इंद्राणी की बातों पर भरोसा करने में दिक़्क़त है, क्योंकि मुझे इतने सालों में यह साफ़ हो चुका है कि वह न तो मुझसे और न आपसे ही सच बोलती है। चाहे जो भी वजह हो? भगवान जानता है।

इंद्राणी के विषय में अपनी शंकाओं को ज़ाहिर करते हुए राहुल ने लिखा—

मेरे रिलेशनशिप तोड़ने वाले 'ऑपरेशन ब्रेकअप' की प्रक्रिया इंद्राणी का काम करने का तरीक़ा लगता है। आप चाहे तो शीना के तथाकथित (आपके कहे अनुसार) पिता से पूछ सकते हैं, क्योंकि उन्होंने बताया था और कुछ साल पहले ख़ुद अनुभव किया था (मैं कहूँगा कि कहीं ज़्यादा)। जैसा कि आपने हमारी हालिया चर्चा में कहा। इसके विपरीत न अब और न कभी पहले ही मेरे मन में इंद्राणी या किसी और के लिए कभी गहरी द्वेष भावना थी। उसके मन में मेरे प्रति द्वेष था, क्योंकि दस साल पहले मैंने उसके हेतु को इंगित किया था। ज़रूरी नहीं है, फिर भी मैं विनम्रता के साथ कह रहा हूँ कि पैसा हेतु होना ग़लत बात नहीं है। मगर ये औरों की भावना और भरोसे की क़ीमत पर नहीं होना चाहिए।

इंद्राणी पर उठाई उँगली को तर्कों का आधार देने के लिए राहुल ने आगे लिखा—

दुख की बात है, मगर सही यही होगा कि जब तक इंद्राणी का आप पर, आपकी सोच पर या आपके फ़ैसलों पर प्रभाव रहेगा तब तक आप मेरी लाइफ़ का हिस्सा न रहें।

राहुल ने इस ईमेल को भावनात्मक तरीक़े से ख़त्म करते हुए लिखा—

> मैं आपको बहुत प्यार करता हूँ और आपकी बेहतरी की कामना करता हूँ। प्लीज़ अपना ख़याल रखिए और पीना पूरी तरीक़े से छोड़ दीजिए। ये उबाऊ ज़रूर होगा, मगर आप मुझे धन्यवाद देंगे।

इसी बीच राहुल अपनी तरफ़ से शीना को ढूँढ़ने की कोशिश में शीना के (गुवाहाटी के) परिवार वालों और दोस्तों से बात करता है। राहुल के ऐसा करने से पीटर उससे नाराज़ हुआ।

सीबीआई की जाँच जारी है। बाहर मीडिया का जमावड़ा है पर किसी को भी अन्दर आने की इजाज़त नहीं है। सीबीआई के अधिकारी तमाम चीज़ों की बहुत ध्यान से जाँच कर रहे हैं। अन्दर के एक हॉलनुमा कमरे में एक ओर लगी टेबल्स पर रखे कम्प्यूटर और लैपटॉप पर अलग-अलग लोगों की मेल आईडी खुली हुई है। उन कम्प्यूटर्स और लैपटॉप को खोले बैठे कर्मचारी पिछले तीन सालों में उन मेल आईडी'ज़ से भेजे और रिसीव किए गए हर मेल की कॉपी करके उसको प्रिंट के लिए दे रहे हैं। दूसरी ओर रखी कई टेबल्स पर उन मेल्स, सबूतों और अन्य गवाहों के बयानों की फ़ाइल रखी है। सीबीआई के कई जूनियर अधिकारी मेल्स की प्रिंट कॉपी लिये, किसी गवाह के बयान की फ़ाइल या फिर कुछ बहुत महत्त्वपूर्ण काग़ज़ थामे इधर से उधर आ-जा रहे हैं। अन्दर की तरफ़ बने कमरों में से एक कमरे में बैठे कुछ अधिकारी प्रिंट हो चुके मेल्स पढ़ रहे हैं। उनमें से जो काम का लगता है उसे अलग फाइल में रखते जाते हैं। कुछ अधिकारी आपस में मशवरा कर रहे हैं। तभी लैपटॉप पर बैठा एक जूनियर अधिकारी अपने सीनियर को आवाज़ देते हुए कहता है, 'सर, इधर आइए। यहाँ देखिए।'

वह अधिकारी और उसके साथ खड़े दूसरे अधिकारी जल्दी से उस जूनियर अधिकारी की टेबल पर जाते हैं। वह लैपटॉप की स्क्रीन पर खुले एक मेल को पढ़ते हैं। यह मेल पीटर ने राहुल को लिखा था। इस मेल में सीबीआई अधिकारियों को कुछ ऐसा मिलता है, जिस पर अब तक उनका ध्यान नहीं गया था।

19 जून, 2012 को पीटर ने यह मेल राहुल को लिखा था। इस मेल में पीटर राहुल को शीना की गुमशुदगी के मामले से दूर रहने के लिए कह रहा था। वह उसे बता रहा था कि शीना के दोस्तों के कॉल्स और मेल्स का जवाब

देने से बेहतर है कि वह अपना मोबाइल ही बन्द कर दे। अगर कोई फिर भी उससे कुछ पूछे तो कह दे कि वह इस बारे में इंद्राणी से बात करें। तुम्हारे लिए हो सकता है कि यह बहुत हो। पीटर लिखता है कि भले यह राहुल के लिए मुश्किल भरा हो, पर है उसके फ़ायदे के लिए ही। पीटर लिखता है—

> मैं चाहता हूँ कि तुम तुरन्त सबसे पहले अपना मोबाइल नम्बर बदल दो, जिससे तुम्हें उन अनचाहे लोगों का फ़ोन न आए जिनसे तुम बात नहीं करना चाहते और जिससे वे तुम्हें आगे और कोई परेशानी न दें। प्लीज़! ऐसा करो। यह तुम्हें एक मुश्किल क़दम लगेगा, पर भरोसा करो यह तुम्हारे भले के लिए होगा। जो तुम्हारे शुभचिन्तक नहीं हैं, इस तरह वे तुम्हें पीछे खींचना और परेशान करना बन्द कर देंगे।

पीटर ने आगे शीना के रिश्तेदारों का ज़िक्र करते हुए लिखा—

> गुवाहाटी में शीना के घरवालों का कहना है कि उन्होंने तुम्हें पिछले कुछ समय से कोई फ़ोन नहीं किया। अब वे इस बात को लेकर नाराज़ और ग़ुस्सा हैं कि जब वे तुमसे कोई वास्ता रखना नहीं चाहते तो तुम उनका नाम क्यों ले रहे हो? बेशक, इन्द्राणी उन पर भरोसा करती है। मैं नहीं जानता कि शीना के नाना तुम्हें बार-बार फ़ोन करेंगे। मेरा और इंद्राणी का नम्बर माँगेंगे। ख़ासकर तब जब उन्होंने तुम्हें कुछ हफ़्ते पहले ही उनसे दूर रहने के लिए कहा है। इसलिए मैं इस बात को लेकर परेशान हूँ कि क्या ये वही हैं या उनका नाम लेकर कोई और तुम्हें फ़ोन कर-करके परेशान कर रहा है।

बात आगे बढ़ाते हुए पीटर ने लिखा—

> मैं जानता हूँ कि मेरा बेटा होने के नाते मैं तुम्हें यह बात कहूँगा कि (अगर तुम्हारी जगह कोई और होता तो मैं उसे यह सब नहीं कह रहा होता, क्योंकि बाक़ी के लोग मेरे लिए कोई मायने नहीं रखते) जो जैसा है उसे वैसा ही रहने दो। मैं तुम्हें दर्द में और लोगों द्वारा उनके फ़ायदे के लिए तुम्हारा इस्तेमाल होते हुए नहीं देख सकता। इसलिए, कृपा करके इन लोगों को अपनी सम्पर्क 'न' करने वाली लिस्ट में डालो, चाहे उनका सम्पर्क तुमसे हो या तुम्हारा उनसे।

> शीना का परिवार (शीना, मिखाइल और उनके पिता दास) या कोई और (जान-पहचान का आदमी, चाहे वह उसका दोस्त हो या उसका कलीग हो) को भी मना करो। इस लिस्ट में इंद्राणी और विधि (जो अभी नाबालिग है और इंद्राणी की देखरेख में है) को भी शामिल करो। ग़लती से ऊपर बताए गए लोगों में से किसी का भी फ़ोन उठाते हो तो ऐसा दिखावा करो कि तुम्हें शीना या उसके सम्भावित ठिकाने के बारे में बात करने में कोई दिलचस्पी नहीं है। उनसे कहो कि अगर तुम्हारी शीना से बात होती है तो तुम उन्हें बताओगे और वे भी ऐसा ही करें। तब तक के लिए वे तुम्हें परेशान न करें।

इसके साथ ही पीटर ने राहुल को यह भी लिखा कि अगर कोई शीना को लेकर उसे फ़ोन करे तो राहुल तुरन्त पीटर को बताए। इसके बाद राहुल ने पीटर को तीन ईमेल भेजे। इन मेल्स में राहुल ने सफ़ाई दी कि उसे गुवाहाटी से शीना के रिश्तेदारों का फ़ोन आया था। एक जगह पर राहुल ने लिखा—

> आप अपनी पत्नी का यक़ीन करेंगे (मैं पूरे व्यंग्य के साथ कह रहा हूँ) कि वह तो आपसे सच बोलती है। उसके नाना-नानी भी उसका यक़ीन नहीं करते, इसीलिए उन्होंने मुझे फ़ोन कर शीना को ढूँढ़ने को कहा। वे इंद्राणी को शायद उसी वजह से नहीं पूछेंगे जिस वजह से आप उससे सवाल नहीं करते।

पीटर ने राहुल के इस तंज़ का जवाब दिया। उसने अपने इस मेल में राहुल को आख़िरी चेतावनी देते हुए उसे शीना के मामले से दूर रहने के लिए कहा। पीटर ने राहुल को चेतावनी देते हुए लिखा—

> मुझे पता है कि तुम्हें आज सुबह फ़ोन और एक मैसेज भी आया था, एक फ़ाइनल वार्निंग के तहत तुम्हें उनके पारिवारिक मसले से दूर रहने को कह रहा हूँ।

इसमें पीटर का ग़ुस्सा साफ़ झलकता है। वह लिखता है—

> जहाँ तक तुम्हारे इंद्राणी पर अविश्वास करने की बात है या फिर किसके किसकी धुन पर नाचने की बात है तो यह तुम्हारी अपनी राय है। किसी और को इससे कोई फ़र्क़ नहीं पड़ता। अब यहाँ से

> मैं भविष्य में इंद्राणी या उसके परिवार के बारे में तुमसे कोई चर्चा नहीं करना चाहता। अगर तुम सम्पर्क में बने रहना चाहते हो तो इसके अलावा कई और मसले हैं जिन पर हम बातचीत या ईमेल कर सकते हैं। मेरे पिछले ईमेल में जिन लोगों के नाम दर्ज हैं, उनके फ़ोन न उठाकर ख़ुद की मदद करो।

अगस्त, 2012 की शुरुआत में भी पीटर-राहुल के बीच कई ईमेल आए-गए। मगर यह उस शीना-राहुल के पुराने किराये के घर की किरायेदारी समाप्त करने और उससे जुड़ी अन्य बातों को लेकर थे।

राहुल के मेल्स पर ग़ौर किया जाए तो उसे शीना के ग़ायब होने और उसके पीछे इंद्राणी के जुड़े होने का शक़ था। वह अपनी भड़ास अपने पिता पीटर पर निकालता है। पीटर एक तरफ़ इंद्राणी के सिखाए-बताए को सच मानकर राहुल की बातों को ख़ारिज करता है। उसे शीना को भूलकर जीवन में आगे बढ़ने की सलाह देता है। साथ ही बतौर पिता अपनी चिन्ता और बेबसी भी ज़ाहिर करता है। इस सबका जो सामूहिक असर राहुल पर होता है, उसका एक उदाहरण उस ईमेल में दिखता है जो उसने अपने और शीना के कॉमन फ्रेंड को भेजा था। 13 जून, 2012 को अपने दोस्त को भेजे ईमेल में उसकी हताशा और उलझन साफ़ दिखती है। इस ईमेल में वह लिखता है कि उसका दिमाग़ सुन्न हो रहा है। राहुल ने लिखा—

> शीना के ठिकाने के बारे में मैं अभी भी अँधेरे में हूँ। कोई आइडिया नहीं। इंद्राणी के साथ हुई बातचीत के बाद मेरा अन्दाज़ा है कि वह ठीक है। मगर यह मैं पक्के तौर पर नहीं जानता।

ईमेल के आख़िरी हिस्से में लिखी बातों से राहुल की मानसिक स्थिति का अनुमान लगाया जा सकता है। राहुल लिखता है—

> इंद्राणी से मैंने अनेक बार बात की है और उसने मुझे कहा कि अगर किसी अन्य (दोस्त या पिता) को फ़िक्र है तो वे लोग उसे (इंद्राणी को) फ़ोन करें। वह उन्हें समझाने की कोशिश करेगी कि क्या हुआ है। इंद्राणी का कहना है कि शीना मुझसे बात नहीं करना चाहती। पर यदि तुम या अन्य दोस्त इंद्राणी को जवाब के लिए फ़ोन करो तो शायद शीना तुम लोगों से बात करेगी। इस तरह से तुम लोग थाह ले सकोगे कि वह जो कह रही है वह सच है या

नहीं। मैं तो तुम्हें वही बता सकता हूँ जो मैंने सुना है। उसमें मेरा सन्देह भी शामिल होगा। मैंने अपनी और इंद्राणी की बातचीत की रिकॉर्डिंग को बार-बार सुना। उस पर देर तक और गहराई के साथ सारे अनुमानों और सम्भावनाओं के बारे में सोचा। एकमात्र इंसान (इंद्राणी) जो इस बारे में जानती है वो मुझे नहीं बता रही है। मगर यदि बाक़ी चिन्तित लोगों की तरफ़ से भी दबाव आया तो शायद वह ईमानदारी से बता दे, या फिर अनजाने में थोड़ा-बहुत सच निकल आए। मैं चिन्ता और सोच के मारे परेशान हो चुका हूँ। मैं अपने आप को दिलासा देता रहता हूँ कि वह ठीक होगी और ख़ुद की मर्ज़ी का कर रही होगी। इंद्राणी को ऐसी अहमकाना हरकत करके क्या मिलेगा? बहरहाल मैं अब सोने जा रहा हूँ। दिमाग़ सुन्न हो रहा है।

मृग परेशान है। उसे कस्तूरी नहीं मिल रही है। वह लगातार उसे खोज रहा है। यहाँ-वहाँ क्रंकीट के जंगल में भटक रहा है। उसकी कस्तूरी के बारे में, जो बहेलिया जानता है वह उसे दिलासा दे रहा है कि उसकी कस्तूरी ठीक है। पर वह उसे उसकी कस्तूरी लौटा नहीं रहा है। न ही वह उसे उसका अता-पता बता रहा है। मृग चाहता है कि जंगल के दूसरे पशु इस मामले में उसकी मदद करें। सब मिलकर बहेलिये पर दबाव डालें, जिससे वह मृग की कस्तूरी का पता बता सके। या फिर बातचीत में ही भूलवश कुछ सच उगल दे। बहेलिया कहता है कि उसे पता है कि उसकी कस्तूरी कहाँ है। पर कस्तूरी नहीं चाहती कि बहेलिया उसका पता मृग को दे। कस्तूरी के जो दूसरे मित्र, रिश्तेदार या दोस्त हैं, उन्हें अगर कस्तूरी की फ़िक्र है तो वे भी मृग से पूछने की बजाय बहेलिये से उसके बारे में पूछ सकते हैं। बहेलिया कस्तूरी और मृग के बीच चट्टान बनकर खड़ा हो गया है। मृग चाहता है कि वह हट जाए या उसे ज़बरदस्ती हटा दिया जाए। पर बहेलिया इतना मज़बूत और चौकस है कि वह अपने ख़िलाफ़ कोई सुराग़ नहीं छोड़ रहा है। जैसे ही उसे अपनी किसी ग़लती का एहसास होता है वह तुरन्त उसे दुरुस्त कर देता है। बहेलियों की इन सुघड़ चालों के आगे मृग बेबस, असहाय और उदास खड़ा है। रातों को जाग-जाग उठता है। अपनी कस्तूरी के बारे में फ़िक्रमंद होता है। कोई रास्ता नहीं मिलने पर रोने लगता है, उस मासूम स्कूली बच्चे की तरह जिसका सबसे प्यारा दोस्त उसे बिना बताए कहीं चला गया है। उसके दिमाग़ में हर वक़्त

यही सब घूमता रहता है। वह अपनी तरफ़ से हर मुमकिन कोशिश करता है कि उसे कहीं से भी, कैसे भी कस्तूरी का पता चल जाए।

शीना की हत्या के सवा साल बाद राहुल अभी भी बेयक़ीनी के दौर में है। 24 सितम्बर, 2013 को एक मेल लिखता है। यह मेल वह अपने क़रीबी मित्र को लिखता है। इस मेल में राहुल अपने दोस्त से शीना के ग़ायब होने की शंका को साझा करता है। वह लिखता है—

> इंद्राणी ने मुझे यक़ीन दिलाने के लिए बहुत-सी फ़ालतू की कहानियाँ सुनाईं, जिनमें कभी नागपुर के किसी बन्दे से शीना की शादी की बात, तो कभी अमेरिका में किसी अमीर आदमी के साथ सेटल होने की कहानी है। तो जहाँ मैंने उसे बांद्रा में छोड़ा था वहाँ तक की बात है। इंद्राणी की तरफ़ से सब बकवास कहानियाँ। मैंने बहुत-सी बहस/बातचीत की, जिसके चलते आख़िरकार इंद्राणी ने क़बूला कि उसे पता है कि शीना कहाँ है और वह ठीक है। मगर मैं उससे बात नहीं कर पाया। इंद्राणी हमेशा कहती रही है कि शीना ने अलग होने, कहीं और जाने और बात न करने का फ़ैसला किया है। उसके भाई से भी मदद नहीं मिली। उसके नाना-नानी वही मान रहे हैं, जो उन्हें इंद्राणी ने बताया है। वहाँ से भी कोई मदद नहीं। पुलिस से भी अभी तक कोई मदद नहीं मिली, क्योंकि पुलिस यह कहते हुए रिपोर्ट नहीं लिखना चाहती कि वह अपनी माँ के साथ गई है और ठीक ही होगी।

राहुल को लगता है कि शीना को किसी लालच या दबाव के तहत उससे दूर किया गया है। उसकी इस सोच के पीछे इंद्राणी का वह मक़सद नज़र आता है जिसके तहत वह शीना-राहुल को अलग करना चाहती थी। उसने कहा कि शीना के साथ अगर कुछ बुरा हुआ तो उसके लिए इंद्राणी ही ज़िम्मेदार होगी। शीना के ग़ायब होने के पीछे इंद्राणी के हाथ की शंका को ज़ाहिर करते हुए राहुल ने अपने दोस्त को लिखा—

> मेरी भावना, इतना सोचने और रोने आदि के बाद यह है कि या तो उसे लालच दिया गया या फिर मजबूर करके दबाव बनाकर अकेले जाने और नई शुरुआत करने को कहा गया (क्योंकि हमें अलग करना ही इंद्राणी का मक़सद था) या वह ख़ुद अलग होने

> और मुझे या किसी अन्य चिन्तित को सबसे अजीबोग़रीब तरीक़े से परेशान करने के लिए ग़ायब हुई, या सचमुच कुछ बुरा हुआ हो, जिसके लिए इंद्राणी ही ज़िम्मेदार हो सकती है।

राहुल ने इसी ईमेल में आगे बताया कि उसे शीना के बारे में कुछ भी नहीं पता। वह उससे बात करना चाहता है। अगर कोई किसी को छोड़ना चाहता है तो छोड़ सकता है। इस तरह ज़िन्दगी से ग़ायब हो जाने का कोई मतलब नहीं है। वह इंद्राणी पर अपने शक को और मज़बूत करते हुए वह दोहराता है कि इंद्राणी झूठी और कपटी है। उसके दिमाग़ में हर वक़्त कुछ न कुछ चलता रहता है। इंद्राणी के शीना की माँ होने के नाते राहुल ने लिखा कि वह उम्मीद करता है कि इंद्राणी शीना को कोई नुक़सान नहीं पहुँचाएगी। शीना से अपनी गहरी मोहब्बत का इज़हार करते हुए उसने आगे लिखा—

> तुम्हारे सवाल के जवाब में मुझे कहना है कि मुझे बिलकुल पता नहीं कि शीना कहाँ है। मगर मैं उससे बात करना चाहूँगा। उसे गले लगाना चाहता हूँ। बहरहाल चिन्ता की बात यह है कि क्या वह अपने किसी भी दोस्त के साथ सचमुच सम्पर्क में है...अगर नहीं, तो क्यों नहीं? आप किसी को छोड़ना चाहते हो तो ठीक है। मगर इस तरह से ज़िन्दगी से ग़ायब क्यों हो जाना, अजीब है। ईमानदारी से कहूँ तो इंद्राणी से कोई मदद नहीं मिली। वह झूठी और कपटी है, जिसके दिमाग़ में अजीब से हेतु चलते रहते हैं। इतना कुछ के बाद भी आख़िरकार वह शीना की माँ है। उम्मीद करता हूँ कि उसे किसी तरह से चोट नहीं पहुँचाएगी।

मेल के आख़िर में राहुल समर्पण के भाव में लिखता है—

> अब मुझे नहीं पता कि मैं क्या सोचूँ या उसे कैसे तलाश करूँ। मेरा अनुमान है कि वह मरी नहीं है। वह बात करना चाहती है, या मुझे गले लगाना चाहती है या कुछ और, फिर एक दिन जब वह चाहेगी मुझसे सम्पर्क ज़रूर कर पाएगी।

राहुल के इन मेल्स और मैसेजेज से उसका दर्द और शीना की तलाश की तड़प उभरकर आती है। पीटर की राहुल के प्रति भावनाएँ भी इसमें उभरकर आती हैं। इनमें से कई मेल्स का जब आदान-प्रदान हो रहा था, उसी दौरान

राहुल एक और काम चोरी-छिपे कर रहा था। उसके इस काम के बारे में पीटर-इंद्राणी को कोई भनक नहीं थी।

शीना के ग़ायब होने/मौत के बाद के दो हफ़्तों के दौरान राहुल ने पीटर और इंद्राणी मुखर्जी के साथ फ़ोन पर हुई बातचीत को चुपके से रिकॉर्ड कर लिया। इसे उसने जाँच एजेंसी को भी सौंपा। राहुल के मुताबिक़ उसने कुल 18-19 कॉल्स को रिकॉर्ड किया था। यह सारी बातचीत साढ़े तीन घंटे से ज़्यादा लम्बी थी। उसकी वर्ड टू वर्ड जानकारी देना मुमकिन नहीं है। साथ ही ये बातचीत अंग्रेज़ी में है। इसमें अधूरे वाक्य, बीच की टोका-टाकी, इक्का-दुक्का शब्द में पूरा वाक्य कहने की विधा है। इनका अनुवाद न सिर्फ़ मुश्किल है बल्कि मायने भी बदल सकता है। इस सबके बावजूद बिना किसी दुर्भावना व पूर्वग्रह के उसका बेहतरीन अनुवाद करने की कोशिश की गई है। अगर कोई त्रुटि रह जाती है तो उसे दुर्भावना व पूर्वग्रह से रहित महज़ मानवीय त्रुटि के तौर पर देखना चाहिए। पाठक के लिए किताब के आख़िर में यूआरएल लिंक्स दिये हुए हैं। उनमें आप पूरी ट्रांसक्रिप्शन या लिप्यन्तर पढ़ सकते हैं।[108] साथ ही अगर ऑडियो सुनना है तो उसे भी सुन सकते हैं।[109]

राहुल की पीटर मुखर्जी और इंद्राणी मुखर्जी के साथ दो हफ़्तों के दौरान फ़ोन पर हुई बातचीत—

बातचीत 1

इस बातचीत में राहुल बेसब्री से शीना के बारे में पूछ रहा है। पीटर जानते हुए या न जानते हुए इस मामले में अनभिज्ञता दिखा रहा है। राहुल का इशारा था कि इंद्राणी ही आख़िरी व्यक्ति थी जिससे शीना मिली थी, इसलिए इंद्राणी शायद कुछ जानती होगी। इंद्राणी भी लगभग वैसा ही कर रही है। पीटर इशारा देता है कि शीना राहुल को छोड़कर चली गई है। पीटर शीना के चरित्र पर उँगली उठाता है। वह कहता है कि उसे नहीं पता कि शीना कैसी लड़की है। इस पर राहुल कहता है कि उसे पता है कि शीना कैसी है। वह बार-बार पीटर से शीना के ग़ायब होने के बारे में पूछता है। इस पर पीटर उसे वही सब बताता रहता है जो उससे पहले कई बार इंद्राणी राहुल और बाक़ी लोगों को बता चुकी है। पीटर कहता है कि शीना राहुल को छोड़कर आगे बढ़ गई है। उसे

कोई और मिल गया है। वह नहीं चाहती कि कोई उसे परेशान करे या उससे सम्पर्क करने की कोशिश करे। राहुल चाहता है कि उसे पता चले कि आख़िर शीना गई कहाँ है। वह बार-बार इसी सवाल को दोहराता है और पीटर हर बार उसे वही पुराना जवाब घुमा-फिराकर देता रहता है। राहुल कहता है कि इंद्राणी को पता है कि शीना कहाँ है, क्योंकि इंद्राणी ही वह शख़्स थी जिससे वह आख़िरी बार मिली थी। इस पर पीटर उससे पूछता है कि वह आख़िरी शख़्स कौन था जिसे शीना ने मैसेज किया था? राहुल पीटर को शीना के मैसेज करने की टाइमिंग बताता है और पूछता है कि वह मैसेज उसने मुझे तब नहीं किया जब वह इंद्राणी के साथ थी। उसके फ़ोन से मैसेज मुझे तब आया जब मेरा उसे लेने जाने का वक़्त हो गया था। पीटर राहुल को गोवा आने, सबसे मिलने और बैठकर बात करने के लिए कहता है। वह कहता है कि अगर राहुल गोवा आना चाहता है तो वह उसके आने का सारा इन्तज़ाम कर सकता है। राहुल गोवा जाने से मना कर देता है। पीटर कहता है कि तुम शीना को चाहे जितना मर्ज़ी ढूँढ़ लो वह तुम्हें तब तक नहीं मिलेगी जब तक वह ख़ुद नहीं चाहेगी। तुम उसकी तलाश में सारी दुनिया खँगाल सकते हो। इधर-उधर आ-जा सकते हो। एक दिन, दो दिन, हफ़्ता या फिर महीनों तक पागलों की तरह उसे ढूँढ़ते हुए यहाँ-वहाँ भटक सकते हो। लेकिन इसमें समझदारी नहीं है। राहुल को अपने दिमाग़ का इस्तेमाल करना चाहिए। उसे सोचना चाहिए कि उसे अपनी ज़िन्दगी में आगे क्या करना है। राहुल इसका जवाब देते हुए कहता है कि उसे केवल शीना की चिन्ता है। उसे पता होना चाहिए कि शीना कहाँ है। उसके सभी फ्रेंड्स उसके बारे में परेशान हैं। उसके ऑफ़िस के दोस्त, फेसबुक फ्रेंड्स, रियल लाइफ़ फ्रेंड, रिश्तेदार और उसके पिता सिद्धार्थ दास भी उसके बारे में जानना चाहते हैं कि वह कहाँ है। राहुल को इसी बात की चिन्ता है कि शीना यूँ अचानक कहाँ गुम हो गई है। राहुल के इन सवालों पर पीटर नए अन्दाज़ में फिर वही पुरानी बातें राहुल को समझाने लगता है। बातचीत में थोड़ी देर बाद इंद्राणी भी शामिल हो जाती है। राहुल की बात सुनकर इंद्राणी भी कहती है कि अब तो उसे भी शीना को लेकर फ़िक्र होने लगी है। वह शीना के बॉस और उसके इस्तीफ़े के बारे में राहुल से पूछताछ करती है। शायद अपने किसी आगामी प्लान को लेकर वह राहुल से शीन के बॉस, उसके ऑफ़िस नम्बर और छुट्टियों के बारे में बातचीत करती है। वह राहुल से जानना चाहती है कि ऑफ़िस में शीना का बॉस कौन है? राहुल के घर रिलायंस से जो लोग शीना को ढूँढ़ते हुए आए थे, वे लोग कौन थे? इंद्राणी

राहुल से कहती है कि अगर शीना को ऑफ़िस नहीं जाना था तो उसे इस्तीफ़ा देना चाहिए था। राहुल को शीना के ऑफ़िस जाकर पता करना चाहिए कि शीना ने अपनी छुट्टी के बारे में किसी को बताया है या नहीं। अगर बताया है तो किसे? शीना ने इंद्राणी से मिलने से पहले हाफ़ डे ऑफ़ लिया था। इसके बाद उसने अपनी छुट्टी बढ़वा ली। राहुल इंद्राणी से कहता है कि वह जब तुम्हारे साथ डिनर के लिए गई थी तो उसने आधा दिन की छुट्टी ली थी। इस पर इंद्राणी कहती है कि वे लोग डिनर के लिए नहीं गए थे। वे शॉपिंग के लिए गए थे। बातचीत में शामिल होने के बाद से उसके ख़त्म होने तक इंद्राणी राहुल से बार-बार शीना के ऑफ़िस जाने, वहाँ उसके बॉस का पता लगाने और उसके इस्तीफ़े को लेकर कहती है। वह राहुल से कहती है कि राहुल को उसके ऑफ़िस जाना चाहिए। वहाँ शीना के दोस्तों और उसके बॉस से मिलना चाहिए। वह चाहे तो शीना के ऑफ़िस फ़ोन करके भी पूछ सकता है। इस पर राहुल शीना के ऑफ़िस का नम्बर होने से मना कर देता है। वह कहता है कि उसके पास शीना के बॉस या उसके ऑफ़िस का नम्बर नहीं है। वह पीटर-इंद्राणी से कहता है कि वे लोग शीना के ऑफ़िस और उसके बॉस के बारे में पता लगा सकते हैं, क्योंकि मुम्बई में जितने उनके कॉन्टैक्ट हैं उतने राहुल के नहीं हैं। बातचीत आख़िरकार शीना के ऑफ़िस की तलाश पर जाकर लम्बी खींचती है। कुल 24 मिनट की यह बातचीत इन्हीं मुद्दों के इर्द-गिर्द घूमती हुई बन्द हो जाती है—

पीटर—मुझे और कुछ नहीं कहना है...और कुछ नहीं करना है...मैं सिर्फ़ इतना कहना चाहता हूँ कि...

राहुल—(पीटर की बात को बीच में काटते हुए) मुझे आप ये बताइए कि आपकी चिन्ता क्या है...मुझे बताइए कि शीना के साथ क्या हुआ है?

पीटर—(राहुल की बात बीच में काटते हुए) तुम...तुम...क्या कहना चाहते हो...

राहुल—यही कि शीना के साथ हुआ क्या है...

पीटर—जहाँ तक मेरी समझ है...शीना कहीं चली गई है और वो किसी से सम्पर्क करना नहीं चाहती...यह मेरा मानना है...अब तुम भले ही उसके चरित्र को लेकर कुछ भी सोचो कि उसका चरित्र ठीक नहीं है लेकिन मेरे पास इस पर विश्वास करने की कोई वजह नहीं...मुझे नहीं पता कि उसका चरित्र कैसा है?

राहुल—मुझे पता है...

पीटर—राहुल...ये तुम्हारा नज़रिया हो सकता है...मौजूदा हालात को लेकर...लेकिन मैं क्या सोचता हूँ...मैंने तुम्हें अपना नज़रिया बता दिया है...

राहुल—हम्म...

पीटर—इसके अलावा मैं कुछ और कहना नहीं चाहता...

राहुल—हम्म...

पीटर—मेरा तुम्हें सुझाव है...मेरी सलाह है कि अगर वो कहीं ग़ायब हो गई है और सामने नहीं आना चाहती...या किसी के साथ चली गई है और वो कोई काल्पनिक शख़्स है...तो या तो वो वापस तुम्हारे पास आ जाएगी या फिर नहीं आएगी...उसका पता लगाने के लिए तुम पूरी दुनिया खँगाल सकते हो...कि वो कौन है...कहाँ है...तुम्हें शायद कुछ सुराग़ मिल भी जाए या शायद तुम शीना का पता लगा लो...तब तुम सन्तुष्ट हो जाओगे कि वह ठीक है... फ़ाइन...गुड...उसके बाद क्या होगा...लेकिन अगर तुम्हारी तलाश ख़त्म हो जाए और एक हफ़्ते बाद...दो हफ़्ते बाद...तीन हफ़्ते बाद भी तुम उसका पता नहीं लगा पाओ। चाहे जितनी भी तुम मेहनत कर लो...और उसके बाद भी तलाश नहीं कर पाए तो क्या होगा? आगे बढ़ने का सुराग़ कहाँ है?

राहुल—पापा...इंद्राणी आख़िरी शख़्स थी जिसने शीना को देखा था।

पीटर—और वो आख़िरी शख़्स कौन था जिससे शीना ने सम्पर्क किया था? जिससे आख़िरी बार शीना की बात हुई थी? शीना ने तुम्हें मैसेज भेजा था। शीना ने इंद्राणी को भी मैसेज भेजा था...लेट नाइट...या लास्ट नाइट...तो?

राहुल—वास्तव में उसने मुझे सुबह मैसेज भेजा था...लेकिन 45 मिनट के बाद कुछ और ही बात लिखी...ज़ाहिर है कि इन 45 मिनट में कुछ तो हुआ था...पहले उसने कुछ और लिखा...बाद में बिलकुल ही अलग बात लिखी। साफ़ है कि कुछ तो बात थी।

पीटर—मुझे नहीं पता...ख़ैर, तुम गोवा आ रहे हो क्या?

राहुल—पता नहीं। कुछ पक्का नहीं बोल सकता।

पीटर—देखो, तुम तय कर लो...अगर गोवा आ रहे हो तो मुझे बता देना। मैं सारी व्यवस्था कर दूँगा। तुम गोवा आकर बात कर लो। सबसे मिल लो। इसके बात तय कर लेना कि आगे क्या करना है। मेरी सलाह है कि तुम्हें जो करना है करो। तुम बड़े हो चुके हो। तुम्हें किसी को बताने की ज़रूरत नहीं कि तुम्हें क्या करना है। तुम्हें जो करना है, करो। जैसे समय बिताना है या जैसे ख़र्च करना है करो। वरना तुम्हारे दिमाग़ में जो कुछ चल रहा है। पागल हो जाओगे...लेकिन पहले तुम तय कर लो कि तुम्हें गोवा आना है या बॉम्बे

(मुम्बई) में रहना है या देहरादून जाना चाहते हो।

राहुल—हम्म...

(इसके बाद ऑडियो में थोड़ा-सा व्यवधान है, जिसके बाद पीटर कहता है कि 'हम डिस-कनेक्ट हो गए थे' और पीटर गोवा आने के बारे में राहुल को कही गई बात दुहराता है। बातचीत फिर आगे बढ़ती है।)

राहुल—पापा...मेरी चिन्ता शीना को लेकर है...शीना ग़ायब है...किसी के सम्पर्क में नहीं है...फ़िलहाल ये मेरी इकलौती और सबसे बड़ी चिन्ता है... (पीटर की बात बीच में काटते हुए) पापा...और सिर्फ़ मेरे अकेले की बात नहीं है...उसके दोस्त...फेसबुक फ्रेंड्स...उसके ऑफ़िस के कर्मचारी...हर कोई चिन्तित है...हैरान है कि आख़िर शीना एकाएक कहाँ ग़ायब हो गई...शीना के ऑफ़िस वालों का कहना है कि वो अपने काम को लेकर बहुत गम्भीर थी... तीन साल में कभी बिना बताए छुट्टी पर नहीं रही...लेकिन अब उसे ग़ायब हुए दो-तीन दिन हो चुके हैं...अभी तक ऑफ़िस में किसी को ख़बर नहीं है कि वो कहाँ है...कब काम पर लौटेगी...लौटेगी भी या नहीं...ये बर्ताव उसके स्वभाव से मेल नहीं खाता...इस बारे में आप क्या कहेंगे?

पीटर—(बीच में राहुल की बात काटकर) तुम जो कुछ कह रहे हो वो मैं सुन रहा हूँ...और समझ भी रहा हूँ...मैं ये कहना चाहता हूँ कि उसके ऑफ़िस वाले अगर ऐसा सोचते हैं और शीना के बारे में पता लगाने की कोशिश कर रहे हैं तो ठीक बात है। उनका ऐसा करना सही भी है। शीना को उन्हें ख़बर करनी चाहिए थी कि वो काम पर नहीं आ रही है। शीना के ऑफ़िस वाले अगर उसका पता लगा लेते हैं तो बहुत अच्छी बात है। लेकिन अगर वो फेसबुक, ब्लैकबेरी या इंटरनेट से सम्बन्धित चीज़ों पर एक्टिव नहीं है तो इसकी एक सम्भावना ये भी होती है कि वो जान-बूझकर ऐसा कर रही है... सामने नहीं आना चाहती...

राहुल—पापा...शीना ने आपके पूर्व सिक्यूरिटी हेड से ब्लैकबेरी और डोंगल कलेक्ट किया था...इंद्राणी ने शीना से कहा था कि वो उसके लिए ब्लैकबेरी का इन्तज़ाम कर देगी...जिसके बाद वो आपके सिक्यूरिटी हेड से ये सामान कलेक्ट करने गई थी...उसका नाम क्या था...सचिन या सोहेल, मुझे याद नहीं आ रहा। बाद में शीना ने उसी ब्लैकबेरी से कुछ मैसेज भी किए थे...

(2-3 सेकंड का अन्तराल। इसके बाद हुई बातचीत में पीटर ख़राब सिग्नल का ज़िक्र करता है और बात आगे बढ़ती है।)

पीटर—हैलो...

राहुल—हाय...हाय

पीटर—राहुल...इंद्राणी बता रही थी कि उससे शीना ने कहा कि वो अपने ऑफ़िस में इस्तीफ़ा देने के अपने फ़ैसले को लेकर अपने बॉस मिस्टर मुखर्जी को बताने वाली है। अब उसने बताया या नहीं...ये तो मुझे नहीं मालूम...इस बारे में तुम शीना के ऑफ़िस में फ़ोन करके पता कर सकते हो कि शीना ने मिस्टर मुखर्जी से कॉन्टैक्ट किया या नहीं किया...

राहुल—(पीटर की बात बीच में काटते हुए) बिलकुल नहीं बताया... पापा...बताया होता तो उसके ऑफ़िस वाले शीना के बारे में पता करने मेरे घर क्यों आते? ज़ाहिर है कि नहीं बताया, तभी तो वे लोग शीना को तलाश रहे हैं।

पीटर—देखो राहुल, मैंने तुम्हें वही बताया है जो इंद्राणी को शीना ने बताया था कि वो ऑफ़िस में अपने बॉस मिस्टर मुखर्जी को अपना इस्तीफ़ा सौंपने वाली है...लेकिन ऐसा लगता है कि शीना ने अपने बॉस मिस्टर मुखर्जी को अपना इस्तीफ़ा नहीं भेजा था।

राहुल—(बीच में पीटर की बात काटते हुए) शीना ने मुझसे ऐसा कुछ नहीं कहा था कि वो इस्तीफ़ा देने वाली है...वो ऑफ़िस में बढ़िया काम कर रही थी। उसके काम को एक्सीलेंट रेटिंग मिल रही थी। जल्दी ही उसका प्रमोशन भी होने वाला था। फिर वो ऐसा क्यों करेगी?

पीटर—अच्छा...तो शीना ने तुमसे क्या कहा था?

राहुल—उसने मुझे बताया था कि...

पीटर—(बीच में बात काटते हुए) राहुल...मैं फ़ोन स्पीकर मोड पर रख दूँ क्या...

राहुल—नहीं, बिलकुल नहीं...क्यों?

पीटर—इसलिए ताकि हमारे बीच जो बातचीत हो रही है वो इंद्राणी भी सुन सके...और मुझे वही बातें फिर से दोहरानी न पड़ें...ख़ासकर शीना के ऑफ़िस से जुड़ी बातें...

राहुल—ओ.के.।

(4-5 सेकंड के अन्तराल के बाद)

पीटर—हैलो

राहुल—हैलो

इंद्राणी—हाँ, राहुल...हम तुम्हें सुन पा रहे हैं...बोलो...

राहुल—शीना ने मुझे कहा था कि उसे ऑक्सेम्बर्ग में सीट मिल गई है लेकिन जनवरी तक नहीं जाएगी...शीना ने ये भी बताया था कि इंद्राणी ने कुछ दूसरी यूनिवर्सिटीज के बारे में भी पता करने को कहा था...जहाँ तक उसके जॉब का सवाल है तो वो बहुत बढ़िया चल रही थी...उसे एक्सीलेंट रेटिंग मिली थी और उसका प्रमोशन भी होने वाला था...तो फिर कोई वजह नहीं थी उसके एकाएक नौकरी छोड़ने की...और बिना किसी को बताए इस तरह ग़ायब हो जाने की।

इंद्राणी—(राहुल की बात काटते हुए) बिलकुल...यही सवाल तो मैं भी पूछना चाहती हूँ...शीना ने पिछली बातचीत के दौरान मुझे बताया था कि वो अपने ऑफ़िस में मिस्टर मुखर्जी को बताने वाली है...लेकिन अगर उसने वहाँ किसी को नहीं बताया है तो ये थोड़ी चिन्ता पैदा करने वाली बात तो है। उसने तो यही मुझे बताया था। अब मुझे नहीं पता कि उसके ऑफ़िस में मिस्टर मुखर्जी नाम का कोई शख़्स है भी या नहीं। उसने जो कहा था वो मैंने बता दिया। राहुल...मेरा ये कहना है कि तुम एक बार पता क्यों नहीं कर लेते कि उसने अपने ऑफ़िस में मिस्टर मुखर्जी को क्या बताया था कि वो काम पर नहीं आएगी। शीना ने तो मुझसे यही कहा था कि वो मिस्टर मुखर्जी को बताएगी...लेकिन इसके आगे क्या हुआ, मुझे नहीं पता। तुम चेक कर लो कि उसने ऑफ़िस में सूचित किया था या नहीं किया था। राहुल तुम एक बार चैक कर लो कि उसने ऑफ़िस में मिस्टर मुखर्जी को इन्फ़ॉर्म किया था या नहीं किया था।

राहुल—हम कैसे इन्फ़ॉर्म कर सकते हैं?

इंद्राणी—नहीं-नहीं...राहुल, इन्फ़ॉर्म करने की बात नहीं कह रही हूँ। मैं कह रही हूँ कि पता कर लो...मुझे थोड़ी चिन्ता हो रही है, इसलिए तुम्हें चेक करने के लिए कह रही हूँ। मुझे नहीं पता कि उसके ऑफ़िस में मिस्टर मुखर्जी कौन है...कोई मुखर्जी नाम का शख़्स वहाँ है भी या नहीं...ये भी नहीं मालूम...इसलिए चेक कर लो। इस बारे में जानकारी मिलने के बाद हम कॉल ले सकते हैं कि आगे क्या करना है।

राहुल—इंद्राणी...अगर शीना ने ऑफ़िस में अपने बॉस को इन्फ़ॉर्म किया होता तो उसके ऑफ़िस वाले उसकी तलाश में लोग क्यों मेरे पास भेजते?

इंद्राणी—नहीं-नहीं...राहुल तुम एक बार चेक तो कर लो...चेक नहीं करोगे तो पता कैसे चलेगा...मैं वही तो कह रही हूँ कि एक बार चेक कर लो उसके ऑफ़िस में कि उसने इन्फ़ॉर्म किया था या नहीं किया था...इतनी सी तो बात है।

राहुल—उसने एक दिन का वीक-ऑफ़ लिया था...उसके बाद वो काम पर नहीं लौटी...ये बात रिलायंस के उसके ऑफ़िस वालों ने मुझे तब बताई जब वो शीना के बारे में पूछताछ करने मेरे घर आए थे।

इंद्राणी—तो उसने किसको इन्फ़ॉर्म किया था...उसने एक दिन का वीक ऑफ़ लिया...कौन-से दिन लिया था?

राहुल—उसने एक दिन की छुट्टी ली थी...उसके ऑफ़िस वालों ने मुझे ये तो नहीं बताया कि कौन-से दिन छुट्टी ली थी लेकिन मुझे इतना ज़रूर कहा कि शीना ने एक दिन का वीक-ऑफ़ लिया और उसके बाद काम पर नहीं लौटी...इस बात को तीन-चार दिन हो चुके हैं, इसलिए वो लोग भी चिन्तित हैं।

इंद्राणी—राहुल...क्या तुम पता कर सकते हो कि मिस्टर मुखर्जी कौन है...हम उनसे कॉन्टैक्ट करके शीना के बारे में पूछ सकते हैं?

राहुल—ये काम आप लोग बेहतर कर सकते हैं, क्योंकि जितने कॉन्टैक्ट यहाँ आप लोगों के हैं उतने मेरे नहीं हैं।

इंद्राणी—क्या तुम जानते हो कि मिस्टर मुखर्जी हैं कौन?

राहुल—नहीं, मैं नहीं जानता।

इंद्राणी—ठीक है। पीटर तुम कॉल करके पता कर लो कि उसने अपने ऑफ़िस में इन्फ़ॉर्म किया था या नहीं किया था। अगर उसने इन्फ़ॉर्म किया था तो इसका मतलब है कि वो इस्तीफा देकर अपनी मर्ज़ी से कहीं चली गई है...अगर ऐसा है तो ठीक है...अगर इन्फ़ॉर्म नहीं किया है तो ये चिन्ता वाली बात है। फ़िलहाल यही वो बात है, जो मैं जानना चाहती हूँ।

राहुल—मुझे तो नहीं लगता कि इन्फ़ॉर्म किया था...अगर उसने इन्फ़ॉर्म किया होता तो वो लोग मेरे यहाँ पूछताछ करने नहीं आते।

इंद्राणी—ओके राहुल...

पीटर—वो कौन थे...जो तुम्हारे यहाँ पूछताछ के लिए आए थे?

राहुल—मुझे नहीं पता कि वे कौन थे...दो लोग थे...उन्होंने मुझे सिर्फ़ इतना कहा कि रिलायंस के ऑफ़िस से आए हैं...और शीना के बारे में पता कर रहे थे।

पीटर—उन्होंने तुम्हें कोई कार्ड वग़ैरह दिया था?

राहुल—नहीं, उनके पास रिलायंस की आईडी थी।

पीटर—तो तुम्हें नहीं पता कि वे लोग कौन थे...तुम्हारे पास उनका नाम... नम्बर वग़ैरह...कुछ भी नहीं है?

राहुल—नहीं, वो लोग अचानक आए थे और सर्च शुरू कर दी।

पीटर—इसका मतलब है कि मान लो शीना अचानक लौट आती है तो तुम्हारे पास उन लोगों से कॉन्टैक्ट करके इन्फ़ॉर्म करने के लिए कोई नाम... नम्बर नहीं है।

राहुल—नहीं, वैसे पापा...आपको याद है एक साल पहले या शायद कुछ महीने पहले आपने मुझसे एक सवाल किया था कि अगर शीना किसी दिन एकाएक ग़ायब हो जाती है तो तुम्हें कैसा महसूस होगा...याद है न आपको?

पीटर—क्या? क्या?

राहुल—आपको याद है न आपने ये सवाल मुझसे किया था?

पीटर—मुझे ठीक से याद नहीं है लेकिन हो सकता है...मेरा सवाल शायद दूसरे सन्दर्भ में होगा...ये नहीं कि शीना ग़ायब हो जाती है तो तुम क्या करोगे... बल्कि ये होगा कि मान लो शीना तुम्हें एकाएक छोड़कर अपनी लाइफ़ में आगे बढ़ जाती है तो तुम्हारा क्या रवैया होगा?...ख़ैर...छोड़ो...फ़िलहाल मैं ये जानना चाहता हूँ कि क्या तुमने शीना के ऑफ़िस में मिस्टर मुखर्जी या किसी और से बात की है...किसी से भी?

राहुल—नहीं, वो लोग मेरे यहाँ आए थे।

पीटर—जो तुम कह रहे हो वो मुझे मालूम है...मुझे इतना बताओ कि वो कौन थे...क्या तुम्हारे पास उनमें से किसी का नाम या कॉन्टैक्ट नम्बर है... ताकि मैं उनको कॉल कर पता कर सकूँ।

राहुल—नहीं, नहीं, शीना के बारे में पता करने के लिए वो लोग शायद अपनी इन्वेस्टिगेशन कर रहे हैं और इसी सिलसिले में मेरे पास आए थे।

पीटर—तो तुम्हें ये नहीं पता कि जो तुम्हारे यहाँ पूछताछ के लिए आए थे उनके नाम क्या थे...

राहुल—नहीं, मैंने उनका नाम, नम्बर नहीं लिया था। मुझे बताया कि वे रिलायंस से आए थे। उन्होंने मेरा नाम और नम्बर नोट किया। उन्हें शीना के फ़ैमिली मेंबर से बात करनी थी...उनका कहना था कि वो शीना की तलाश कर रहे हैं। उन्होंने कहा कि शीना के बारे में कुछ पता नहीं चलता है तो पुलिस को इन्फ़ॉर्म करेंगे।

पीटर—ये तो अच्छी बात है कि वो लोग शीना को तलाश रहे हैं...अगर

तलाश कर लेते हैं तो बहुत अच्छी बात है। अब प्वाइंट ये है कि तुम्हें ये जानने की ज़रूरत है कि शीना कहाँ है...राइट?

राहुल—(पीटर की बात बीच में काटकर) मुझे ये नहीं जानना कि शीना कहाँ है? मुझे ये जानना है कि शीना ठीक है या नहीं? वह सुरक्षित है या नहीं?

पीटर—ओके। अंडरस्टैंड...हमें ये जानना है कि वो ठीक है या नहीं? इन तमाम बातों से मुझे जो समझ आ रहा है वो यह है कि शीना ने अपने बॉस मिस्टर मुखर्जी को इस्तीफ़ा नहीं दिया था और छुट्टी के बाद वो दुबारा काम पर नहीं लौटी, इसलिए रिलायंस वाले चिन्तित हैं। उन्होंने एक-दो दिन शीना के लौटने का इन्तज़ार किया होगा और जब वो नहीं लौटी तो ये पता करने तुम्हारे घर आए कि शीना कहाँ है?

राहुल—करेक्ट...।

पीटर—इससे साफ़ है कि शीना उनके सम्पर्क में भी नहीं है।

राहुल—बिलकुल सही।

पीटर—इसी वजह से उन्होंने अपनी इन्वेस्टिगेशन शुरू की है और पता लगाने की कोशिश कर रहे हैं कि शीना कहाँ है। अब वो भले ही ये काम ख़ुद कर लें या पुलिस की मदद से करें या फिर किसी और तरह से पता लगाएँ... लेकिन एक बात तो तय है कि उन्हें कुछ न कुछ तो जानकारी मिलेगी...भले ही वो ख़ाली हाथ आएँ या कुछ भी अहम जानकारी हाथ न लगे।

राहुल—तब ये आपके लिए चिन्ता की बात नहीं होगी?

इंद्राणी—(बीच में बात काटते हुए) लेकिन पहले ये तो पता लगाओ कि आख़िर ये मिस्टर मुखर्जी कौन है? इस बारे में मालूम तो करो।

पीटर—(बीच में बात काटकर) मैंने रिलायंस में फ़ोन लगाया था और मिस्टर मुखर्जी के बारे में पूछा था लेकिन मेरे पास मुखर्जी का पूरा नाम-नम्बर नहीं था, इसलिए पता नहीं चल पाया।

इंद्राणी—(राहुल से) तुम्हारे पास शीना के ऑफ़िस वालों में से किसी का नाम...नम्बर नहीं है?

राहुल—नहीं, मेरे पास किसी का नाम-नम्बर नहीं है।

इंद्राणी—ओके। मुझे चेक करने दो कि क्या शीना ने मिस्टर मुखर्जी को इन्फ़ॉर्म किया था या नहीं। अगर किया था तो इसका मतलब है कि वो ठीक है और चिन्ता की कोई बात नहीं...लेकिन नहीं किया था, तो फिर देखते हैं कि आगे क्या करना है?

राहुल—येस, हमें शीना का पता लगाना है।

पीटर—अगर उसने मिस्टर मुखर्जी को बताया था या इन्फ़ॉर्म किया था तो हमें ये पता लगाना होगा कि कब बताया था?...

इंद्राणी—(दोनों की फ़ोन पर बातचीत के दौरान बीच में बोलते हुए) उसके ऑफ़िस के नम्बर पर फ़ोन करके।

पीटर—राहुल तुम्हारे पास उसके ऑफ़िस का लैंडलाइन नम्बर है? नम्बर है क्या?

राहुल—नहीं, बिलकुल नहीं। मैं उससे मोबाइल पर बात करता था...वो फ़िलहाल बन्द आ रहा है...इसलिए मेरे पास उसके ऑफ़िस का कोई नम्बर नहीं है...सॉरी...इस बारे में मैं कुछ भी मदद नहीं कर सकता।

पीटर—हम्म...

राहुल—रिलायंस के लोगों का कहना है कि शीना ने एक दिन की छुट्टी ली थी...तब से लेकर अब कई दिन बीत चुके हैं लेकिन वो नहीं लौटी। इस बात को लेकर वे भी परेशान हैं, इसलिए शीना के बारे में फ़ैमिली मेंबर से कुछ जानकारी ले रहे हैं...और उसका पता लगाने के लिए इन्वेस्टिगेशन शुरू की है।

पीटर—उन्होंने बताया कि किस दिन शीना ने छुट्टी ली थी?

राहुल—नहीं, नहीं बताया...शायद पहले दिन से ही जिस दिन से वो ग़ायब है।

पीटर—आज शनिवार है...और पहला दिन।

राहुल—(पीटर की बात बीच में काटकर) शीना किस रात को इंद्राणी के साथ थी?

पीटर—(इंद्राणी से पूछते हुए) तुम किस रात को शीना के साथ डिनर पर गई थी?

इंद्राणी—(बीच में टोकते हुए) डिनर पर नहीं गई थी।

राहुल—(बीच में टोकते हुए) ओके डिनर पर ना सही...ज्वैलरी शॉपिंग या जो कुछ भी।

पीटर—26 को इंद्राणी कोलकाता गई थी...तो इसका मतलब 24 की रात हुई।

राहुल—अगर शीना ने ऑफ़िस में इन्फ़ॉर्म किया होगा तो शायद उसके अगले दिन छुट्टी ली होगी। तब से ही वो किसी के सम्पर्क में नहीं है...शीना शनिवार को भी ऑफ़िस जाती थी तो इसका मतलब है कि उसने 26 को ऑफ़ लिया होगा...उसके बाद से वो किसी सम्पर्क में नहीं है।

पीटर—हाँ, शायद...हो सकता है...लेकिन इस बारे में मुझे पक्का नहीं पता।

राहुल—शायद...देखिए...मैं तर्कों के हिसाब से सोचकर कह रहा हूँ कि शायद 26 को शीना ने ऑफ़ लिया होगा।

(बीच में इंद्राणी कुछ बोल रही है लेकिन स्पीकर पर आवाज़ साफ़ नहीं आती।)

पीटर—राहुल...तुमने सुना...इंद्राणी ने क्या कहा?

राहुल—नहीं...नहीं सुना।

पीटर—इंद्राणी ने ये कहा कि अगर शीना ने 26 को ऑफ़ लिया था तो उसने उस दिन सुबह ज़रूर अपने ऑफ़िस में फ़ोन करके बताया होगा कि वो उस दिन नहीं आ रही है...अब पता ये करना है कि उसने किससे बात की थी।

राहुल—बिलकुल, उसके कई बॉसेज थे...उसका मैनेजर...हेड ऑफ़ डिपार्टमेंट...वग़ैरह...वग़ैरह...।

पीटर—यस...यस।

राहुल—मुझे नहीं पता कि शीना ने किसे इन्फ़ॉर्म किया था?

पीटर—हम्म...तो हमें ये नहीं पता है कि कहाँ से शुरू करें? किससे किस नम्बर पर बात करें? शीना ने जिस दिन छुट्टी ली थी उस दिन किससे बात की थी? और किसको बताया था कि वो उस दिन काम पर नहीं आ रही है...तो वो कौन है जिससे बात की जाए? हर किसी से तो इस बारे में नहीं पूछा जा सकता ना?

राहुल—मैं जानता हूँ, लेकिन मुझे नहीं पता। मैं इस बारे में कोई मदद नहीं कर सकता।

(अचानक राहुल पीटर को बोलता है कि वो बाद में कॉल करेगा।)

बातचीत-2

इस बातचीत के शुरू में ही इंद्राणी बताती है कि शीना ने 25 अप्रैल को अपने ऑफ़िस में फ़ोन किया था (जबकि हक़ीक़तन 24 अप्रैल को शीना की मौत हो चुकी थी।)। साथ आईपीएस अफ़सर देवेन भारती, शीना के भाई मिखाइल और शीना के ऑफ़िस के बॉस का ज़िक्र भी इसमें आता है। इंद्राणी बताती है कि उसने और पीटर ने शीना के ग़ायब होने के मामले में परिचित पुलिस अफ़सर भारती से मदद माँगी है। बातचीत शुरू में राहुल-इंद्राणी के बीच होती

है। फिर थोड़ी देर बाद इसमें पीटर भी शामिल हो जाता है। इंद्राणी राहुल को बताती है कि उसने पता लगा लिया है कि ऑफ़िस में शीना का बॉस कौन है। वह राहुल को उसका नाम बताती है और उससे बात करने के बारे में बताती है। वह बताती है कि शीना के बॉस ने उसे बताया है कि उसे इस बात की चिन्ता नहीं है कि शीना किस वजह से ऑफ़िस छोड़कर गई है। उनकी मुख्य चिन्ता उस डेटा और काम से है जो शीना को करने के लिए दिया गया था। अगर शीना को जाना ही था तो उसे ऑफ़िशियली रिज़ाइन करके जाना चाहिए था। इंद्राणी बताती है कि शीना के बॉस ने कहा कि उसे शीना के फ़ैमिली बैकग्राउंड से कोई प्रॉब्लम नहीं है। वह कहती है कि शीना को गुम हुए चार दिन हो गए हैं। अब उसे भी शीना की चिन्ता होने लगी है। इस बीच बातचीत में पीटर भी शामिल हो जाता है। वह अपनी व्यस्तता के बारे में बताता हुआ कहता है कि भले ही उसे पहले शीना के यूँ चले जाने से कोई फ़र्क़ नहीं पड़ रहा था पर अब उसे उसकी चिन्ता होने लगी है। इसलिए उसने और इंद्राणी ने मिलकर पुलिस से बात की है। मुम्बई पुलिस में उनके जानने वाले ऑफ़िसर देवेन भारती हैं। वह क्राइम ब्रांच के हेड हैं। उनसे उन्होंने अपनी रिश्तेदार शीना की गुमशुदगी के बारे में बताया है। इस पर उस ऑफ़िसर ने कहा है कि वह इस बारे में जल्दी पता लगा लेगा। इस बात से कोई फ़र्क़ नहीं पड़ता है कि शीना का नम्बर बन्द है या चालू। वह उसके मोबाइल से उसकी लोकेशन ढूँढ़ लेंगे। इंद्राणी कहती है कि शीना ने 24 तारीख़ को ऑफ़िस से छुट्टी ली थी। राहुल लगातार इंद्राणी और पीटर के द्वारा दी जा रही इस जानकारी को ख़ामोशी से सुनता रहता है। वह समझता भी है कि वे लोग काम कर रहे हैं। पर वह उनके काम की गतिविधि से सन्तुष्ट नहीं है। इंद्राणी कहती है कि उन्हें पुलिस ने 24 घंटे इन्तज़ार करने के लिए कहा है। अब वे लोग इससे ज़्यादा और कुछ नहीं कर सकते कि वे पुलिस के कहे अनुसार कल तक इन्तज़ार करें। हो सकता है कि पुलिस शीना को ढूँढ़ लाए। बातचीत के आख़िर में नागपुर वाले व्यक्ति का भी ज़िक्र आता है। (जिसके बारे में बाद में पता चला कि इंद्राणी ने सिर्फ़ ध्यान भटकाने और उलझन बढ़ाने के लिए शीना के किसी काल्पनिक दोस्त का ज़िक्र किया था, जिसके पास महँगी बेंटली गाड़ी थी।)। इंद्राणी कहती है कि उसे नहीं पता कि शीना कहाँ चली गई? वह कहाँ है? किसी नए शहर में या फिर उस नागपुर वाले व्यक्ति के साथ, जिसके पास बेंटली है। इस पर राहुल कहता है कि शीना ने कभी उससे किसी बेंटली वाले का ज़िक्र नहीं किया है। अगर कोई बेंटली वाला है भी तो उसे ढूँढ़ने में कोई

मुश्किल नहीं होगी, क्योंकि मुम्बई या महाराष्ट्र में कितने ऐसे आदमी होंगे, जिनके पास बेंटली होगी। इंद्राणी राहुल के सामने शीना के गुम हो जाने पर अपनी चिन्ता व्यक्त करते हुए एक बार फिर उसे पुलिस के कहे अनुसार कल तक इन्तज़ार करने के लिए कहती है। साथ ही वह उससे कहती है कि हम लोगों को एक-दूसरे के सम्पर्क में रहना चाहिए। जो भी किसी को पता चलेगा वह एक-दूसरे के साथ शेयर करेगा। वह बताती है कि वे लोग अभी गोवा में हैं और जैसे ही वे लोग मुम्बई जाएँगे वहाँ क्राइम बेंच के हेड देवेन भारती से भी मिलेंगे। उन लोगों ने शीना को ढूँढ़ने का प्रोसेस शुरू कर दिया है। कुल 15 मिनट की बातचीत कुछ और वक़्त इन्तज़ार करने की आपसी सहमति पर ख़त्म होती है—

राहुल—हैलो...हैलो...

इंद्राणी—हैलो राहुल...ये मैं हूँ...सुनो...तुम्हें दो चीज़ें फटाफट बतानी हैं... दो बातों को लेकर अपडेट देना है...पहली बात तो ये कि हमने ये पता कर लिया है कि मिस्टर मुखर्जी कौन है? दरअसल, उनका नाम शुभोदय मुखर्जी है। हमने उनका फ़ोन नम्बर भी हासिल कर लिया है। हमने उनको कॉल किया था। उन्होंने बताया कि शीना ने उनको 25 को इन्फ़ॉर्म किया था कि वो ट्रेवलिंग कर रही है, इसलिए ऑफ़िस नहीं आ पाएगी। उसने कहा था कि वो एक दिन की छुट्टी ले रही है। उसने कोई स्पेसिफ़िक कारण नहीं बताया था। सिर्फ़ इतना कहा कि वो किसी निजी काम से ट्रेवल कर रही है और मुम्बई से बाहर है, इसलिए ऑफ़िस नहीं आ पाएगी।

राहुल—ओके...

इंद्राणी—उन्होंने (मिस्टर मुखर्जी) मुझसे ये भी कहा कि उनकी सिर्फ़ दो चिन्ताएँ हैं। पहली तो ये कि शीना के पास ऑफ़िस के डेटा वग़ैरह है...उसे लेकर और दूसरी चिन्ता ये कि शीना ने ऑफ़िशियली रिज़ाइन नहीं किया है। इन्फ़ॉर्म करने का मतलब ऑफ़िशियली रिज़ाइन करना नहीं होता है तो मिस्टर मुखर्जी का कहना है कि ऐसा नहीं है कि शीना ने उनसे कॉन्टैक्ट नहीं किया... लेकिन उनकी चिन्ता ये है कि वो जहाँ भी रह रही है उसके पास ऑफ़िस का सामान है। दूसरी बात ये कि अगर वो दुबारा ऑफ़िस जॉइन नहीं करना चाहती है तो उसे ऑफ़िशियली रेजिग्नेशन भेजना चाहिए ताकि उसे पे-रोल से हटाने की कार्यवाही की जा सके। मिस्टर मुखर्जी का कहना है कि आपका पारिवारिक मामला जो भी हो लेकिन शीना ने उसके बाद से उनसे कॉन्टैक्ट नहीं किया है, इसलिए वो भी इस मामले को लेकर थोड़े चिन्तित हैं...तो

राहुल मिस्टर मुखर्जी से बातचीत के बाद मैंने और पापा (पीटर) ने बैठकर काफ़ी सोचा कि हमें आगे क्या क़दम उठाना चाहिए...क्योंकि हमें कम-से-कम ये तो मालूम होना चाहिए कि शीना कहाँ है...और वो जहाँ भी है क्या सुरक्षित है...तो मुम्बई पुलिस में पापा के एक पुराने परिचित हैं...क्राइम ब्रांच के हेड मिस्टर देवेन भारती। हमने अभी उनको कॉल कर इस बारे में बताया तो उन्होंने कहा कि फ़िलहाल इस स्टेज पर मिसिंग रिपोर्ट मत फ़ाइल करो... पहले आप लोग शीना की मोबाइल डिटेल दे दो। इसके बाद हम अपने लेवल पर पता लगा लेंगे कि शीना के मोबाइल की लोकेशन क्या है...तो हमने वो सारी डिटेल्स उनको दी है। उन्होंने तुम्हारे मोबाइल की डिटेल भी माँगी थी... तुम्हें कॉल करने के लिए नहीं बल्कि ये पता लगाने के लिए कि शीना की आख़िरी बार किससे बात हुई थी। उनका कहना है कि वो मोबाइल फ़ोन की डिटेल से पता लगा लेंगे कि शीना मुम्बई में है या किसी और लोकेशन पर... मिस्टर भारती का कहना था कि शीना ने अगर अपने मोबाइल फ़ोन का सिम निकाल भी लिया होगा तब भी उसकी लोकेशन का पता लगा देंगे...अगर वो मुम्बई में है तो हमें पता चल जाएगा कि मुम्बई में है या नागपुर में है। नागपुर को लेकर पापा को उसने कोई और कहानी बताई थी। पापा उसके साथ बात कर रहे थे...मैंने उसे गोवा साथ चलकर रहने को कहा था, क्योंकि मैं गोवा में प्रॉपर्टी देख रही थी...तो अब अगला क़दम ये है कि मिस्टर भारती हमें कल तक शायद इस बारे में जानकारी दे देंगे। उन्होंने शीना के बॉस मिस्टर शुभोदय मुखर्जी से भी बात की है। दरअसल, मिस्टर मुखर्जी की चिन्ता सिर्फ़ ऑफ़िशियल प्वाइंट ऑफ व्यू से है। उनका पारिवारिक बैकग्राउंड से कोई मतलब नहीं है। वो सिर्फ़ इतना चाहते हैं कि शीना के पास मौजूद ऑफ़िस का सामान उनको वापस मिल जाए और उसका ऑफ़िशियल रेजिग्नेशन आना चाहिए। मेरे विचार में उनका रुख ठीक भी है। मिस्टर मुखर्जी का कहना था कि शनिवार को शीना की तरफ़ से एक मैसेज मिला था...और उसके बाद से उसका कोई अता-पता नहीं है। मैंने मिस्टर मुखर्जी को पूरा बैकग्राउंड बताया और कहा कि अब तो हमें भी चिन्ता होने लगी है...कुछ भी हो कम-से-कम शीना को सम्पर्क में तो रहना चाहिए। मैंने आज सुबह मिखाइल को भी फ़ोन लगाकर शीना के बारे में पूछा था। उसने बताया कि शीना उनके साथ एक-दो महीने से सम्पर्क में नहीं है। ये बात सच भी है कि वो वाक़ई उनके साथ पिछले एक-दो महीनों से सम्पर्क में नहीं है...और मुझे नहीं लगता कि अब वो उन्हें कॉन्टैक्ट करेगी। खैर, इन्तज़ार करते हैं कि हमें उनसे (देवेन भारती)

क्या सुनने को मिलता है...और वो हमें क्या सलाह देते हैं।

राहुल—अगर आपका पुलिस का आदमी (देवेन भारती) शीना के बारे में पता लगा देता है तो...

इंद्राणी—(बीच में बात काटते हुए) बिलकुल...हम यही तो जानना चाहते हैं कि वो कहाँ है...क्या वो सुरक्षित है और अगर हमसे बात नहीं करना चाहती है तो कोई बात नहीं। उन्हें पता लगाने दो कि वो कहाँ है और हमसे बात नहीं करना चाहती तो हम इसे आगे नहीं खींचेंगे। ख़ैर, देखते हैं।

राहुल—यस...यस।

इंद्राणी—राहुल...लो...एक मिनट पापा से बात कर लो।

पीटर—हैलो।

राहुल—हैलो।

पीटर—हाय।

राहुल—हाय।

पीटर—राहुल तुमने इंद्राणी को सुना होगा...मैं चाय बना रहा था...तो मैं ये कह रहा हूँ कि मैंने शीना के बारे में मिस्टर भारती से बात की थी। वो मुम्बई क्राइम ब्रांच के हेड हैं। मैं लम्बे अरसे से उनको जानता हूँ। मैंने उनको शीना के मोबाइल नम्बर दिये हैं।

राहुल—कौन से नम्बर दिये हैं...वो जो स्विच ऑफ़ आ रहा है या उसका नया नम्बर?

पीटर—हमारे पास उसका नया नम्बर नहीं है।

राहुल—ओके...ओके...।

पीटर—हमने वही नम्बर दिया है जो हमारे पास है और जिसका वो उपयोग हमसे बातचीत के लिए करती थी।

राहुल—हम्म...

पीटर—पुलिस उसकी मोबाइल डिटेल्स से उसकी लास्ट फ़ोन एक्टिविटी के बारे में पता लगाएगी और उसकी मोबाइल लोकेशन के बारे में भी पता कर लेगी। अब मुझे नहीं पता कि इस तरह के काम पुलिस कैसे करती है या इस काम में कौन-सी टेक्नोलॉजी का उपयोग किया जाता है। राहुल...शीना को लेकर हम भी बहुत चिन्तित हैं।

राहुल—मैं समझ रहा हूँ कि आपकी और मेरी चिन्ता समान है।

पीटर—नहीं-नहीं...राहुल...मैं तुम्हें ये समझाना चाहता हूँ कि मैंने इस मामले में वक़्त पर क़दम उठाया है। ऐसा मैं सोचता हूँ...अब आगे मेरी समझ

में कुछ और बदलाव आता है तो मैं तुम्हारे साथ शेयर करूँगा।

राहुल—यस...यस...

पीटर—देखो...मैंने तुम्हें पहले आश्वासन दिया था कि शीना ठीक है। उस समय मुझे ऐसा लगता था...लेकिन आज अगर मुझे लगता है कि शीना की गुमशुदगी को लेकर मैं थोड़ा चिन्तित हूँ...या अनकम्फर्टेबल महसूस कर रहा हूँ तो ये बात भी मैं तुमसे शेयर करूँगा कि कल की तुलना में आज मैं थोड़ा चिन्तित हूँ...ये बात मैं तुम दोनों...तुमसे और इंद्राणी से...दोनों से ही कह रहा हूँ। इंद्राणी ने सुबोध (शुभोदय) मुखर्जी से बात की थी। इंद्राणी को उनका कॉन्टैक्ट नम्बर मिल गया था। इंद्राणी ने 26 तारीख़ को शीना की तरफ़ से मिस्टर मुखर्जी को भेजे गए मैसेज के बारे में बात की थी...ठीक है?

राहुल—राइट...

पीटर—लेकिन 26 के बाद उनसे कोई कॉन्टैक्ट नहीं किया...उसने छुट्टी के लिए मिस्टर मुखर्जी को जो मैसेज भेजा था उसमें पर्सनल काम की वजह से शहर से बाहर होने और ऑफ़िस नहीं आने की बात कही थी...लेकिन उसने मैसेज में ये नहीं लिखा था कि कितने दिन तक वो ऑफ़िस नहीं आएगी।

राहुल—ये बात आपको 25 को पता चली थी।

पीटर—ये बात मुझे मिस्टर मुखर्जी से बात के बाद अभी पता चली है।

राहुल—आपने मिस्टर मुखर्जी से कब बात की थी?

पीटर—ये बात हमें थोड़ी देर पहले पता चली है...तुम्हारे से बातचीत के थोड़ी देर बाद हमें मिस्टर मुखर्जी के नाम, नम्बर और ई-ईमेल आईडी की जानकारी मिली है। इंद्राणी ने थोड़ी देर पहले ही मिस्टर मुखर्जी से बातचीत की थी। इंद्राणी ने उन्हें पूरा मामला बताया था। मिस्टर मुखर्जी ने कन्फ़र्म किया कि शीना ने उनसे सम्पर्क किया था और 25 की सुबह ऑफ़िस नहीं आने की सूचना दी थी...लेकिन शीना ने ये नहीं बताया था कि वो एक दिन की छुट्टी ले रही है या दो दिन की...तीन दिन की...चार दिन की या एक हफ़्ते की...या जितने भी दिन की...मिस्टर मुखर्जी के मुताबिक़ उसने दिनों के बारे में कुछ नहीं बताया था...

राहुल—ओके...

पीटर—ये सारी बातचीत पिछले आधे घंटे में हुई है...इंद्राणी ने मिस्टर मुखर्जी से बात की थी...और मिस्टर भारती से 10 मिनट पहले मेरी बात हुई है...शीना की लास्ट मोबाइल फ़ोन एक्टिविटी के बारे में पता करने को लेकर...।

राहुल—लेकिन उसका (शीना) मोबाइल फ़ोन तो बन्द है।

पीटर—मुझे नहीं पता कि पुलिस कैसे काम करती है...मोबाइल फ़ोन की लोकेशन और अन्य जानकारी निकालने के लिए वो क्या टेक्नोलॉजी इस्तेमाल करते हैं...और इससे किस लेवल तक वो इन्फ़ॉर्मेशन निकाल सकते हैं...ये मुझे और तुम्हें नहीं पता है।

राहुल—यस...यस...गो अहैड...।

पीटर—जैसे पुलिस टैररिस्ट एक्टिविटी को ट्रैक करने के लिए इस तरह की टेक्नोलॉजी का इस्तेमाल करती है...राइट...।

राहुल—यस...।

पीटर—ये लोग फ़ोन लाइन टेप कर नम्बर ट्रैक करते हैं...किसी की फ़ोन एक्टिविटी का पता लगाने के लिए...जिससे ये पता लगता है कि हाल ही में उसकी किस-किससे बात हुई है...वग़ैरह...।

राहुल—यस...यस...

पीटर—वो (देवेन भारती) हमारे लिए दोस्त की हैसियत से काम कर रहे हैं...वो शीना के बारे में पूरी जानकारी निकालकर हमें देंगे...।

(थोड़े अन्तराल के बाद।)

इंद्राणी—हैलो...राहुल?

राहुल—हाय...।

इंद्राणी—हाय...राहुल...मैं तुम्हें बताना चाहती हूँ कि जब मैंने शुभोदय से बात की थी...तो मैंने उन्हें कहा कि फ़िलहाल शीना मेरे सम्पर्क में नहीं है... वो मुझसे कॉन्टैक्ट करती है तो मैं शीना को फार्मली रेजिग्नेशन भेजने के लिए कहूँगी। मैंने उनसे कहा कि इस बीच मैं और मेरे पति आपस में मशविरा कर शायद मिसिंग रिपोर्ट दर्ज करवाने के बारे में सोचेंगे...अगर वो कॉन्टैक्ट नहीं करती है तो? मिस्टर मुखर्जी ने कहा कि वैसे तो ये आप लोगों का पर्सनल मैटर है कि आप लोग क्या करते हैं लेकिन 24 घंटे के लिए रुक जाएँगे तो ठीक होगा...ये 24 घंटे कल पूरे होंगे।

राहुल—इंद्राणी...लेकिन शीना को ग़ायब हुए चार दिन हो चुके हैं...तभी से उसने किसी से कॉन्टैक्ट नहीं किया है।

इंद्राणी—मैं जानती हूँ राहुल...जानती हूँ...मुझे भी इस बात की बहुत चिन्ता है, इसलिए तो हमने उनकी बात नहीं मानी...और हमने इन्तज़ार नहीं किया... तुरन्त मिस्टर देवेन भारती से सम्पर्क किया। तुम्हारे से फ़ोन पर बात होने के बाद हमने इस बारे में काफ़ी सोचा था। मेरे दिमाग़ में भी ये ख़याल आया कि

हम 24 घंटे क्यों इन्तज़ार करें...अगर हम शीना का पता लगा सकते हैं तो क्यों न अभी लगाया जाए...ताकि हम सबको सुकून मिल सके...क्योंकि शीना को लेकर अब धीरे-धीरे हम दोनों की चिन्ता बढ़ती जा रही है।

राहुल—यस...।

इंद्राणी—राहुल...मैं तुम्हें बहुत ईमानदारी से बता रही हूँ कि अभी सुबह तक मुझे शीना की ख़ास चिन्ता नहीं थी...कि चलो ठीक है...वो कहीं चली गई तो चली गई...लेकिन अब मुझे चिन्ता होने लगी है। उसे ग़ायब हुए चार दिन हो चुके हैं...मेरे दिमाग़ में ये बात आ रही है कि शायद वो किसी के सम्पर्क में थी...लेकिन मुझे उसके दो-तीन दोस्तों के अलावा किसी के बारे में पता नहीं है...जैसे प्रणय, प्रणामी और संजना...हो सकता है शीना उनके सम्पर्क में हो, क्योंकि वो उनसे बात करती रहती थी। इसके अलावा मुझे उसके बाक़ी दोस्तों के बारे में कोई जानकारी नहीं है। अब मुझे बिलकुल आइडिया नहीं कि वो नागपुर गई या नहीं? नागपुर का ये बन्दा कौन है? हमें पता लगाने की ज़रूरत है कि नागपुर में क्या है? उसका फ़ोन नागपुर में लोकेट हुआ है क्या? क्या वो नागपुर गई थी? अगर वो नागपुर में है तो तब तो ठीक है... कोई चिन्ता की बात नहीं...तब हम कॉल ले सकते हैं...लेकिन जब तक हमें पता नहीं लगता कि वो कहाँ है तो चिन्ता होगी ही। सच तो ये है कि मैं भी 24 घंटे क्या पाँच मिनट भी इन्तज़ार करना नहीं चाहती हूँ।

राहुल—इंद्राणी...उसको गुमशुदा हुए पहले ही चार दिन बीत चुके हैं... तो हम 24 घंटे और इन्तज़ार क्यों करें?

इंद्राणी—बिलकुल...सही बात है।

राहुल—चार दिनों से शीना का अता-पता नहीं है...मैं समझ सकता हूँ कि जितनी चिन्ता मुझे हो रही है उतनी ही आपको भी हो रही होगी।

इंद्राणी—करेक्ट।

राहुल—इसलिए मैं अगले ही दिन पुलिस स्टेशन चला गया था।

इंद्राणी—राहुल...मैं तुम्हें यह कहना चाहती हूँ कि ऑलरेडी लोग इस पर काम कर रहे हैं। हमने उनको कम्यूनिकेट किया है और प्रोसेस शुरू भी हो चुका है, इसलिए शीना के बारे में पूछताछ को लेकर तुम्हारे पास अचानक पुलिस का फ़ोन आता है तो तुम्हें पैनिक होने की ज़रूरत नहीं है...क्योंकि शीना से आख़िरी बार फ़ोन पर तुम्हारी बात हुई थी तो इस बारे में वो तुमसे पूछताछ करेंगे...इसलिए पैनिक मत होना...ओके?

राहुल—ओके।

इंद्राणी—तुम्हारे पास मेरा मोबाइल नम्बर है...तो तुम मुझसे लगातार सम्पर्क में रहना...हम दोनों (पीटर और इंद्राणी) फ़िलहाल गोवा में ही हैं... लेकिन ज़रूरत होगी तो बॉम्बे (मुम्बई) आ जाएँगे...जो भी हो किसी भी बात को लेकर तुम्हें परेशान होने की ज़रूरत नहीं है।

राहुल—ओके।

इंद्राणी—हमने मुम्बई क्राइम ब्रांच के हेड से बात की है...पुलिस के जिस सबसे बड़े अधिकारी को हम एप्रोच कर सकते थे हमने किया है...अब इससे ऊपर तो हम जा नहीं सकते। हम सिर्फ़ यह साबित करना चाहते हैं कि हम इसे लेकर पूरी तरह गम्भीर हैं और सभी सम्भव क़दम उठा रहे हैं...अब मेरी चिन्ता ये है कि बेंटली वाला नागपुर का ये बन्दा कौन है...मुझे उसके बारे में कुछ पता नहीं है...तो ये तो रही पहली बात।

राहुल—इंद्राणी...बॉम्बे में कितनी बेंटली होंगी...इस बारे में जानकारी निकालकर नागपुर वाले शख़्स के बारे में पता लगाया जा सकता है।

इंद्राणी—यस...यस...लेकिन इस बारे में मुझे कोई आइडिया नहीं है...शीना ने मुझे कुछ नहीं बताया था कि वो कौन है...क्या है...इसलिए मुझे शुरू से ही ये थोड़ा अजीब लगा...तो इसलिए मैं दो में दो जोड़कर नतीजा निकाल रही हूँ...शीना ने मुझसे सम्पर्क भी किया था तो सिर्फ़ पैसों के लिए...उसके सम्पर्क करने की और कोई वजह नहीं थी...तो मुझे सिर्फ़ इतना जानना है कि शीना अगर वहाँ है तो सकुशल है या नहीं। इसके अलावा कुछ और नहीं जानना।

राहुल—हम्म...हम्म...अगर उसके बारे में कुछ भी पता चलता है तो मुझे बताना।

इंद्राणी—बिलकुल...बिलकुल...मैं तुम्हें बताऊँगी लेकिन फ़िलहाल हमें मिस्टर देवेन भारती के अपडेट का इन्तज़ार करना चाहिए...उसके बाद हम कॉल ले सकते हैं कि आगे क्या करना है...।

राहुल—एक्सीलेंट...ओके।

इंद्राणी—ओके...बाय...बाय।

बातचीत-3

क़रीब 17 मिनट की इस बातचीत में यहाँ इंद्राणी तीन पहलुओं पर ज़ोर देती है। पहला, वह राहुल को बताती है कि उसने शीना के ऑफ़िस वालों से बात की है और वे शीना के औपचारिक इस्तीफ़े का इन्तज़ार कर रहे हैं। इंद्राणी

बताती है कि उसने शीना के ऑफ़िस फ़ोन किया तो उसकी बात उसके बॉस शुभोदय मुखर्जी से हुई। शुभोदय ने इंद्राणी को बताया कि शीना ने उसे बताया था कि वह शहर से बाहर जा रही है, लेकिन तब से अब तक उसने उनसे कोई सम्पर्क नहीं किया है। अगर उसे ऑफ़िस नहीं आना था या छुट्टी बढ़वानी थी तो उसे उनसे सम्पर्क करना चाहिए था। अगर वह ऑफ़िस ही छोड़ना चाहती है तो भी शीना को उन्हें इन्फ़ॉर्म करना चाहिए था। ऑफ़िशियल रिज़ाइन देना चाहिए था। उसे इस तरह बिना बताए ग़ायब नहीं हो जाना चाहिए था। राहुल कहता है कि यही सही तरीक़ा है। उसे ऑफ़िस वालों को बताना चाहिए था। इंद्राणी कहती है कि पीटर चाहते हैं कि हमें दो-तीन दिन इन्तज़ार करना चाहिए। पर मुझे लगता है कि अब हम और इन्तज़ार नहीं कर सकते। हमें पता लगाना चाहिए कि शीना कहाँ है। दूसरा, पुलिस के ज़रिये ज़ोरदार तरीक़े से शीना को ढूँढ़ने की कोशिश हो रही है। वह बताती है कि उन्होंने मुम्बई पुलिस के क्राइम ब्रांच के हेड देवेन भारती से बात की है। उन्हें शीना का नम्बर भी दिया है। देवेन ने बताया है कि वह पता लगा लेंगे कि शीना कहाँ है। इसके लिए उन्हें कुछ वक़्त की ज़रूरत है। अब उन्हें कुछ वक़्त दे देते हैं। इंद्राणी राहुल से कहती है कि वह चाहती है कि शीना का जल्द से जल्द पता चले। इसके लिए उसने देवेन भारती से ज़्यादा से ज़्यादा मदद माँगी है। देवेन भारती ने कहा कि उन्हें पहले इस मामले को समझने दो। शीना को लेकर अपनी चिन्ता ज़ाहिर करते हुए इंद्राणी कहती है कि शीना को ऐसा नहीं करना चाहिए था। उसे किसी से कॉन्टैक्ट करना चाहिए था। उसे किसी को बताकर जाना चाहिए था। उसे बताना चाहिए था कि उसे किससे बात करनी है और किससे नहीं है? अगर उसे राहुल से बात नहीं करनी है तो न करे। वह किसी और से बात नहीं करना चाहती तो उससे भी न करे। कम-से-कम उसे अपने दोस्तों को तो बताना चाहिए था। इंद्राणी शीना के कुछ दोस्तों के नाम लेती है और बताती है कि उसे केवल शीना के इन्हीं दोस्तों के बारे में पता है। वह उसके दूसरे दोस्तों को नहीं जानती। वह राहुल से एक बार फिर शीना के ऑफ़िस जाने के लिए कहती है। इस बीच पीटर भी बातचीत में शामिल होता है और राहुल को बताता है कि उसे अब शीना की फ़िक्र होने लगी है और वह भी चाहता है कि जल्द से जल्द पता चले कि शीना कहाँ है। इसके लिए उन्होंने क्राइम ब्रांच के हेड अपने दोस्त देवेन भारती से बात की है और उन्होंने शीना को तलाश करने का प्रोसेस शुरू कर दिया है। तीसरे हिस्से में रहुल को छोड़ शीना के नागपुर वाले रहस्यमयी (हक़ीक़त में काल्पनिक) व्यक्ति के साथ चले जाने की बात

की जाती है। इंद्राणी राहुल को बताती है कि शीना ने केवल पैसे के लिए उस आदमी के साथ दोस्ती की और उसके साथ चली गई। इंद्राणी बताती है कि जब शीना ने उससे इस बारे में बात की थी तो उसे अजीब लगा था। पर उसने शीना से कुछ नहीं कहा, क्योंकि वह चाहती है कि शीना जहाँ भी रहे ख़ुश रहे। पीटर ने इस पर कहा था कि शीना पूरा सच नहीं बता रही है। वह झूठ बोल रही है। राहुल कहता है कि हो सकता है कि शीना को नागपुर में उसकी मर्ज़ी के ख़िलाफ़ ज़बरदस्ती रोककर रखा गया हो। वह वहाँ न रहना चाहती हो। इसके साथ ही इंद्राणी राहुल को ये भी इशारा दे देती है कि शीना ने सिर्फ़ पैसा हासिल करने के लिए उस नागपुर वाले आदमी से मुलाक़ात की होगी। राहुल इसके आगे भी कुछ कहना चाहता है पर इंद्राणी यह कहते हुए फ़ोन काट देती है कि उसके मोबाइल पर शीना के ऑफ़िस से फ़ोन आ रहा है—

इंद्राणी—मैं ये कह रही हूँ कि जब मैंने शीना के ऑफ़िस में एचआर पर्सन मिस्टर शुभोदय मुखर्जी से बात की तो उन्होंने कहा कि शीना ने उन्हें इन्फ़ॉर्म किया था कि वो शहर से बाहर जा रही है और ऑफ़िस नहीं आएगी...लेकिन तब से लेकर अब तक उसके बारे में कोई सूचना नहीं है...अगर उसे दोबारा नहीं लौटना है तो उसको फ़ॉर्मल रेजिग्नेशन देना चाहिए था...लेकिन अभी तक उसकी तरफ़ से फ़ॉर्मल रेजिग्नेशन नहीं मिला है...।

राहुल—करेक्ट...ये एक प्रोसिजर है...फ़ॉर्मल रेजिग्नेशन देना चाहिए... नहीं तो ऑफ़िस वालों का चिन्तित होना स्वाभाविक है।

इंद्राणी—हम भी चिन्तित हैं। हालाँकि पीटर ने कहा था कि तीन-चार दिन और इन्तज़ार कर लेते हैं...लेकिन राहुल...तुम्हें पता है कि हमने इन्तज़ार नहीं किया और ज़रूरी क़दम उठा लिया है।

राहुल—यस...शीना तीन साल से वहाँ जॉब कर रही थी...अचानक जॉब छोड़कर किसी के साथ चली जाती है और इस बारे में किसी को कुछ पता नहीं...उसके ऑफ़िस वालों को भी नहीं पता...उसके दोस्तों को नहीं मालूम कि वो कहाँ है...जिसके साथ वो रह रही थी उसे यानी मुझे भी नहीं मालूम कि वो कहाँ है...तो ये बड़ी चिन्ता वाली बात है।

इंद्राणी—बिलकुल...किसी को नहीं पता...ये वाक़ई चिन्ता वाली बात तो है। पीटर का कहना है कि हो सकता है शीना ये सोच रही हो कि हम उसके बारे में पूछताछ करेंगे तो किससे करेंगे...उसके दोस्तों से ही तो पूछताछ करेंगे... तो हो सकता है इसलिए वो जान-बूझकर फेसबुक पर रेस्पॉन्ड नहीं कर रही है। ये भी एक सम्भावना हो सकती है।

राहुल—हाँ, सम्भावना तो है।

इंद्राणी—क्योंकि, देखो...शीना को मालूम है कि हम उसके दोस्तों से ही पूछेंगे...तो ये सम्भावना तो है जिसे ख़ारिज नहीं किया जा सकता...लेकिन हमें पता तो होना चाहिए कि वो कहाँ है...जहाँ तक परिवार की बात है तो शीना सिर्फ़ मेरे और तुम्हारे सम्पर्क में थी...इसके अलावा किसी और के नहीं... किसी के सम्पर्क में नहीं थी।

राहुल—हमें किसी तरह उसका पता लगाना होगा।

इंद्राणी—बिलकुल...अगर वो यहाँ नहीं आना चाहती है तो कोई बात नहीं...लेकिन कम-से-कम बताना तो चाहिए कि वो जहाँ भी है...ठीक है। कह दे कि वो बॉम्बे वापस नहीं आना चाहती...या दोबारा राहुल से नहीं मिलना चाहती...नागपुर में ही रहना चाहती है...या जहाँ भी रहना चाहती है वहाँ रहे... लेकिन किसी को तो बताना चाहिए...इतना ही तो हम जानना चाहते हैं...जो भी है उसे बताना तो चाहिए ना।

राहुल—बिलकुल...लेकिन ये बात शीना की तरफ़ से आनी चाहिए।

इंद्राणी—वही तो मैं कह रही हूँ कि वो जिससे कॉन्टैक्ट करना चाहती है उससे कॉन्टैक्ट करे...अगर वो अपने किसी दोस्त से कॉन्टैक्ट करना चाहती है तो उससे करे या मुझसे चाहती है तो मुझसे कॉन्टैक्ट करे...लेकिन करे तो सही।

राहुल—यस...यस...।

इंद्राणी—देखो...एक काम करते हैं...हमने प्रोसेस तो शुरू कर दिया है... अब उसके नतीजे का इन्तज़ार करते हैं...इस प्वाइंट पर हम इससे ज़्यादा कुछ नहीं कर सकते। हम पुलिस में जिसे एप्रोच कर सकते थे...उसके सबसे बड़े अधिकारी मुम्बई क्राइम ब्रांच के हेड मिस्टर देवेन भारती से सम्पर्क किया है...लेकिन उनको पता लगाने के लिए कुछ तो समय देना ही होगा...हमने थोड़ी देर पहले ही उनसे बातचीत है...तो चीज़ों का पता लगाने के लिए कुछ तो वक़्त उन्हें चाहिए। इसके बाद देखते हैं कि वो क्या कहते हैं। इस मामले में उनकी क्या सलाह है। उसके बाद हम कॉल लेंगे कि आगे क्या करना है।

राहुल—हम्म...।

इंद्राणी—जब हमने मिस्टर भारती को पूरा मामला बताया तो उनकी पहली प्रतिक्रिया यही थी कि जब उसने इन्फ़ॉर्म किया था तो परेशानी की बात क्या है...तो हमने कहा कि वो तीन-चार दिन से किसी के सम्पर्क में नहीं है...तब मिस्टर भारती ने कहा कि वो शीना की लोकेशन का पता करेंगे। मुझे नहीं पता कि वो फ़ोन से कैसे लोकेशन पता करेंगे...

राहुल—वो शायद फ़ोन के आईडी नम्बर से पता करते हैं...हर फ़ोन का यूनिक आइडेंटिफिकेशन नम्बर होता है...।

इंद्राणी—हाँ...हाँ...मिस्टर भारती ने कहा था कि पहले उन्हें थोड़ा ये मामला समझने दो...शीना के मोबाइल की लोकेशन का पता लगाने दो...किसी शख़्स के बारे में पता लगाना है तो पहले उसकी मोबाइल लोकेशन का पता लगाना ज़रूरी है कि वो कहाँ पर है...वो बॉम्बे में हो सकती है या नागपुर में हो सकती है...लेकिन हमें एग्जैक्ट नहीं पता कि वो कहाँ पर है।

राहुल—हमें शीना का पता लगाने की ज़रूरत है...उससे बात करने की ज़रूरत है कि वो कहाँ पर है...।

इंद्राणी—बिलकुल।

राहुल—मुझे यक़ीन नहीं कि वो इस तरह कहीं जा सकती है।

इंद्राणी—सच कहूँ तो मुझे भी यक़ीन नहीं है राहुल...जब उसने कॉल किया था तो मुझे भी थोड़ा अजीब लगा था...पीटर उस बातचीत में शामिल नहीं था लेकिन जो कुछ हमारी बात हो रही थी, उसे वो भी सुन रहा था...जहाँ तक मेरा सवाल है तो मेरा मानना है कि वो जहाँ भी रहे...ख़ुश रहे...लेकिन पीटर का मानना है कि वो पूरा सच नहीं बता रही थी...क्योंकि वो सिर्फ़ पैसा हासिल करने की उसकी एक तरकीब हो सकती थी...पैसे लेने के बाद उसने हमसे पीठ फेर ली और दोबारा कॉन्टैक्ट नहीं किया।

राहुल—हम्म...।

इंद्राणी—देखो...हमने क़दम उठा लिया है...पुलिस को इन्फ़ॉर्म कर दिया है...उन्होंने प्रोसेस शुरू भी कर दिया है...तो अब मैं या तुम फ़िज़िकली कुछ और नहीं कर सकते...पुलिस के नतीजे का इन्तज़ार करते हैं...वो हमें बताएँगे कि आगे क्या करना है। पुलिस में शिकायत दर्ज करवानी है या नहीं करवानी...।

राहुल—ये भी तो सम्भव है कि किसी ने नागपुर में उसे उसकी मर्ज़ी के ख़िलाफ़ रोक रखा हो...हमें इस बारे में कुछ नहीं मालूम...।

इंद्राणी—करेक्ट...करेक्ट...मुमकिन है।

(राहुल कुछ बोलने की कोशिश करता है तो इंद्राणी उसकी बात बीच में काटकर कहती है।)

इंद्राणी—एक सेकंड राहुल...मैं तुमसे बाद में बात करती हूँ...मुझे उसके बॉस का फ़ोन आ रहा है।

बातचीत 4

इस बातचीत की शुरुआत में पीटर अपनी नाराज़गी राहुल पर जताते हुए कहता है कि जब इंद्राणी और शीना के बॉस की फ़ोन पर बात हो रही थी, तब राहुल वहीं शीना के बॉस के सामने बैठा था, मगर ये बात उसने पीटर को क्यों नहीं बताई? राहुल बताता है कि पिछली बार जब उनकी आपस में बात हुई थी तो उसी वक़्त उसके फ़ोन पर रिलायंस वालों की ओर से फ़ोन आ रहा था। इसके बारे में राहुल ने पीटर को बताया भी था और पीटर से पूछा था कि क्या वह रिलायंस वालों से बात कर ले। पीटर कहता है कि पहले जब इंद्राणी और उसने राहुल से पूछा था कि क्या उसके पास शीना के ऑफ़िस का नम्बर है तो राहुल ने मना कर दिया था। राहुल कहता है कि उसके पास वक़्त नहीं था। उसके बाद उसके पास जो फ़ोन आया वह शीना के ऑफ़िस से था। उधर से कोई लेडी बोल रही थी। इसलिए वह पीटर की कॉल कट कर रिलायंस के ऑफ़िस चला गया था। वहाँ जब वह शीना के बॉस मिस्टर शुभोदय मुखर्जी से बात कर रहा था तभी उसके पास इंद्राणी का फ़ोन जाता है। इस फ़ोन कॉल के दौरान राहुल मुखर्जी के पास ही बैठा रहता है। इस पर पीटर राहुल से नाराज़ होता है। वह कहता है कि वह गोवा में बैठा हुआ सब कुछ कर रहा है और राहुल उनसे बातें छुपा रहा है। राहुल शंकालु तरीक़े से पूछता है कि इस मामले में इंद्राणी से नित नई जानकारी कैसे सामने आ रही है। उसे हर बात होने से पहले ही कैसे पता चल जाती है? पीटर राहुल को बताता है कि पिछली बार जब उनकी बात हुई थी तो इंद्राणी ने अपने सम्पर्क का इस्तेमाल कर शीना के ऑफ़िस का नम्बर हासिल किया था। उसने मिस्टर शुभोदय मुखर्जी से बात की थी और शीना के बारे में पूछताछ की थी। पीटर कहता है कि वह चाहता है कि शीना का पता चल जाए पर इसके लिए उन सबको सेम पेज पर रहना होगा। राहुल कहता है कि उसे फिर से रिलायंस वालों की कॉल आ रही है। क्या वह उनकी कॉल ले ले? पीटर उसे वह कॉल लेने के लिए कहता है और इसी के साथ छह मिनट की यह बातचीत अधूरी रह जाती है—

पीटर—हैलो...हैलो...।

राहुल—हाय।

पीटर—हाय...कहाँ पर हो?

राहुल—मैं यहीं पर हूँ।

पीटर—इंद्राणी ने थोड़ी देर पहले मिस्टर मुखर्जी से बात की है। मिस्टर

मुखर्जी से ये दूसरी बार बात की है। पहली बार जो बात हुई थी उसके बारे में हमने तुम्हें बता ही दिया था...राइट?

राहुल—हाँ...हाँ...।

पीटर—थोड़ी देर पहले दूसरी बार कॉल लगाया...मिस्टर मुखर्जी ने मुझे बताया...नहीं...नहीं...मुझे नहीं...इंद्राणी को बताया...मैं उन दोनों की बातचीत सुन रहा था...तो मिस्टर मुखर्जी ने बताया कि तुम उनके ऑफ़िस गए थे।

राहुल—हाँ...अभी-अभी...जब इंद्राणी और मिस्टर मुखर्जी की फ़ोन पर पहली बात हो रही थी तो मैं वहीं ऑफ़िस में ही था।

पीटर—तो ये बात तुमने मुझे बताई क्यों नहीं...क्यों नहीं बताई...मैंने तुमसे बार-बार पूछा था कि क्या तुम्हारे पास शीना के ऑफ़िस वालों में से किसी का नाम या नम्बर है ताकि मैं उनको कॉल करके शीना के बारे में पता कर सकूँ तो उस वक़्त तुमने मुझे क्यों नहीं बताया।

राहुल—पापा...सुनिए...पापा...पिछली बार जब हमारी फ़ोन पर बात हो रही थी तो मैंने आपसे कहा था कि क्या मैं आपको थोड़ी देर बाद फ़ोन कर सकता हूँ।

पीटर—हाँ...हाँ...।

राहुल—उस वक़्त मेरे फ़ोन पर दूसरा कॉल आ रहा था, जो रिलायंस वालों का था। फ़ोन पर कोई महिला थी जिसने मुझे कहा कि राहुल क्या तुम अभी ऑफ़िस आ सकते हो? मैंने कहा कि ठीक है। मैं तुरन्त आता हूँ। इसके बाद मैं शीना के ऑफ़िस गया था। जब मैं वहाँ पहुँचा तो मिस्टर शुभोदय मुखर्जी के साथ इंद्राणी की फ़ोन पर पहले से ही बातचीत चल रही थी।

पीटर—लेकिन तुम्हें मुझे बताना चाहिए था कि तुम शीना के ऑफ़िस जा रहे हो...

राहुल—लेकिन...

पीटर—(राहुल की बात बीच में काटते हुए) तुम्हें मुझे बताना चाहिए था कि तुम शीना के ऑफ़िस में बैठे हो और मिस्टर मुखर्जी से बातचीत का इन्तज़ार कर रहे हो।

राहुल—इससे क्या फ़र्क़ पड़ जाता?

पीटर—नहीं...नहीं...जब मैंने तुमसे ख़ास तौर से पूछा था कि क्या तुम्हारे पास शीना के किसी ऑफ़िस वाले का नाम या नम्बर है, जिसको फ़ोन कर मैं शीना के बारे में पता कर सकूँ तो तुमने मुझसे कहा था कि तुम्हारे पास किसी का नाम या नम्बर नहीं है...तुम्हें इस बारे में कोई आइडिया नहीं है...राइट?

राहुल—यस...।

पीटर—उसके बाद हमने किसी तरह शीना के ऑफ़िस में एचआर और अन्य लोगों से बात कर मिस्टर मुखर्जी का नाम और नम्बर निकाला। इंद्राणी जब मिस्टर मुखर्जी से बात कर रही थी तो तुम उसके ऑफ़िस के बाहर थे...राइट?

राहुल—यस, इसलिए मैंने आपसे कहा था कि मैं थोड़ी देर बाद बात करता हूँ, क्योंकि उन लोगों का फ़ोन आ रहा था।

पीटर—शीना के ऑफ़िस में तुम्हारी किसी और कर्मचारी से बात हुई थी?

राहुल—नहीं...शीना का बॉस वहाँ बैठा था...उन्हीं से बात हुई थी।

पीटर—क्या नाम था उसका?

राहुल—मिस्टर मुखर्जी...और वो रिलायंस की लड़की जो पता करने आई थी कि शीना कहाँ है?

(थोड़े अन्तराल के बाद)

राहुल—हैलो।

पीटर—याह।

राहुल—यस।

पीटर—देखो, मैं तुम्हें सिर्फ़ इसलिए कॉल कर रहा हूँ कि ये मामला शीना से जुड़ा हुआ है...इसे लेकर इंद्राणी ने मिस्टर मुखर्जी से बात की है...मिस्टर भारती से भी बात की है...और अब दूसरी बार मिस्टर मुखर्जी से बात की है।

राहुल—पापा...पापा...इस मामले में इंद्राणी से नित नई जानकारी कैसे सामने आ रही है?

पीटर—कौन-सी नई जानकारी?

राहुल—अभी जो हमारे बीच बातचीत हुई है...उसमें काफ़ी सारी बातें हैं जैसे नागपुर का बेंटली वाला शख़्स...शायद ये बातें इंद्राणी को पहले से पता थीं।

पीटर—देखो, इंद्राणी ने थोड़ी देर पहले ही मिस्टर मुखर्जी और पुलिस से बात की थी। उसके बाद दुबारा मिस्टर मुखर्जी से बात की...राइट? तब इंद्राणी ने बताया कि राहुल वहाँ शीना के ऑफ़िस में बैठा था।

राहुल—हम्म...।

पीटर—तब उसने बताया कि राहुल उस वक़्त शीना के ऑफ़िस में था... जब हमारी बात हो रही थी...राइट?

राहुल—हाँ...हाँ...।

पीटर—देखो, अगर हमें शीना के बारे में पता लगाना है तो आपस में

एक-दूसरे को बताना चाहिए। मैं यहाँ गोवा में बैठा हूँ...इंद्राणी से बात कर रहा हूँ...मेरी फ़ोन बुक में शीना के दो नम्बर हैं...एक नम्बर पर फ़ोन लगाया तो जवाब मिला कि कौन बोल रहा है...किससे बात करनी है...कौन चाहिए? मैंने कहा ग़लत नम्बर है। दूसरा, जो शीना का पुराना नम्बर मेरे पास था 9833 वो स्विच ऑफ़ आ रहा है। मैंने इंद्राणी को बताया...यही नम्बर मेरे पास पहले से था। जब तक मैसेज आया था कि शीना ने एक नया नम्बर लिया है 9800 समथिंग।

इंद्राणी—शीना उसी नम्बर से बात किया करती थी।

राहुल—(अस्पष्ट आवाज।)

पीटर—मुझे कैसे पता होगा...मुझे नहीं पता...शायद कुछ साल पहले की हो।

इंद्राणी—(दोनों की बातचीत के बीच) रिलायंस नम्बर...याह।

पीटर—देखो, मैंने फ़ोन स्पीकर पर रखा है...ताकि मुझे बातें दोहरानी नहीं पड़े, क्योंकि कई बार दोहराने की प्रक्रिया में मैं डिटेल्स भूल जाता हूँ... और बड़ी मुश्किल हो जाती है।

राहुल—जी।

पीटर—मैंने तुम्हें ये बताने के लिए फ़ोन किया था कि तुम रिलायंस के ऑफ़िस गए थे...तब तुमने कहा था कि तुम पता करके थोड़ी देर बाद दोबारा कॉल करोगे।

राहुल—पापा...रिलायंस से मुझे वापस फ़ोन आ रहा है...क्या मैं उठा लूँ?

पीटर—तुम उनसे बात करके मुझे दोबारा कॉल करना कि क्या बात है... हमें सेम पेज पर रहने की ज़रूरत है...समझ रहे हो ना?

राहुल—जी।

पीटर—तो तुम मुझे उनसे बात करके कॉल करना...बाय।

राहुल—ओके, बाय।

(कुछ देर बाद राहुल दोबारा कॉल करता है।)

बातचीत 5

इस बातचीत के दौरान राहुल अपना आपा खो देता है और पीटर पर चिल्लाता है। राहुल बात की शुरुआत करते हुए पीटर को बताता है कि उसकी बात शीना के बॉस शुभोदय मुखर्जी से हुई है। पीटर कहता है कि रिलायंस वाले शीना को ढूँढ़ने के लिए अपनी तरफ़ से हर मुमकिन कोशिश कर रहे हैं। वे

यहाँ-वहाँ से कड़ियाँ जोड़कर शीना को ढूँढ़ना चाहते हैं। पीटर कहता है कि इंद्राणी ने पुलिस वालों से बात की है और उन्हें तुम्हारा और शीना का नम्बर दिया। पीटर आगे कहता है कि अब वह हर छोटी-छोटी बात पर फ़ोन करके राहुल को जानकारी नहीं दे सकते। यह बात राहुल के ख़िलाफ़ भी जा सकती है। इस पर राहुल भड़क जाता है। वह कहता है कि फिर उसकी तरफ़ उँगली उठ रही है। उसकी मंगेतर खो गई है। अगर वह उसके साथ नहीं रहना चाहती है, वह किसी और के साथ रहना चाहती है तो वह ख़ुद आकर उसे यह बात कह दे। वह इसके बाद कभी उसे तंग नहीं करेगा। राहुल कुछ हताश होता हुआ कहता है कि ईश्वर ही जानता है कि शीना कहाँ और किस हालत में है। बातचीत आगे बढ़ती है तो पता चलता है कि नागपुर का ज़िक्र दो सिलसिले में आता है। एक इंद्राणी के शीना के साथ जाकर वहाँ प्रॉपर्टी ख़रीदने के बारे में और दूसरा नागपुर वाले शीना के तथाकथित रहस्यमयी दोस्त के बारे में। पीटर राहुल से कहता है कि तुमसे शीना ने कहा था कि इंद्राणी उसे प्रॉपर्टी देखने के लिए नागपुर ले जाना चाहती है। जबकि इंद्राणी ख़ुद गोवा में प्रॉपर्टी देखना चाहती थी। नागपुर जाने की बात शीना ने कही थी। शीना चाहती थी कि इंद्राणी एक बार नागपुर चलकर उस लड़के की फ़ैमिली से मिल ले। वह लड़का मुम्बई में रहता है और उसकी फ़ैमिली नागपुर में सेटल्ड है। बाद में बातचीत में जब इंद्राणी भी शामिल होती है तो वह भी यही बात दोहराती है। वह कहती है कि भला मैं नागपुर में प्रॉपर्टी क्यों ख़रीदूँगी? इंद्राणी प्रॉपर्टी ख़रीदना चाहती है, पर नागपुर में नहीं गोवा में। इंद्राणी ने शीना को उसके साथ प्रॉपर्टी देखने गोवा चलने के लिए कहा था, नागपुर नहीं। नागपुर शीना चाहती थी। राहुल को पीटर से पता चलता है कि इंद्राणी जो अब तक 'किसी अज्ञात नागपुर वाले शख़्स' की रट लगाए हुए थी, उससे शीना ने कहा था कि वह उन्हें नागपुरिया की फ़ैमिली वालों से मिलाना चाहती थी। इंद्राणी कहती है कि राहुल से ख़राब सम्बन्धों की वजह से शीना उसे दिन में तीन-चार बार कॉल करने लगी थी और सारी बातचीत पीटर की मौजूदगी में होती थी। मगर पीटर इसका खंडन करते हुए कहता है कि उसे नहीं मालूम कि इंद्राणी और शीना के बीच क्या बातचीत होती थी। राहुल जब एक तरह से पुलिस में जाकर औपचारिक शिकायत दर्ज कराने की बात कहता है तो पीटर-इंद्राणी उसे ऐसा न करने के लिए कहते हैं। वे राहुल को बताते हैं कि शीना का जल्दी पता चले इसलिए उन लोगों ने मुम्बई पुलिस के जूनियर ऑफ़िसर्स से नहीं, टॉप के ऑफ़िसर से बात की है। देवेन भारती से उन्होंने शीना के बारे में

बात की है। पीटर कहता है कि ये सब बातें गोवा में बैठकर नहीं हो सकती हैं। शिकायत लिखाने के लिए उसे मुम्बई जाना होगा। इसलिए उसने देवेन से फ़ोन पर बात की है। इस बीच शीना के रिलायंस ऑफ़िस का एक बार फिर ज़िक्र आता है। इंद्राणी राहुल से पूछती है कि राहुल को रिलायंस से जो कॉल आई थी वह किस नम्बर से आई थी। राहुल उसे बताता है कि उससे वह नम्बर डिलीट हो गया है।

दरअसल राहुल को अब इंद्राणी पर पूरा शक होने लगता है और वह नहीं चाहता कि इस मामले में आगे कोई भी जानकारी इंद्राणी के साथ शेयर करे। पीटर कहता है कि उन्होंने पुलिस में बात कर ली है अगर फिर भी राहुल पुलिस स्टेशन जाकर पूछताछ करना चाहता है तो वह देवेन भारती को उसके आने के बारे में बता देंगे। इंद्राणी कहती है कि शीना किसी निशान्त खुराना से बात करती थी जिसके बारे में आईपीएस भारती ने पता लगाया है (जबकि ये सच नहीं था)। ऐसे में एक (काल्पनिक) किरदार निशान्त खुराना की भी एंट्री होती है। ऐसा लगता है कि नागपुर वाले एंगल पर बात हाथ से निकलते देख निशान्त खुराना की एंट्री कराई गई ताकि कमज़ोर हो चुके नागपुर एंगल से ध्यान भटके। इंद्राणी राहुल को बताती है कि देवेन भारती ने उसे बताया है कि शीना ने मुम्बई छोड़ने से पहले खुराना से बहुत देर तक बात की थी। लगभग एक घंटा। इंद्राणी इस बात पर ग़ुस्सा भी होती है कि अब यह खुराना कौन है? वह राहुल से कहती है कि शीना उसे नागपुर वाले लड़के के बारे में बताती रही है और अब यह कोई खुराना निकलकर आ गया है। वह राहुल से कहती है कि वह सब भूल जाए और अपनी ज़िन्दगी में आगे बढ़े। कुछ काम करे। वह राहुल को कहता है कि वह कुछ नहीं कर सकता है। शीना ने अगर उसे छोड़ दिया है और वह आगे बढ़ना चाहती है तो बस वह बता दे कि वह सुरक्षित है। राहुल के लिए उसकी सुरक्षा ज़्यादा चिन्ता का विषय है। यह जाने बिना राहुल चैन से नहीं बैठ सकता है कि शीना सुरक्षित है या नहीं। राहुल कहता है कि वह कुछ नहीं करना चाहता। शीना के इस तरह चले जाने ने उसे एक झमेले में फँसा दिया है। इंद्राणी कहती है कि वह ख़ुद भी चिन्तित है। सुबह तक वह ठीक थी पर अब उसे चिन्ता हो रही है। फिर भी वह राहुल से एक लम्बी नींद लेने और अगली सुबह से नई शुरुआत करने के लिए कहती है। राहुल भी तक़रीबन उसकी इस बात से सहमत होता नज़र आता है। लगभग 34 मिनट की इस बातचीत के आख़िर में एक तरह से इस बात पर तीनों (राहुल-पीटर-इंद्राणी) सहमत होते नज़र आते हैं कि शीना अपनी

मर्ज़ी और प्लान से कहीं गई है और सुरक्षित है। बातचीत शुरू होती है—

राहुल—रिलायंस से एक शख़्स का फ़ोन था...उसने बताया कि इंद्राणी ने दुबारा मिस्टर मुखर्जी से बात की थी...

पीटर—याह।

राहुल—उन्होंने कहा कि शीना को लेकर कोई नई जानकारी सामने आती है तो वो हमें बताएँगे।

पीटर—याह...रिलायंस वाले पता लगाने की कोशिश कर रहे हैं कि शीना कहाँ है...वो कड़ियों को आपस में जोड़ने की कोशिश कर रहे हैं। इंद्राणी ने पुलिस को बताया कि ये राहुल का नम्बर है और ये शीना का नम्बर। वो इससे पता लगाने की कोशिश कर रहे हैं कि शीना की कब और किससे बात हुई, उसको कौन से मैसेज आए...वग़ैरह-वग़ैरह। कहने का मतलब ये है कि इस मामले में हम सभी सेम पेज पर हैं...इस पर तुम्हें विश्वास करना चाहिए।

राहुल—याह।

पीटर—अब अगर मैं हर दो मिनट में फ़ोन करके कहूँगा कि हमारे बीच ये बातचीत हुई थी...ये हमारी बातचीत की डिटेल है तो तुम जानते हो इससे दिक़्क़त हो जाएगी। प्लीज़ ऐसा मत करो। इससे मामला उलझ सकता है...ये बातें तुम्हारे ख़िलाफ़ भी जा सकती हैं।

राहुल—(ग़ुस्से में) फिर मेरी तरफ़ उँगली क्यों उठ रही है? मैंने किसी के साथ कुछ नहीं किया...मैंने कोई बात नहीं छिपाई है...अगर मेरी मंगेतर फ़ोन उठाकर कह दे कि उसने किसी और को चुन लिया है तो कोई बात नहीं। ईश्वर ही जानता है कि वो कहाँ है और किस हालत में है। आप मुझसे कह रहे हैं कि मैंने उसके बॉस से बातचीत की...(बहुत ज़्यादा ग़ुस्से में चिल्लाते हुए) आप मुझे बताइए कि शीना कहाँ है?

पीटर—ये तुम बताओ कि वो कहाँ है?

राहुल—आपने बताया था कि इंद्राणी ने कहा था कि वो नागपुर में किसी बेंटली वाले शख़्स के पास गई हो सकती है...लेकिन शीना ने मुझसे कहा था कि उसे इंद्राणी ने नागपुर में घूमने के लिए साथ चलने को कहा था और इंद्राणी वहाँ कोई प्रॉपर्टी देखना चाहती थी। शीना ने कहा था कि वो नागपुर नहीं जाना चाहती, क्योकि उसे ठीक नहीं लगता। उसने कहा था कि वो वहाँ जाने की जगह मेरे साथ जाना चाहेगी...तो अगर ये बात सच है तो वो नागपुर क्यों जाएगी? अब देखो, नागपुर दो अलग-अलग बातों...दो अलग-अलग एंगल को लेकर सामने आ रहा है...कोई शीना के नागपुर में होने की बात कह रहा है।

पीटर—सॉरी, क्या कहा...वापस बोलो।

राहुल—कोई जानता है, कोई कह रहा है कि शीना नागपुर में है...बेहतर होगा कि उसे वापस लाओ।

पीटर—सुनो...किसी को शीना के नागपुर के बारे में बात करने की जानकारी है...या शीना के नागपुर में होने या नागपुर जाने के बारे में...जो भी है...देखो, शीना ने तुम्हें बताया था कि इंद्राणी ने उसे नागपुर चलने और वहाँ कोई प्रॉपर्टी देखने की बात कही थी...लेकिन मैंने इंद्राणी और शीना के बीच बातचीत सुनी थी, जिसमें इंद्राणी ने शीना को गोवा साथ चलने और वहाँ प्रॉपर्टी देखने की बात कही थी। नागपुर का ज़िक्र एक बेंटली वाले शख़्स के तौर पर आया था...शीना ने कहा था कि वो लड़का मुम्बई में रहता है लेकिन उसकी फ़ैमिली नागपुर में सेटल्ड है और आप लोग नागपुर में आकर उसके पेरेंट्स से मिल लो। मैंने इंद्राणी से कहा था कि नागपुर जाकर किसी के पेरेंट्स से तब तक मिलने की ज़रूरत नहीं जब तक कि शीना ख़ुद ये ना बोल दे कि अब राहुल में उसकी कोई दिलचस्पी नहीं रही। समझे?

राहुल—हम्म...।

पीटर—तो मेरा स्टैंड ये है...हमारी बातचीत हुई थी और मैंने इंद्राणी से साफ़ कह दिया था कि नागपुर जाने की कोई ज़रूरत नहीं है। तुम क्यों नागपुर जाओगी? अगर वो लोग आकर मिलना चाहें तो मिल सकते हैं। फिर चाहे बॉम्बे आकर मिलें, कोलकाता में मिलें, गोवा में मिल लें या फिर इंग्लैंड में... जहाँ भी मिलना है आकर मिलें। अगर वो आकर मिलते हैं तो बात अलग है।

राहुल—सुनिए पापा, अगर शीना कहीं और जाकर किसी से शादी की तैयारी कर रही थी तो मुझसे नागपुर का ज़िक्र क्यों करेगी?

पीटर—मुझे नहीं पता।

राहुल—वो नागपुर का ज़िक्र ही मेरे सामने क्यों करेगी? अगर वो उतनी ही स्मार्ट है जितना आप उसे बता रहे हैं तो वह कभी नहीं करेगी।

पीटर—मुझे नहीं मालूम...वो क्या करेगी?

राहुल—नहीं...नहीं...ज़रा सोचकर देखिए।

पीटर—मैं अन्दाज़ा नहीं लगा सकता...मैं सिर्फ़ उस पर बात कर सकता हूँ कि क्या कहा गया और क्या नहीं कहा गया। शीना ने तुमसे जो कहा वो तुम मेरे साथ रिलेट कर सकते हो...मुझे जो कहा वो मैं तुम्हारे साथ रिलेट कर सकता हूँ...ठीक?

राहुल—हम्म...।

पीटर—शीना ने तुमसे कहा था कि इंद्राणी नागपुर में प्रॉपर्टी देखने जाना चाहती है, ठीक?

राहुल—हाँ...।

पीटर—इंद्राणी ने मुझे बताया कि नागपुर का ज़िक्र शीना से बातचीत में आया था कि कोई लड़का है जिसका नागपुर में फ़ैमिली होम है और उनके पास बेंटली...शेंटली है...अब मुझे नहीं पता कि उसके पास बेंटली है या नहीं?

राहुल—(बहुत ग़ुस्से में) वो उसके लिए महत्त्वपूर्ण नहीं था...एक लड़का है जो नागपुर से है और उसके पास बेंटली है...वो कौन है, क्या नाम है, क्या करता है? इसके बारे में कुछ नहीं मालूम। वो उससे शादी करना चाहती थी, लेकिन इस पूरे मामले में जो सबसे ख़ास बात है वो ये कि उसके पास साली बेंटली थी...कम ऑन मैन?

पीटर—मेरी भी यही प्रतिक्रिया थी। मैंने भी यही कहा था...किसको पता कौन है ये बेंटली वाला...इंडिया में गिने-चुने लोगों के पास बेंटली होगी। पाँच मिनट में उसके बारे में पता लगाया जा सकता है। इंडिया में कितने लोगों के पास बेंटली है...बॉम्बे में कितने लोगों के पास है...और नागपुर तो बहुत छोटी जगह है। वहाँ तो पता लगाना और भी आसान है। सिर्फ़ दो मिनट लगेंगे कि नागपुर में किसके पास बेंटली है और वो कौन है?

राहुल—हम्म...।

पीटर—और मुझे मालूम है कि नागपुर में ऐसी कोई प्रॉपर्टी नहीं थी जिसे देखने इंद्राणी नागपुर जाना चाहती थी। हम गोवा में प्रॉपर्टी देख रहे थे और गोवा गए। अभी भी मैं गोवा में हूँ।

इंद्राणी—और राहुल...लास्ट टाइम भी मैं गोवा में थी और जब शीना से मेरी बात हो रही थी तो पीटर को पता था। पीटर वहाँ था। मैंने शीना से कहा था कि मैं प्रॉपर्टी देखने आई हूँ और वो साथ रहने गोवा आ सकती है। प्रॉपर्टी को लेकर शीना के साथ यही मेरी बातचीत हुई थी...और अभी जो प्रॉपर्टी हमने देखी थी उसे लेकर होने वाली मीटिंग भी मैंने रद्द कर दी, क्योंकि ये सारी चीज़ें अब परेशान करने लगी हैं।

राहुल—ओके...इंद्राणी अगर शीना भागने की फ़िराक़ में थी तो वो नागपुर का ज़िक्र मुझसे क्यों करेगी?

इंद्राणी—मुझे नहीं पता राहुल। मुझे नहीं मालूम कि शीना के साथ तुम्हारे किस तरह के सम्बन्ध थे। मुझे सिर्फ़ इतना मालूम है कि 15 दिन पहले उसने मुझसे कॉन्टैक्ट किया था...मुझे नहीं पता कि अचानक उसने मुझसे कॉन्टैक्ट

क्यों किया...लेकिन बाद में वो मुझे दिन में तीन-चार बार कॉल करने लगी थी। इस बारे में पीटर को पता है, क्योंकि पीटर उस दौरान घर में मौजूद होता था। ऐसा कभी नहीं हुआ कि पीटर की मौजूदगी के बिना मैंने शीना से बात की हो...पीटर बातचीत के दौरान हमेशा मौजूद होता था।

राहुल—हमेशा तो मौजूद नहीं होते थे। पापा...आप असमिया भाषा में भी बात कर लेते हैं ना?

पीटर—नहीं, मैं असमिया भाषा नहीं समझता। मुझे नहीं मालूम कि पिछले दो हफ़्तों के दौरान इंद्राणी और शीना के बीच क्या बातचीत होती थी?

इंद्राणी—करेक्ट।

पीटर—अब इन दोनों के बीच किस मुद्दे को लेकर विस्तार से चर्चा होती थी वो तो मुझे नहीं समझ में आता था लेकिन मुझे इस बारे में बताया जाता था...और जो बताया गया वो सारी बातें मैंने तुम्हारे साथ शेयर की हैं। मैंने तुम्हें बताया कि इंद्राणी ने नागपुर का ज़िक्र बिलकुल अलग ही सन्दर्भ में किया था।

इंद्राणी—(पीटर की बात काटते हुए) लेकिन मैं पूरी दुनिया छोड़कर भला नागपुर में ही प्रॉपर्टी ख़रीदने की बात का ज़िक्र क्यों करूँगी?

पीटर—इंद्राणी के साथ बातचीत में नागपुर का ज़िक्र बिलकुल ही अलग सन्दर्भ में आया था। उस लड़के को लेकर...अब इन दोनों बातों में क्या सच है? यह मुझे नहीं पता। मैं सिर्फ़ इतना दावे के साथ कह सकता हूँ कि हमने नागपुर में कोई प्रॉपर्टी बुक नहीं की।

राहुल—याह।

पीटर—इसलिए नागपुर मेरे कंसिडरेशन में नहीं है।

राहुल—ओके...दैट इज कूल...।

पीटर—गोवा साफ़ तौर पर है।

राहुल—गोवा को छोड़िए। गोवा को भूल जाइए पापा। मुझे ये बताइए कि नागपुर का ज़िक्र बातचीत में दो अलग-अलग सन्दर्भ में क्यों आया था?

पीटर—क्यों आया? क्योंकि नागपुर को लेकर कोई पहलू है...राइट?

इंद्राणी—यस...राइट।

पीटर—कोई तो पहलू है...देखो, शीना ने इंद्राणी से नागपुर आकर लड़के के घरवालों से मिलने को कहा था जबकि शीना ने तुम्हें ये बताया कि इंद्राणी ने उसे यानी शीना को नागपुर जाकर प्रॉपर्टी देखने की बात कही थी...तो नागपुर का एंगल शीना की तरफ़ से आया है।

राहुल—और तब शीना ने कहा था (पीटर बात काटने की कोशिश करता है

तो राहुल उनकी बात बीच में काटकर कहता है) मेरी पूरी बात सुन लीजिए... शीना ने तब कहा था कि वो नागपुर नहीं जाना चाहती, क्योंकि उसे ख़राब लगेगा...और इंद्राणी ने शीना से ये भी कहा था कि नागपुर में प्रॉपर्टी देखने की बात का ज़िक्र वो राहुल और पीटर से न करे।

पीटर—इन बातों से साफ़ निष्कर्ष निकलता है कि नागपुर वाली बात शीना के दिमाग़ में थी। उसने नागपुर का ज़िक्र इंद्राणी के साथ किसी और सन्दर्भ में किया और तुम्हारे साथ किसी और सन्दर्भ में किया...ओके?

इंद्राणी—हो सकता है ये सिर्फ़ गुगली हो...और वास्तव में वो नागपुर में ही हो।

पीटर—नागपुर के बारे में और एक बात।

इंद्राणी—हम सब नागपुर के बारे में बात कर रहे हैं।

पीटर—अब हम सब नागपुर के बारे में बात कर रहे हैं...वो नागपुर में हो सकती है...मुझे नहीं पता।

राहुल—मुझे मालूम है...लेकिन मैं सिर्फ़ ये पता लगाना चाहता हूँ कि शीना कहाँ है?

इंद्राणी—हम सब नागपुर...नागपुर भज रहे हैं...मैं नागपुर के उस लड़के के बारे में बात कर रही थी...राहुल नागपुर में प्रॉपर्टी की बात कर रहा था... अब नागपुर का ज़िक्र काफ़ी बेतुका हो गया है...मुझे नहीं मालूम।

राहुल—अगर हम अगले कुछ घंटों में शीना का पता नहीं लगा पाते हैं... और साढ़े पाँच पहले ही बज चुके हैं...तो मैं पुलिस थाने जाकर इस बारे में प्रॉपर रिपोर्ट लिखवाऊँगा।

इंद्राणी—तुम्हें पता है...इस बारे में हम पहले ही क़दम उठा चुके हैं।

राहुल—हाँ, वो आप लोगों के लिए अच्छा है...जितना ज़्यादा करें उतना बेहतर है।

इंद्राणी—नहीं...नहीं, इसलिए तो हमने जूनियर अधिकारियों से बात नहीं की...हमने टॉप अधिकारी से सम्पर्क किया...सीधे पुलिस हेडक्वार्टर में क्राइम ब्रांच के हेड से बात की है। तुम्हें मालूम है कि ये हमें करना ही था...कोई चॉइस नहीं थी। हम ये काम पहले ही कर चुके हैं।

राहुल—एक्सीलेंट...एक्सीलेंट...मैं भी जाकर इस दिशा में कुछ काम करूँगा...और इस बारे में जो कुछ जानता हूँ...और जो कुछ सोचता हूँ...वो सब पुलिस को बता दूँगा।

पीटर—नहीं-नहीं, तुम जाकर रिपोर्ट दर्ज करवाओगे और बताओगे कि

शीना...(राहुल बीच में बात काट देता है।)

राहुल—कुछ पता...(पीटर बीच में उसकी बात काट देता है।)

पीटर—ठीक है तो तुम रिपोर्ट दर्ज करवा दो...लोकल पुलिस थाने जाकर रिपोर्ट लिखवा दो कि शीना कहीं चली गई है...उसने ये मैसेज भेजा और वो चली गई। तुम्हें मालूम है...लास्ट टाइम क्या हुआ था?

इंद्राणी—राहुल...थोड़ा रुक जाओ।

पीटर—तब तक तो रुक जाओ जब तक हेड ऑफ़ क्राइम ब्रांच से हमें अपडेट नहीं मिल जाता कि उन्होंने इस बारे में क्या पता लगाया है?

इंद्राणी—बिलकुल।

पीटर—फिर भी तुम इससे सन्तुष्ट नहीं हो तो हम जाकर थाने में रिपोर्ट दे देंगे। मैं ख़ुद तुम्हारे साथ चलूँगा। मुझे इससे कोई आपत्ति नहीं है। बिलकुल आपत्ति नहीं है...ठीक है?

(थोड़े अन्तराल के बाद)

पीटर—हैलो...

राहुल—हैलो...

पीटर—मुझे लगा शायद फ़ोन कट गया...

राहुल—नहीं-नहीं, मैं लाइन पर हूँ।

पीटर—मेरा इस वक़्त तुम्हें कॉल करने का कारण ये है कि काश तुमने सारी बातें मेरे साथ या हमारे साथ शेयर की होतीं। तुम्हें रिलायंस से एक महिला का फ़ोन आया...तुम उसके बाद शीना के ऑफ़िस चले गए...वैसे... क्या नाम था उस महिला का?

राहुल—मुझे नहीं पता। मैं उसका नाम ठीक से नहीं सुन पाया। उसने मुझे फ़ोन किया और पूछा कि ऑफ़िस आ सकते हो क्या? फिर उसने मिस्टर मुखर्जी से मेरा परिचय करवाया...कर्नल मुखर्जी।

पीटर—जब तुम रिलायंस के ऑफ़िस गए तो वहाँ तुमने किसके बारे में पूछा था?

राहुल—जब मैं रिलायंस के ऑफ़िस गया?

पीटर—यस।

राहुल—वहाँ जाकर मैंने वो नम्बर लगाया जो मेरी फ़ोन लिस्ट में था।

पीटर—मुझे वो नम्बर दे दो।

राहुल—क्यों? वो नम्बर आपको क्यों चाहिए?

पीटर—मुझे पता लगाना है। मुझे मालूम होना चाहिए कि हम सेम पेज पर हैं या नहीं...तुम मेरे पास जो भी नम्बर है...चाहो तो माँग लो... मैं दे दूँगा। तुम वहाँ गए थे। तुमने रिलायंस में उस महिला से बात की थी। अगर तुम्हें चाहिए तो मैं मिस्टर मुखर्जी का नम्बर भी दे दूँगा। इसमें कोई दिक़्क़त नहीं है।

राहुल—ठीक है...मुझे थोड़ा और पता करने दो।

(बैकग्राउंड से काफ़ी शोर-शराबे की आवाज़ आती है।)

राहुल—हैलो...

पीटर—यस...

राहुल—मैंने शायद ग़लती से वो नम्बर डिलीट कर दिया है। फ़ोन अभी एडिट किया था। अब जब तक वो दुबारा कॉल नहीं करती तब तक नम्बर नहीं मिल सकता।

पीटर—राहुल तुम क्या कर रहे हो?

राहुल—पापा...ग़लती से हो गया। अब जब तक वो दुबारा फ़ोन नहीं करती तब तक मैं उसका नम्बर आपको नहीं दे सकता, क्योंकि फ़िलहाल वो नम्बर मेरे पास नहीं है।

पीटर—तुम मुझे रिलायंस की उस महिला का नम्बर नहीं दे सकते?

राहुल—नहीं दे सकता, क्योंकि नम्बर मेरे पास नहीं है। आपके पास उसके बॉस का नम्बर है तो सही...उनसे बात कर लीजिए। वो क्या नाम है उनका...कर्नल शुभोदय मुखर्जी।

पीटर—हाँ, वो कह रहे थे कि लड़के (राहुल) ने ये बात क्यों नहीं शेयर की कि वो यहाँ (रिलायंस के ऑफ़िस में) था?

राहुल—नहीं, अभी मैं सिर्फ़ आपसे बात कर रहा हूँ।

पीटर—नहीं, लेकिन उन्होंने कहा कि...

राहुल—उन्होंने मुझे कहा था कि मुझे यहाँ (रिलायंस के ऑफ़िस से) जाना चाहिए और गुमशुदगी का मामला दर्ज करवाना चाहिए था।

पीटर—फ़ाइन...ओके। तो मिस्टर मुखर्जी ने कहा कि राहुल को वहाँ से जाकर गुमशुदगी की रिपोर्ट दर्ज करवानी चाहिए।

इंद्राणी—याह।

राहुल—अभी तक तो मैंने ये काम किया नहीं है लेकिन अब करने वाला हूँ।

पीटर—फ़ाइन...तो तुम जाकर ये काम कर लो...लेकिन ये लड़की

(रिलायंस ऑफ़िस की लेडी स्टाफ) है कौन? और उसका क्या मतलब है?

राहुल—पापा, मैं नहीं जानता। मैंने उसका नाम नहीं पूछा था...मेरी दिमाग़ी हालत फ़िलहाल ऐसी नहीं है कि मैं ये सब बातें याद रख सकूँ...फ़िलहाल मेरे दिमाग़ में एक ही चिन्ता है कि मैं पता लगाऊँ कि शीना कहाँ है?

पीटर—हम शीना का पता लगा लेंगे...उसका पता लगाने के लिए हमें गहराई तक जाना होगा।

राहुल—मेरा मतलब है कि वो लोग भी...ये रिलायंस वाले भी तो अपनी इन्वेस्टिगेशन कर रहे हैं ना?

पीटर—बिलकुल...और उन्हें करनी भी चाहिए...वही तो मैं भी कह रहा हूँ। तुम गुमशुदगी की रिपोर्ट दर्ज करवाने जा रहे हो...इंद्राणी और मैंने मिस्टर मुखर्जी से दो बार बात की है...तुम्हें मालूम ही है कि हमने पुलिस की क्राइम ब्रांच के हेड से भी बात की है...ये सारी बातें हमने तुम्हें पहले भी बताई थीं। हम इस मामले में साथ मिलकर काम कर रहे हैं। ताज़ा जानकारी को लेकर हमें एक-दूसरे को अपडेट करना चाहिए...तो ये सारी बात है...जैसे ही मुझे मिस्टर भारती से कोई नई जानकारी मिलती है वो भी मैं तुम्हें बताऊँगा। मैं ये कहना चाहता हूँ कि हम सब सेम पेज पर हों।

राहुल—तो फ़िलहाल हम ये सब कर रहे हैं...नहीं?

पीटर—बिलकुल...फ़िलहाल हम ये कर रहे हैं। वही मैं भी कह रहा हूँ... पिछले दो घंटों में जो कुछ हुआ वो...जब तक कि हमारी पुलिस से बात नहीं हुई...जब तक कि रिलायंस वाले से बात नहीं हुई...जब तक कि रिलायंस वाले पूछताछ करने घर नहीं आए...मैं किसी को ब्लेम नहीं कर रहा हूँ। मैं तुम्हारे साथ शेयर कर रहा हूँ। मैं ये नहीं कह रहा हूँ कि ये तुम्हारी या इंद्राणी की या शीना की ग़लती है। हम शीना का पता लगा लेंगे...हम सभी वही कोशिश कर रहे हैं...राइट? और अगर हम सभी वही कोशिश कर रहे हैं तो हम कम-से-कम ईमानदार तो रहें।

राहुल—एक-दूसरे के प्रति ईमानदार?

पीटर—हाँ, एक-दूसरे के प्रति ईमानदार...कौन किससे क्या बात कर रहा है? कौन क्या कर रहा है? इसकी जानकारी आपस में शेयर करनी चाहिए। अब अगर तुम बॉम्बे में गुमशुदगी का मामला दर्ज करवाना चाहते हो तो बिलकुल ठीक है। तुम्हारी मंगेतर दो-तीन दिन से ग़ायब है और तुम्हें इस बारे में कुछ पता नहीं है तो तुम्हें ऐसा करना चाहिए। जहाँ तक हमारी बात है तो हमने बॉम्बे में मिस्टर भारती से पहले ही बात कर ली है...और अगर मैं बॉम्बे

नें होता तो निजी तौर पर उनके दफ़्तर जाकर उनसे मुलाक़ात करता...राइट?

राहुल—हम्म...।

पीटर—ये काम गोवा में बैठकर तो नहीं हो सकता, इसलिए मैंने मिस्टर भारती से फ़ोन पर बात की थी और सारी डिटेल्स दी थी। उसके आधार पर वो जानकारी निकालकर हमें बताएँगे। इस बीच तुम रिलायंस के ऑफ़िस में उससे मिलने गए। रिलायंस वाले शख़्स के साथ तुम्हारी जो भी बातचीत हुई हो...उसने तुम्हें गुमशुदगी की रिपोर्ट दर्ज करवाने को कहा था?

राहुल—उन्होंने मुझे कहा था कि शीना को लेकर उनकी दिलचस्पी सिर्फ़ प्रोफ़ेशनल परिप्रेक्ष्य में है। शीना के पास ऑफ़िस का कुछ काम था, जो अधूरा पड़ा है या उसने पूरा नहीं किया है। उनको यह जानना था कि शीना काम पर वापस आ रही है या इस्तीफ़ा दे रही है या नहीं दे रही? उनको सिर्फ़ इतना जानना था कि शीना सुरक्षित है या नहीं?

पीटर—राइट...।

राहुल—और ये वो बातें थीं जो उन्होंने मुझे कही थीं...जिसके बारे में आपको मालूम है।

पीटर—मिस्टर मुखर्जी क्या कह रहे थे?

राहुल—मिस्टर मुखर्जी ने कहा था कि उनकी आर्मी की बैकग्राउंड रही है और वो इस मामले में जो भी कर सकते हैं, करेंगे।

पीटर—तो ठीक है, उन्हें जो करना है, करने दो। शीना का पता लगाने दो। हम अपने नेटवर्क और अपने संसाधनों के हिसाब से इस पर काम करेंगे।

इंद्राणी—अगर पुलिस कंप्लेन दर्ज करने के लिए घर के पते की ज़रूरत होगी तो ये काम मैं ख़ुशी-ख़ुशी ऑफ़िशियली करने को तैयार हूँ। तुम्हें जो कुछ भी चाहिए, चाहे घर का पता या कुछ और कि शीना कब गई थी? वग़ैरह... जो भी। हम पता लगा लेंगे।

राहुल—याह...और हमें उस बेंटली वाले के बारे में पता लगाना है...ये जो बेंटली का ज़िक्र आ रहा है। दिलचस्प है कि नागपुर का नाम कई बार सामने आ चुका है। भारत में बहुत ज़्यादा बेंटली नहीं होंगी...न ही बॉम्बे में... और ख़ास तौर से नागपुर में...हमें जल्द से जल्द इसका पता लगाना चाहिए।

पीटर—हम पता लगाने की कोशिश कर रहे हैं न।

इंद्राणी—हाँ...हम कोशिश कर रहे हैं।

पीटर—हमें रिपोर्ट दर्ज करवाने के लिए पुलिस को बताना होगा कि शीना फ़लाँ-फ़लाँ जगह पर रहती थी। हमें उसके घर का पता चाहिए। रिलायंस वाले

घर आए थे। हमें मिस्टर मुखर्जी से शीना के घर का पता मिल सकता है।

राहुल—याह, लेकिन आपको शीना के घर का पता क्यों चाहिए? भगवान के लिए...वो अपने घर पर नहीं है।

पीटर—बेशक, मुझे मालूम है कि शीना अपने घर पर नहीं है।

इंद्राणी—हम पुलिस कंप्लेन दर्ज करवाने की कोशिश कर रहे हैं ना? तो उसके लिए घर का पता तो चाहिए।

पीटर—नहीं...नहीं...हम पुलिस कंप्लेन नहीं दर्ज करवा रहे हैं...गोवा में नहीं।

इंद्राणी—गोवा में नहीं करवा रहे हैं।

पीटर—उसके लिए हमें बॉम्बे जाना होगा।

इंद्राणी—हमें ऐसा करना ही होगा...मैं ऐसा करना चाहूँगी।

पीटर—तो राहुल, इसके लिए हमें पता दे दो।

राहुल—कौन-सा पता?

इंद्राणी—शीना के घर का पता...राहुल, जहाँ शीना रहती थी।

राहुल—क्यों? आप लोगों को मेरे घर का पता क्यों चाहिए?

इंद्राणी—मुझे घर का पता चाहिए, क्योंकि घर का पता दिये बिना कोई पुलिस कंप्लेन दर्ज नहीं कर सकती...और मैं पुलिस कंप्लेन दर्ज करवाना चाहती हूँ। मिस्टर भारती को मुझे ये डिटेल्स देनी होंगी।

राहुल—नहीं...नहीं...तुम बिना घर के पते के भी पुलिस कंप्लेन दर्ज करवा सकती हो।

इंद्राणी—हमें उनको दिखाना होगा कि वो वहाँ रहती थी...वहाँ काम करती थी...राहुल, वो लोग डिटेल्स माँगेंगे? वो लोग शीना के ऑफ़िस से भी तो डिटेल्स ले सकते हैं...नहीं?

इंद्राणी—मैं पुलिस से ये तो नहीं कह सकती कि मुझे शीना का पता मालूम नहीं है...जो कि वास्तव में मुझे मालूम नहीं है। मुझे नहीं मालूम कि शीना कहाँ रहती थी, लेकिन मुझे उन्हें बताना होगा कि वो कहाँ रहती थी? यह बात जानना उनके लिए बेहद ज़रूरी होगा।

(थोड़े अन्तराल के बाद)

इंद्राणी—पूरी सुबह शीना निशान्त खुराना से बात करती रही थी...मिस्टर भारती ने उसके नम्बर से पता लगाया है कि वो दिल्ली का रहने वाला है। क्या तुमने इसके बारे में कभी कुछ सुना है? मैंने कभी इस निशान्त खुराना

नाम के लड़के के बारे में नहीं सुना था...और उसने मुझे नागपुर वाले लड़के के बारे में कहानी परोसी थी।

राहुल—याह।

इंद्राणी—अब ये एक नया एंगल सामने आया है। मैं और पीटर ये पता लगाने की कोशिश कर रहे हैं कि ये खुराना कौन है, जिसके साथ शीना चली गई, क्योंकि हम दोनों ही समान रूप से चिन्तित हैं। हमें पता चला है कि शीना के पास उस वक़्त 14 हजार रुपये कैश थे। अब हमें क्राइम ब्रांच के हेड ने सैटेलाइट लोकेशन से मालूम कर बताया है कि शीना सुबह 11 बजे डोमेस्टिक एयरपोर्ट पर थी...और ये बात पूरी तरह क़न्फ़र्म है। इससे पहले निशान्त खुराना नाम के शख़्स के साथ शीना ने एक घंटे बातचीत की थी...तो मैंने क्राइम ब्रांच के हेड से कहा था कि इस बारे में मैं उसके बायफ्रेंड (राहुल) से पूछकर बताऊँगी कि क्या वो निशान्त खुराना के बारे में जानता है?

राहुल—नहीं, मैं उसके बारे में नहीं जानता।

इंद्राणी—तो मामला यह है...खुराना का नाम पहली बार सामने आया है।

राहुल—याह, हो सकता है।

इंद्राणी—तुम पर मैं चिल्लाई...इसके लिए मैं सॉरी बोलती हूँ। तुम जानते हो...।

राहुल—मैं भी सॉरी बोलता हूँ।

इंद्राणी—मुझे अफ़सोस है, क्योंकि शीना ने मुझे जो कुछ बताया...मैंने उससे पूछा था कि राहुल कहाँ है तो उसने कहा था कि राहुल मुम्बई में है। बेशक, मिस्टर भारती ने इस बारे में सब पता लगा लिया है। मरोल नाका में वो जगह भी जहाँ तुम लोग रहते थे।

राहुल—याह।

इंद्राणी—उन्होंने सब ट्रेस कर लिया है, बांद्रा में वो कहाँ थी? इसके बाद वो एयरपोर्ट पर थी...वग़ैरह-वग़ैरह।

राहुल—ऐसा लगता है शीना कोई गेम खेल रही थी...ख़ुद का गेम नहीं... लेकिन उसका कहीं जाने का प्लान था...और कम-से-कम उसे तो मालूम था कि वो क्या कर रही थी...लगता है कि वो अब कुशल है...।

इंद्राणी—नहीं...नहीं, लेकिन अब हमें इतना तो पता है न कि वो कहीं चली गई है...या किसी के साथ है।

राहुल—याह...याह...।

इंद्राणी—अब कम-से-कम हम यहाँ मूर्खों की तरह महसूस नहीं कर रहे हैं...हम सब यहाँ बैठे आपस में लड़ तो नहीं रहे हैं न?

राहुल—याह...करेक्ट...करेक्ट। तुम पर चिल्लाने के लिए मैं सॉरी बोलता हूँ।

इंद्राणी—नहीं...नहीं...मैं भी स्वीटहार्ट...और तुम नहीं जानते मुझे ये पता लगने के बाद कितनी राहत मिली है...उसी क्षण से जब मैंने सुना कि शीना फ़्लाइट से कहीं चली गई है...तुम एक सेकंड पापा से बात करना चाहते हो?

राहुल—याह...।

इंद्राणी—एक सेकंड...।

पीटर—हैलो...

राहुल—हैलो...हैलो...

पीटर—खुराना और शीना के बीच लम्बी बातचीत हुई थी...क़रीब एक घंटे की बातचीत। नई-नई जानकारी सामने आ रही है। कुछ और बातों का पता चलता है तो तुम्हें बता दूँगा। मैं चीज़ें हैंडल कर लूँगा।

राहुल—ओके...कूल...कूल...मैं अपना मामला ख़ुद देख लूँगा।

पीटर—सॉरी?

राहुल—मैंने कहा कि मेरे दिमाग़ में जो कुछ चल रहा है वो मैं ख़ुद देख लूँगा।

पीटर—यस, तुम्हारे दिमाग़ में जो चल रहा है वो तुम्हीं देखो।

राहुल—आगे बढ़ना और चीज़ों को सही करना...और मैं आप पर जो भड़का था इसके लिए पापा सॉरी...लेकिन मुझे वास्तव में नहीं पता था कि कौन क्या है?

पीटर—तुम सही कह रहे हो...पता ही नहीं चलता कि कौन क्या है? कौन किसको भरमाना चाहता है? तो इसके लिए सॉरी की ज़रूरत नहीं है।

इंद्राणी—और नागपुर का नाम तो बिलकुल ही चौंकाने वाला था।

पीटर—नागपुर?

राहुल—याह...।

पीटर—बिलकुल।

राहुल—याह...देखते हैं आगे क्या होता है?

पीटर—याह...। देखते हैं...।

राहुल—अब मैं वो काम करता हूँ...जो मुझे करना है।

इंद्राणी—जो भी करो...हमें बताते रहना।

राहुल—याह।

पीटर—राहुल, इस सबसे बाहर निकलो और अपनी ज़िन्दगी नये सिरे से प्लान करो।

राहुल—याह...याह...

पीटर—तुम्हें रुटीन चीज़ों के बारे में पता है?

राहुल—अब जबकि मैंने ये सब कुछ सुन लिया है तो मुझे यक़ीन आ रहा है कि वो सारे मैसेज ख़ुद शीना ने ही भेजे होंगे।

पीटर—याह...।

राहुल—तो अगर बात ये है तो कुछ महीनों में सब कुछ साफ़ हो जाएगा और ये मामला ख़त्म हो जाएगा।

पीटर—बिलकुल-बिलकुल। अब तुम अपने बारे में सोचो।

राहुल—ओह...वोव।

पीटर—याह...वोव...मैं तुम्हें कह रहा हूँ कि इस तरह की चीज़ें ज़िन्दगी में होती रहती हैं। तुम्हें मालूम है कि अब तुम बड़े हो रहे हो...आगे बढ़ो और इस पर हँसो...दुनिया एक मज़ेदार जगह है।

राहुल—वास्तव में? हा...हा जैसी फनी नहीं?

पीटर—हा...हा जैसी फनी नहीं...इस तरह की चीज़ें होती रहती हैं।

राहुल—याह...मेरा मतलब है, लेकिन मुझे अभी भी नहीं मालूम कि वो लोग सिर्फ़ दोस्त हैं या रिलेशनशिप में हैं? इसलिए मैं कुछ भी मानकर नहीं चल रहा हूँ...किसी तरह की कल्पना नहीं कर रहा हूँ।

पीटर—लेकिन तुम्हें मानना पड़ेगा कि चीज़ें ख़राब हैं...हो सकता है वहाँ कुछ हो रहा हो?

राहुल—नहीं...नहीं...कोई ज़रूरी नहीं है। मेरा मतलब है कि हम दोस्तों से इस तरह बातें करते हैं...और कोई गम्भीर मामला हो तो उनसे फ़ोन पर लम्बी बातचीत होना स्वाभाविक है।

पीटर—लेकिन तुम्हें ये नहीं मालूम कि वो दोस्त कौन है? प्वाइंट ये है...।

राहुल—मैं उन सब बातों के बारे में सोचना नहीं चाहता। मैं शीना की तरफ़ से इस बारे में सुनने का इन्तज़ार करूँगा...और जैसा कि आपने एक दिन कहा था कि वो हमेशा तो बिना सम्पर्क किए नहीं रह सकती...कभी-न-कभी तो हमें पता चल ही जाएगा।

पीटर—बिलकुल...कभी तो समय आएगा, जब सारी बातें साफ़ हो जाएँगी।

राहुल—याह...कूल।

पीटर—अपने दिमाग़ को शान्त करने के लिए थोड़ा समय दो...वैसे अभी तुम कहाँ हो?

राहुल—मैं बांद्रा में हूँ।

पीटर—कहाँ?

राहुल—बांद्रा...बांद्रा में।

पीटर—ओह बांद्रा...ओके।

राहुल—याह...।

(थोड़े अन्तराल के बाद)

इंद्राणी—हैलो राहुल...।

राहुल—हाय...हाय...।

इंद्राणी—सुनो राहुल, मैं सीरियसली कह रही हूँ कि ये सब छोड़कर कुछ बेहतर काम करो...अब ये कोई और है जिसके साथ वो चली गई है। देखो अब कोई किसी के साथ अपनी मर्ज़ी से गया है तो कोई कुछ नहीं कर सकता।

राहुल—याह...नहीं...। मैं कुछ करना भी नहीं चाहता। अगर उसे लगता है कि मेरे साथ उसके रिश्ते ख़त्म हो गए हैं और वो लाइफ़ में आगे बढ़ना चाहती है तो मैं यह समझ सकता हूँ। ठीक है...वो उसका फ़ैसला है। मुझे सिर्फ़ इतना जानना है कि वो सुरक्षित है? क्योंकि वो अचानक ग़ायब हो गई।

इंद्राणी—याह।

राहुल—और मैं उसकी चिन्ता कर रहा हूँ...इतनी ज़्यादा चिन्ता कर रहा हूँ कि इसने मुझे एक झमेले में फँसा दिया है।

इंद्राणी—याह...सच पूछो तो हम भी बहुत परेशान हैं। सुबह तक मैं बिलकुल शान्त थी। तुम जानते हो...जरा सोचो इस बारे में...उसने मुझे नागपुर की कहानी सुनाई। अब ये बिलकुल ही अलग खुराना वाली बात सामने आई है। अब किसी नागपुर वाले लड़के का अस्तित्व नहीं है...लेकिन ख़ैर, अब मेरा ख़याल है कि हम सबको बढ़िया नींद लेनी चाहिए...एक नई सुबह से शुरुआत करते हैं।

राहुल—याह...वो कूल है। मेरा अनुमान है कि वो ठीक होगी।

इंद्राणी—याह...वो कूल है और कल तक शायद हमें वो सूचित भी कर दे...और हम क्या कर सकते हैं? अब करने के लिए कुछ नहीं है।

राहुल—हम्म...याह...ऑलराइट...तुम अपना ख़याल रखो। कल मैं तुमसे बात करता हूँ।

इंद्राणी—याह...तुम भी अपना ख़याल रखो...तब तक बाय।

राहुल—बाय बाय।

बातचीत-6

पिछली बातचीत में जिस तथाकथित निशान्त खुराना का ज़िक्र आया था, उसका कॉन्टैक्ट नम्बर राहुल ने इंद्राणी से माँगा था, जिस पर पीटर राहुल को ये नम्बर हासिल करने से मना करता है। पीटर के मुताबिक़ इंद्राणी ने आईपीएस देवेन भारती से उस तथाकथित खुराना का नम्बर माँगा था, मगर पीटर को भारती से नम्बर माँगने पर ऐतराज़ है। पीटर कहता है कि देवेन यह जो कुछ भी कर रहा है वह उसके लिहाज से कर रहा है। देवेन भारती एक सीनियर ऑफ़िसर है। उसके पास और भी बहुत से काम होते हैं। पीटर के कहने से अगर भारती ने खुराना का नम्बर निकाल भी दिया तो वह उस नम्बर को राहुल को नहीं देगा। पीटर राहुल से कहता है कि वह इस मामले की जितनी गहराई में जाना चाहता है जाए, पर आगे पीटर उसके साथ कुछ भी शेयर नहीं करेगा। इस पर राहुल पीटर से वादा करता है कि वह शीना के मामले में अब कुछ नहीं कहेगा। बस वे लोग उससे कोई बात न छुपाएँ। पीटर कहता है कि तुम्हें लगता है कि शीना तुम्हारे साथ ख़ुश थी, जबकि भारती बता रहा था कि वह फ़लाँ-फ़लाँ लोगों से लम्बी-लम्बी बात करती है। राहुल पीटर से खुराना के नम्बर की छह डिजिट माँगता है। छह मिनट चली इस बातचीत में राहुल एक बात (शायद अँधेरे में तीर वाली चाल) कहता है कि वह शायद उस 'खुराना' को शीना के दोस्तों के ज़रिये जानता है, जिसे पीटर महज़ इत्तेफ़ाक़ कहकर ख़ारिज कर देते हैं। राहुल पीटर से खुराना के नम्बर की आख़िरी डिजिट माँगता है। पीटर यह भी राहुल को देने से मना कर देता है। वह राहुल को बताता है कि देवेन भारती ने अपने तरीक़े से शीना और खुराना की बातचीत के रिकॉर्ड को निकलवाया है। अब जाकर देवेन से खुराना का नम्बर नहीं माँग सकता है। पीटर के मुताबिक़ अगर उन्हें देवेन भारती से खुराना का नम्बर मिल भी गया तो भी वे उसे राहुल को नहीं देंगे—

राहुल—हैलो...।

पीटर—हैलो...कहाँ हो तुम?

राहुल—एक रेस्टोरेंट में डिनर कर रहा हूँ...वेज रेस्टोरेंट।

पीटर—ओके...बढ़िया। एक बात ध्यान से सुनो। मुझे पता चला है कि

तुमने इंद्राणी से मिस्टर खुराना का नम्बर माँगा था। इंद्राणी ने इसके लिए देवेन भारती को फ़ोन किया था। उस वक़्त मैंने इंद्राणी से पूछा था कि क्या देवेन भारती को फ़ोन लगाया है? तो इंद्राणी ने 'हाँ' कहा और बताया कि राहुल को खुराना का नम्बर चाहिए था...तब मैंने कहा कि सुनो, प्लीज़ ऐसा मत करो।

राहुल—नहीं, मुझे नम्बर की सिर्फ़ छह डिजिट चाहिए थी...पूरा नम्बर नहीं चाहिए था। सिर्फ़ ये वेरिफाई करने के लिए कि आपको उस खुराना के बारे में पता है या नहीं?

पीटर—छह डिजिट...राहुल...मूर्ख मत बनो।

राहुल—मैं कैसे मूर्ख बन रहा हूँ। इस फ़ोन नम्बर पर हर कोई तो नहीं हो सकता?

पीटर—भगवान के लिए अब मेरी बात सुनो। मैं तुम्हें बता देना चाहता हूँ कि इसके बाद से मैं तुम्हें कुछ भी डिटेल्स नहीं दूँगा। तुम्हें इसकी तह में जितना गहरा जाना है, जाओ...फिर चाहे फ़ोन नम्बर की छह डिजिट हों या कुछ और...मैं अब इस बारे में मिस्टर भारती से कुछ और नहीं पूछने वाला... वो मेरा लिहाज करके ये काम कर रहे हैं। उन्होंने मुझसे वादा किया है कि वो सीनियर चीफ़ हैं। मैं उनसे कुछ भी वेरिफ़ाई करने के लिए नहीं कहूँगा... वरना वो मुझे पागल समझेंगे।

राहुल—हम्म...।

पीटर—इसका तो सवाल ही नहीं उठता...बिलकुल नहीं...।

राहुल—ऑलराइट...ऑलराइट...कूल...।

पीटर—ओके...

राहुल—ठीक है...इसके अलावा चारा भी क्या है...मैं आपसे बहस करता रहूँगा...और आप ना...ना...कहते जाएँगे।

पीटर—नहीं...नहीं...मैं बहस की बात नहीं कह रहा। मैं सिर्फ़ अपनी पोज़िशन क्लियर कर रहा हूँ। मैं मिस्टर भारती से ये नहीं पूछ सकता। मैं इतनी दूर तक भी इसलिए गया, क्योंकि मैं तुम्हारे लिए...हमारे लिए...डिटेल्स निकालकर पक्का करना चाहता था। तुम जानते हो वो तुम्हारे साथ सुरक्षित थी...लेकिन उसकी किसी के साथ लम्बी बातचीत होती है। इससे हमारी थ्योरी सही साबित होती है कि वो फ़लाँ तारीख़ और फ़लाँ समय किसी के साथ चली गई। इसके अलावा वेरिफ़ाई करने का दूसरा कोई रास्ता नहीं है।

राहुल—दूसरा तरीक़ा है वेरिफ़ाई करने का...पापा...ये जो लड़का है खुराना...उसका नाम मेरा जाना-पहचाना है...शीना के दोस्तों के ज़रिये। पापा...

मैंने आपको नहीं बताया लेकिन शीना के दोस्तों की मार्फ़त मैं उसे जानता हूँ तो अगर मुझे खुराना के मोबाइल नम्बर की कुछ डिजिट भी मिल जाए तो मैं शीना के दोस्तों से पूछकर वेरिफ़ाई कर लूँगा कि ये वही लड़का है या नहीं?

पीटर—अगर उसका नाम वही है तो ये महज़ इत्तेफ़ाक़ होगा। सिर्फ़ इत्तेफ़ाक़...बिलकुल ऐसा जैसे मैंने हैट में से कोई नाम निकालकर तुम्हें बता दिया...नहीं?

राहुल—याह...।

पीटर—तो मेरा मतलब है कि मुझे कोई आइडिया नहीं है। मैंने उसका नाम पहले कभी नहीं सुना था। ये जो कुछ मुझे मिस्टर भारती से मालूम हुआ है वो आगे मैंने तुम्हारे साथ शेयर किया है।

राहुल—हम्म...याह।

पीटर—लेकिन लगता है कि तुमने भरोसा नहीं करने का ठान लिया है... तब जो तुम्हें ठीक लगे वो करो।

राहुल—ठीक है।

पीटर—तुम मेरी बात पर यक़ीन करो...ये काफ़ी है।

राहुल—आपको पता है....ख़ैर...।

पीटर—देखो, मैंने तुम्हें सब कुछ बता दिया। तुम्हें नाम तक बता दिया जो मुझे मुम्बई पुलिस की क्राइम ब्रांच के सीनियर मोस्ट अधिकारी ने बताया था...तो ये बात है...मैं तुम्हें क्यों कोई फ़र्ज़ी नाम बताऊँगा? और बाद में वही नाम निकलेगा।

राहुल—नहीं...नहीं...मैं ये नहीं कह रहा हूँ कि आपने मुझे कोई फ़र्ज़ी नाम बताया है। फ़र्ज़ी नाम देने की तो किसी ने बात ही नहीं कही।

पीटर—नहीं...नहीं...सुनो, मिस्टर भारती ने मुझे बताया कि कब कॉल किया गया था? कितने समय तक दोनों में बातचीत हुई थी? इसका मतलब है कि उनको फ़ोन सर्विस प्रोवाइडर या कम्प्यूटर या जैसे भी हो उनको बातचीत की पूरी डिटेल्स मिली है।

राहुल—ओके...।

पीटर—अब मेरा उनके पास जाकर नम्बर माँगना कि मुझे खुराना के नम्बर की ज़रूरत है...बहुत अजीब लगेगा।

राहुल—ओके...फ़ाइन...फ़ाइन...मैं इन्तज़ार करूँगा।

पीटर—तुम सोचते हो मुझे तुम पर भरोसा नहीं है?

राहुल—ओके। मैं इन्तज़ार करूँगा। आपको जब जैसे जो भी जानकारी

मिलती है उसमें से कुछ आप...प्लीज़ मुझे बताइए...ताकि मुझे भी पता चल सके। मैं शीना से सम्पर्क की कोशिश नहीं करूँगा। मुझे सिर्फ़ ये जानना है कि...आप समझ रहे हैं ना मैं क्या कह रहा हूँ?

पीटर—याह।

राहुल—फिर चाहे वो कल हो...सोमवार हो या जब भी...।

पीटर—जब भी पता चलेगा तुम्हें ज़रूर बताऊँगा। हालाँकि मुझे खुराना का नम्बर मिल भी गया तो मैं तुम्हें देना नहीं चाहूँगा। वैसे मिस्टर भारती शायद ही मुझे उसका नम्बर देंगे। वो हमें कल कुछ और जानकारी देने वाले हैं... क्या जानकारी देंगे? मुझे नहीं पता है।

राहुल—इंद्राणी कह रही थी कि कल आपको इस बारे में सारी जानकारी मिल जाएगी?

पीटर—नहीं...नहीं...हमें उनसे शीना की खुराना से कॉल से जुड़ी जानकारी मिलेगी। मुझे खुराना का फ़ोन नम्बर नहीं चाहिए...लेकिन एक बात तुम्हें ठीक से बता सकता हूँ कि जिस मिनट हमें इस बारे में जानकारी मिली हमने तुम्हें तुरन्त फ़ोन करके बताया। हमने तुम्हें बताया कि हमें मिस्टर भारती से खुराना का नाम मिला है। हमने बताया कि ये जानकारी मिली है...तो जो बात है वो ये है कि मिस्टर भारती तुम्हें नहीं जानते...शीना को भी नहीं जानते...और उन्होंने खुराना का नाम कोई हमें यूँ ही हैट में से निकालकर नहीं दे दिया? मैं उनसे मोबाइल नम्बर की डिजिट के बारे में नहीं पूछ सकता...ओके?

राहुल—पापा...आप एक ही बात बार-बार कह रहे हैं। ख़ैर, मदद के लिए शुक्रिया...।

पीटर—ऑलराइट...याह...अपना ख़याल रखना।

राहुल—याह...फ़ाइन...।

पीटर—लव यू...।

बातचीत-7

राहुल के पूछने पर कि क्राइम ब्रांच को कोई और नई जानकारी मिली है तो पीटर उसे बताता है कि उन्होंने पुलिस से शीना के बारे में जान-बूझकर फ़ॉलोअप नहीं किया, क्योंकि उन्हें उनके मतलब लायक जानकारी मिल चुकी है। राहुल जानना चाहता है कि क्या कोई उस खुराना से बात कर सकता है। इस पर पीटर अनजान बनते हुए उसे मना कर देता है। वह नहीं चाहता कि

राहुल खुराना वाले इस मामले में ज़्यादा आगे बढ़े। खुराना के असली या काल्पनिक होने के मामले पर पीटर क़सम खाकर राहुल को आश्वस्त करता है कि उसने कोई फ़र्ज़ी कहानी नहीं गढ़ी है। इस पर राहुल पीटर से पूछता है कि क्या वाक़ई उन्हें राहुल से ज़्यादा नहीं पता है? क्योंकि उन लोगों ने राहुल को बताया था कि शीना ठीक है। क्या उन लोगों को वाक़ई नहीं पता कि शीना ठीक है। वे राहुल को बता रहे हैं कि शीना ठीक है, रॉबिन ठीक है। फिर वे कह रहे हैं कि उन्हें नहीं पता कि शीना ठीक है या नहीं। पीटर राहुल से कहता है कि वह उसकी हालत को समझ सकता है। शीना ने खुराना से लम्बी-लम्बी बात की थी। इस पर राहुल कहता है कि अगर ऐसा था तो शीना का फ़ोन एंगेज क्यों नहीं था? पीटर कहता है कि वह कोई झूठी कहानी नहीं सुना रहा है। राहुल के कहने पर ही उसने गोवा में होते हुए मुम्बई में देवेन भरती को फ़ोन किया था। राहुल को लगता है कि कहानी लगातार बदल रही है, इसलिए कुछ तो गड़बड़ है। आठ मिनट की बातचीत के आख़िर में भावुक राहुल बिल्डिंग की छत से छलाँग लगाने की बात कहता है। इस पर पीटर उससे कहता है कि अगर वह ऐसा करता है लोग उसे लूजर कहेंगे। इंद्राणी बातचीत में शामिल होते हुए राहुल से कहती है कि तुमने ऐसा क्या किया है जो तुम छत से कूदोगे? तुम्हें ऐसा कोई काम नहीं करना चाहिए। हमने भी ऐसा कोई काम नहीं किया है। राहुल उनकी आगे की बात को सुनने से पहले ही फ़ोन काट देता है—

पीटर—पिछली रात मैं जब घर आया तो मैंने डिस्प्रिन खाई थी।

राहुल—ओह, डियर।

पीटर—याह...पिछली रात डिस्प्रिन खाई थी...और आज सुबह भी डिस्प्रिन खाई है। मैं अभी थोड़ा ठीक महसूस कर रहा हूँ।

राहुल—आप कहाँ जाने वाले हो...बॉम्बे या कहीं और?

पीटर—नहीं...मैं बॉम्बे जाऊँगा...हमारी फ़्लाइट चार बजे की है तो हम पाँच बजे तक बॉम्बे पहुँच जाएँगे।

राहुल—याह...कूल...कूल...।

पीटर—याह...तुम्हें पता है कि कल सुबह रवाना होने से पहले मुझे फ़्लाइट पकड़नी है?

राहुल—याह...कल सुबह किस समय जा रहे हैं आप?

पीटर—बहुत जल्दी, 9.15 बजे। इसका मतलब है कि मुझे सात बजे तक एयरपोर्ट पहुँचना होगा।

राहुल—क्या आप नशे में हैं? बाय एनी चांस?

पीटर—नहीं, मैं नशे में नहीं हूँ...बड़ी फ़नी पोज़िशन में लेटा हुआ हूँ। गला थोड़ा ख़राब है।

राहुल—आप स्विमिंग पूल के पास हैं?

पीटर—नहीं...मेरे आसपास कोई स्विमिंग पूल नहीं है। मैं बिस्तर पर लेटा हूँ।

राहुल—नहीं...मुझे ऐसा लगा कि बैकग्राउंड से पानी की बौछार की आवाज़ आ रही थी।

पीटर—नहीं...यहाँ कोई पानी की बौछार नहीं है...मैं बिस्तर पर लेटा हूँ।

राहुल—कुछ ख़ास?

पीटर—नहीं...यूँ ही वक़्त गुज़ार रहा हूँ। मेरे लिए कोई ख़ास ख़बर? मैं स्विमिंग पूल में जाना चाहता था लेकिन मुझे नहीं मालूम कि मुझे वहाँ जाना चाहिए या नहीं।

राहुल—आपको डिस्प्रिन से राहत नहीं मिली?

पीटर—डिस्प्रिन ठीक है...थोड़ा कम हुआ है...नॉर्मल से कम है। वो क्या है कि थोड़ा आलस महसूस कर रहा था, इसलिए कुछ नहीं किया... उठने के बाद चेंज करूँगा।

राहुल—रॉबिन के साथ पिछली रात लम्बी बात हुई।

पीटर—रॉबिन से किसने बात की, तुमने?

राहुल—हाँ...हाँ...मेरा मानना है कि उसको भी वही मैसेज भेजे गए।

पीटर—रॉबिन से एक बार मेरी बात हुई थी।

राहुल—वो बिलकुल ठीक है। बस, सोच रहा है कि आगे क्या करना चाहिए?

पीटर—क्या रहा?

राहुल—वो शायद शुक्रवार को उससे बात करेगा। हालाँकि उसने बताया नहीं।

पीटर—ओके।

राहुल—हम्म...।

पीटर—उसने क्या कहा? वो शुक्रवार को नहीं मिला?

राहुल—मुझे नहीं पता? आपको उससे बात करनी होगी...मुझे नहीं पता। मैं उसे शायद ग़लत सूचना ही दूँगा।

पीटर—मैं उससे बात करूँगा।

राहुल—याह...याह...।

पीटर—तुम घर आओगे?

राहुल—हाँ...आ सकता हूँ, क्या हो रहा है?

पीटर—कुछ नहीं हो रहा...जाने से पहले तुमसे मिल लूँगा...नहीं तो मिल नहीं पाऊँगा।

राहुल—क्राइम ब्रांच से कोई और जानकारी मिली क्या?

पीटर—नहीं, कुछ नहीं। किसी से कोई नई बात नहीं पता चली।

राहुल—वाक़ई?

पीटर—नहीं...वास्तव में हमने ही फ़ॉलोअप नहीं किया।

राहुल—ओह...ओके...लेकिन क्यों नहीं?

पीटर—हमें जितनी जानकारी की ज़रूरत थी...वो हमें मिल चुकी...हमें और कुछ नहीं जानना।

राहुल—किसी ने उस खुराना के नम्बर पर बात की?

पीटर—सॉरी?

राहुल—कोई उस खुराना से बात कर सकता है?

पीटर—तुम्हारा मतलब क्या है?

राहुल—मेरा मतलब...मुझे नहीं पता।

पीटर—किसी से तुम्हारा क्या मतलब है?

राहुल—कोई भी उससे फ़ोन पर बात कर सकता है।

पीटर—मैं नहीं समझ पा रहा हूँ कि तुम्हारा क्या मतलब है?

राहुल—मेरा कोई मतलब नहीं है पापा...जाने दीजिए।

पीटर—हम्म...।

राहुल—क्या आपको वाक़ई इस बारे में कुछ नहीं मालूम?

पीटर—मैं अब भी समझने की कोशिश कर रहा हूँ कि तुम क्या कह रहे हो?

राहुल—नहीं...नहीं...मुझे नहीं पता। मैं कुछ नहीं कह रहा हूँ। मैं सिर्फ़ आपसे पूछ रहा हूँ।

पीटर—बेशक, डार्लिंग...मैंने तुम्हें उसके बारे में वही कहा जो मुझे बताया गया था...मैंने कोई फ़र्ज़ी कहानी नहीं गढ़ी है।

राहुल—नहीं-नहीं। मैं सिर्फ़ पूछ रहा हूँ कि क्या आप लोगों को वाक़ई उससे ज़्यादा नहीं मालूम है, जितना मुझे बताया गया है? क्या आप लोगों को नहीं मालूम कि शीना ठीक है? क्योंकि आपने पहले कहा था कि आपकी लोगों से बात हुई है और आप निश्चिन्त होकर कह सकते हैं कि वो ठीक है। आपने कहा था कि रॉबिन भी ठीक है और शीना भी ठीक है। लेकिन अब आप

कह रहे हैं कि आपको पता नहीं है। क्या इतना ही कुछ आपको मालूम है?

पीटर—याह...।

राहुल—मेरा मतलब है कि इनमें से कौन-सी बात सही है?

पीटर—देखो, मेरे पास जो भी जानकारी थी, वो मैंने तुम्हें बता दी। मैं समझता हूँ कि शीना ने इस शख़्स के साथ फ़ोन पर एक घंटे या जितनी भी देर...बातचीत की थी।

राहुल—अगर ये बात है तो शीना का फ़ोन एंगेज होना चाहिए था?

पीटर—अब मुझे नहीं पता...इस बारे में।

राहुल—पापा...इस पर विचार कीजिए। एंगेज होना चाहिए था कि नहीं?

पीटर—मैंने तुम्हें बताया तो था कि दोनों के बीच घंटे-भर बात हुई थी।

राहुल—तो इस दौरान जब इन दोनों की फ़ोन पर बातचीत चल रही थी... उसी वक़्त मैं शीना को फ़ोन लगाने की कोशिश कर रहा था। अगर दोनों फ़ोन पर बात कर रहे थे तो शीना का फ़ोन एंगेज आना चाहिए था?

पीटर—याह...

राहुल—ख़ैर, मेरी बात सुनिए। यह कहानी लगातार बदल रही है, इसलिए कुछ तो गड़बड़ है? लेकिन मैं आपसे पूछना चाहता हूँ कि आपको मेरे साथ ईमानदार होना चाहिए कि नहीं?

पीटर—बिलकुल होना चाहिए।

राहुल—क्योंकि अगर बाद में मुझे पता चलता है कि जो कुछ हो रहा था, वो सब आप लोगों को पता था, लेकिन मुझे अँधेरे में रखा गया, तो इससे मुझे बहुत दुख होगा। वास्तव में दुख होगा।

पीटर—मैं क़सम खाता हूँ...दिल को छूकर कहता हूँ कि अगर मैं झूठ बोल रहा होऊँ तो मर जाऊँ। लेकिन मैंने कोई कहानी नहीं गढ़ी है। ऐसा कुछ नहीं जानता जो मैंने तुम्हें नहीं बताया है। मैंने तुम्हें वही बताया है जो कल मुझे उनसे बातचीत के बाद पता चला है।

राहुल—तब इंद्राणी वहाँ थी?

पीटर—मैंने जब बात की थी तो इंद्राणी वहाँ थी। मैंने फ़ोन स्पीकर पर किया हुआ था। तुम जानते ही हो कि गोवा में हमारा फ़्लैट उतना बड़ा नहीं है तो हम एक कमरे में साथ बैठे थे। हम फ़ोन कर रहे थे। तुम्हारे साथ बात हो रही थी। मैंने ख़ुद मिस्टर भारती को फ़ोन लगाया था...और इतने शॉर्ट नोटिस पर सब कुछ करने के लिए मैंने उनका शुक्रिया भी अदा किया था।

राहुल—हम्म...।

पीटर—तो खुराना का नाम जो सामने आया है वो कोई काल्पनिक किरदार या मनगढ़ंत नाम नहीं है।

राहुल—मैं जानता हूँ...याह।

पीटर—लेकिन लगता है कि तुम्हारी कल्पना कुछ ज़्यादा ही उड़ान भर रही है।

राहुल—हम्म...।

पीटर—मैं तुम्हें फिर से आश्वस्त करना चाहता हूँ कि यही सब कुछ हुआ था, जो तुम्हें बताया गया है। तुम्हें बाद में ये पता लगने का सवाल ही नहीं उठता कि मैं जानता कुछ और था और तुम्हें बताया कुछ और था। इस बारे में तुम बिलकुल भी चिन्ता मत करो।

राहुल—हम्म...।

पीटर—मुझे पक्का विश्वास है कि तुम्हारे दिमाग़ में कुछ और ही चल रहा है। लेकिन जो तुम सोच रहे हो, वैसा है नहीं।

राहुल—(भावुक होकर) मेरा मन बिल्डिंग की छत से छलाँग लगाने का हो रहा है।

पीटर—बिल्डिंग की छत से कूदने जैसा मूर्खतापूर्ण काम मत करना। तुम लूजर कहलाओगे।

इंद्राणी—तुमने ऐसा क्या किया है जो बिल्डिंग से कूदने जैसा काम करोगे? इस तरह की बात मत करो।

पीटर—और फिर मैंने ऐसा क्या किया है जो तुम बिल्डिंग से कूदने जैसी हरकत करोगे?

इंद्राणी—मैंने भी ऐसा क्या किया है?

(राहुल रोते हुए फ़ोन काट देता है।)

बातचीत-8

कुछ देर बाद बातचीत फिर वहीं से शुरू होती है, जहाँ पिछली ख़त्म हुई थी। राहुल को पीटर-इंद्राणी समझाते हुए कहते हैं कि छत से कूदने जैसी किसी भी तरह की कोई हरकत न करे। राहुल कहता है कि इतनी अपुष्ट स्कैंडल वाली कहानी सुनने को मिल रही है कि वह सच जाने बिना नहीं रहेगा। फिर इंद्राणी शीना के लिखे और अब तक ज़ाहिर नहीं किए गए ईमेल को पढ़कर कहानी

में नया ट्विस्ट लाती है। मगर अपनी बात पर अड़ा राहुल कहता है कि अगर शीना ने किसी से कॉन्टैक्ट नहीं किया तो कैसे पता चलेगा कि शीना ज़िन्दा है या मर चुकी है? जवाब में इंद्राणी-पीटर मरने की बात को ख़ारिज कर देते हैं। राहुल शक ज़ाहिर करता है कि शीना के ग़ायब (हक़ीक़त में मरने) होने वाली रात को किसी और शीना ने मोबाइल से उसे या अन्य किसी को मैसेज भेजे होंगे, जिसे पीटर-इंद्राणी ख़ारिज करते हैं। राहुल को पीटर कहता है कि उसकी समझ के मुताबिक़ शीना पूरी तरह ठीक है और किसी के साथ कहीं चली गई है। इंद्राणी द्वारा दी गई जानकारी के आधार पर पीटर कहता है कि उसे यक़ीन है कि शीना भाग गई है। मगर यह सीधा कहकर वह राहुल का दिल नहीं तोड़ना चाहता। बातचीत में राहुल कहता है कि वह वैसा ही कुछ करेगा जैसा शीना ने किया और कुछ समय के लिए ग़ायब हो जाएगा। राहुल को लगता है कि इस प्रकरण में कुछ गड़बड़ ज़रूर है। खुराना नाम के शख़्स के शीना की ज़िन्दगी में होने के दावे को वह ख़ारिज कर देता है। राहुल का कहना है कि शीना का फ़ोन इंद्राणी के पास हो सकता है। इस पर इंद्राणी इनकार करती है। इंद्राणी-पीटर राहुल को समझाते हैं कि शीना ने राहुल से दूर जाने के लिए इंद्राणी के कंधे पर बन्दूक़ रखकर चलाई। इंद्राणी अपनी बात के समर्थन में बेटी विधि और पति पीटर की क़सम भी खाती है। आख़िरकार इस उम्मीद के साथ बात ख़त्म होती है कि शायद हफ़्ता पूरा होते-होते शीना ख़ुद ही लौट आए। इंद्राणी-पीटर के तमाम समझाने के बावजूद राहुल साफ़ कर देता है कि वह यह पता करने में कोई कसर नहीं छोड़ेगा कि शीना कहाँ है?

पीटर—हैलो...।

राहुल—हैलो...।

इंद्राणी—राहुल...राहुल...।

राहुल—याह...।

इंद्राणी—सुनो राहुल...ऐसी कोई बेवकूफ़ाना हरकत मत करना...राहुल... प्लीज़...प्लीज़ ऐसा कुछ मत करना।

राहुल—तुम जानती हो...मुझे कुछ समझ में नहीं आ रहा है कि क्या करना है? किसे क्या कहना है? क्या सोचना है?

इंद्राणी—तुम्हें कुछ करने की ज़रूरत नहीं है। लोग ज़िन्दगी में आगे बढ़ जाते हैं। ये कोई पहली बार ब्रेकअप नहीं हुआ है। राहुल ये कोई पहली बार नहीं है। तुम्हें अपने जीवन में आगे बढ़ने की ज़रूरत है।

राहुल—ये काफ़ी मुश्किल है। आज तीसरा दिन है और इतनी स्कैंडल

वाली सूचनाएँ मिल रही हैं। मेरी समझ में नहीं आ रहा है कि इनमें से क्या सच हैं और क्या झूठ है, जो कहानी बताई जा रही है उसमें ढेर सारे छेद हैं। मेरे लिए ये सब स्वीकार करके जीवन में आगे बढ़ जाना बड़ा मुश्किल है। अगर इसका अन्त सन्तुष्टिपूर्ण होता तो मैं आगे बढ़ सकता था। लेकिन मौजूदा हालात में मैं इसे भुलाकर आगे नहीं बढ़ सकता। अगर शीना की मुझमें दिलचस्पी नहीं है तो मैं उसके साथ नहीं होना चाहता। अगर वह मेरे साथ रिलेशनशिप नहीं रखना चाहती तो मेरी दिलचस्पी भी इस रिश्ते को आगे बढ़ाने में नहीं है। लेकिन मुझे सच जानने की ज़रूरत है?

इंद्राणी—याह...।

राहुल—आपको समझना चाहिए कि मैं किस मनोदशा से गुज़र रहा हूँ... और मुझे क्यों सच जानने की ज़रूरत है?

इंद्राणी—नहीं...नहीं...राहुल...बेशक हम समझते हैं...जैसा कि मैंने कहा कोई किसी को ज़बरदस्ती पकड़कर नहीं रख सकता। कोई अगर ब्रेकअप चाहता है या अपना रास्ता जुदा करना चाहता है तो उसे जबरन तो नहीं रोका जा सकता ना? बस, यही बात है। बहुत से लोगों को इस तरह की सिचुएशन में दिक़्क़त होती है। यह मामला भी इससे अलग नहीं है।

राहुल—इंद्राणी शामवदांशी पर भी दबाव डालकर उसे यही सब करने के लिए मजबूर किया गया था, उसे कहीं दूर भेज दिया गया था। उससे भी कुछ इसी तरह की चिट्ठी लिखवाई गई थी। क्या वो ऐसा ही मामला नहीं था?

इंद्राणी—नहीं राहुल, एक बात को लेकर मैं तुम्हें आश्वस्त कर सकती हूँ कि मैं तुम्हें शीना का एक ईमेल दिखा सकती हूँ। शुक्र है कि मैंने कुछ ईमेल सेव कर लिये थे। वास्तव में सेव नहीं किए थे बल्कि मुझे डिलीट करने का मौक़ा ही नहीं मिला। आम तौर पर मैं हर ईमेल नहीं रखती लेकिन शीना का आख़िरी ईमेल मेरे पास है। तुम्हें याद है तुमने मुझे बताया था कि शीना ने तुमसे नागपुर में किसी प्रॉपर्टी वाली बात का ज़िक्र किया था?

राहुल—हम्म...।

इंद्राणी—तो शीना का ये ईमेल 19 को आया था। इसे मैं तुम्हें फ़ॉरवर्ड कर दूँगी। लेकिन फ़िलहाल मैं अपने लैपटॉप पर ये ईमेल देख पा रही हूँ। ईमेल में लिखा है, (शीना ने असमिया में लिखा था) "मैं शाम को बात करूँगी। क्या हम लोग आख़िरी दो यात्रा 30 अप्रैल से एक मई के दौरान कर सकते हैं? एक मई को छुट्टी है और सोमवार की मैं छुट्टी ले लूँगी। रविवार को मिलाकर तीन दिन हो जाएँगे। तुम्हारा क्या ख़याल है? 28 को हाफ़ डे है।

इसका मतलब है कि 28 को मैं हाफ़ डे ले लूँगी और 30 को ऑफ़। क्या यह तुम्हारे लिए ठीक रहेगा?" तो यह शीना का ईमेल है, जो उसने मुझे भेजा था...अभी मैंने तुम्हें पढ़कर सुनाया है।

राहुल—हम्म...।

इंद्राणी—और उस दिन जब ये ईमेल आया तो मैंने पापा को बताया था। पापा ने कहा कि कुछ करने की ज़रूरत नहीं है। हम लोग कहीं नहीं जा रहे हैं। अगर कोई यहाँ आकर तुमसे मिलना चाहता है तो मिल ले। तब तो ठीक है लेकिन नागपुर जाने की ज़रूरत नहीं है। अब मैं शीना का दूसरा ईमेल पढ़कर सुनाती हूँ, जो 19 की सुबह आया था।

राहुल—ओके।

इंद्राणी—"गुड मॉर्निंग...(शीना ने फिर असमिया में लिखा था) बहुत गंदा है..." शायद वो सुबह में अपने घर से ऑफ़िस की ट्रेन जर्नी को लेकर ये बात कह रही है। आगे लिखा है, "यूनिवर्सिटी को लेकर कोई अपडेट... मैंने एक्स वाई जेड यूनिवर्सिटी में एम.एस.सी. में एडमिशन के लिए दोबारा आवेदन किया है...और इस बारे में शनिवार को अपडेट करूँगी..." याह?

राहुल—याह।

इंद्राणी—तो ये बात है। मुझे नहीं पता कि तुम किस इम्प्रेशन में हो। तुम्हारे दिमाग़ में पता नहीं क्या चल रहा है। लेकिन मैं फिर कहती हूँ राहुल कि शीना के साथ मेरी बातचीत पिछले दो हफ़्तों के दौरान हुई थी...वह भी बहुत कम। इस दौरान मैं उससे सिर्फ़ दो बार मिली थी। मुझे बिलकुल नहीं पता कि तुम्हारी उसके साथ क्या रिलेशनशिप थी? मैं तुम्हारे सम्पर्क में नहीं थी...और न ही शीना के दोस्तों के सम्पर्क में।

राहुल—याह।

इंद्राणी—शीना को सिर्फ़ पैसा चाहिए था...और बीच में ये लड़के वाली बात सामने आई। मैंने पीटर को बताया था, शीना के किसी लड़के के बारे में बात करने को लेकर। लेकिन मैंने इस बात की गम्भीरता को नहीं समझा। मुझे नहीं मालूम कि यह निशान्त खुराना नाम का लड़का कौन है? मुझे बिलकुल आइडिया नहीं है।

राहुल—हम्म...।

इंद्राणी—लेकिन कारण जो भी हो, शीना चाहती थी कि मैं उसके साथ नागपुर जाऊँ। मैं सिर्फ़ यह कह सकती हूँ कि इसके आगे ईमेल में कुछ नहीं है। यह ईमेल 20 को मेरा मतलब है कि 19 को आया था। तुम ईमेल देख

सकते हो। जैसा कि मैंने कहा इसके आगे मुझे कोई आइडिया नहीं है कि क्या बात थी। ये सारी बात मैंने पूरी ईमानदारी के साथ तुम्हें बताई है। अब मेरा सुझाव है कि ये सब देखने के बाद तुम्हें जीवन में आगे बढ़ने की ज़रूरत है। ये सब बातें पीछे छोड़कर मुझे और पापा को भी ज़िन्दगी में आगे बढ़ने की ज़रूरत है।

राहुल—किस बात से आगे बढ़ने की ज़रूरत है इंद्राणी? मुझे बताओ?

इंद्राणी—सॉरी?

राहुल—किस बात से आगे बढ़ने की ज़रूरत है?

इंद्राणी—ये जो कुछ भी है, उससे आगे बढ़ने की ज़रूरत है। राहुल, एक सीमा तक ही इसमें इन्वॉल्व होना ठीक है। तुम जानते हो कि अगर कोई वयस्क लड़की कहीं जाना चाहती है तो उसे कोई रोक नहीं सकता। वह चली गई। हम इस बारे में कुछ नहीं कर सकते। वो फ़्लाइट लेकर जहाँ भी जाना चाहती थी...वहाँ चली गई। अगर वह किसी से सम्पर्क करना चाहेगी तो ख़ुद ही कर लेगी...हो सकता है उसने घर में किसी को कॉन्टैक्ट किया हो। मैं ऐसा सोचती हूँ।

राहुल—हम्म...।

इंद्राणी—लेकिन मैं निश्चित तौर पर कुछ नहीं कह सकती, क्योंकि वो मुझसे ज़्यादा बात नहीं करती थी। मुझे हक़ीक़त में इस बारे में पता नहीं है।

राहुल—क्या यह सच है...शीना वाक़ई तुमसे बात नहीं करती थी?

इंद्राणी—सॉरी?

राहुल—शीना तुमसे बात नहीं करती थी?

इंद्राणी—नहीं...ऐसा नहीं है। मेरा मतलब है कि उसने पिछले तीन साल के दौरान मुझसे बात नहीं की थी, जो हमारे बीच बातचीत हुई वो पिछले 15 दिनों के दौरान हुई। तुम्हें ये बात पता ही है।

राहुल—उसने तुमसे सम्पर्क किया था और पिछले दो हफ़्तों के दौरान तुम दोनों में बातचीत होती रही थी?

इंद्राणी—करेक्ट...लेकिन मैं ये कह रही हूँ कि उसने मुझसे तीन साल के बाद सम्पर्क किया था। तुम्हें मालूम है कि उसे पैसों की ज़रूरत थी। शायद इसलिए सम्पर्क किया हो। उससे पहले शीना ने मुझसे सम्पर्क नहीं किया था। पैसे लेने के बाद भी उसे मुझसे सम्पर्क करना चाहिए था। मैं उसकी रोज़मर्रा की गतिविधियों से वाक़िफ़ नहीं थी...और राहुल मैं ये सब कुछ तुम्हारे साथ शेयर कर रही हूँ।

राहुल—इंद्राणी सुनो...।

इंद्राणी—नागपुर का ट्रिप इसलिए रद्द किया गया, क्योंकि शीना ने मुझे कहा था कि राहुल भी साथ आना चाहता है...ओके? उसने कहा था कि राहुल को साथ मत लो नहीं तो वो साथ नहीं आएगी।

राहुल—मैं उस तरह का इंसान नहीं हूँ। मैं किसी चीज़ को लेकर ज़बरदस्ती आग्रह नहीं करता। अगर वो नहीं चाहती कि मैं उसके साथ जाऊँ तो मैं कहता कि ओके...फ़ाइन...। लेकिन मैं किसी बात को लेकर आग्रह नहीं करता।

इंद्राणी—हाँ...हाँ...नहीं...नहीं...मुझे नहीं मालूम कि तुम्हारी उसके साथ या उसकी तुम्हारे साथ क्या बातचीत हुई थी? मुझे नहीं पता। एक और बात मैं तुम्हारे साथ शेयर करती हूँ। मुझे नहीं मालूम कि कारण क्या था? लेकिन तुमने शीना से कहा था कि शीना ये कहे कि राहुल नवी मुम्बई में रहता है... और तुम जानते हो बहुत-सी इस तरह की बातें हैं। मुझे इन सबका बैकग्राउंड नहीं पता है।

राहुल—मैंने शीना को नवी मुम्बई में रहने वाली बात कहने के लिए कभी नहीं कहा। हमारे बीच इस तरह की कोई बात नहीं हुई थी।

इंद्राणी—याह...लेकिन शीना ने मुझे जो आकर कहा वो मैंने तुम्हें बता दिया। उसके साथ फ़ोन पर जो बातचीत हुई, जो डिनर किया और आख़िरी बार जब उसने पैसों की माँग की थी। मैंने उसे पैसे दे दिये थे। मुझे पूरा यक़ीन है कि शीना जब जिससे सम्पर्क करना चाहेगी...उससे करेगी। आख़िरकार अब वो बड़ी हो चुकी है।

राहुल—हम्म...।

इंद्राणी—राहुल अगर शीना को तुमसे कॉन्टैक्ट करना होता तो कर चुकी होती।

राहुल—अगर वो किसी से सम्पर्क करना चाहती तो अब तक कर चुकी होती...लेकिन किसी से कॉन्टैक्ट नहीं किया है, किसी से भी नहीं।

इंद्राणी—शायद, इसलिए कि ये मेरा नज़रिया है।

राहुल—इंद्राणी हमें कैसे पता चलेगा कि वो ज़िन्दा है या मर चुकी है?

इंद्राणी—वो बिलकुल नहीं मरी है। तुम ऐसा क्यों सोच रहे हो कि वो मर गई है? सीधी-सी बात है कि उसने फ़्लाइट ली और कहीं चली गई। मरने का सवाल ही कहाँ उठता है? तुम जानते हो कि कारण चाहे जो भी हो वो अपने तरीक़े से लोगों को इन्फ़ॉर्म करेगी। जो कुछ भी उसे इन्फ़ॉर्म करना था, उसने किया भी है। मैं ऐसा क्यों सोचूँ कि वो मर गई है? उसने इन्फ़ॉर्म किया था

कि वह जा रही है। सही समय आने पर वो अपने बारे में बताएगी। इस तरह के ख़याल अपने मन में मत आने दो।

राहुल—ये मेरे मन की आशंका है। मुझे उसके बारे में कुछ सुनने को नहीं मिला है।

इंद्राणी—तुम्हें उस बारे में चिन्ता करने की कोई ज़रूरत नहीं है, क्योंकि वो फ़ोन पर लोगों से बात कर रही थी। वह एयरपोर्ट गई, वहाँ से फ़्लाइट ली...और कहीं चली गई। वह मरी नहीं है, ओके?

पीटर—उसने टैक्सी ली थी।

इंद्राणी—और लोग टैक्सी लेकर मरने नहीं जाते?

पीटर—मुझे भी उसके मरने पर यक़ीन नहीं है। मुझे नहीं लगता कि इस बात को लेकर तुम्हें चिन्तित होने की ज़रूरत है।

इंद्राणी—मेरा भी मानना है कि इस बात को लेकर तुम्हें परेशान होने की ज़रूरत नहीं है, ओके?

पीटर—हमें इतना तो मालूम है कि शीना किसी समय किसी जगह चली गई है, ओके। मैंने तुम्हें इन्फ़ॉर्म किया था कि कहीं, किसी जगह, किसी समय, किसी के साथ वो चली गई है।

राहुल—हे भगवान! मैं आशा करता हूँ कि ऐसा ही हो।

इंद्राणी—लेकिन उस वक़्त भी शीना ने कॉन्टैक्ट करने की बात कही थी।

राहुल—मुझे इस बात से कोई फ़र्क़ नहीं पड़ता कि शीना मुझसे कॉन्टैक्ट करती है या किसी और से कॉन्टैक्ट करती है। बस, वो किसी से भी कॉन्टैक्ट करे ताकि हमें पता चले कि वो कुशल है। इतनी सी बात क्यों किसी को समझ में नहीं आती?

इंद्राणी—ओके।

पीटर—वही तो मैं भी कह रहा हूँ। मुझे पूरा यक़ीन है।

राहुल—आप लोग इतने शान्त कैसे रह सकते हैं...पापा? मिसाल के तौर पर मान लीजिए विधि 18 साल की हो गई है...पूरी तरह वयस्क...और अचानक एक दिन कहीं ग़ायब हो जाती है, कहीं चली जाती है, उसके सारे फ़ोन बन्द हो जाते हैं..सब कुछ बन्द हो जाता है। उससे कोई कॉन्टैक्ट नहीं हो पाता... कोई भी उससे सम्पर्क नहीं साध पाता...आप सारी कोशिशें कर लेते हैं... उसके जानने वालों से, दोस्तों से, कॉलेज में या जिससे भी पूछताछ कर सकते हैं...और उसके बारे में कुछ भी पता नहीं चलता तो आपको चिन्ता नहीं होगी क्या? आप उसके बारे में पता करने के लिए इधर से उधर भागते नहीं फिरेंगे?

पीटर—मैं इसका जवाब दूँगा, मैं तुम्हें बताता हूँ। अगर इसी तरह की बैकग्राउंड होती और विधि कहती कि वो नागपुर जा रही है, क्योंकि आगे लम्बा वीकेंड है। वो सोमवार को छुट्टी लेगी और मैं उसका ईमेल पढ़ता हूँ...मान लो उसके पास कुछ पैसा भी है तो मैं 99.99 प्रतिशत दावे के साथ कहता कि वो पैसे लेकर किसी इरादे के साथ कहीं गई है। किसी के साथ लम्बे वीकेंड पर। मैं यह बिलकुल नहीं मानता कि वो नागपुर गई है, लेकिन मैं यह ज़रूर मानता कि वो किसी के साथ कहीं गई है। अगर वो पहले से अपने किसी क़रीबी को इशारा कर देती कि वो अपनी रिलेशनशिप से बाहर आना चाहती है तो उसके बारे में पता करने के लिए बिलकुल नहीं भागता फिरता।

राहुल—शीना ने इस बारे में किसको इशारा दिया? इंद्राणी को? उसने इस बारे में अपने दोस्तों या किसी और को नहीं बताया?

पीटर—याह...इंद्राणी को।

राहुल—याह...स्पष्ट है। शीना ने इस बारे में संकेत दिया तो किसको? इंद्राणी को, जिससे तीन साल तक उसने बात नहीं की थी। अब वो इंद्राणी को बताएगी?

पीटर—शीना ने ही इंद्राणी को ईमेल भेजने की पहल की थी।

राहुल—याह...जानता हूँ, मैं जानता हूँ।

पीटर—क्यों?

इंद्राणी—क्यों?

पीटर—क्यों उसने इंद्राणी को ईमेल भेजने की पहल की? क्या इसलिए कि वो कहीं जाकर मर जाए?

राहुल—नहीं...नहीं, मैं बताता हूँ कि क्यों पहल की थी, क्योंकि पापा मैं और आप शीना के टच में नहीं थे। उसे बुरा लग रहा था। उसे इसलिए भी बुरा लग रहा था कि कहीं न कहीं इसके लिए वो ख़ुद को भी थोड़ा-बहुत ज़िम्मेदार मानती थी। इसलिए शायद उसने सोचा कि वो इंद्राणी के साथ नए सिरे से शुरुआत करे तो शायद कुछ बदलेगा।

पीटर—ओके। अगर ऐसा भी था तो उसने इंद्राणी से सम्पर्क साधा। एक हफ़्ता पहले इंद्राणी से पैसों की माँग की। उसने कहा कि वो ये रिलेशनशिप ख़त्म कर कहीं जाना चाहती है। उसने 14 हज़ार रुपयों की माँग की। उसने कहा था कि वो वापस नहीं आएगी। यहाँ से कहीं दूर चली जाएगी.., तो ये बात है...उसने अमर संस के पास ड्रॉप करने की बात कही थी।

राहुल—क्या मैं एक बात पूछ सकता हूँ? उसे अमर संस के पास रात

में ड्रॉप किया था या सुबह में?

इंद्राणी—रात में।

पीटर—डार्लिंग, रात में ड्राप किया था।

राहुल—क्योंकि मुझे शाम को शीना का मैसेज मिला था, जिसमें कहा गया था कि वो इंद्राणी के साथ अच्छा समय गुज़ार रही है और उससे बातें करते हुए एंजॉय कर रही है। मैसेज में लिखा था कि वो रात उसी के साथ बिताएगी।

पीटर—तुम्हें मैसेज मिला था? किस वक़्त मिला था?

राहुल—रात में मिला था...शाम को। उसने लिखा था कि इंद्राणी के साथ गपशप करते हुए एंजॉय कर रही है। उसने इंद्राणी का ज़िक्र इंदी के नाम से किया था। लिखा था कि वो रात उसी के साथ बिताना पसन्द करेगी। सुबह में मुझसे मिलेगी। मैं झूठ नहीं बोल रहा हूँ।

इंद्राणी—नहीं...नहीं।

राहुल—क्या नहीं? मैं फ़ोन में दिखा दूँगा। मैं झूठ नहीं बोल रहा हूँ।

इंद्राणी—नहीं...नहीं...हम ये नहीं कह रहे कि तुम झूठ बोल रहे हो।

पीटर—नहीं...नहीं...तुम झूठ नहीं बोल रहे हो...कितने बजे मैसेज मिला था डार्लिंग?

राहुल—रात का वक़्त था...मुझे ठीक से समय याद नहीं है लेकिन यही कोई 11-12 बजे होंगे।

इंद्राणी—नहीं...नहीं...राहुल एक सेकंड। शायद रॉबिन का फिर से कॉल है।

(दूसरे कॉल पर बातचीत होती है।)

इंद्राणी—मैं दुबारा कॉल करूँगी।

पीटर—फ़ालतू कोई कॉल था। हाँ तो राहुल कितने बजे मैसेज मिला था?

राहुल—ओके, मुझे दो सेकंड बाद कॉल करना।

पीटर—ठीक है। मैं वापस कॉल करता हूँ।

राहुल—आवाज़ ब्रेक हो रही थी...मैंने कुछ नहीं किया।

पीटर—तो मैसेज एक बजकर 10 मिनट पर आया?

इंद्राणी—ठीक है एक बजे...पहले अमर संस पर। काफ़ी अच्छा लग रहा था...उसने मुझसे मिलने के लिए कहा था...अगला मैसेज?

पीटर—उसका अगला मैसेज इंटरनेशनल एयरपोर्ट से था 6.15 बजे।

राहुल—ओके, तब क्या वक़्त हुआ था?

पीटर—यू.के. का समय था—1.10+। इसमें 4.5 घंटे जोड़ तो भारतीय

मानक समय हो जाएगा...।

राहुल—ओके।

पीटर—5.40 बजे।

राहुल—AM?

पीटर—नहीं...नहीं डार्लिंग PM। इसका मतलब है कि उसने इंटरनेशनल एयरपोर्ट क्रॉस कर लिया था और वो मिलने के लिए अमर संस की तरफ़ बढ़ रही थी। लेकिन छह बजे की जगह उसे 6.15 बजे पहुँचने की उम्मीद थी।

राहुल—करेक्ट...ये वो समय था जब मैं उसे ड्राइव कर ले जा रहा था... तब कार में मैं उसके साथ था।

पीटर—तो तब तक उसकी शाम बीत गई थी। उसे ड्राप किया गया। उसने अपने फ़ोन से इंद्राणी को मैसेज किया, "तुमसे दुबारा मिलकर ख़ुशी हुई।"

इंद्राणी—ये 11.20 बजे की बात है?

पीटर—5:52 बजे +4.5 घंटे मिला लो...ओके?

इंद्राणी—तो क़रीब 11 बजे?

पीटर—5+4 बराबर नौ तो दस हुए न कि 11 बजे।

इंद्राणी—देखो, राहुल ये मैसेज 10 बजे आया...है न?

पीटर—5.52 बजे यूके का टाइम है तो इसमें 4.5 घंटे जोड़ दो।

राहुल—ये कौन-सा मैसेज था?

पीटर—वो मैसेज जिसमें शीना ने इंद्राणी को लिखा था, "तुमसे दुबारा मिलकर ख़ुशी हुई। आशा करती हूँ कि राहुल अब मुझे चेज नहीं करेगा।"

राहुल—ओके।

पीटर—अब उसी ने उसी फ़ोन से तुम्हें मैसेज भेजा कि वो रात रुकने वाली है। तुम समझ रहे हो ना कि मैं क्या कह रहा हूँ? शीना ने किसी दूसरे फ़ोन से मैसेज नहीं किया था।

राहुल—नहीं, लेकिन कोई भी फ़ोन उठाकर मैसेज कर सकता है ना? मेरा ये कहना है।

पीटर—हाँ, कर सकता है, लेकिन क्या वही मैसेज इंद्राणी को भेज सकता है, वही मैसेज तुम्हें भी भेजा...या तुम्हें अलग मैसेज भेजा था?

इंद्राणी—मेरे पास 4562069 एक ही नम्बर है।

राहुल—हम्म...।

(थोड़े अन्तराल के बाद)

राहुल—हैलो...।

पीटर—याह।

राहुल—हम्म...।

पीटर—तो जो बात मैं तुम्हें कन्विंस करना चाहता हूँ और समझाना चाहता हूँ वो ये कि उसकी कुशलता को लेकर तुम ज़रूरत से ज़्यादा चिन्ता मत करो। मेरा मानना है कि वो पूरी तरह ठीक है और किसी के साथ कहीं चली गई है। अगर तुम उसके ईमेल देखोगे जो कि तुमने कल इंद्राणी के लैपटॉप में देखे थे तो तुम्हें 28 अप्रैल से एक मई की तारीख़ों का पता चलेगा। डार्लिंग वो एक लम्बा वीकेंड था। एक मई को बॉम्बे में भी छुट्टी होती है। वो किसी के साथ वीकेंड मनाने चली गई है...और वो इस बारे में शायद किसी को बताना नहीं चाहती थी।

(थोड़े अन्तराल के बाद)

पीटर—राहुल, चीज़ों को थोड़ा समझदारी से देखो।

राहुल—मैं कोशिश कर रहा हूँ।

पीटर—मैं उसके मैसेज देख रहा हूँ। इंद्राणी ने इन मैसेज के बारे में मुझे बताया था, लेकिन मैं ख़ुद देखना चाहता था। इंद्राणी ने मुझे मैसेज फ़ॉरवर्ड किए थे। तुम जानते हो कोई भी किसी को मोबाइल से मैसेज फ़ॉरवर्ड कर सकता है।

राहुल—हम्म...।

(राहुल बीच में बोलने की कोशिश करता है तो पीटर उसकी बात काट देता है।)

पीटर—एक सेकंड मुझे बोलने दो...कल से एक दिन पहले...जब वो ग़ायब हुई तो किसी को नहीं पता था। तुम्हें नहीं पता था, मुझे नहीं पता था, इंद्राणी को नहीं पता था, उसके ऑफ़िसवालों को नहीं पता था, इसलिए मैंने मिस्टर देवेन भारती को फ़ोन लगाया था। वो कोई ऐसे-वैसे शख़्स नहीं कि मैं उनका टाइम वेस्ट करूँगा।

राहुल—हम्म...।

पीटर—वो बड़े-बड़े मामले हैंडल करते हैं...जैसे जो लोग पाकिस्तान भाग जाते हैं उनको पकड़ना। मैं मिस्टर भारती को कैसे जानता हूँ, यह भी तुम्हें बता देता हूँ। मैं जब स्टार का स्टाफ था तो मेरा अक्सर इमिग्रेशन डिपार्टमेंट से वास्ता पड़ता था। जब कोई दिक़्क़त होती थी तो हम उनको कॉल कर देते थे

और वो हमारी काफ़ी मदद किया करते थे। इस तरह मेरा उनसे परिचय हुआ।

राहुल—हम्म...।

पीटर—उनका ताल्लुक़ वीज़ा डिपार्टमेंट से जुड़े उस काम से था, जो पीआईओ और ओसीआई वग़ैरह के काम देखता है...राइट?

राहुल—हम्म...।

पीटर—मैं जब ओसीआई के लिए गया था तो उन्होंने मेरी काफ़ी मदद की थी।

राहुल—हम्म...।

पीटर—बॉम्बे में लास्ट टाइम उनसे तब मुलाक़ात हुई थी जब वो वर्ली सी फेस पर मॉर्निंग वॉक कर रहे थे। मैं भी काफ़ी समय बाद वहाँ वॉक के लिए गया था। उन्होंने मुझे तभी अपने नये जॉब के बारे में बताया कि वो मुम्बई क्राइम ब्रांच के हेड हो गए हैं। मैंने उनको बधाई दी थी। उन्होंने मुझे कहा था कि साथ में एक एक कप चाय पीते हैं तो हम वहाँ रुके और उनके ऑफ़िस में गए। साथ में चाय पी। कहने का मतलब यह है कि वो ऐसे इंसान हैं जिनसे हम किसी भी समय, किसी भी स्थिति में मदद ले सकते हैं।

राहुल—हम्म...।

पीटर—और फिर हमारे पास कोई विकल्प नहीं था। मैंने सोचा कि क्यों इन्तज़ार किया जाए। इसलिए उनको फ़ोन लगाया और सारी डिटेल्स दीं।

राहुल—हम्म...।

पीटर—मैं पूरी तरह कन्विंस हूँ। तुम सारे तथ्यों को जोड़कर देखो। यह शीना का भागने का तरीक़ा है। मैं तुम्हारा दिल तब तक नहीं तोड़ना चाहता था जब तक कि ऐसा करने की स्थिति में था। ठीक है ना? इस दौरान तुम्हें यह कहकर सुकून से रखा कि सुनो...मैं ठीक हूँ...तुमसे शाम को मिलता हूँ।

राहुल—हम्म...।

पीटर—तुम वो ईमेल देखो। ख़ासकर नागपुर और उससे सम्बन्धित तारीख़ को एक साथ मिलाकर। कल बॉम्बे में छुट्टी है। ज़्यादातर लोग सोमवार को छुट्टी लेना पसन्द करते हैं, क्योंकि मंगलवार को सरकारी छुट्टी है और ये मिलाकर लम्बा वीकेंड हो जाता है। वो कल (अस्पष्ट आवाज़) ओके राहुल।

(इंद्राणी की बीच में कुछ अस्पष्ट आवाज़ आती है।)

राहुल—हम्म...तो उसका आख़िरी मैसेज आपको या इंद्राणी को कब मिला था?

पीटर—आख़िरी मैसेज वही था।

(इंद्राणी की बीच में कुछ अस्पष्ट आवाज़ आती है।)

पीटर—मेरे ख़याल से वही था।

(इंद्राणी की बीच में कुछ अस्पष्ट आवाज़ आती है।)

पीटर—हम्म...।

राहुल—बोलिए-बोलिए, मैं समझा नहीं।

पीटर—तुम्हें पता है उस शाम को मैंने देवेन भारती को कॉल किया था। उसके बाद तुम्हें कॉल किया था लेकिन कल नहीं किया था...परसों किया था। मैंने शीना को भी फ़ोन करने की कोशिश की थी। पहली बार फ़ोन किया तो बन्द आ रहा था...जब दूसरी बार किया तो आउट ऑफ सर्विस बता रहा था।

राहुल—हाँ।

इंद्राणी—(अस्पष्ट आवाज़) अनरिचेबल है।

पीटर—हाँ, अनरिचेबल है तो।

इंद्राणी—(अस्पष्ट आवाज़) बेशक...मुझे याद है।

पीटर—इससे साफ़ है कि 24 अप्रैल को 10 बजे आया ये मैसेज उसका आख़िरी मैसेज था।

(इंद्राणी की बीच में कुछ अस्पष्ट आवाज़ आती है।)

राहुल—24 की शाम को 10 बजे?

पीटर—डार्लिंग 24 की रात को 10 बजे। भारतीय समय के मुताबिक़।

राहुल—ओके।

पीटर—उसके बाद उसने तुम्हें मैसेज भेजे...ठीक?

राहुल—हाँ।

पीटर—(अस्पष्ट आवाज़) जो कि 10 बजे का है।

राहुल—ये काफ़ी प्यारा है...शुक्रिया।

पीटर—शुक्रिया, हफ़्ते भर में सम्पर्क करना।

राहुल—हाँ।

पीटर—शुक्रिया और तुम्हें भी प्यार...(अस्पष्ट आवाज़) कोई क्यों वैसा कहेगा?

राहुल—ओके।

पीटर—देखो, शाम को आ सकते हो तो आ जाओ, ठीक है?

(इंद्राणी की बीच में कुछ अस्पष्ट आवाज़ आती है।)

पीटर—हम तुम्हें प्यार करते हैं। हम घर पर होंगे...शाम को आ सकते हो तो आ जाना...(अस्पष्ट आवाज़)।

(एक लम्बा अन्तराल)

राहुल—हम्म...तो आप कितने बजे बॉम्बे पहुँच जाएँगे?

पीटर—सवा पाँच बजे तक एयरपोर्ट पहुँच जाएँगे। इसके हिसाब से हमें 6.30 बजे तक घर पहुँच जाना चाहिए।

राहुल—हम्म...।

पीटर—तो तुम्हें वहाँ 6.30 तक पहुँच जाना चाहिए।

राहुल—हाँ, मेरे ख़याल से...।

पीटर—हम्म...।

राहुल—मेरे ख़याल से मैं शायद थोड़े समय के लिए बॉम्बे से बाहर जा सकता हूँ।

पीटर—तुम बॉम्बे से बाहर जाना चाहते हो...जा सकते हो...हमारे साथ आना चाहते हो...।

राहुल—नहीं, मैं कुछ समय के लिए अकेला ही जाऊँगा।

पीटर—ठीक है।

राहुल—मेरे ख़याल से मैं शीना जैसा ही कुछ करूँगा...।

पीटर—क्यों नहीं?

राहुल—मैं वैसा ही कुछ करूँगा जैसा शीना ने किया है।

पीटर—ठीक है।

राहुल—कुछ समय के लिए ग़ायब हो जाऊँगा।

पीटर—जाओ...जाओ...पहाड़ों की तरफ़ निकल जाओ।

राहुल—हाँ।

पीटर—ऋषिकेश चले जाओ। हफ़्ता-दस दिन वहाँ बिताओ। मेरा ख़याल है कि तुम बेहतर महसूस करोगे। जो कुछ तुम सोच रहे हो...सबका एक परिप्रेक्ष्य मिलेगा। जब तुम लौटोगे ना...सच कहूँ तो यही सब कुछ है। लेकिन तुम नहीं जा रहे हो। हाँ, बताओ मुझे कहाँ जा रहे हो?

राहुल—हाँ...।

इंद्राणी—(अस्पष्ट आवाज़)।

पीटर—राहुल...।

राहुल—हाँ, जो भी है...कुछ तो यहाँ गड़बड़ हो रहा है।

पीटर—नहीं।

राहुल—मैं आप पर...मैं आप पर या किसी पर भी किसी तरह का आरोप नहीं लगा रहा हूँ। मैं सिर्फ़ इतना ही कह रहा हूँ कि कुछ तो यहाँ ठीक नहीं हो रहा है।

पीटर—मैं तुम्हें बताता है कि मेरे दिमाग़ में क्या गड़बड़ है, ठीक...।

राहुल—आप उसका नाम देखिए, वो नाम जो आपने मुझे बताया...ठीक।

पीटर—क्या?

राहुल—वो नाम जो आपने मुझे बताया था, जिसे देवेन भारती ने आपको बताया था, जिससे कि वो बात कर रही थी।

पीटर—हाँ।

राहुल—खुराना।

इंद्राणी—खुराना, निशान्त खुराना।

राहुल—हाँ, मैं उसे जानता हूँ...जानता हूँ...जानता हूँ...ओके।

पीटर—ओके।

राहुल—हाँ, वो दोस्त है। शीना की एक दोस्त के साथ उसका प्रेम सम्बन्ध है...ओके। वो दोस्त है। शीना की दोस्त का अच्छा दोस्त है...लेकिन वो शीना को अच्छी तरह नहीं जानता। वो लोग सिर्फ़ एक बार मिले थे। उनके बीच कुछ नहीं था। शायद, शीना के पास तो उसका नम्बर भी नहीं होगा...ओके। कुछ तो बात है?

पीटर—उसकी दोस्त निशान्त से बात करने के लिए उसका फ़ोन इस्तेमाल कर रही थी?

राहुल—मुझे नहीं पता, क्योंकि उसकी दोस्त बॉम्बे में नहीं है। शायद वो बॉम्बे डॉमेस्टिक एयरपोर्ट से...आप जानते हैं?

पीटर—नहीं, उसकी दोस्त कहाँ है?

राहुल—उसकी दोस्त दिल्ली में है...तो शायद...।

पीटर—और निशान्त खुराना भी सच में दिल्ली में हैं।

राहुल—हाँ, तो ये कुछ तथ्य हैं, जो आपस में मिल नहीं रहे हैं।

इंद्राणी—वो दोस्त कौन है राहुल...जिसकी निशान्त खुराना के साथ बात होती थी?

राहुल—हाँ, वह...वह...।

इंद्राणी—किसी ने निशान्त खुराना से बात की थी...(अस्पष्ट आवाज़)।

राहुल—नहीं, मैं कह रहा हूँ कि वो ठीक है। उसे बहुत-सी बातें मालूम नहीं हैं। जहाँ तक मैं जानता हूँ, वो उसे अच्छी तरह से नहीं जानती है। सिर्फ़ एक बार उससे मिली थी। लेकिन वो उसे अच्छी तरह नहीं जानती है, वो प्रणामी का दोस्त है।

पीटर—ओके, कुछ नहीं...कुछ नहीं...ठीक है। तुम नहीं जानते...ठीक है वो उसे अच्छी तरह नहीं जानती थी, लेकिन वो इकलौता कॉल नहीं...।

राहुल—हम्म...।

पीटर—क्या तुम्हें मालूम था कि इस नम्बर पर कुछ कॉल किए गए थे? शीना के फ़ोन से इस नम्बर पर कुछ कॉल किए गए थे।

राहुल—ओके।

इंद्राणी—ऐसा नहीं कि नागपुर का बड़ा आदमी (अस्पष्ट आवाज़)...मेरे ख़याल से ख़ाली दोस्त...ओके...तो उस वक़्त हमने कहा था कि वो शायद निशान्त खुराना नाम के लड़के से बात कर रही थी।

राहुल—हम्म...।

इंद्राणी—तो हम अब ये नहीं कह सकते कि वो उसका बॉयफ्रेंड था या वो दूसरा लड़का जिसके साथ वो गई। जो भी है...उन्हें उसके फ़ोन का सिग्नल मिला था और वो जगह एयरपोर्ट के क़रीब है। यही सब कुछ है। इसके आगे हम वास्तव में उसे नहीं जानते कि वो किससे बात कर रही थी...इस शख़्स के साथ एक घंटा बात की जो कि काफ़ी लम्बी बातचीत है।

राहुल—हाँ।

इंद्राणी—तो मुझे नहीं मालूम कि वो उससे नियमित रूप से बातचीत करती थी...एक घंटा किसी से बात करना...।

राहुल—मैं ईश्वर से यही प्रार्थना करता हूँ कि वो एक हफ़्ते में लौट आए...जैसा उसने साफ़ तौर पर कहा था।

पीटर—हाँ।

इंद्राणी—हाँ।

पीटर—हाँ, बिलकुल सही।

राहुल—क्योंकि फिर मुझे नहीं मालूम कि क्या होने वाला है...मुझे वाक़ई नहीं पता कि क्या होगा...लेकिन इतना यक़ीन है कि जो होगा अच्छा नहीं होगा।

पीटर—क्या होगा? ये तो कोई भी नहीं जानता, लेकिन तुम्हें भरोसा रखना चाहिए।

(इंद्राणी की अस्पष्ट आवाज़)

राहुल—हम्म...।

पीटर—कुछ करने के लिए हर किसी का एक रास्ता होता है। वो शायद मेरे लिए थोड़ा मुश्किल हो सकता है। कुछ लोगों को असामान्य लग सकता है, लेकिन उसने वही रास्ता चुना है...ठीक?

राहुल—हम्म...।

पीटर—और ये इस तरह हुआ कि उसने कहा था कि वो हफ़्ते भर में सम्पर्क करेगी। इसे ठीक से पढ़ा जाए तो उसका मतलब है कि मैं तुमसे सम्पर्क नहीं करूँगी, तुम मुझसे सम्पर्क नहीं करोगे?

राहुल—हम्म...।

पीटर—(अस्पष्ट आवाज़) झूठ नहीं बोल रहा...।

राहुल—हम्म...।

पीटर—तो एक हफ़्ते की बात क्यों कही, जबकि हर हफ़्ते की हम उम्मीद भी नहीं करते, ठीक?

राहुल—हाँ, करेक्ट।

पीटर—लेकिन फिर वही...कुछ कह नहीं सकते...तो तुम्हें इन्तज़ार करना और देखना होगा, हाँ...।

(इंद्राणी की अस्पष्ट आवाज़।)

पीटर—राहुल, तुम निशान्त खुराना से कभी मिले हो?

राहुल—नहीं, नहीं। मैं उससे कभी नहीं मिला।

पीटर—मुझे पता चला है कि वो उसकी दोस्त का दोस्त...(अस्पष्ट आवाज़।)

राहुल—हाँ...हाँ...मैंने उसकी बेस्ट फ्रेंड से बात की है और वो शीना के बारे में सुनकर काफ़ी हैरान और सदमे में है। वो कह रही है कि उसका नाम इसमें कैसे आ गया? शीना मुश्किल से उसको जानती है...तो उसने बताया कि वो सिर्फ़ एक बार मिले थे। दोस्तों को नहीं मालूम है।

पीटर—(अस्पष्ट आवाज़।)

राहुल—पापा, शीना शायद कुछ और कर रही थी। निशान्त खुराना से इसका कोई लेना-देना नहीं है। शायद वो कुछ बिलकुल अलग कर रही थी।

शायद ये सोचकर कि कोई भी निशान्त खुराना से चेक नहीं करेगा, क्योंकि कोई नहीं सोचेगा कि मुझे उसके बारे में या उसके नाम के बारे में पता चल जाएगा। मैंने उसकी दोस्त प्रणामी से चेक किया था तो उसने बताया कि वो मुश्किल से एक-दूसरे को जानते थे। वो सिर्फ़ एक बार मिले थे...मुश्किल से दो या पाँच मिनट के लिए। उस वक़्त प्रणामी भी वहाँ मौजूद थी। वो एक-दूसरे को ठीक से नहीं जानते थे। इतना तो बिलकुल नहीं कि वो बाद में एक-दूसरे से फिर बात करें...ये थोड़ा अजीब लग रहा है।

(इंद्राणी की अस्पष्ट आवाज़।)

(एक लम्बा अन्तराल)

राहुल—(अस्पष्ट आवाज़)।

पीटर—देवेन भारती ने कहा था कि ये इकलौता फ़ोन नहीं था। शीना के फ़ोन से इस नम्बर पर कई कॉल किए गए थे।

राहुल—हाँ, क्या? कब? कब, किस वक़्त? कब पापा? इंद्राणी को कब कॉल मिला था? क्या 25 को?

पीटर—इंद्राणी को कब मिला था?

राहुल—(अस्पष्ट आवाज़)।

पीटर—कोलकाता जाते वक़्त 25 को, 25 को?

इंद्राणी—12:14 को मिला था।

पीटर—12:14।

राहुल—12:14 ओके, ओके।

पीटर—राहुल...मैं...मैं...(अस्पष्ट आवाज़)।

पीटर—मैं 25 को इंग्लैंड जा रहा था।

राहुल—हाँ।

पीटर—ठीक?

राहुल—तो इंद्राणी और शीना शायद उस वक़्त दोनों डॉमेस्टिक एयरपोर्ट के आसपास थे।

इंद्राणी—क्या? सॉरी?

पीटर—इंद्राणी और शीना, क्या?

राहुल—इंद्राणी और शीना शायद दोनों ही एक ही वक़्त में डॉमेस्टिक एयरपोर्ट के क़रीब थे।

राहुल—मेरा मतलब है कि शीना और इंद्राणी दोनों ही उस वक़्त डॉमेस्टिक

एयरपोर्ट के आसपास थे। अगर उसने किसी के लिए 11.00 बजे से एक घंटे के लिए फ़ोन व्यस्त किया था...डॉमेस्टिक एयरपोर्ट से 11.00 बजे से एक घंटे के लिए...डोमेस्टिक एयरपोर्ट के पास...।

इंद्राणी—(अस्पष्ट आवाज़) राहुल...और मुझे उसका आख़िरी मैसेज उसी रात को मिला था।

राहुल—अम्म?

इंद्राणी—मेरी फ़्लाइट 12.40 की थी...और ये बात मैं पहली बार सुन रही हूँ। देखो, उन्होंने ये नहीं कहा कि वो डॉमेस्टिक एयरपोर्ट पर कहीं थी... ओके। उन्होंने कहा था कि वो एयरपोर्ट के आसपास कहीं थी...तो ये फ़र्क़ है। बिलकुल पिन-प्वाइंट करके नहीं कहा जा सकता कि वो कहाँ थी।

राहुल—नहीं। पुलिस कर सकती है, पुलिस ट्रैक कर सकती है।

इंद्राणी—राहुल, अगर किसी ने फ़्लाइट ली है तो वहाँ फ़्लाइट की पूरी लिस्ट होती है।

राहुल—हाँ।

इंद्राणी—तो अगर उसने वहाँ से फ़्लाइट ली है तो...(अस्पष्ट आवाज़)।

राहुल—हाँ।

इंद्राणी—हाँ, तो 10 बजे वो किससे क्या बात कर रही थी, हमें नहीं पता है। इतना मालूम है कि उसने जिस जगह से कॉल किया था वो एयरपोर्ट के आसपास कहीं थी...जो कि मैंने तुम्हें बताया था। अब समस्या यह है कि क्या उसने वहाँ से फ़्लाइट ली थी? इसका पता लगाना आसान है। हम उनसे पूछेंगे कि क्या उसने वहाँ से कोई फ़्लाइट ली थी तो वो जाँच करके हमें बता देंगे।

पीटर—वो रात को फ़्लाइट नहीं ले सकती...(अस्पष्ट आवाज़)।

राहुल—तुम कह रही हो कि उसने अगली सुबह बात की थी...25 को उसका फ़ोन डॉमेस्टिक एयरपोर्ट के पास था...सुबह, है ना?

इंद्राणी—एयरपोर्ट के पास 10 बजे।

पीटर—रात 10 बजे।

इंद्राणी—सुबह 10 बजे।

पीटर—ओह...।

राहुल—25 को...।

पीटर—मैंने समझा था रात के 10 बजे।

इंद्राणी—नहीं, नहीं...रात के 10 बजे नहीं...सुबह के 10 बजे।

पीटर—ठीक।

इंद्राणी—देवेन भारती ने सुबह के 10 बजे बोला था, रात के 10 बजे नहीं।

पीटर—25 को।

इंद्राणी—25 की सुबह।

पीटर—ठीक।

राहुल—देखिए, मैं यह कह रहा हूँ कि थोड़ा-सा कन्फ़्यूज़न हो रहा है... कन्फ़्यूज़न नहीं...लेकिन थोड़ा-सा बेमेल, शायद? मुझे वास्तव में नहीं पता कि क्या?

इंद्राणी—राहुल, मैं तुम्हें ठीक वही जानकारी दे रही हूँ, जो मुझे देवेन भारती से मिली थी, ठीक...।

राहुल—हम्म...।

इंद्राणी—अब उससे परे...वो क्यों डॉमेस्टिक एयरपोर्ट के पास थी। मैं तुम्हें बता पाती...(अस्पष्ट आवाज़)।

राहुल—हाँ...।

इंद्राणी—पापा नहीं...हम लोग आपस में सूचनाएँ साझा कर रहे हैं, जो भी जानकारी उन्होंने हमें दी थी।

राहुल—हाँ, हाँ। मैं भी बिलकुल वही कर रहा हूँ, क्योंकि मैं आशा करता हूँ कि हम सेम पेज पर हैं और पता लगाने की कोशिश कर रहे हैं कि कहाँ, क्या हो रहा था?

इंद्राणी—उन्होंने बताया था कि 10 बजे शीना का मोबाइल वहाँ पर था... एयरपोर्ट के क़रीब, मुझे नहीं मालूम कि इंटरनेशनल या डॉमेस्टिक...उसने शायद डॉमेस्टिक एयरपोर्ट कहा था। मैंने शायद यही सुना था। मुझे यक़ीन है कि उन्होंने डॉमेस्टिक एयरपोर्ट ही कहा था।

राहुल—हम्म...।

इंद्राणी—और उन्होंने कहा था कि वो किसी से बात कर रही थी। मेरा मतलब है किसी का नाम लेकर...उन दोनों के बीच क़रीब एक घंटे तक बातचीत हुई थी।

राहुल—हम्म...।

इंद्राणी—निशान्त खुराना नाम के किसी शख़्स से।

राहुल—हम्म...।

इंद्राणी—तो ये सब कुछ है। ये वो जानकारी है, जो हमें उनसे मिली थी।

राहुल—ओके।

इंद्राणी—अब उसने वहाँ से कहीं के लिए फ़्लाइट ली थी या वो डॉमेस्टिक एयरपोर्ट पर किसी से मिलने गई थी...ये हमें नहीं मालूम है। अगर उसने वहाँ से फ़्लाइट ली होगी तो हमें तुरन्त पता चल जाएगा...नहीं?

राहुल—हम्म...।

इंद्राणी—क्योंकि उसने फ़्लाइट ली है तो...।

राहुल—हम्म...हम्म...करेक्ट?

पीटर—हो सकता है वो पहले ही किसी से मिल चुकी हो।

इंद्राणी—नहीं, नहीं...ये जो कुछ है उन्होंने बताया था। अब अगर उसने फ़्लाइट ली थी तो पता चल जाएगा।

राहुल—हम्म...।

(एक लम्बा अन्तराल)।

पीटर—तुम दोनों (अस्पष्ट आवाज़)।

इंद्राणी—राहुल, मैं एक बात दिल पर हाथ रखकर कह रही हूँ...ओके?

राहुल—हम्म...।

इंद्राणी—शीना वहाँ मुझसे मिलने नहीं आई थी...और मैं वादा करती हूँ कि...

राहुल—ओके।

इंद्राणी—और इसका एक ही रास्ता है कि या तो तुम मुझ पर भरोसा करो या फिर मत करो।

राहुल—नहीं-नहीं, इंद्राणी मैं तुम पर हमला नहीं कर रहा हूँ। मैं सिर्फ़ पता लगाने की कोशिश कर रहा हूँ कि शीना के साथ क्या हुआ। फिर चाहे तुमसे या किसी और से। मैं सिर्फ़ सम्भावनाओं को टटोल रहा हूँ। ठीक है। अगर तुम दोनों एक ही वक़्त में एयरपोर्ट के आसपास थे तो शायद तुम दोनों को पता हो...या शायद न भी पता हो कि तुम दोनों वहाँ आसपास थे।

(इंद्राणी की अस्पष्ट आवाज़)।

राहुल—सुनो, सुनो-सुनो, प्लीज़...प्लीज़...प्लीज़...मुझे अपनी बात पूरी करने दो। शायद तुम दोनों को पता नहीं हो कि उस वक़्त तुम दोनों एयरपोर्ट के आसपास थे...शायद?

इंद्राणी—हाँ।

राहुल—ठीक, शायद तुम्हें पता हो...या शायद तुम्हारे पास उसका फ़ोन हो। ये सम्भावनाएँ हैं। मैं ये नहीं कह रहा हूँ कि ये सच ही है। मैं सिर्फ़ इतना

कह रहा हूँ कि सम्भावनाएँ हैं...समझी?

इंद्राणी—हाँ, राहुल मैं तुम्हारे साथ कुछ और जानकारी साझा करना चाहती हूँ कि उसको पता था। उसे मालूम था कि अगले दिन 12.40 की फ़्लाइट से मैं कोलकाता जाने वाली थी, ओके। ये बात उसे मालूम थी।

राहुल—ओके।

इंद्राणी—लेकिन मैं 10 बजे एयरपोर्ट पर नहीं थी, ये तुम्हें मालूम है। मैं 11.30 बजे एयरपोर्ट पहुँची थी।

राहुल—ओके।

इंद्राणी—मैं 11.30 बजे एयरपोर्ट पहुँची थी, क्योंकि मेरी फ़्लाइट 12.40 की थी और टेक ऑफ़ से पहले मेरी और पापा की बात हुई थी।

राहुल—हम्म...पापा से तुम्हारी कब बात हुई थी? क्या तुम्हें पता है कि तुमने उन्हें कितने बजे कॉल किया था?

इंद्राणी—बोर्डिंग से पहले...बोर्डिंग या शायद...।

पीटर—मैं बता सकता हूँ...हैलो...मैं उस वक़्त एयरपोर्ट पर था। मेरे ख़याल से...आं...(अस्पष्ट आवाज़)।

राहुल—हम्म...।

(एक लम्बा अन्तराल)।

इंद्राणी—शीना को अच्छी तरह मालूम था कि मैं कोलकाता जा रही थी।

राहुल—हाँ।

इंद्राणी—और सच पूछो तो उसे मालूम था कि हम 28 को पहुँचने वाले थे। वो दोस्त के साथ चली गई...ओके तो...।

राहुल—हम्म...।

इंद्राणी—उसने सुबह मुझे फ़ोन किया था...ऐसे ही कि क्या हम आज मिल सकते हैं...।

राहुल—हम्म...।

इंद्राणी—तो मैंने कहा था कि ठीक है। इसके बाद वो सोने को चली गई, जो भी हो राहुल एक बात साफ़ बता दूँ कि मैंने ये मीटिंग ऑर्गेनाइज नहीं की थी, ना ही मैंने उसे ईमेल किया था। मैंने उसे कॉल नहीं किया था, ओके।

राहुल—हम्म...।

इंद्राणी—तो जो भी कारण हो ये सारी पहल उसने की थी। उसकी तरफ़ से हुई थी।

राहुल—ओके।

इंद्राणी—और मेरे पास कोई कारण नहीं है उसका फ़ोन रखने का...कोई कारण नहीं है। मेरा मतलब है कि मैं नहीं चाहती कि इस तरह के मूर्खतापूर्ण आइडिया यहाँ आएँ।

राहुल—हम्म...।

इंद्राणी—क्योंकि तुम कुछ ऐसी चीज़ें चाहते हो, जो मैं नहीं चाहती... तुमने मेरे बारे में कुछ मूर्खतापूर्ण बातें कहीं। वैसी बातें मैं भी तुम्हारे बारे में कह सकती हूँ।

राहुल—हाँ, नहीं...मैंने कहा...मैं नहीं...मैं नहीं इंद्राणी। मैं नहीं...इसे इस तरह मत लो, सुनो।

इंद्राणी—मैंने उसे ड्रॉप किया था। तुमने उसे कलेक्ट नहीं किया...मैं वो नहीं जानती।

राहुल—हाँ, देखो...मैं...मैं आरोप नहीं लगा रहा हूँ। इंद्राणी मैं आरोप नहीं लगा रहा। इंद्राणी...इंद्राणी...इंद्राणी...इंद्राणी सुनो...सुनो...मेरी बात सुनो...मैं तुम पर किसी तरह का आरोप नहीं लगा रहा हूँ, ओके?

इंद्राणी—ये जानकारी मैंने तुम्हें दी थी, ओके। 10 बजे वाली बात...मेरा मतलब कि मेरे पास फ़ोन होता तो मैं क्यों तुम्हें बताती?

राहुल—सुनो, मैं तुम लोगों के साथ लड़ने की कोशिश नहीं कर रहा हूँ, ओके। मैं पता लगाने की कोशिश कर रहा हूँ कि शीना कहाँ है।

इंद्राणी—राहुल तुम्हें समझने की ज़रूरत है। वो बात नहीं है...इस तरह तुम जो पूछ रहे हो...उसका कोई मतलब नहीं है।

राहुल—तुम मुझसे शीना के मैसेज के बारे में पूछ रही थी...हाल ही में तुम कह रही थी। पापा कह रहे थे कि हमें सेम पेज पर रहना चाहिए। मुझसे कहा था कि तुम जो भी जानते हो, हमें बताना चाहिए।

इंद्राणी—नहीं-नहीं...तुमने कहा कि तुम्हारे पास फ़ोन है। मुझे नहीं मालूम... मैं भी वही बात बोल सकती हूँ। राहुल, मैं भी सिर्फ़ कमेंट कर रही थी... लेकिन 9.15 के बाद उसको छोड़ने के बाद मैं कैसे जानूँगी कि तुमने उसे कलेक्ट किया था या नहीं किया?

राहुल—हाँ।

इंद्राणी—मुझे कैसे पता होगा? हो सकता है आख़िर में तुम्हारा उससे सम्पर्क हुआ हो। तुमने उसे कलेक्ट किया हो...मुझे वो नहीं मालूम है।

राहुल—हाँ, साफ़ है...उसका कोई मतलब बनता है।

इंद्राणी—क्योंकि 10 बजे के बाद मैं लोगों के साथ घर पर थी, ओके। एक से ज़्यादा लोगों के साथ...हमने घर पर डिनर किया था। ऐसा नहीं था कि मैं शीना के आसपास भटक रही थी। एक से ज़्यादा लोग थे...मेरी बिल्डिंग के।

राहुल—हम्म...।

इंद्राणी—हमारे क़रीबी लोग थे।

राहुल—हम्म...।

इंद्राणी—तो मैं अन्दर थी और लोग घर पर थे...एक व्यक्ति सुबह आठ बजे तक...दो लोग रात में थे, ओके।

राहुल—ओके।

इंद्राणी—तब शीना वहाँ नहीं थी और न ही शीना का फ़ोन मेरे पास था।

राहुल—ओके।

इंद्राणी—तो तुम समझ रहे हो न कि उस बात का कोई मतलब नहीं है।

राहुल—नहीं, ठीक है...ठीक है...ठीक है।

इंद्राणी—(अस्पष्ट आवाज़)।

राहुल—मैं...क्या फ़िलहाल फ़ोन स्पीकर पर है...।

इंद्राणी—हाँ, हाँ।

राहुल—हाँ...ओके ओके। मैं सिर्फ़ जानना चाहता हूँ...सोच रहा हूँ... यहाँ-वहाँ से जो टुकड़ों में सूचनाएँ मिली हैं...उन सबको जोड़कर...नतीजा निकालने की कोशिश कर रहा हूँ। मैं ये नहीं कह रहा हूँ कि किसी ने कुछ किया है या इस स्टेज पर किसी के पास कुछ है। मैं सिर्फ़ पता लगाने की कोशिश कर रहा हूँ...क्या सम्भावनाएँ हो सकती हैं? बस, इतना ही। अब मुझे पता चल रहा है कि आप लोगों को ये मैसेज मिले और वो मैसेज मिले... और क्या नहीं मिले...ठीक उसी वक़्त मुझे भी उसके फ़ोन से मैसेज मिले थे।

पीटर—हाँ।

राहुल—रात में...तो अब मुझे थोड़ा-थोड़ा समझ में आ रहा है, शायद?

इंद्राणी—राहुल, मुझे 10 बजे मैसेज मिला था। उसके बाद से शीना से मेरी कोई बात नहीं हुई।

राहुल—हाँ...और मैसेज में लिखा था कि तुम्हारे साथ अच्छी मुलाक़ात रही...और डोश के लिए धन्यवाद...और मैं उम्मीद करती हूँ कि अब राहुल मेरा पीछा नहीं करेगा।

(इंद्राणी की अस्पष्ट आवाज़)।

राहुल—ठीक?

इंद्राणी—तुम्हें मालूम है कि उस वक़्त और उस वक़्त के बाद भी मेरे घर में मेहमान थे...एक तो रात वहीं रुका था, ओके।

राहुल—हाँ, ओके।

इंद्राणी—तो मैं बिल्डिंग वालों से मिल रही थी...और हमारे यहाँ पार्टी थी। हम लोग ड्रिंक्स वग़ैरह ले रहे थे, जो भी। तुम जानते हो घर पर...और अगले दिन मैं एयरपोर्ट के लिए निकल चुकी थी...तो ये सब कुछ है।

राहुल—हम्म...।

इंद्राणी—कल पहली बार मेरी देवेन भारती से बात हुई थी। पहली बार बात की थी। उन्होंने मुझे बताया था कि वो 10 बजे के क़रीब एयरपोर्ट के आसपास कहीं थी।

राहुल—ओके।

इंद्राणी—और उसकी वहाँ फ़ोन पर बातचीत हुई थी...फ़लाँ...फ़लाँ शख़्स के साथ...तो ये सब कुछ था। ये सारी जानकारी मैंने तुम्हें बताई थी... तो ऐसा नहीं है कि...

राहुल—कूल।

पीटर—तुम जानते हो राहुल।

राहुल—हम्म...।

पीटर—(अस्पष्ट आवाज़) मैंने उस दिन जो तुम्हें कहा था, ठीक है।

राहुल—हाँ...।

पीटर—और मुझे लगता है, शायद तुम इस पर यक़ीन नहीं करोगे।

राहुल—मैं नहीं कर सकता...मैं नहीं कर सकता...क्या?

पीटर—उस रात जब हम कोलकाता जा रहे थे...।

राहुल—हाँ।

पीटर—मेरा ख़याल है...।

राहुल—हाँ, हो सकता है (अस्पष्ट आवाज़)।

पीटर—लेकिन मेरा ख़याल है कि शीना ने अपने पत्ते बहुत ध्यान से, बहुत होशियारी से खेले हैं...(अस्पष्ट आवाज़)।

इंद्राणी—और मेरे कंधे पर रखकर बन्दूक़ चला दी।

पीटर—और इंद्राणी के कंधे पर बन्दूक़ रखकर चलाई। सबसे पहले तुमसे दूर गई और फिर...।

राहुल—हम्म...।

पीटर—उसने इस तरह सब कुछ किया कि तुम ये समझो कि इंद्राणी का इससे कुछ लेना-देना है। (अस्पष्ट आवाज़)।

राहुल—हाँ, क्योंकि वो जानती है कि अतीत में मेरे और इंद्राणी के बीच कुछ बहस हुई थी...तो शायद वो समझती है कि वो इसका फ़ायदा उठा सकती है। इसका उपयोग ये दिखाने में कर सकती है कि...।

पीटर—हाँ, और उसने इस तरह किया है कि...(अस्पष्ट आवाज़)।

इंद्राणी—बहुत सारे शक हैं...(अस्पष्ट आवाज़)। राहुल मेरे पास कोई वजह नहीं है। कल जैसे ही मुझे देवेन भारती से मालूम हुआ, मैंने तुम्हें फ़ोन करके बताया कि शायद उसने फ़्लाइट ली होगी। मैंने 12.40 पर फ़्लाइट ली थी...और ये कोई छिपी हुई बात नहीं है।

राहुल—हम्म...।

इंद्राणी—मैं तुम्हें बता रही हूँ। मेरे पास शीना का फ़ोन क्यों होना चाहिए था? मैं शीना का फ़ोन लेकर क्यों जाऊँगी...किसलिए?

राहुल—हाँ, हाँ।

इंद्राणी—मैं उसका फ़ोन लेकर क्यों जाऊँगी भला...?

राहुल—करेक्ट।

इंद्राणी—ऐसा करने का कोई उद्देश्य नहीं है।

राहुल—हाँ, करेक्ट। क्या कोलकाता में उसका कोई परिजन है?

इंद्राणी—राहुल मैं तुमसे वादा करती हूँ और विधि की क़सम खाकर कहती है...पापा की क़सम खाकर कहती हूँ कि मैंने शीना को आख़िरी बार 9.15 पर या शायद 9.30 बजे देखा था...सटीक समय मुझे मालूम नहीं है। अमर संस के बाहर...ठीक है?

राहुल—हम्म...।

इंद्राणी—मैंने उसे वहाँ ड्रॉप किया था। बाद में मुझे वो मैसेज मिले... बस इतना ही।

राहुल—ओके।

इंद्राणी—उसके बाद न तो मेरी उससे बात हुई और न ही मैंने उसको देखा। सुबह मैंने उसे कॉल करने की कोशिश की थी लेकिन उसका फ़ोन बन्द आ रहा था।

राहुल—हम्म...।

इंद्राणी—मैंने जाने से पहले चेक किया था...उसका फ़ोन बन्द आ रहा था। क्या समय था मुझे अब ठीक से याद नहीं है।

राहुल—हम्म...मोटे तौर पर...तुम्हारे फ़्लाइट लेने से पहले...या?

इंद्राणी—ओह...काफ़ी पहले...काफ़ी पहले...।

राहुल—ओके...सुबह जल्दी।

इंद्राणी—हाँ, सुबह। वो उठना चाहती थी...वो बात?

राहुल—ओके। क्योंकि मुझे भी उसी सुबह उससे मैसेज मिला था... उसी सुबह को...।

इंद्राणी—नहीं। मुझे समय याद नहीं...मैं याद नहीं कर सकती। मैं मार्क करके नहीं रखती।

राहुल—हम्म...।

इंद्राणी—मैंने वो लेटर और बाक़ी चीज़ें इसलिए देखीं क्योंकि मुझे उसका मैसेज मिला था कि वो जा रही है, नया नम्बर ले रही है, कॉन्टैक्ट के लिए... तो मैंने अनुमान लगाया कि वो चली गई।

राहुल—हम्म...।

इंद्राणी—तो मुझे मालूम हुआ कि उसने कोई नया नम्बर लिया था...और कॉन्टैक्ट करने को कहा था।

राहुल—हम्म...।

इंद्राणी—इसलिए मैंने इसे वहीं छोड़ दिया।

राहुल—हम्म...मैं आशा करता हूँ कि वो सकुशल होगी...बस।

इंद्राणी—मुझे पूरा यक़ीन है राहुल, कि वो सकुशल है...लेकिन...।

पीटर—मेरे ख़याल से ठीक है तो, हाँ...(अस्पष्ट आवाज़)।

राहुल—मैं उससे प्यार करता हूँ। सुनिए, सुनिए...मैं उसे बहुत प्यार करता हूँ। अगर वो मुझे छोड़कर जाना चाहती है...और इसी में उसकी ख़ुशी है तो ठीक है। मैं उससे इतना प्यार करता हूँ कि मैं उसे ऐसा करने दूँगा... उसे जाने दूँगा। मैं उसे पकड़कर नहीं रखने वाला...पकड़कर या बाँधकर...। मैं सिर्फ़ उसकी सुरक्षा को लेकर चिन्तित हूँ, क्योंकि वो अचानक से ग़ायब हो गई है। अलग-अलग लोग इसे लेकर अलग-अलग तरह की बातें कह रहे हैं...ठीक?

इंद्राणी—सॉरी...सॉरी...फिर से कहना।

राहुल—मैंने कहा कि वो पता नहीं दुनिया के किस कोने में ग़ायब हो गई है और अलग-अलग लोग अलग-अलग बातें कह रहे हैं...ऐसा लग रहा है।

पीटर—हाँ।

राहुल—तो आप समझ रहे हैं ना...।

पीटर—ऐसा इसलिए, क्योंकि मेरा मतलब है कि जिस तरह से वो...

(अस्पष्ट आवाज़)।

राहुल—मेरा कहने का मतलब है कि इसके पीछे कोई वजह होनी चाहिए... ज़रूर कोई वजह होनी चाहिए।

इंद्राणी—हाँ, राहुल...19 को जब उसने कहा था...मैं तुम्हें बता रही हूँ कि जब उसने ईमेल भेजा था...।

राहुल—हम्म...।

इंद्राणी—उसने ख़ुद ही ईमेल भेजा था...नहीं?

राहुल—हम्म...।

इंद्राणी—तो किसी ने उसे वहाँ मजबूर नहीं किया होगा ईमेल लिखने के लिए। मैं नहीं मान सकती कि किसी ने 19 को उसके ऑफ़िस में बैठकर उसे मजबूर किया ईमेल लिखने के लिए। उसने सुबह 10.00 बजे ईमेल लिखा था।

राहुल—हम्म...।

इंद्राणी—ओके...किसी ने ऑफ़िस में उसके सिर पर बन्दूक़ नहीं तानी होगी।

राहुल—नहीं, नहीं, नहीं...।

इंद्राणी—और उसे ईमेल लिखने को कहा होगा।

राहुल—ज़ाहिर है कि नहीं...।

इंद्राणी—हाँ, तो तुम जानते हो कि जो कुछ उसने किया है, अपनी मर्ज़ी से किया है।

पीटर—(अस्पष्ट आवाज़) डार्लिंग...उसने शायद ये सब कुछ 19 से बनाना शुरू किया, या शायद एक-दो दिन पहले से, जो भी हो...(अस्पष्ट आवाज़)।

राहुल—हाँ...।

इंद्राणी—मेरा मतलब है कि सारी बातें उसकी तरफ़ से कही गईं। भगवान का शुक्र है कि न तो मैंने कुछ कहा न ही मैंने कुछ किया...(अस्पष्ट आवाज़)।

राहुल—हम्म...।

इंद्राणी—अब एक तरफ़ वो तुम्हें एक कहानी सुनाती है...हे भगवान! कहती है कि वो इंद्राणी के साथ जाने में डर रही है। फिर वो मुझे क्यों ईमेल भेजकर साथ आने के लिए कहती है कि क्या मैं आ सकती हूँ?

राहुल—हम्म...।

इंद्राणी—तो ये सब आपस में नहीं मिलता, है ना?

राहुल—इसलिए तो...इसलिए तो मैं इतना भ्रमित हो रहा हूँ।

इंद्राणी—तुम्हें इसे देखना चाहिए। तुम्हें ईमेल देखना चाहिए।

पीटर—शायद वो अपने दोस्तों के साथ गई होगी। उसके कुछ दोस्त हैं। ये सिर्फ़ तुम्हारे लिए है...सिर्फ़ तुम्हारे लिए है। तुम जानते हो कि ये चीज़ें हमारे दिमाग़ में तभी से बज रही थीं।

राहुल—हम्म...।

पीटर—ठीक। उसने काफ़ी हद तक इस बारे में सोचा है। तुम जानते ही हो कि वो कैसी है...उसने अवरुद्ध कर दिया है (अस्पष्ट आवाज़), एक व्यापारी को उठाया। जो भी हो, उसने पैसे उठाए और चली गई।

राहुल—हम्म।

पीटर—और फिर उसे...।

राहुल—जब मैं उससे मिला, जब मैं उसके बॉस से मिलने गया...जब हम आए...उन्होंने कुछ लोग घर भेजे...उसकी तलाश में। उसके बाद वो चले गए। उन्होंने कुछ नम्बर लिये और चले गए। थोड़ी देर बाद कॉल किया और पूछा कि क्या तुम मिस्टर मुखर्जी, कर्नल मुखर्जी से मिलने ऑफ़िस आ सकते हो? मैं जब वहाँ गया तो उसका एक सहकर्मी भी वहाँ कमरे में बैठा हुआ था। उसने मुझसे पूछा...मुझसे पूछा...मुझसे पूछा कि क्या मुझे मालूम है कि वो कोलकाता चली गई है? तब उसने कहा कि उसने अपने पिता के कोलकाता में होने के बारे में बताया था, शायद वो वहीं चली गई है। क्या तुमने उनसे पूछा है? तब मैंने कहा कि नहीं, नहीं पूछा है। मेरे पास नम्बर नहीं है। मेरे पास जो नम्बर है, जो कि मैं समझता हूँ कि उनका नम्बर है, वो लग नहीं रहा है, इसलिए मैं कोलकाता वाली बात पूछ रहा हूँ।

इंद्राणी—वो नहीं गई। मैं कोलकाता में थी...मेरे कोलकाता जाने का प्लान बहुत पहले बन गया था। तुम जानते हो, कोलकाता के बारे में मेरे प्लान...काफ़ी पहले टिकट बुक हो गए थे। उसके मुझे कॉन्टैक्ट करने से भी काफ़ी पहले। इसलिए दोनों में कोई कनेक्शन नहीं है। मैं जाने वाली थी...और राहुल...।

राहुल—हम्म...।

इंद्राणी—मान लेते हैं कि अभी जो तुम कह रहे हो, मान लो वो शायद कोलकाता में किसी से मिलने गई।

राहुल—हम्म।

इंद्राणी—ओके। मान लो...इसका मतलब है कि बेशक वो अपनी मर्ज़ी से वहाँ गई है...नहीं?

राहुल—हम्म। करेक्ट।

इंद्राणी—कोई नहीं, उसने शायद पहले किसी को बताया था। मान लो... कल्पना करो कि तुम ये कह रहे हो...अब ये एक नई बात उसने कही...अब अगर उसने...।

राहुल—हाँ, लेकिन मुझे अच्छी तरह से याद है...मैं ठीक से समझाता हूँ... तुम जानती हो वो उसकी सहकर्मी है...वो बातचीत में मुख्य वक्ता नहीं थी।

इंद्राणी—ओह...अब मैं समझी। तुम इसे लगातार याद कर रहे थे। शायद लगातार याद कर रहे थे, इसलिए अब ये कह रहे हो।

राहुल—हम्म।

इंद्राणी—अब मुझे साफ़ तौर पर याद आया कि अगर उसने कभी किसी के सामने कोलकाता जाने वाली बात कही थी...अगर उसने वास्तव में कोलकाता जाने वाली बात किसी के सामने कही थी, तो हो सकता है कि वो कोलकाता गई हो या जहाँ भी गई हो...उसका कहीं तो जाने का प्लान था...नहीं?

राहुल—हम्म।

इंद्राणी—लेकिन राहुल बात ये है कि अगर वो जहाँ भी गई तो उसने फ़्लाइट ली होगी...जो भी फ़्लाइट ली हो, हमें जानकारी मिल जाएगी यार। बशर्ते कि वो उतनी स्मार्ट न हो कि उसने किसी और नाम से सफ़र किया हो।

राहुल—या...।

इंद्राणी—जो कि मुमकिन है...मेरा मतलब है कि लोग इस तरह सफ़र करते भी हैं। लेकिन मुझे ऐसा करने पर शक है...तुम जानते हो...।

राहुल—हाँ, मेरा मतलब है कि भारत में एयरपोर्ट में जाने के लिए पहचान पत्र ज़रूरी है, जो टिकट से मैच करता होना चाहिए।

इंद्राणी—राहुल, एयरपोर्ट में जाना कोई मुश्किल काम नहीं है। अन्दर जाने के लिए तुम किसी का (अस्पष्ट आवाज़) या ई-टिकट होना चाहिए... अगर कोई जाना चाहे तो...।

राहुल—हाँ, लेकिन वो कर सकें।

इंद्राणी—एक अलग नाम से जाओ...अगर कोई एयरपोर्ट में अलग नाम से जाना चाहे और काउंटर पर अलग नाम से जाना चाहे तो...।

राहुल—हाँ, लेकिन तुम्हारे पास पहचान-पत्र तो होना चाहिए ना? तुम्हारे पास ड्राइविंग लाइसेंस या ऐसा ही कुछ...।

इंद्राणी—राहुल, चेक इन के वक़्त नहीं...चेक इन के दौरान नहीं...।

राहुल—वास्तव में एयरपोर्ट की इमारत में प्रवेश करते समय अपना ई-टिकट और पहचान-पत्र होना ज़रूरी है।

इंद्राणी—हाँ, लेकिन तुम ई-टिकट पर अपना नाम बदल सकते हो...वही बात मैं कहने की कोशिश कर रही हूँ। मान लो तुम्हारी बुकिंग किसी और नाम से है...मान लो मैंने टिकट बुक किया है। मैं सिर्फ़ एक मिसाल दे रही हूँ...मान लो कि तुमने राहुल मुखर्जी के नाम से टिकट बुक किया है...तो या तो तुम राहुल मुखर्जी के नाम का टिकट ले सकते हो या फिर तुम चाहो तो नाम बदलवाकर ले सकते हो, जैसाकि मान लो तुमने रॉबिन मुखर्जी का नाम करवा दिया तो वो तुम्हें रॉबिन मुखर्जी के नाम की टिकट दे देंगे...तो ये मुमकिन है। लेकिन मुझे नहीं लगता कि ऐसा हुआ होगा।

राहुल—याह।

इंद्राणी—क्या तुम्हें लगता है कि वो उस हद तक गई होगी...तुम जानते हो...।

राहुल—हम्म...तो ये बात है।

इंद्राणी—फ़र्ज़ी नाम से जाना और वो सब कुछ?

राहुल—बिलकुल सही।

इंद्राणी—ऐसा हुआ होगा, इस पर मुझे पूरा सन्देह है...।

राहुल—बिलकुल सही।

इंद्राणी—हाँ, ऐसा हुआ होगा...मुझे नहीं लगता।

राहुल—याह।

इंद्राणी—लेकिन कौन जानता है?

पीटर—एकदम सही। इस पर विचार करते हैं...ठीक है।

राहुल—हम्म।

पीटर—शीना के ऑफ़िस वालों ने तुमसे पूछा था कि क्या तुम्हें पता है कि वो कोलकाता गई है?

राहुल—नहीं, मुझे नहीं पता। उसके दोस्तों ने ऐसा कुछ नहीं कहा। क्या आपको मालूम है कि वो कोलकाता गई है?

(बैकग्राउंड में इंद्राणी किसी से बात कर रही है।)

राहुल—एक दोस्त ने कहा था कि हाल ही में उसने बताया था कि उसके पिता कोलकाता में हैं और वो वहाँ जाना पसन्द करेगी...क्या आप?

पीटर—याह...।

राहुल—क्या आप उसके साथ...वही...वही...।

पीटर—याह...।

राहुल—यही उसने कहा था...और मैंने कहा था कि मेरे पास कुछ नम्बर है और मैंने फ़ोन करने की काफ़ी कोशिश की लेकिन वो नहीं लगे...जो भी कारण हो। मेरे पास चेक करने का कोई और रास्ता नहीं है...उस सन्दर्भ में... और मुझे बिलकुल भी आइडिया नहीं है कि वो कहाँ है...कोलकाता में या कहीं और। किसी के साथ...तो मुझे वाक़ई नहीं पता...क्या आपको पता है?

पीटर—याह। राइट।

राहुल—मैं सिर्फ़ कड़ियों को आपस में जोड़ने की कोशिश कर रहा हूँ... जैसा कि आप लोग जानते हैं।

पीटर—वास्तव में...एक सेकंड के लिए मान लो...मान लो एक सेकंड के लिए कि शीना ने तड़के सुबह की फ़्लाइट ली हो...।

राहुल—हाँ।

इंद्राणी—उसने इतने सवेरे की फ़्लाइट कैसे ली हो सकती है.., सुबह 10 बजे तो उसके फ़ोन की लोकेशन उसके क़रीब थी...(अस्पष्ट आवाज़)।

राहुल—हाँ।

इंद्राणी—मुझे मालूम है...मैं जानती हूँ...वह एयरपोर्ट के क़रीब थी, जैसा कि देवेन भारती ने कहा।

राहुल—हाँ, वो 10-11 के क़रीब फ़ोन पर बात कर रही थी। एक घंटा या ऐसा ही कुछ...।

इंद्राणी—अगर उसने सुबह-सवेरे की फ़्लाइट ली होती तो...।

राहुल—अगर उसे जाना था तो वो उसके बाद ही गई होगी।

इंद्राणी—ये भी मुमकिन है कि उसने अपना नाम बदल दिया हो और शायद उसने बाद की फ़्लाइट ली हो।

राहुल—हाँ।

इंद्राणी—या जो भी...वो भी मुमकिन है।

राहुल—मुमकिन है।

पीटर—लेकिन देखो...देखो देखो...।

इंद्राणी—(अस्पष्ट आवाज़)।

पीटर—दो मिनट...हो सकता है कि वो दिल्ली में हो। मैं इस बारे में सोच रहा हूँ...ओके?

इंद्राणी—हो सकती है।

राहुल—हाँ।

पीटर—वो दिल्ली में हो सकती है...वास्तव में वो नागपुर में भी हो सकती

है...और क्या आपको मालूम है कि नागपुर वाला एंगल क्या है? वो कोलकाता में हो सकती है, अपने पिता के साथ या जो भी है...।

राहुल—हाँ। घर पर हो सकती है...वहाँ हो सकती है।

पीटर—वो गुवाहाटी में अपने घर पर हो सकती है।

इंद्राणी—(अस्पष्ट आवाज़)।

राहुल—वो अपने अन्य दोस्तों के साथ बैंगलोर में हो सकती है। वो कहीं भी हो सकती है। मेरा मतलब है कि कौन जानता है...वो अपने साथ पासपोर्ट लेकर नहीं गई तो उसे भारत में ही कहीं होना चाहिए। हाँ, लेकिन इस सन्दर्भ में वो कहीं भी हो सकती है।

इंद्राणी—हाँ।

राहुल—इस बारे में तब तक कुछ भी पक्के तौर पर नहीं कहा जा सकता जब तक कि कोई ख़ुद उससे नहीं सुन लेता या फिर इस बात की पुष्टि नहीं हो जाती कि उसने कहाँ जाने के लिए फ़्लाइट ली थी। तब तक हम कुछ नहीं कह सकते कि वो अभी कहाँ है...राइट?

इंद्राणी—हाँ।

पीटर—मुझे लगता है कि हफ़्ते-भर में जब तक तुम्हारा उससे सम्पर्क नहीं हो जाता तब तक...।

राहुल—हाँ, मेरा ऐसा ही अनुमान है।

पीटर—तुम ऐसा कर सकते हो। मेरा मतलब है कि तुम जा सकते हो... अपने बाल सफ़ेद करो और उसकी तलाश करो।

राहुल—(हँसते हुए) मैं ऐसा नहीं करने वाला हूँ। मुझे लगता है कि हर गुज़रते लम्हे के साथ मेरे बाल सफ़ेद होते जा रहे हैं।

पीटर—बिलकुल सही।

इंद्राणी—राहुल, हम अपनी तरफ़ से जो कुछ कर सकते थे, वो हमने किया है। हमारे पास जो कुछ सूचना है, वो हम तुम्हें दे चुके हैं...ओके?

राहुल—हम्म...।

इंद्राणी—अब अगर वो किसी कारण से हम लोगों से सम्पर्क नहीं करना चाहती...उसका कहना है कि वो हम लोगों से हफ़्ते-भर में सम्पर्क करेगी।

राहुल—हम्म...।

इंद्राणी—अगर वो हफ़्ते-भर में सम्पर्क नहीं करती तो हम हर छोटी-छोटी बात चेक करवाने के लिए फिर उनसे सम्पर्क करेंगे। हम उन पर ज़्यादा दबाव नहीं डाल सकते...इन सब बातों में समय लगता है।

राहुल—हाँ।

इंद्राणी—इन सब लोगों के लिए भी।

राहुल—हाँ।

इंद्राणी—मैं नहीं चाहती कि कोई मुझे पलटकर कहे कि उसने तो तुम्हें बताया था कि वो एक हफ़्ते के भीतर तुमसे सम्पर्क करेगी...तो तुम हमारा वक़्त क्यों बर्बाद कर रही हो?

राहुल—हाँ। करेक्ट।

इंद्राणी—अगर एक हफ़्ते में वो वास्तव में सम्पर्क नहीं करती। वो 25 तारीख़ को कौन-सा दिन है...गुरुवार। मान लो वो गुरुवार तक सम्पर्क नहीं करती तो...गुरुवार से गुरुवार यानी एक हफ़्ते बाद भी सम्पर्क नहीं करती तो हम उनसे कह सकते हैं कि वो हमसे एक हफ़्ते में सम्पर्क करने वाली थी, लेकिन उसने नहीं किया है...ज़रा आप पता लगाइए कि उसने कौन-सी फ़्लाइट ली थी?

राहुल—ओके। कूल...कूल...ये ठीक है। जैसा उसने कहा था उस हिसाब से वो एक हफ़्ते के भीतर हमसे सम्पर्क नहीं करती है तो हम ऐसा कर सकते हैं।

इंद्राणी—बिलकुल सही। कल्पना करो कि वो मुझसे सम्पर्क नहीं करती... तुमसे सम्पर्क करने की सम्भावना बहुत ही कम है। मान लो कि वो अपने किसी दोस्त से भी सम्पर्क नहीं करती...परिवार में भी किसी से सम्पर्क नहीं करती...।

राहुल—हाँ।

इंद्राणी—तब दूसरी बात है...ओके। देखो मान लो कि तब तक वो अपने ऑफ़िस में किसी से सम्पर्क करती है...या अपने किसी दोस्त से या फिर मुझसे। हो सकता है वो मुझसे सम्पर्क करना नहीं चाहे। राहुल...मुझे नहीं पता...ओके। देखो शायद वो किसी से सम्पर्क करे...कोई भी।

राहुल—लेकिन सुनो, इंद्राणी...एक और बात...कहीं उसको और पैसों की ज़रूरत तो नहीं है। वो अपने सारे बैंक कार्ड यहीं छोड़ गई है। अपने सारे कपड़े यहीं छोड़ गई है...उसका सब कुछ यहीं पर है।

इंद्राणी—डार्लिंग...हमें नहीं पता कि वो कहाँ गई है। अगर वो हफ़्ते-भर में लौट आने वाली है तो उसे और पैसों की ज़रूरत नहीं पड़ेगी। अगर वो वाक़ई गुरुवार तक लौट आती है तो, ओके?

राहुल—हम्म।

इंद्राणी—तब उसे और पैसों की ज़रूरत नहीं है...नहीं?

राहुल—हम्म...करेक्ट...तो यह बात है।

इंद्राणी—हाँ, ऐसा ही है।

राहुल—अगर नहीं आती...मान लो वो गुरुवार तक नहीं आती है तो... क्योंकि...।

इंद्राणी—हाँ।

राहुल—हो सकता है कि वो सम्पर्क में रहना नहीं चाहती है, कॉन्टैक्ट करना नहीं चाहती तो मेरा कहने का मतलब है कि इस स्टेज पर तुम्हें कुछ करने की ज़रूरत है, क्योंकि उसे धन की ज़रूरत हो सकती है, पैसों की ज़रूरत हो सकती है।

इंद्राणी—येस। उसके लिए बैंक कार्ड की ज़रूरत नहीं होती...येस। वो कहीं से भी एक्सेस कर सकती है।

राहुल—हाँ, ये सच है...आपके पास आईडी होनी चाहिए।

इंद्राणी—मेरा कहने का मतलब है कि बैंक खाते से पैसे निकालने के लिए बैंक कार्ड होना ज़रूरी नहीं है।

राहुल—हाँ।

इंद्राणी—देखो राहुल...मैं बहुत ईमानदारी से कह रही हूँ कि किसको पता कि उसे कहीं कोई जॉब मिल गया हो...किसी को नहीं पता। हमें नहीं पता। हम लोग सिर्फ़ अनुमान लगा रहे हैं...राइट?

राहुल—हम्म...।

इंद्राणी—गुरुवार तक इन्तज़ार करते हैं।

राहुल—नहीं, इसकी सम्भावना कम ही लगती है। मुझे लगता है कि उसे जॉब मिल गया होगा।

इंद्राणी—हाँ, हम सब कल्पना कर रहे हैं...और वो शायद कहीं आराम से बैठी होगी। हम लोग यहाँ बैठे परेशान हो रहे हैं। ये सब करने का कोई मतलब नहीं है जब तक कि हम...तो हम लोग इन्तज़ार करते हैं...हमने पुलिस को तो सूचित कर ही दिया है।

राहुल—हम्म...।

इंद्राणी—ओके...तो पुलिसवाले जो कुछ पता कर सकते थे, वो उन्होंने पता लगा लिया है। वो सिर्फ़ नम्बर को ट्रैक कर सकते हैं, ओके।

राहुल—हम्म...।

इंद्राणी—तब तक वो इसे ट्रैक कर सकते हैं। अब इसके बाद जबकि हमारे पास कोई नम्बर नहीं है, जिसे ट्रैक किया जा सके...अगर हमारे पास

नम्बर होता...अगर हमारे पास कुछ भी ट्रैक करने के लिए होता तो कर सकते थे।

राहुल—लेकिन आप...?

पीटर—लेकिन वो कॉल नहीं कर रही है...पुलिस भी जानती है।

राहुल—हम्म...।

पीटर—कि वो ठीक है...इंद्राणी, (अस्पष्ट आवाज़) उसका नया नम्बर?

राहुल—हम्म...।

इंद्राणी—कौन-सा?

पीटर—हाँ।

इंद्राणी—कौन-सा?

पीटर—(अस्पष्ट आवाज़)।

राहुल—हम्म...राइट।

पीटर—मतलब वो बिलकुल ठीक है।

राहुल—हाँ।

पीटर—राइट।

राहुल—हाँ।

इंद्राणी—लेकिन मुझे अभी तक कुछ भी नहीं मिला।

पीटर—एसएमएस के मुताबिक़, उसने कहा है कि वो हफ़्ते-भर में सम्पर्क करेगी।

राहुल—हम्म...।

पीटर—कोई बात नहीं...(अस्पष्ट आवाज़)।

राहुल—हम्म...।

इंद्राणी—राहुल (अस्पष्ट आवाज़), क्या तुम्हें पक्का मालूम है कि उसने अपने किसी भी दोस्त से कॉन्टैक्ट नहीं किया है?

राहुल—ऊँह...मैं पक्के तौर पर कुछ नहीं कह सकता हूँ।

इंद्राणी—(मफल्ड) अभी के लिए, क्या तुम्हें पूरा यक़ीन है?

राहुल—जहाँ तक उन्होंने मुझे बताया है...उतना ही दावे के साथ कह सकता हूँ जितना कि आप लोगों ने मुझे बताया है। इस स्टेज पर मैं किसी चीज़ को लेकर किसी पर भरोसा नहीं कर रहा हूँ। मैं फ़िलहाल सूचनाएँ जमा कर रहा हूँ और उन्हें आपस में जोड़ रहा हूँ। इसके बाद कोई नतीजा निकालने की कोशिश करूँगा। मैं नहीं कर सकता...नहीं कर सकता...मैं इतना ही कर सकता हूँ कि जो लोग बता रहे हैं, उसे ले रहा हूँ। मैं उन्हें कुछ और कहने

के लिए मजबूर नहीं कर सकता...मैं नहीं कर सकता...नहीं कर सकता। आप जानते हैं...लोग क्या कहते हैं।

इंद्राणी—नहीं...नहीं, वो उतना ही तुम्हें कहेंगे जितना कहने के लिए उसने बोला होगा।

राहुल—करेक्ट...करेक्ट।

इंद्राणी—हम्म...।

राहुल—अगर वो कुछ जानते हैं और वो मुझसे या किसी से भी या सबसे उसके दूर रहने में उसकी किसी तरह की मदद कर रहे हैं तो मुझे उतना ही मालूम होगा जितना कि वो लोग मुझे बताएँगे...उतना ही मैं जान पाऊँगा।

पीटर—(अस्पष्ट आवाज़)।

राहुल—वही मालूम है जो आप लोगों ने बताया है और उसी से नतीजे पर पहुँचने की कोशिश कर रहा हूँ।

पीटर—और वो यही कहते रहें कि हमें शीना की तरफ़ से कुछ भी सुनने को नहीं मिला है तो?

राहुल—हम्म...।

पीटर—तब...वही सब वो लोग कहते हैं...राइट?

राहुल—हाँ।

पीटर—कुछ नहीं सुना।

राहुल—ऐसे में मैं लगातार चिन्ता करूँगा...चिन्ता करूँगा...चिन्ता करता रहूँगा। आपको पता है ज़्यादा से ज़्यादा...ज़्यादा से ज़्यादा...ज़्यादा से ज़्यादा पता करने की कोशिश करूँगा...स्पष्ट तौर पर।

पीटर—हाँ।

राहुल—और आप जानते हैं, ऐसे हालात में कोई क्या करता है...मेरा मतलब है कि काश! मैं आगे बढ़ पाता...मैं बढ़ जाता अगर वो ख़ुद मुझे कह देती किसी तरह के समापन को लेकर...आप समझ रहे हैं न मैं क्या कहना चाह रहा हूँ। वरना मेरे लिए आगे बढ़ पाना नामुमकिन है। कैसे बढ़ सकता हूँ...फ़िलहाल मैं बीच में अटककर रह गया हूँ।

पीटर—राहुल, क्या उसने...क्या उसने तुम्हें कुछ नहीं कहा था?

राहुल—किस सन्दर्भ में कुछ नहीं कहा? मैं आपसे वही कह रहा हूँ, जो मैं जानता हूँ।

पीटर—नहीं।

राहुल—वही बताया जो मैं जानता हूँ। मैंने इस बारे में सब कुछ बता दिया है। नागपुर वाली बात...कैसे ये ज़िक्र बार-बार आया। निशान्त नाम के लड़के के बारे में...आपने मुझे उसका नाम बताया था। मैंने आपको बताया था कि मैं उसके बारे में क्या जानता था...कि उसके दोस्तों ने मुझे क्या कहा था...कि वो उसे किस हद तक जानती थी...यही सब कुछ।

पीटर—नहीं।

राहुल—मैं आपको वो बता रहा हूँ, जो मैं जानता हूँ।

पीटर—नहीं, मैं यह कह रहा हूँ कि शीना ने हाल ही में तुम्हें कभी नहीं बताया।

राहुल—हाँ।

पीटर—क्या तुम्हें भनक तक नहीं लगी!

राहुल—हाँ।

पीटर—उसकी बॉडी लैंग्वज या उसके साथ बातचीत के दौरान।

राहुल—हम्म...।

पीटर—तुम जानते हो कि...वो है...।

इंद्राणी—(अस्पष्ट आवाज़) नाख़ुश।

पीटर—ख़ुश नहीं है...और रिश्ते से बाहर निकलना चाहती है।

राहुल—नहीं, ऐसा कुछ नहीं था। हमने प्लान बनाया था...क्या नहीं बनाया...हमने अभी सगाई की थी। हम शादी की योजना बना रहे थे। आह! आप जानते हैं...हमने ये सब कुछ सोचा था। मैंने उसे कहा था कि क्या वो इंद्राणी से मिलने जा रही है...क्या वो इंद्राणी के साथ डिनर पर जा रही है... राइट? ये कूल है...तुमने उसे ईमेल भेजा था, चीज़ों को दुरुस्त करने के लिए। तुमसे उसने कहा था कि वो एमबीए करना चाहती है तो करे और तुमने उसे आर्थिक मदद की पेशकश भी की थी। लेकिन उसने तुम्हारे सामने कुछ शर्तें रख दी थीं। मैं कह रहा हूँ...मैं ये नहीं कह रहा हूँ कि ये जो था, वो हुआ था...कि हमें साथ नहीं होना चाहिए। तब मैं समझूँगा...तुम जाओ और अपनी पढ़ाई पूरी करो। तुम वह करो, जो तुम्हें करना है। मैं उसे स्वीकार करूँगा। तुम जानती हो कि भविष्य में मैं भी कुछ अपनी चीज़ें करना चाहूँगा। हम भविष्य में दोबारा मिल सकते हैं...तो ये बातचीत हमारे बीच हुई थी। इसलिए मेरे लिए ये सब कुछ थोड़ा विचित्र है, जो कुछ हुआ इतना अचानक...इतना चुपचाप...तुम्हें पता ही है।

इंद्राणी—हमारे डिनर के बाद उसने तुमसे क्या कहा था...इससे मैं शायद

कुछ अनुमान लगा पाऊँगी। अगर तुम बता दो...हम आपस में जितनी ज़्यादा सूचनाएँ साझा करेंगे उतना ही हमारे लिए आसान होगा। क्या उसने ऐसा कुछ कहा था कि इंद्राणी उसकी आर्थिक मदद करने वाली है? और उसने कुछ शर्तें रखी हैं?

राहुल—हम्म...।

इंद्राणी—कि अगर तुम राहुल के साथ हो तो मैं उसकी मदद नहीं करूँगी?

राहुल—नहीं-नहीं, नहीं...नहीं...उसने ऐसा कुछ नहीं कहा था। उसने क्या कहा था...मुझे थोड़ा सोचने दो...मेरा दिमाग़ थोड़ा हल्का होने दो।

इंद्राणी—हम्म...।

राहुल—पहली मुलाक़ात के बाद उसने नागपुर वाली बात का ज़िक्र किया था और नागपुर में प्रॉपर्टी देखने की बात बताई थी। उसने बताया था कि इंद्राणी ने उसे नागपुर चलकर कुछ प्रॉपर्टी देखने के लिए कहा था। उसने बताया था कि इंद्राणी के पास दो करोड़ है। वो ये पैसा नागपुर और बॉम्बे की सीमा पर प्रॉपर्टी में निवेश करना चाहती है। इनमें से एक प्रॉपर्टी शीना के लिए होगी और दूसरी ख़ुद इंद्राणी के लिए। उसने ये भी कहा था कि ये सारी बात राहुल को नहीं बतानी है और मैं इसका जिक्र किसी से न करूँ।

इंद्राणी—हम्म।

राहुल—अब ये बात आप लोगों को मैं इसलिए बता रहा हूँ, क्योंकि उसे लेकर मैं बहुत चिन्तित हूँ।

इंद्राणी—नहीं...नहीं...।

राहुल—उस मुलाक़ात के बाद यही उसने मुझे बताया था।

इंद्राणी—आज तक जो जानते हो राहुल...आज तक...।

राहुल—हाँ।

इंद्राणी—आज तक...मैं जानती हूँ कि पापा क्यों हँस रहे हैं...मेरा आज तक से मतलब है कि क्यों कोई सारी दुनिया छोड़कर नागपुर जाकर निवेश करना चाहेगा?

राहुल—बिलकुल सही।

इंद्राणी—मेरा मतलब है कि मेरे पास दो करोड़ होंगे तो मैं नागपुर की जगह बॉम्बे में निवेश नहीं करूँगी?

राहुल—बिलकुल सही।

इंद्राणी—क्यों नहीं निवेश करूँगी...(अस्पष्ट आवाज़)।

राहुल—मैं जानता हूँ...मैं जानता हूँ...इंद्राणी...बिलकुल सही। मैंने भी यही बात कही थी...मैंने भी बिलकुल ऐसा ही कहा था।

इंद्राणी—सारी जगहों को छोड़कर नागपुर में क्यों निवेश करूँगी...नागपुर ही क्यों?

राहुल—बिलकुल सही। मैंने भी यही कहा था।

इंद्राणी—मैं वहाँ कभी नहीं गई...पापा वहाँ कभी नहीं गए...मैं अपनी पूरी ज़िन्दगी में नागपुर कभी नहीं गई।

पीटर—मैं भी।

इंद्राणी—पापा कभी नागपुर नहीं गए...मैं अपने जीवन में कभी नागपुर नहीं गई।

राहुल—ये कैसा है?

इंद्राणी—मेरा मतलब है...देखो, हम निवेश के बारे में देख रहे हैं। मैंने उसे कहा था कि मैंने कोलकाता में एक प्रॉपर्टी बेची थी।

राहुल—हम्म...।

इंद्राणी—और तुम जानते हो मैं निवेश के बारे में देख रही हूँ...मैं गोवा में कुछ निवेश के बारे में देख रही थी और बॉम्बे में भी कुछ निवेश के बारे में देख रही थी।

राहुल—हम्म...।

इंद्राणी—इसलिए मैंने शीना के साथ आने और प्रॉपर्टी देखने के बारे में कहा था, क्योंकि मैं निवेश करना चाहती थी।

राहुल—हम्म...।

इंद्राणी—और मैंने एक बार उसे कहा था...तुम्हें याद होगा पिछली बार जब मैं गोवा में थी।

राहुल—हम्म...।

इंद्राणी—क्योंकि मैं प्रॉपर्टी देख रही थी तो उस वक़्त मैंने उसे कहा था कि अगर वो छुट्टी लेकर गोवा आना चाहे तो आ सकती है। मैं प्रॉपर्टी देख रही हूँ और वो भी आकर देख सकती है।

राहुल—हम्म...।

इंद्राणी—ओके...तो प्रॉपर्टी को लेकर मेरी उसके साथ जो बात हुई थी, वो ये थी।

राहुल—हम्म...।

इंद्राणी—बस...इतनी ही बात हुई थी।

राहुल—हाँ। करेक्ट।

इंद्राणी—जहाँ तक प्रॉपर्टी की बात है तो...ओके।

राहुल—हाँ।

इंद्राणी—अब नागपुर वाली बात करते हैं तो नागपुर को लेकर उसने मुझे कहा था कि कोई लड़का है जिससे वो मिली है...एक सेकंड...जिससे वो मिली या जो कुछ उसने मुझे बताया कि उसके पास बेंटली...शेंटली है... क्योंकि उसके पास बेंटली है। मैंने उससे बार-बार पूछा कि वो कौन है तो उसने कहा कि वो नागपुर से है।

राहुल—हम्म...।

इंद्राणी—नागपुर को लेकर हमारे बीच हुई ये आख़िरी बातचीत थी।

राहुल—ओके।

इंद्राणी—अब तक।

राहुल—ओके।

इंद्राणी—जब मैंने नागपुर शब्द उससे सुना था।

राहुल—हाँ।

इंद्राणी—क्योंकि मेरी ज़िन्दगी में मेरी अपनी योजना में नागपुर का ज़िक्र कभी नहीं सुना था। न तो नागपुर में मेरे कोई दोस्त हैं और न ही किसी को नागपुर में मैं जानती हूँ।

राहुल—हाँ।

इंद्राणी—नागपुर एक एलियन की तरह है। नागपुर ऐसे ही है जैसे रायपुर या लखनऊ...।

राहुल—हाँ।

इंद्राणी—या कोई और...।

राहुल—हाँ, हाँ, हाँ।

इंद्राणी—ये बड़ा ही मूर्खतापूर्ण लगता है। मैं भला नागपुर में जाकर निवेश क्यों करूँगी?

राहुल—हाँ।

इंद्राणी—तुम जानते हो।

राहुल—हाँ।

इंद्राणी—बहुत—बहुत है।

राहुल—हाँ, नागपुर क्यों...वही क्यों...ठीक यही मैंने भी सोचा...हम्म... हैलो...।

इंद्राणी—सच कहूँ तो...हाँ...हाँ...हम यहीं हैं...बहुत-बहुत।

राहुल—अब तुम देखो...देखो और समझो क्यों मैं...।

इंद्राणी—ये कितना पागलपन लगता है। अब देखो, उसने एक ईमेल भेजा जिसमें लिखा कि क्या मैं उसके साथ नागपुर जा सकती हूँ। तुम उसे शाम को देखना...।

राहुल—हम्म...।

इंद्राणी—तुम ख़ुद देखो, मुझे तुम्हें कुछ बताने की ज़रूरत नहीं है। राहुल, तुम ख़ुद देखो।

राहुल—इंद्राणी, तुम जानती हो क्या हुआ हो सकता है। मुझे लगता है कि शीना जो कुछ कर रही थी, इस आधार पर कर रही होगी कि मेरी तुम्हारी बातचीत नहीं होगी।

इंद्राणी—हाँ।

राहुल—मुझे यही लगता है। शायद यही जड़ है...(पॉज के बाद) हम्म... मैं आशा करता हूँ कि वो सही-सलामत होगी, बस। वो हो सकती है।

इंद्राणी—नहीं-नहीं...नहीं, मुझे पूरा यक़ीन है कि वो सकुशल है।

राहुल—हम...हम चिन्तित हैं।

इंद्राणी—मुझे पूरा विश्वास है कि वो सकुशल है। हम्म...काश वो हममें से किसी से सम्पर्क करती। मुझसे, पापा से या किसी से भी।

राहुल—मैं ऐसी उम्मीद करता हूँ।

इंद्राणी—आशा करते हैं कि वो जो कुछ भी करना चाहती है, वो कर पाए।

राहुल—हम्म।

इंद्राणी—मेरा मतलब है कि मैं पूरी ईमानदारी से बता रही हूँ...मैं पापा से कह रही थी कि काश उसने मुझसे सम्पर्क ही नहीं किया होता।

राहुल—हम्म...।

इंद्राणी—क्योंकि मैं नहीं चाहती कि कोई मेरे कंधे पर बन्दूक़ रखकर चलाए, ओके।

राहुल—हम्म...।

इंद्राणी—तुम किसी के साथ जाना चाहती हो, तुम भाग जाती हो, तुम जो भी करना चाहती हो करो...मुझे कोई दिक़्क़त नहीं है। लेकिन मुझे मोहरा बनाकर मत करो।

राहुल—हम्म...।

इंद्राणी—क्योंकि ऐसा करना बहुत ही शरारतपूर्ण है। तुम जानते हो।

राहुल—हम्म...। मैं नहीं जानता, क्योंकि आख़िरकार वो होशियार लड़की है। वो बहुत ही प्यारी लड़की भी है। उसे शायद एहसास हुआ होगा कि वो जिस स्थिति में है, उसके पास बहुत कम विकल्प होंगे, जिससे कोशिश कर वो इन सबसे बाहर आना चाहती होगी। तुम जानती हो वो अपना पोस्ट ग्रेजुएशन करना चाहती थी। मैं जानता हूँ कि उसे क़र्ज़ मिलने में परेशानी हो रही थी।

इंद्राणी—हाँ।

राहुल—तो शायद ये उसका वो हासिल करने का एक तरीक़ा हो सकता है...जो ठीक भी है। और मैं समझ सकता हूँ कि वो शायद यही कहती कि मेरे कुछ प्लान हैं जिन्हें मैं पूरा करने जा रही हूँ। तुम आराम से बैठो और चिन्ता मत करो। मैं भविष्य में किसी दिन तुमसे मिलूँगी...तब मैं कहता—ठीक है, तुम ऐसा ही करो। मैं समझता हूँ। लेकिन तुम जानती हो उसकी तरफ़ से एक भी शब्द नहीं कहा गया। इसी बात ने मुझे झकझोर कर रख दिया है और मैं चिन्तित हूँ।

इंद्राणी—हम्म...।

राहुल—तुम समझ रही हो न...।

इंद्राणी—नहीं, नहीं।

राहुल—ऐसा नहीं है...मैं नहीं हूँ।

इंद्राणी—मैं समझती हूँ।

राहुल—मैं किसी के ख़िलाफ़ कुछ नहीं कर रहा। मैं किसी को लेने निकला हूँ। मैं किसी के लिए भी समस्या खड़ी नहीं कर रहा। वास्तव में मैं अपने करियर पर ध्यान देना चाहता हूँ। लेकिन तुम जानती हो कि ये सारी चीज़ें मेरे दिमाग़ में घुमड़ रही हैं।

इंद्राणी—सॉरी, मैं समझी नहीं...तुमने क्या कहा?

राहुल—मैंने कहा कि मैं किसी के लिए परेशानी खड़ी करने नहीं निकला हूँ। मैं किसी को पाने की कोशिश नहीं कर रहा हूँ। वैसा बिलकुल भी नहीं है। मैं सिर्फ़ ये पता लगाने की कोशिश कर रहा हूँ कि शीना के साथ यहाँ क्या हो रहा है...उसके साथ क्या हुआ है, अगर कुछ हुआ है तो?

इंद्राणी—हाँ।

राहुल—आह!

इंद्राणी—नहीं, नहीं। मैं समझ सकती हूँ, मैं समझती हूँ कि तुम उसे लेकर चिन्तित हो...ये सब कुछ अनपेक्षित हो गया...अचानक से...।

राहुल—हम्म।

इंद्राणी—तुम चिन्तित हो, क्योंकि तुम्हारे लिए ये सब अनपेक्षित था... वो भी एकाएक।

राहुल—हम्म...।

इंद्राणी—एक और बात है...पापा का आग्रह था कि वो सूचित करे... लेकिन वो कर नहीं सकती थी। वो बस चली जाना चाहती थी।

राहुल—हम्म।

इंद्राणी—ये भी मुझे बताने दो।

राहुल—हम्म...।

इंद्राणी—पापा का आग्रह था कि उसे बताना चाहिए...वो ऐसे ही नहीं जा सकती, क्योंकि तुम इस तरह बिना बताए जाओगी तो लोग परेशान होंगे।

राहुल—हम्म...।

इंद्राणी—सुबह निकलो...और बस निकल जाओ...ऐसा थोड़े ही होता है।

पीटर—ठीक इसी वजह से...।

राहुल—हम्म...।

इंद्राणी—ठीक इसी वजह से...।

राहुल—बिलकुल सही।

इंद्राणी—बिलकुल यही कारण।

पीटर—मैंने उससे कहा था कि तुम ऐसा कैसे कर सकती हो। मैंने कहा था कि तुम जहाँ कहीं भी जाओ, तुम्हें किसी न किसी के सम्पर्क में रहना चाहिए। हमें बताओ कि तुम कहाँ हो...घर पर कॉन्टैक्ट करो...मैंने उसे कहा था कि उसे सूचित करना चाहिए।

राहुल—बिलकुल सही। चीज़ों को करने का एक तरीक़ा होता है...ज़िम्मेदारी के साथ चीज़ों को करने का तरीक़ा।

इंद्राणी—हाँ।

राहुल—ऐसी स्थिति नहीं छोड़नी चाहिए...हम्म।

इंद्राणी—ख़ैर, देखो राहुल, इस प्वाइंट पर मैं वास्तव में चिन्तित नहीं हूँ।

राहुल—हाँ, मैं जानता हूँ।

इंद्राणी—मैं एक ही बात कहती हूँ कि देखते हैं क्या होता है।

राहुल—हाँ।

इंद्राणी—मेरा मतलब है कि हम लोग चिन्ता करके ज़्यादा कुछ कर नहीं सकते।

राहुल—हाँ, करेक्ट।

इंद्राणी—हम कुछ ख़ास नहीं कर सकते। मेरा मतलब है कि इस प्वाइंट पर।

पीटर—इन्तज़ार करते हैं...।

इंद्राणी—गुरुवार तक इन्तज़ार करते हैं। मैं तो कहती हूँ कि शुक्रवार तक इन्तज़ार करते हैं। एक दिन का ग्रेस देते हैं। किसी कारण किसी को उसकी ख़बर नहीं लगती। तुम्हें नहीं लगती, मुझे भी नहीं लगती, पापा यहाँ नहीं हैं... उन्हें भी नहीं लगती...घर में किसी को नहीं लगती।

राहुल—हम्म...।

इंद्राणी—तब उस प्वाइंट पर हम कॉल लेंगे...लेकिन अभी वो किसी से कॉन्टैक्ट करती है, गुवाहाटी में ही किसी से कॉन्टैक्ट करती है।

राहुल—हम्म...।

इंद्राणी—तब हमें पता चल जाएगा कि वो सकुशल है।

राहुल—हम्म...।

इंद्राणी—तब हम आगे बढ़ जाएँगे। लेकिन उसको कुछ औपचारिकता पूरी करने की ज़रूरत है। अपने ऑफ़िस में या कुछ और...अगर वो तुमसे सम्पर्क करना चाहती है...लेकिन पहले उसे अपना इस्तीफ़ा देना चाहिए। उसे जो भी करना है, करने दो।

राहुल—करेक्ट।

इंद्राणी—मैं उसके तुम्हारे से सम्पर्क करने को लेकर इतना ज़्यादा नहीं सोच रही हूँ...जहाँ तक वो किसी और से बात करे...।

राहुल—हाँ, जो भी है। जहाँ तक किसी को मालूम हो कि वो सकुशल है...कोई भी उसकी आवाज़ सुन ले या कोई उससे बात कर ले और इस बात की पुष्टि करे कि वो ठीक है। हैलो...हैलो हैलो...हैलो...।

इंद्राणी—हैलो...हाय।

राहुल—क्या हुआ?

इंद्राणी—हाँ...तो यही मैं कह रही हूँ। उसके दोस्त भी हमें उतना ही बताएँगे जितना कि वो बताना चाहते हैं।

राहुल—हाँ।

इंद्राणी—इसलिए उसके दोस्त जो कह रहे हैं, उसे मैं ज़्यादा तवज्जो नहीं दे रही हूँ। वो जो भी कह रहे हैं उससे मैं मुतमईन नहीं हूँ। अगर वो घर में या परिवार में किसी से सम्पर्क करती है या फिर हमें पक्के तौर पर पता चल जाए कि वो सही-सलामत है तो हम इसे छोड़ सकते हैं।

राहुल—हम्म।

इंद्राणी—मेरा मानना है कि ऐसी स्थिति में हमें यही करना चाहिए।

राहुल—हाँ, सही है। एक काम करते हैं...इन्तज़ार करते हैं और देखते हैं।

इंद्राणी—हाँ।

राहुल—हमें इन्तज़ार करना होगा...देखते हैं क्या होता है।

इंद्राणी—हाँ, हाँ, हाँ।

राहुल—मेरा मतलब है कि मैं ऐसे ही जाने नहीं दे सकता...तुम जानती हो।

इंद्राणी—नहीं, नहीं। जब मैं जाने देने की बात कह रही हूँ तो इसका मतलब है कि इसे लेकर बाल नोचने से कोई फ़ायदा नहीं है।

राहुल—हाँ।

इंद्राणी—कुछ ऐसा ही। हमें सुनने को मिल जाए कि वो ठीक है...हममें से किसी को उससे सुनने की ज़रूरत है...फिर चाहे वो पापा हो, मैं होऊँ या तुम हो, मिखाइल, किसी को सुनने मिलना चाहिए।

राहुल—ठीक...ठीक।

पीटर—(अस्पष्ट आवाज़)।

इंद्राणी—हाँ, कल अगर वो सम्पर्क करना नहीं चाहे तो हम उसे मजबूर नहीं कर सकते। नहीं, तुम्हें राहुल से बात करनी ही होगी...हम उसे बात करने के लिए मजबूर नहीं कर सकते।

राहुल—हाँ, स्पष्ट रूप से...स्पष्ट रूप से...स्पष्ट रूप से...।

इंद्राणी—हाँ, हो सकता है कि वो तुमसे बात करना नहीं चाहती तो उसे किसी को भी कॉल करने दो। हम गुरुवार तक इन्तज़ार कर सकते हैं। अगर वो ख़ुद सम्पर्क नहीं करती है तो फिर विचार करेंगे कि आगे क्या करना है।

राहुल—हम्म...।

इंद्राणी—वो सारी फ़्लाइट चेक करो जहाँ वो गई है...जहाँ उसने यात्रा की है।

राहुल—तुम्हें जो कुछ करना है वो ये कि उसकी तरफ़ से कॉल आए तो उसे वापस पटरी पर लाना है। उसे समझाना है कि वो अपना पोस्ट ग्रेजुएशन करे...और एक अच्छा करियर बनाए। अच्छा समय व्यतीत करे और अच्छा जीवन जिये...ये तुम्हें करना है...ठीक है?

इंद्राणी—ओके। तुम इसकी चिन्ता मत करो...सुनो राहुल...।

राहुल—हम्म...।

इंद्राणी—तुम जानते हो कि मैं उसके लिए जो श्रेष्ठ होगा, वही करूँगी। लेकिन उसे मुझे पूरी ईमानदारी से बताना होगा कि क्या चल रहा है।

राहुल—हम्म...।

इंद्राणी—तब मैं कर सकती हूँ।

राहुल—हम्म।

इंद्राणी—एक तरफ़ उसने मुझसे पोस्ट ग्रेजुएशन वाली चीज़ को लेकर बात की। उसने जब मुझसे कॉन्टैक्ट किया तो शुरुआत इसी से की थी।

राहुल—हम्म।

इंद्राणी—इसके बाद वो बिलकुल ही अलग एंगल पर चली गई। किसी और लड़के के बारे में...वो बेंटली वाला...ओके।

राहुल—राइट।

इंद्राणी—जिसका नाम उसने मुझे बताया था।

राहुल—राइट।

इंद्राणी—लेकिन अगर वो मेरे साथ ईमानदार नहीं होती...और ये मेरे साथ दूसरी बार हो रहा है...नहीं, राहुल?

राहुल—हम्म।

इंद्राणी—तो ये पक्का होने की ज़रूरत है कि वो मुझे बहका नहीं रही है। हम इस पर इतना ख़र्च कर रहे हैं। अगर वो किसी और के साथ जाती है तो इस तरह से चीज़ें नहीं हो सकतीं...नहीं?

राहुल—हम्म, अब...।

इंद्राणी—मैं कह रही थी...।

राहुल—दुख की बात ये है कि दुर्भाग्य से उसे ऐसा महसूस हो रहा है कि वो जिस स्थिति में फ़िलहाल है वहाँ उसे अपने एमबीए या पोस्ट ग्रेजुएशन के लिए मदद हासिल करने का वही एकमात्र विकल्प है। तुम जानती हो वो ऐसी हालत में है।

इंद्राणी—वो मुझे अपना पूरा पोर्टफ़ोलियो भेजने वाली थी, जो वो मुझसे कह रही थी। मुझे नहीं पता, शायद उसने मेरे ईमेल पर भेजा हो।

राहुल—हम्म...।

इंद्राणी—तो मैं कह रही थी कि हम जाकर जो जॉनसन से बात करेंगे...जो जॉनसन संसद सदस्य हैं और पापा के दोस्त हैं। शायद वो उसके एडमिशन में मदद कर सकें...ओके।

राहुल—ओके, ओके।

इंद्राणी—वो बोरिस जॉनसन के छोटे भाई हैं।

राहुल—ओके, कूल...कूल...।

इंद्राणी—मुझे अब भी उसके ईमेल का इन्तज़ार है...ईमेल का इन्तज़ार

है। उस मामले को लेकर उसने मुझे कभी ईमेल नहीं भेजा।

राहुल—हम्म।

इंद्राणी—क्योंकि उसने कहा था कि वो भेजेगी। अब मुझे एहसास हो रहा है कि उसकी कभी ये मंशा थी ही नहीं।

राहुल—हम्म।

इंद्राणी—क्योंकि उसने कहा था कि वो (अस्पष्ट आवाज़)...मैंने उससे कहा था कि वो सारी डिटेल्स मुझे भेजे...सारी डिटेल्स...तुम्हारी पढ़ाई से सम्बन्धित, तुम्हारे से जुड़ी सारी जानकारी। उनको पूरी फ़ाइल देनी पड़ती है।

राहुल—हम्म...।

इंद्राणी—और मैंने उसे यहाँ तक कहा कि तुम्हें नीचे आकर यूनिवर्सिटी के लोगों से मिलना चाहिए।

राहुल—हम्म...।

इंद्राणी—वो भी तुम कर सकती हो। तुम्हें जो मालूम है वो मुझे एक बार में बता दो...लेकिन पहले मुझे वो सारे डॉक्यूमेंट्स भेज दो।

राहुल—करेक्ट।

इंद्राणी—मुझे वो सारे डाक्यूमेंट्स भेजो, जिसके आधार पर...।

राहुल—इतना ही...।

इंद्राणी—उसके आधार पर पापा बात करेंगे।

राहुल—ये वही बात है...ये वही बात जो उसने मुझे बताई थी।

इंद्राणी—हाँ।

राहुल—ये वही बात है जो उसने मुझे बताई थी।

इंद्राणी—हाँ-हाँ, लेकिन मुझे वो डॉक्यूमेंट्स आज तक नहीं मिले।

राहुल—ओके।

इंद्राणी—मैंने आज तक नहीं देखे।

राहुल—हम्म...।

इंद्राणी—एक और बात जिस पर हम उससे बात नहीं कर सकते...उससे कहना कि डॉक्यूमेंट्स भेज दे...डाक्यूमेंट्स ईमेल कर दे। मुझे डाक्यूमेंट्स ईमेल कर दे वरना इन सबका कोई मतलब नहीं है। तुम जानते हो मैं जाकर ऐसा नहीं कह सकती कि शीना बोरा नाम की लड़की। इस तरह काम नहीं होता...नहीं?

राहुल—हम्म...। मेरा मतलब है कि...मेरे ख़याल से उसने कुछ जगहों पर आवेदन किया है। कुछ जगहों पर स्वीकार हुआ है...तो ये प्रक्रिया है जो

शुरू हो चुकी है और पूरी होने के कगार पर है। एक तरह से पूरी हो चुकी है।

इंद्राणी—हम्म। मुझे नहीं पता कि फिर उसने तुम्हें क्या बताया है। उसने मुझे बताया था कि उसे (अस्पष्ट आवाज़) में जगह मिल गई है। तुम जानते हो जो भी मामला है वो फ़ाइनेंस को लेकर है।

राहुल—हम्म...।

इंद्राणी—तब उसने मुझे यूनिवर्सिटी की लिस्ट भेजी थी।

राहुल—हम्म...।

इंद्राणी—फ़िलहाल वो मेरे पास नहीं है। उसने मुझे यूनिवर्सिटी की लिस्ट भेजी थी। इसके साथ ही कुछ और चीज़ों की लिस्ट भी भेजी थी। मैंने उसे कहा था कि मैं यूनिवर्सिटी में किसी से कॉन्टैक्ट करूँ तो...मैंने उसे कहा था कि उसे पहले वो काम करना चाहिए...वो मुझसे तुम्हारे पूरे दस्तावेज़ माँगेंगे।

राहुल—हम्म...।

इंद्राणी—मैंने कहा था कि वो तुम्हारी शिक्षा से जुड़ी चीज़ों में है, लेकिन उसने कभी नहीं भेजे।

राहुल—हम्म। ठीक...।

इंद्राणी—तो मुझे नहीं लगता।

राहुल—मैं आशा करता हूँ कि अगले कुछ दिनों में हमें उसके बारे में ख़बर मिल जाएगी। इस स्टेज पर हम यही उम्मीद कर सकते हैं...क्या ऐसा नहीं है?

इंद्राणी—हाँ-हाँ।

राहुल—अन्यथा, हम एक दायरे में ही घूमते रहेंगे...ये सूचना...वो सूचना... ये सम्भावना...वो सम्भावना...उँह...।

इंद्राणी—करेक्ट।

राहुल—हमें उसकी आवाज़ सुनने की ज़रूरत है। हमें उसे सुनने की ज़रूरत है। मैं कहना चाहता हूँ कि...।

इंद्राणी—उम्म...।

राहुल—वो बड़ी हो चुकी है, वो स्ट्रांग लड़की है। अपने लिए वो ख़ुद बात कर सकती है। तीन-चार साल पहले भी एक बार वो अपने लिए बात कर चुकी है। एक बार जब थोड़ी कहा-सुनी हुई थी तो उसने वर्ली वाला घर छोड़ दिया था और मेरे साथ रहने आ गई थी। वो एक बार पहले कर चुकी है। ज़रूरत पड़ने पर वो अपने लिए खड़ा होना जानती है।

इंद्राणी—करेक्ट, करेक्ट।

राहुल—तो...?

इंद्राणी—वही तो मैं कह रही हूँ। वो एक बार पहले ऐसा कर चुकी है... तुम जानते हो। अगर उसे मालूम है कि वो स्ट्रांग लड़की है तो सब कुछ साफ़ है। लेकिन जहाँ तक तुम जानते हो हम इन्तज़ार करते हैं। मेरा ख़याल है कि राहुल इस बारे में अब हमें और बात नहीं करनी चाहिए। हमें इन्तज़ार करना चाहिए...जब तक कि हमें देवेन से कोई ख़बर नहीं मिल जाती। जब तक कि हमें ये सुनने को नहीं मिल जाए कि उसने फ़लाँ जगह जाने के लिए फ़लाँ फ़्लाइट ली थी।

राहुल—हम्म...।

इंद्राणी—तभी हमें पता चलेगा कि वो उस जगह गई है। अगर कोई ख़बर नहीं मिलती तो...।

राहुल—हम्म...।

इंद्राणी—तो तुम जानते ही हो। हम गुरुवार तक इन्तज़ार करते हैं।

राहुल—अभी उसका फ़ोन कहाँ है...अभी उसका फ़ोन कहाँ है? मेरा मतलब है कि क्या देवेन ने बताया कि...क्या उन्होंने नहीं बताया कि...।

इंद्राणी—नहीं।

राहुल—कहाँ है।

इंद्राणी—मेरा मतलब है कि आख़िरी बात जो उन्होंने कही थी कि...मेरा मतलब है कि एक कॉल था, उसके बाद उन्होंने कुछ नहीं कहा था।

राहुल—ओके।

इंद्राणी—उसके बाद उनसे मेरी कोई बातचीत नहीं हुई, राहुल, क्योंकि तुम जानते हो कि कल रविवार था।

राहुल—हाँ-हाँ।

इंद्राणी—तो आज कुछ हो सकता है...या जो भी...।

राहुल—हम्म।

इंद्राणी—हाँ-हाँ...और हाँ, मैं दिल्ली जा रही हूँ। राहुल, तुम पापा से बात कर लो...।

राहुल—हैलो...हम्म।

पीटर—मैं एक वर्कशॉप के लिए निकल ही रहा था...दिल्ली और कुल्लू वग़ैरह। मैं तुम्हें बाद में फ़ोन करूँ?

राहुल—हाँ-हाँ। हाँ, बिलकुल।

पीटर—हाँ, क्या शाम को तुमसे मुलाक़ात होगी?

राहुल—हाँ, शायद...। ईमानदारी से कहूँ तो पापा मैं कह नहीं सकता। आज

मुझे थोड़ा काम है। अगर वो पूरा हो गया तो शायद...नहीं तो कह नहीं सकता।

पीटर—ओके।

राहुल—मैं ख़ुद चाहूँगा...लेकिन ये मामला गम्भीर है और मैं थोड़ा परेशान हूँ।

पीटर—वो क्या है?

राहुल—मैंने कहा कि मैं आना चाहूँगा...आपके फ़्लाइट लेने से पहले मैं आपसे मिलना चाहूँगा लेकिन अगर ऐसा नहीं कर सका तो मैं मुझे उसको खोजना होगा। पता करना होगा कि यहाँ क्या चल रहा है? मैं जो कुछ कर सकता हूँ, करूँगा। मैं खाली बैठकर इन्तज़ार नहीं कर सकता। जो कुछ कर सकता हूँ, करूँगा। वरना पागल हो जाऊँगा। मैं अपने साथ कुछ मूर्खतापूर्ण कर बैठूँगा।

पीटर—बढ़िया, तुम्हें अगर पता है कि वो कहाँ है, तो जाओ, ढूँढ़ो उसे...।

राहुल—हम्म...।

पीटर—तो तुम वही करोगे...फिर से। मैं तुम्हें कह नहीं सकता कि क्या... हे...तुम जानते हो...मेरा क्या मतलब है।

राहुल—हम्म...।

पीटर—मैंने हालात को जो समझा है...उसके बाद तुम्हारा कॉल है। तुम और सिर्फ़ तुम जानते हो...तुम और...।

राहुल—हे पापा, क्या मैं...?

पीटर—ओके। (अस्पष्ट आवाज़)।

राहुल—क्या आप बता सकते हैं कि इंद्राणी के लिए आपने कोलकाता में कौन-सा होटल बुक किया था?

पीटर—टॉलीगंज क्लब।

राहुल—कौन-सा?

पीटर—टॉली...टॉलीगंज क्लब।

राहुल—ओके।

पीटर—और मेरे पास बिल और वो सब कुछ है। बिल्स बॉम्बे में हैं।

राहुल—ओके।

पीटर—ये बात नहीं कि वो वहाँ नहीं ठहरी थी।

राहुल—नहीं, कूल...कूल...।

पीटर—ठीक है।

राहुल—ठीक है। मैं उम्मीद करता हूँ कि वो सकुशल है, ठीक।

पीटर—देखो, मेरा ख़याल है कि वो ठीक है, ओके।

राहुल—हम्म।

पीटर—मेरा व्यक्तिगत रूप से ये मानना है।

राहुल—आप मुझसे उसकी बॉडी लैंग्वेज के बारे में पूछ रहे हैं या ये कहना चाहते हैं कि मुझे कभी ऐसा लगा कि वो ख़ुश नहीं थी?

पीटर—हाँ।

राहुल—नहीं, हमारी अभी सगाई हुई थी।

पीटर—नहीं, मैंने तुमसे ये जो पूछा था...मैं बताता हूँ कि क्यों पूछा था...उसके दो कारण हैं। एक तो ये कि कहीं तुम्हारे साथ कोई साजिश तो नहीं हुई। डार्लिंग तुम्हें पता है कि अगर तुम्हारा किसी के साथ अफ़ेयर है तो...।

राहुल—हम्म...।

पीटर—इस बारे में पा:र्टनर को सबसे आख़िर में पता चलता है।

राहुल—हम्म...।

पीटर—ओके...एक साल पहले ऐसा हुआ था।

राहुल—पापा, आख़िरी व्यक्ति वाली बात नहीं है। किसी को कुछ नहीं पता। अगर मेरा किसी के साथ अफ़ेयर हो तो।

पीटर—कोई ज़िम्मेदारी नहीं लेगा।

राहुल—मेरा अफ़ेयर होता तो शायद...।

पीटर—डार्लिंग, कोई ज़िम्मेदारी नहीं लेगा। बात ये है...वो सब उसके दोस्त हैं।

राहुल—हाँ।

पीटर—ठीक। अगर मेरा कोई सीक्रेट अफ़ेयर चल रहा है तो मैं थोड़े ही अपने दोस्तों से उम्मीद करूँगा कि वो जाकर मेरी बीवी के कान भरें...ओके।

राहुल—हाँ, मैं जानता हूँ।

पीटर—मैं समझ सकता हूँ...मैं समझ सकता हूँ कि तुम्हारे दोस्त तुम्हें बताएँ। देखो, तुम जानते हो कि उसका कोई अफ़ेयर नहीं है, ओके। तुम्हारा किसी और के साथ अफ़ेयर है...और ये बात तुम्हारे दोस्तों को मालूम है कि तुम चुपचाप उससे मिलने जाते हो...या जो भी है। शायद फुल अफ़ेयर न भी हो...तो तुम्हारे दोस्त जाकर शीना को इस बारे में थोड़े ही बताएँगे...और अगर वो ऐसा करते हैं तो फिर तुम्हारे दोस्त नहीं हैं।

राहुल—हम्म। करेक्ट।

पीटर—तो तुम इससे जो मतलब निकालना चाहो निकाल सकते हो।

राहुल—मैं कर सकता हूँ...कर सकता हूँ...कर सकता हूँ।

पीटर—मैं तुम्हें ईमानदारी से गुड लक कहना चाहूँगा।

राहुल—आप जो कुछ मुझे कहने की कोशिश कर रहे हैं वो थोड़ा मूर्खतापूर्ण है। मैंने शीना के साथ काफ़ी वक़्त गुज़ारा है और मुझे पता चल जाएगा कि वो किसी और से बात कर रही थी या फिर अपना काम कर रही थी।

पीटर—बेशक...बेशक। तुम्हें पता चलेगा...अगर तुम ऐसा सोचते।

राहुल—हाँ।

पीटर—लेकिन तुम्हें नहीं चला तो...नहीं पता चलेगा।

राहुल—हाँ, ठीक।

पीटर—लोगों की शादी को बीस बरस गुज़र जाते हैं और उन्हें नहीं पता चलता कि उनके पार्टनर का किसी के साथ अफ़ेयर चल रहा है।

राहुल—हाँ।

पीटर—तो सारा दारोमदार इस बात पर है कि एक तो तुम कितना जानते हो...कितना उस पर विश्वास करते हो और दूसरा ये कि तुम्हारा पार्टनर कितना चालाक है।

राहुल—हम्म...।

पीटर—ओके, और मैं जानता हूँ कि तुम कैसे हो और मैं थोड़ा ये भी जानता हूँ कि शीना कैसी है, ओके।

राहुल—मैं जानता हूँ।

पीटर—मुझे नहीं मालूम कि तुम उसे कितना क़रीब से जानते हो।

राहुल—मैं शीना को बहुत अच्छी तरह से जानता हूँ।

पीटर—क्या?

राहुल—पापा...मैं शीना को बहुत ही अच्छी तरह जानता हूँ।

पीटर—हाँ, तुम जानते हो। डार्लिंग तुम्हें क्या लगता है कि शीना के साथ क्या हुआ है? मैंने तुमसे पूछा नहीं था...तुम क्या महसूस करते हो?

राहुल—मुझे नहीं पता...और यही मैं पता लगाने जा रहा हूँ।

पीटर—तो फिर लगा लो पता।

राहुल—हम्म...।

पीटर—अगर तुम पता लगा लो तो तुम्हें मालूम हो जाएगा। फिर सबको बताना।

राहुल—आप जानते हैं।

पीटर—तुम मुझसे कब मिल रहे हो? मैं तुम्हें मिलने के लिए पिछले तीन दिनों से राजी करने की कोशिश कर रहा हूँ। मिलो, मिलकर कहना कि तुम पता लगाने जाओगे। तब जाना...ये मुक्त दुनिया है। जब तुम्हें पता लग जाए तो मुझे बता देना। किसी को बता देना, अगर बताना चाहो तो...नहीं बताना चाहो तो मत बताना।

राहुल—मुझे नहीं मालूम...मुझे नहीं मालूम...मुझे नहीं मालूम कि आप नाराज़ क्यों हो रहे हैं। आप थोड़े थके हुए लग रहे हैं।

पीटर—मैं ग़ुस्सा नहीं हो रहा हूँ, नहीं हो रहा हूँ। वास्तव में थोड़ा ग़ुस्सा होने जैसा लग रहा हूँ।

राहुल—हर कोई कह रहा है कि मैं ग़ुस्सा हो जाता हूँ...और मैं कैसे रिएक्ट करता हूँ। अब मैं ऐसा बिलकुल नहीं कर रहा हूँ। मैंने कहा था कि इस मामले में आप लोग थोड़ा चुक गए लगते हैं।

पीटर—स्वीट-हार्ट, मैं ग़ुस्सा नहीं हो रहा हूँ। बात को थोड़ा समझो...मैं बिलकुल ग़ुस्सा नहीं हूँ। मैं थोड़ा कुंठित हो गया हूँ, क्योंकि मैं तुम्हें सहमत नहीं कर पा रहा हूँ, राइट।

राहुल—हम्म...।

पीटर—तुम जो कुछ करने जा रहे हो वो व्यर्थ की कोशिश है, ओके... इस प्वाइंट पर।

राहुल—हम्म...।

पीटर—अगर दो हफ़्तों में तुम्हें उसके बारे में कोई ख़बर न मिले...।

राहुल—हम्म...।

पीटर—मैं जो कुछ कह रहा हूँ, तुम उसे समझने की कोशिश करो। तुम्हें एक हफ़्ते से उसके बारे में कोई ख़बर नहीं है...अगर दो हफ़्तों तक उसके बारे में तुम्हें ख़बर न मिले या किसी को भी ख़बर नहीं मिलती है तब हमारे लिए चिन्ता की बात होगी...ठीक है।

राहुल—हम्म...।

पीटर—तब तक...।

राहुल—कूल...।

पीटर—मैं (अस्पष्ट आवाज़) द्वीप में जा रहा हूँ...इस प्वाइंट पर।

राहुल—हूँ...तो एक हफ़्ते से बात अब दो हफ़्तों पर चली गई है।

पीटर—नहीं-नहीं। मेरा मतलब है कि नहीं गई। मैं ये कह रहा हूँ कि तब तक देखते हैं वो क्या कहती है। एक हफ़्ता कौन-सा बहुत दूर है।

राहुल—हम्म...।

पीटर—मैं एक हफ़्ते, दो हफ़्ते की बात नहीं कर रहा। अगर मैं एक महीना कहता हूँ तो इसका मतलब एक महीना नहीं हो जाता...मैं इसे लेकर पक्का नहीं हूँ। ये तो महज़ एक मुहावरा है।

राहुल—हम्म...।

पीटर—अगर मैं तुम्हारी जगह होता और मुझे कोई ख़बर नहीं मिलती...दो हफ़्तों में शीना की तरफ़ से कोई सम्पर्क नहीं होता...ठीक...लेकिन अगर वो एक हफ़्ते की बात कह रही है तो इस समय को प्राथमिकता के रूप में लो।

राहुल—हम्म...।

पीटर—लेकिन तुम्हें दो हफ़्तों के भीतर शीना के बारे में कोई खोज-ख़बर नहीं मिलती है तो मुझे थोड़ी चिन्ता होगी कि वो कहाँ चली गई। मेरा मतलब है कि मैं इस बात को लेकर बहुत ज़्यादा तनावग्रस्त नहीं हो जाऊँगा। इस बात को लेकर तनावग्रस्त नहीं होऊँगा कि क्यों...क्या हुआ...मैं कैसे इसे ठीक करूँ...? वग़ैरह...।

राहुल—कैसे ठीक करूँ? ये वो वाला मामला नहीं है।

पीटर—मैं यही तो सोच रहा होऊँगा कि उसने ऐसा क्यों किया?

राहुल—नहीं-नहीं।

पीटर—उसने ऐसा किस कारण से किया...ये बेहतर है? मन-ही-मन मैं ये सोच रहा होऊँगा।

राहुल—मैं ऐसा नहीं सोच रहा हूँ।

पीटर—मैं अपना वक़्त चिन्ता करने में बर्बाद नहीं करता। मैं उसके बारे में चिन्ता करते हुए अपना समय ज़ाया नहीं करता, इस प्वाइंट पर।

राहुल—ओके।

पीटर—बिलकुल नहीं।

राहुल—ओके-ओके।

पीटर—डार्लिंग, वो कोई 14 साल की बच्ची नहीं है। अगर वो 14 साल की बच्ची होती और अचानक कहीं ग़ायब हो जाती तो हम उसके बारे में ज़रूर चिन्तित होते। हो सकता था कुछ घंटों के भीतर।

राहुल—हम्म...।

पीटर—लेकिन हम बात कर रहे हैं 27 या 26 साल की लड़की के बारे में, जो काम करती है।

राहुल—23...23 साल की।

पीटर—ओके वो 23 साल की है...और वो आत्मनिर्भर है, राइट।

राहुल—हाँ।

पीटर—अगर वो 23 की है और आत्मनिर्भर है, काम करती है...और कुछ समय से काम कर रही है...तो वो...।

राहुल—वाह! मेरा मतलब है कि उसका बॉस भी समान रूप से चिन्तित है, जितना कि मैं। ये एक तथ्य है कि बिना बताए कुछ दिनों के लिए ग़ायब हो जाना, ये बात उसके स्वभाव से मेल नहीं खाती।

पीटर—तो, इस बारे में तुम क्या कर रहे हो?

राहुल—रुको-रुको, उसका बॉस एक तरह से उसे जानता था, क्योंकि वो हर रोज़ उसे काम पर देखता था। क्या नहीं...जैसा मैंने किया, तो...?

पीटर—किस तरह से...क्या...?

राहुल—सुनिए-सुनिए, अरे! मुझे अपनी बात तो पूरी करने दीजिए...वो क्या कर रहे हैं...मुझे नहीं पता कि वो इस बारे में क्या कर रहे हैं।

पीटर—राइट।

राहुल—वास्तव में वो उसे बहुत अच्छी तरह जानते हैं। मैं उसे अच्छी तरह से जानता हूँ। आप लोगों ने कहा था कि आप भी। लेकिन पिछले कुछ सालों से आप लोगों ने उससे बात तक नहीं की...तो आप लोग नहीं जानते। हम बता रहे हैं कि वो चिन्तित हैं। मैं भी चिन्तित हूँ। हम बता रहे हैं कि उसका इस तरह करना उसके स्वभाव के अनुकूल नहीं है।

पीटर—ओके।

राहुल—और आप लोगों ने मुझे हर तरह के सम्भावित विकल्प बताए हैं कि ऐसा हो सकता है...वैसा हो सकता है। लेकिन इस बात को नहीं मान रहे हैं कि उसका इस तरह से जाना उसके मिज़ाज में नहीं है और ये चिन्ता वाली बात है। ये वो एक बात है जिस पर आप लोग मेरे साथ सहमत नहीं हैं।

पीटर—मैं तुम्हारे साथ सहमत हूँ...ये बात तुम अपने दिमाग़ में दर्ज कर लो, ओके।

राहुल—हम्म...।

पीटर—मैं तुम्हारे साथ सहमत हूँ...कि ये उसके स्वभाव के अनुकूल नहीं है। और दूसरी बात कि ये चिन्ता वाली बात है। इस बात को लेकर भी तुमसे सहमत हूँ, ओके।

राहुल—हम्म...।

पीटर—तुमने जो कुछ कहा, उसे लेकर मेरा कोई मतभेद नहीं है, ठीक है।

राहुल—हम्म।

पीटर—तुम चिन्तित हो, इसलिए ज़्यादा चिन्तित हो क्योंकि वो तुम्हारे साथ घर में रहती थी। उसका बॉस भी चिन्तित है, क्योंकि वो दोनों एक ऑफ़िस में काम करते थे।

राहुल—हम्म...।

पीटर—इसलिए वो ज़्यादा करीबी हैं। वो ऑफ़िस में दिन में 10 घंटे गुज़ारती थी। वो तुम्हारे साथ 10 घंटे बिताती थी। तो साफ़ है कि तुम लोग उसके ज़्यादा क़रीबी थे, इसलिए दूसरों की तुलना में तुम लोग ज़्यादा चिन्तित हो...ओके। मैं ये नहीं कह रहा हूँ कि तुम्हारा चिन्तित होना स्वभाव के अनुकूल नहीं है...तुम्हारा चिन्तित होना लाज़िमी है।

राहुल—हम्म...।

पीटर—मैं सिर्फ़ ये कहना चाहता हूँ कि चिन्ता करना किसी समस्या का समाधान नहीं है, राइट। कुछ ऐसे मैसेज हैं जो कुछ और बातें कहते हैं।

राहुल—हम्म...।

पीटर—राइट। मेरे ख़याल से उसके बॉस ने वो मैसेज देखे नहीं हैं, जो उसने इंद्राणी को भेजे थे, जिसमें उसने लिखा था कि वो एक हफ़्ते बाद मिलेगी...या एक हफ़्ते में सम्पर्क साधेगी।

राहुल—हम्म।

पीटर—ठीक...तो उसके बॉस ने तो वो मैसेज देखे नहीं हैं। अभी तक वो मैसेज नहीं देखे। उसने तो अब तक उन मैसेज के बारे में सुना भी नहीं है।

राहुल—करेक्ट।

पीटर—राइट।

इंद्राणी—क्या उसके बॉस ने वो मैसेज देखे हैं, जो तुम्हें भेजे गए थे?

पीटर—इंद्राणी पूछ रही है, "क्या उसके बॉस ने वो मैसेज देखे हैं, जो उसने तुम्हें भेजे थे?"

राहुल—हाँ-हाँ।

पीटर—सारे।

राहुल—हाँ-हाँ, बिलकुल। मैं किसी से भी कोई जानकारी छिपा नहीं रहा हूँ, राइट। मैं इस लड़की को तलाशने की कोशिश कर रहा हूँ।

पीटर—वो वाला भी...।

राहुल—हाँ-हाँ...वो भी, जिसे लेकर मुझे शक था कि उसने नहीं भेजे होंगे। उसके बॉस ने भी वही बात कही, जो मैसेज उन्हें मिला, उसको लेकर

वही बात उन्होंने भी कही। उन्होंने कहा कि उनको वो मैसेज मिला है लेकिन उसमें जो कुछ लिखा है वो उसके मिज़ाज से इमेल नहीं खाता। ऐसा नहीं लगता कि जैसे उसने वे मैसेज भेजे हैं, क्योंकि जिस तरह से लिखा गया है, वैसा वो नहीं लिखती।

पीटर—राइट।

राहुल—वो जिस तरह के शब्दों का चयन करती है, वैसा नहीं है, वो भी...।

पीटर—वो भी?

राहुल—इसे लेकर वो भी उतने ही चिन्तित हैं जितना कि मैं...।

पीटर—ऐसा कहो ना कि वो ज़्यादा चिन्तित हैं, ओके।

राहुल—राइट।

पीटर—तुम मुझसे कहना क्या चाहते हो?

राहुल—नहीं, नहीं।

पीटर—मैं ये कह रहा हूँ कि इसे लेकर अपने साथ कुछ मूर्खतापूर्ण हरकत मत कर बैठना, राइट। दिन-रात इसके बारे में सोच-सोचकर अपना सिर मत फोड़ देना। अगर तुम वैसा करते हो तो कोई दिक़्क़त नहीं। लेकिन मुझे जो कहना था वो मैंने कह दिया है।

राहुल—हम्म...।

पीटर—मैं इसे जिस तरह समझता हूँ...तुम्हें तार्किक ढंग से बता दिय है। हो सकता है कि मैं ग़लत हूँ, शायद पूरी तरह ग़लत!

राहुल—याह।

पीटर—हो सकता है कि पूरी तरह ग़लत हूँ।

इंद्राणी—(अस्पष्ट आवाज़)।

पीटर—हो सकता है कि मैं पूरी तरह ग़लत हूँ...और तुम पूरी तरह सही हो। शायद, समय ही बताएगा, नहीं?

राहुल—हम्म...।

पीटर—मैं नहीं कह रहा हूँ कि मैं सौ फ़ीसदी सही हूँ...लेकिन मेरे पास फ़िलहाल इसे सही साबित करने का कोई तरीक़ा नहीं है।

राहुल—हम्म...।

इंद्राणी—(अस्पष्ट आवाज़)।

पीटर—समय ही बताएगा, डार्लिंग।

राहुल—हाँ। मैं नहीं जानता।

पीटर—कभी तो पता लगेगा कि ये क्या है (अस्पष्ट आवाज़)। सवाल ये

नहीं है कि मैं सही हूँ या तुम ग़लत हो...।

राहुल—बिलकुल।

पीटर—पता लग ही जाएगा कि क्या हुआ था, राइट?

राहुल—हम्म...।

पीटर—लेकिन वक़्त आने पर ही।

राहुल—हाँ।

पीटर—लेकिन तुम इसे ठीक से पढ़ सको तो सब कुछ दीवार पर लिखा हुआ है।

राहुल—हम्म...।

पीटर—सारे के सारे मैसेज...तुम्हारे पास सारे मैसेज हैं...शीना के बॉस के पास भी हैं।

राहुल—हम्म...।

पीटर—सारे के सारे मैसेज, जो इंद्राणी के पास थे...ईमेल्स वग़ैरह। इन सबको ठीक से समझो। हर कोई देख सकता है...वक़्त आने पर।

राहुल—पापा...क्या आप मुझे दे सकते हैं।

पीटर—कोई क्या पता लगाएगा? अलग-अलग नतीजे पर पहुँचेगा।

राहुल—क्या आप, क्या आप...।

पीटर—मैं अनुमान लगा रहा हूँ...मैं अनुमान लगा रहा हूँ, डार्लिंग...कि वो कुछ दिनों के लिए भाग गई है...वो हफ़्ते-भर सम्पर्क में नहीं रहेगी...इसके बाद सम्पर्क करेगी।

राहुल—हाँ।

पीटर—वक़्त के साथ...और ये मेरा अनुमान है, ओके। इस बीच उसने अलग-अलग लोगों को अलग-अलग बातें कही हैं।

राहुल—क्या आपके ख़याल से मैं, क्या मैं...?

पीटर—आं?

राहुल—मुझे मिस्टर देवेन भारती का नम्बर और पता मिल सकता है... क्या मैं वहाँ जाकर उनसे मिल सकता हूँ...क्या इसकी कोई सम्भावना है?

पीटर—अगर तुम चाहते हो तो मैं उनका नम्बर ख़ुशी-ख़ुशी दे दूँगा।

इंद्राणी—(अस्पष्ट आवाज़)।

पीटर—कोई दिक़्क़त नहीं।

राहुल—हम्म...।

इंद्राणी—(अस्पष्ट आवाज़)।

पीटर—मैं ख़ुशी से तुम्हें उनका नम्बर दे दूँगा।

राहुल—हाँ।

इंद्राणी—क्या आप देवेन भारती को सूचित करेंगे कि वो उन्हें कॉल करेगा, राइट?

पीटर—मैं उन्हें कॉल करके बता दूँगा कि वो उन्हें कॉल करेगा।

राहुल—हाँ, मेरा मतलब है कि मैं सीधे अभी उन्हें कॉल नहीं करूँगा। मैं कुछ दिन इन्तज़ार करूँगा, जैसा कि आपने कहा था...उसकी ख़बर का।

पीटर—तुम गुरुवार तक इन्तज़ार कर लो। मैं तुम्हें उनका नम्बर दे दूँगा, डार्लिंग। मैं तुम्हें नम्बर क्यों नहीं दूँगा?

राहुल—हाँ।

पीटर—मैं भला तुम्हें क्यों नहीं दूँगा...अगर तुम उनसे मिलना चाहते तो उनके ऑफ़िस जाकर मिल लेना...वो तुमसे मिल लेंगे।

इंद्राणी—हाँ, ये उनके लिए भी ठीक रहेगा।

पीटर—नहीं, ये तुम्हारे लिए भी ठीक रहेगा। तुम किसी बड़े आदमी से बात करने वाले हो।

राहुल—हाँ, ठीक है।

पीटर—कोई इश्यू नहीं है। मैं भला तुम्हें नम्बर क्यों नहीं दूँगा...मेरे पास छिपाने को कुछ नहीं है।

राहुल—मैं ऐसा नहीं कह रहा हूँ...मैं नहीं कह रहा हूँ कि आप नहीं देंगे। मैं तो सिर्फ़ पूछ रहा हूँ कि क्या आप मुझे नम्बर दे देंगे?

पीटर—नहीं।

राहुल—मैं तो ये कह रहा हूँ कि मुझे नम्बर दे दीजिए, बस...इतनी सी बात है।

पीटर—बेशक दूँगा। मैं तुम्हें निश्चित रूप से दूँगा।

राहुल—हाँ।

पीटर—समझ लो तुम्हें दे दिया।

राहुल—हाँ।

पीटर—ठीक है।

राहुल—आप मुझे नम्बर मैसेज करेंगे या बिज़नेस कार्ड भेजेंगे या मैं आपको भेजूँ।

पीटर—मैं तुम्हें भेजूँगा।

राहुल—हाँ, तब शुक्रिया। तब मैं उनसे काफ़ी अच्छी तरह से बात कर

पाऊँगा और अपनी चिन्ता से भी उन्हें अवगत करा पाऊँगा।

पीटर—हाँ, मैं नहीं चाहता कि तुम ऐसा करो।

राहुल—और सब कुछ।

पीटर—वैसा करो।

राहुल—इस स्टेज पर जो कुछ है...।

पीटर—मैं नहीं चाहता कि गुरुवार तक तुम ऐसा करो।

राहुल—हाँ, नहीं, मैं ऐसा नहीं करूँगा। जैसा आपने कहा वैसा ही मैं तब तक इन्तज़ार करूँगा...अगर शीना ने इंद्राणी को मैसेज कर कहा है कि वो हफ़्ते-भर में सम्पर्क करेगी तो मैं उसके ऐसा करने का इन्तज़ार करूँगा, राइट। उसके पहले नहीं।

पीटर—हाँ।

राहुल—उससे पहले मैं सोचूँगा भी नहीं।

पीटर—बिलकुल सही।

राहुल—इस शख़्स से सम्पर्क करने के बारे में।

पीटर—मैं तुम्हें नम्बर दे दूँगा। मैं देवेन भारती को कॉल करके बोल दूँगा कि तुम, मेरा बेटा, उन्हें कॉल करेगा। वो बहुत चिन्तित है, इस मामले को लेकर बहुत परेशान है। वो आपसे बात करना चाहता है।

राहुल—हम्म...।

पीटर—मैं तुम्हें उनका नम्बर दे दूँगा। मुझे पूरा यक़ीन है कि वो न नहीं बोलेंगे।

राहुल—ओके, कूल...कूल।

पीटर—ठीक।

राहुल—हाँ, तब मैं अपने दिमाग़ को शान्त कर पाऊँगा, एक पेशेवर प्वाइंट पर।

इंद्राणी—(अस्पष्ट आवाज़)।

पीटर—तब तक अगर वो आ जाती है तो बहुत अच्छी बात है।

राहुल—हाँ।

पीटर—अगर हमें पता चल जाए कि वो सकुशल है।

राहुल—हाँ, बिलकुल सही।

पीटर—ठीक है। सुनो, मुझे नहाना है और फ्रेश होना है। अगर तुम्हें समय मिले तो शाम को आ जाना...अगर तुम आनेवाले हो तो मुझे बता देना।

राहुल—ओके। गोवा से आपकी फ़्लाइट कितने बजे की है...चार बजे?

पीटर—चार बजे की।

राहुल—तो आप यहाँ क़रीब छह बजे तक आ जाएँगे, साढ़े छह-सात तक?

पीटर—मैं साढ़े छह बजे तक घर पहुँच जाऊँगा...घर में (अस्पष्ट आवाज़)।

राहुल—हाँ, कूल।

पीटर—साढ़े छह तक...तो तुम उस वक़्त आ जाना, अच्छा रहेगा।

राहुल—कूल...कूल...मैं कोशिश करूँगा।

पीटर—ठीक है। मैं भी तुम्हें बता दूँगा।

राहुल—हाँ।

पीटर—अगर आ रहे हो तो मुझे बता देना...तब मैं तुम्हारी देखभाल करूँगा।

राहुल—ओके।

पीटर—ठीक है, डार्लिंग।

राहुल—ऑलराइट, लव यू।

पीटर—गहरी साँस लो...आई लव यू टू...इंद्राणी को बाय-बाय बोलो।

राहुल—हाँ-हाँ, बोलो।

पीटर—लाइन पर रहना।

इंद्राणी—हाय...तुम इसे आराम से लेने की कोशिश करो...जैसी कि हमारे बीच बातचीत हुई है। हम लोग गुरुवार शाम को मिलेंगे।

राहुल—मैं कोशिश करूँगा।

इंद्राणी—मुझे पूरा यक़ीन है कि तब तक वो किसी न किसी से सम्पर्क कर लेगी।

राहुल—आं...।

इंद्राणी—भगवान न करे...भगवान न करे...वो ऐसा नहीं करें।

राहुल—हाँ।

इंद्राणी—तब उसके बाद हम देखेंगे कि क्या करना है। तब हम लोग कॉल लेंगे...मेरा दिल कहता है कि वो ज़रूर सम्पर्क करेगी।

राहुल—हाँ-हाँ, ओके। मैं भी ऐसी ही उम्मीद करता हूँ।

इंद्राणी—देखो, मैंने तुम्हें कहा कि इसे लेकर मुझे कुछ बुरा होने का अन्देशा नहीं है। जैसा कि पीटर ने कहा, वो कई बार...।

राहुल—हम्म...।

इंद्राणी—बिना सोचे-समझे कुछ भी कर बैठती है और हर किसी को चिन्ता में डाल देती है...लेकिन...।

राहुल—हम्म...।

इंद्राणी—मुझे पूरा भरोसा है कि वो अगले कुछ दिनों में किसी तरह सम्पर्क करेगी।

राहुल—कूल...कूल।

इंद्राणी—और अगर गुरुवार तक हमें उसके बारे में कोई खोज-ख़बर नहीं मिलती है तब हम तय करेंगे कि आगे क्या करना है, ठीक।

राहुल—हाँ। बुधवार, ओके...ठीक है। मैं आप लोगों से बाद में मिलता हूँ।

इंद्राणी—ओके।

राहुल—मैं आप लोगों को बताता रहूँगा कि क्या हो रहा है।

इंद्राणी—ओके। अगर तुम्हें उसके दोस्तों से उसके बारे में कोई ख़बर मिलती है तो हमें बताना।

राहुल—हाँ, बेशक...बेशक।

इंद्राणी—हमें तुरन्त बताना...तुम्हें जैसे ही कुछ पता चले तो हमें बताना ताकि हम चिन्ता में घुलते नहीं बैठे रहें।

राहुल—हाँ।

इंद्राणी—ठीक है...और अगर हमें कुछ पता चलेगा तो हम तुम्हें बताएँगे।

राहुल—कूल...कूल। फ़ाइन...ऑलराइट। बाय...बाय...।

बातचीत-9

लगभग 14 मिनट की इस बातचीत में राहुल घुमा-फिराकर बार-बार 24 अप्रैल की शाम वाले सिलसिलेवार घटनाक्रम के बारे में पूछ रहा है और इंद्राणी उसका जवाब दे रही है। पीटर भी इंद्राणी के साथ है। सन्देह के साथ राहुल का कहना है कि शीना ने क़रीब 8.30 बजे उसे एक मैसेज भेजा था, जब वो ताज लैंड्स एंड से निकली थी। मैसेज में लिखा था कि वो डिनर के लिए रॉयल चाइना जा रही है। राहुल कहता है कि बाद में उसने पता लगाया तो उस दिन रॉयल चाइना खुला था, बन्द नहीं था। उसने वहाँ जाकर उनकी लिस्ट भी देखी। वहाँ इंद्राणी मुखर्जी या शीना बोरा नाम से कोई बुकिंग नहीं थी। इस पर इंद्राणी कहती है कि वो लोग रॉयल चाइना नहीं गए, क्योंकि शीना को हर हाल में 9.15 बजे तक वापस अमर संस पहुँचना था। इंद्राणी कहती है कि जब वे लोग रॉयल चाइना पहुँचे तो उस वक़्त वह बन्द था। इंद्राणी बताती है कि पहले उसने और शीना ने अमर संस से साड़ी ख़रीदी। फिर बन्द पड़े रॉयल चाइना के सामने से गुज़रे और एक जौहरी की दुकान से होते हुए ताज होटल गए,

जहाँ कुछ वक़्त बिताने के बाद वापस इंद्राणी ने शीना को अमर संस दुकान के पास, रात को छोड़ा। इंद्राणी बताती है कि उस वक़्त नौ सवा नौ बजे होंगे। हालाँकि वह श्योर नहीं होती है। वह कहती है कि वह मिनट-मिनट पर घड़ी नहीं देख रही थी। वह पौने दस बजे घर पहुँची। उसके घर गेस्ट आए हुए थे। उसे उन्हें रिसीव करना था। इसलिए उसे पता है कि उसने शीना को सवा नौ बजे अमर संस दुकान पर छोड़ा था। पूरी बातचीत में इंद्राणी लगभग इन्हीं बातों को बार-बार, और हर बार नये सिरे से दोहराती है। वह भी नये अन्दाज़ में। वह राहुल को यक़ीन दिलाना चाहती है कि उसने शीना को सवा नौ बजे अमर संस की दुकान पर छोड़ दिया था। इसके बाद शीना के साथ क्या हुआ वह कुछ नहीं जानती है। राहुल इंद्राणी के इस विवरण से कुछ-कुछ सन्तुष्ट नज़र आता है। वह बीच-बीच में सवाल भी पूछता जाता है और हर सवाल के बाद हिसाब लगाता जाता है कि शीना और इंद्राणी ने कितना वक़्त किस दुकान पर और किस जगह बिताया था। इससे वह इस निष्कर्ष पर पहुँचना चाहता है कि शीना ने वास्तव में उसे कब मैसेज किया और किस वक़्त के बाद उसके फ़ोन से किसी दूसरे शख़्स ने उसे मैसेज करने शुरू किए थे—

राहुल—हाँ, शीना ने 24 की शाम को क़रीब 8.30 बजे मुझे तब एक मैसेज भेजा था जब वो ताज लैंड्स एंड से निकली थी। मैसेज में लिखा था कि वो डिनर के लिए रॉयल चाइना जा रही है।

पीटर—राइट।

राहुल—और लिखा था, लव यू...XXX वग़ैरह...। वो निश्चित रूप से ताज लैंड्स एंड से निकल चुकी थी और डिनर के लिए रॉयल चाइना जा रही थी।

पीटर—राइट।

राहुल—मैंने रॉयल चाइना का पता लगाया था। उस रात वो खुला था, बन्द नहीं था।

पीटर—ओके।

राहुल—तो ताज लैंड एंड्स से रॉयल चाइना की तरफ़ जाते हुए बीच में योजना में कुछ बदलाव हुआ था, जोकि शीना ने सोचा था कि वो कर रही है। उसके एक घंटे बाद उसे अमर संस के पास ड्रॉप किया जाता है। यही कोई 9.30 के आसपास।

पीटर—राइट।

राहुल—पापा, कुछ तो हो रहा था, जो ठीक नहीं है। मैं माफ़ी चाहता हूँ। आप जानते हैं, है न?

पीटर—इंद्राणी, तुमने जब फ़ोन किया...और मैंने कहा था कि सिग्नल ठीक से नहीं आ रहा...मैं तुम्हें बाद में कॉल करता हूँ। मैं इन्तज़ार कर रहा था।

राहुल—हम्म।

पीटर—तो मैं इन्तज़ार कर रहा था...और इंद्राणी कह रही थी कि हम ड्राइव करते हुए रॉयल चाइना से आगे निकल गए, वो बन्द था। तुम चाहो तो वहाँ जाकर पूछताछ कर सकते हो कि उस रात वो लोग वहाँ डिनर पर आए थे या नहीं, राइट?

राहुल—उन्होंने मेरे लिए 24 की बुकिंग लिस्ट चेक की थी। मुझे बताया कि उस रात शीना या इंद्राणी या मुखर्जी या बोरा के नाम की कोई बुकिंग नहीं थी। उनका होटल उस दिन निश्चित रूप से खुला था और कई मेहमान वहाँ मौजूद थे।

इंद्राणी—(अस्पष्ट आवाज़) अमर संस के बाहर।

पीटर—राइट।

इंद्राणी—जब हम ताज गए थे, हाँ, जब हम ताज में गए थे तो रॉयल चाइना बन्द था। (अस्पष्ट आवाज़)।

पीटर—वे ताज कब गए थे?

इंद्राणी—हाँ, मुझे उसे बताने दो।

राहुल—आप लोग रॉयल चाइना वालों से बात कर लीजिए। वो कहेंगे कि उस दिन उनका होटल खुला था।

पीटर—नहीं-नहीं, मुझे मालूम है। एक सेकंड डार्लिंग...ज़रा होल्ड करना...।

इंद्राणी—राहुल।

राहुल—हाय।

इंद्राणी—हाय-हाय...वास्तव में किसी को कन्फ़्यूज़न न हो इसलिए मैं सिलसिलेवार ढंग से घटनाएँ बताती हूँ, ओके।

राहुल—हम्म।

इंद्राणी—शीना 6.30 बजे अमर संस पर आई थी।

राहुल—हाँ।

इंद्राणी—उसने वहाँ से एक साड़ी ली थी। मैंने उसे साड़ी ख़रीदकर दी थी, क्योंकि वो साड़ी ख़रीदना चाहती थी, ओके।

राहुल—ओके।

इंद्राणी—तो हमने वहाँ एक साड़ी ख़रीदी...और मुझे विश्वास है कि मेरे

पास उसकी रसीद भी होगी। तुम जाकर पूछ सकते हो। उसने छह-सात साड़ियाँ देखी थीं, जिनमें से एक उसने ख़रीदी थी। नई साड़ी...ब्रांड न्यू साड़ी...और साथ में दो ब्लाउज़ पीस।

राहुल—ओके।

इंद्राणी—इसके बाद हम एक ज्वैलरी शॉप में गए, ओके।

राहुल—ओके।

इंद्राणी—ज्वैलरी शॉप के बाद...तुम्हें मालूम है कि ज्वैलरी शॉप क्रास करते ही ताज लैंड्स एंड पहुँच जाते हैं।

राहुल—हाँ।

इंद्राणी—रॉयल चाइना को पास करते हुए...।

राहुल—हाँ...(अस्पष्ट आवाज़)।

इंद्राणी—ओके...और शीना ने मुझे कहा था कि उसे लेटेस्ट हर हाल में 9.15 बजे तक वापस अमर संस पहुँचना है, कि उसे लौटना है, ओके।

राहुल—राइट।

इंद्राणी—तो उस वक़्त जब हम वहाँ पहुँचे तो मैंने कहा कि ठीक है हमारे पास समय है तो कुछ खा लेंगे। हम दोनों को ही भूख लगी थी। समय बचाने के लिए हमने खाया। उस वक़्त तुम्हारा रॉयल चाइना बन्द था।

राहुल—हम्म।

इंद्राणी—जब हम वहाँ गए और मैंने उसे रॉयल चाइना के नम्बर पर कॉल करने की कोशिश भी की लेकिन साफ़ है कि बन्द था तो किसी ने नहीं उठाया। हम ताज लैंड्स एंड गए...जब हम ताज लैंड्स एंड से निकले तो नौ के आसपास बजे थे। मैं अन्दाज़न कह रही हूँ, क्योंकि मैं मिनट-मिनट पर घड़ी नहीं देख रही थी। लेकिन यही कोई सवा नौ बजे होंगे। मैं पूरी तरह श्योर नहीं हूँ लेकिन जब मैं घर पहुँची थी तो पौने दस बज रहे थे।

राहुल—ओके...ज़ाहिर है।

इंद्राणी—अमर संस से घर पहुँचने में आधे घंटे से ज़्यादा का समय नहीं लगता है।

राहुल—हाँ।

इंद्राणी—इसलिए मुझे रिसीव किया (अस्पष्ट आवाज़), क्योंकि मैं आई थी। मेरे घर मेहमान आया हुआ था, मिखाइल, जो कुछ देर पहले ही फ़्लाइट से पहुँचा था। मैं तुम्हें बाहर से सब जानकारी दे रही हूँ।

राहुल—हम्म...।

इंद्राणी—हमारा बहुत ही प्रिय दोस्त...।

राहुल—हाँ।

इंद्राणी—ये दोस्त बाहर इन्तज़ार कर रहा था, क्योंकि घर पर ताला लगा हुआ था। मैं तुम्हें थोड़ा-सा बैकग्राउंड बता रही हूँ, वो सीढ़ियों पर इन्तज़ार कर रहा था।

राहुल—हाँ।

इंद्राणी—वो वहाँ इन्तज़ार कर रहा था। मैं उसके पास गई...उसे लिया और हम फिर भीतर गए। वो रात हमारे यहीं रुका था।

राहुल—ओके।

इंद्राणी—ओके, मैं तुम्हें थोड़ा-सा बैकग्राउंड बता रही हूँ, तो अब मैं बहुत ज़्यादा डिटेल में जाना नहीं चाहती। रॉयल चाइना वाली बात को लेकर ये बैकग्राउंड है।

राहुल—तो वो खुला था या फिर बन्द था? मैं समझ नहीं पाया कि तुम क्या कह रही हो।

इंद्राणी—सॉरी, जब हम वहाँ गए तो वो बन्द था। उसके बाद का मुझे नहीं पता। तब तक नौ बज चुके थे और उसने कहा था कि उसे जाना होगा।

राहुल—राइट...ओके।

इंद्राणी—जब हम वहाँ से गुज़रे तो वो बन्द था। तुम रॉयल चाइना वालों से पूछ सकते हो कि वो लोग कब खोलते हैं। तुम्हें पता लग जाएगा कि वो कितने बजे खोलते हैं।

राहुल—वे ज़रूर...।

इंद्राणी—तुम्हें वहाँ जाकर पता करना चाहिए।

राहुल—हाँ, ज़रूर, वो लोग छह या इसके आसपास खोलते होंगे।

इंद्राणी—तो पूछो...पूछो-पूछो...तब तुम्हें पता चलेगा कि वो कितने बजे खोलते हैं। हम छह बजे से पहले तो क्रॉस नहीं किए होंगे।

राहुल—हाँ। कितने बजे...?

इंद्राणी—हम साढ़े सात तक तो नहीं क्रॉस किए होंगे। तुम मुझसे वापस पूछने की जगह उनको कॉल क्यों नहीं करते...मुझे बताओ...तुम वहाँ जा सकते हो।

राहुल—इंद्राणी मुझे शीना का मैसेज 8.30 बजे मिला था। 8.34 पर, जिसमें लिखा था कि वो अभी-अभी ताज लैंड्स एंड से निकले हैं और वो डिनर के लिए रॉयल चाइना जा रही है...तो मैं तो ये मानकर चल रहा हूँ।

इंद्राणी—तो तुम्हें कुछ मैसेज मिले थे...ढेर सारे, कुछ मैसेज...मैं उसे लेकर विवाद नहीं कर रही हूँ।

राहुल—हम्म...।

इंद्राणी—ओके। मैं एक बार के लिए नहीं कह रही हूँ। लेकिन तुम उन मैसेज में से सिर्फ़ इसी एक मैसेज को नहीं चुन सकते...मैं यक़ीन करना चाहती हूँ।

राहुल—मैं...मैं...।

इंद्राणी—तुम ऐसा नहीं कर सकते, नहीं?

राहुल—मैं उनको एक-एक करके देख रहा हूँ। सूचनाएँ इकट्ठी करने की कोशिश कर रहा हूँ।

इंद्राणी—तो राहुल, मैं तुमसे क्या चाहती हूँ। मैं चाहती हूँ कि तुम दो काम करो—एक तो ये कि तुम रॉयल चाइना से पता कर लो कि किस समय वो खोलते हैं। हम जब वहाँ गए तो मेरे ख़याल से 7.15 बजे का समय रहा होगा।

राहुल—हम्म...।

इंद्राणी—साढ़े छह बजे वो मुझसे मिली थी तो समझ लो 7.15 का वक़्त रहा होगा। उनसे पूछो कि उनका होटल खुला था या बन्द था। उनको कॉल करके पूछो कि किस समय वो खोलते हैं। उनका शटर बन्द था।

राहुल—हाँ।

इंद्राणी—किस समय आप शटर खोलते हो? वो बोलते हैं कि वो छह बजे खोलते हैं तो अलग बात है। मैंने ज़रूर कल्पना की होगी...। अगर वो बोलते हैं कि 7.30 या 8.00 बजे खोलते हैं तो इसका मतलब मैंने जो कहा, वो सच है, नहीं...।

राहुल—हम्म। करेक्ट।

इंद्राणी—तो तुम मेरे लिए कॉल करके उनसे ये पूछोगे, प्लीज़। कॉल करो और पूछो...तब तुम्हें पता लगेगा कि ये दो महिलाएँ आई थीं या नहीं। वो तुम्हें सब बता देंगे। उनके पास रसीद होगी, कुछ और भी होगा। उनके वहाँ कैमरे भी लगे होंगे...उनमें हमें देख सकेंगे।

राहुल—उनके वहाँ कैमरे नहीं हैं, लेकिन बुकिंग और उससे जुड़ी अन्य जानकारी है।

इंद्राणी—हाँ, बिलकुल सही। यह मुमकिन नहीं है कि हम दोनों वहाँ गई और हमें किसी ने देखा नहीं हो।

राहुल—हाँ, एकदम सही।

इंद्राणी—नहीं...।

राहुल—बिलकुल सही।

इंद्राणी—तो तुम पता करो राहुल...मैं चाहती हूँ कि तुम वहाँ जाओ और पता लगाओ। मुझे नहीं पता कि वो कितने बजे खुलता है। इसके बाद मुझे वापस कॉल करना...कॉल करना।

राहुल—अगर मैं ये मानकर चलूँ कि शीना, उसका मैसेज सही था तो...।

इंद्राणी—हाँ...।

राहुल—और वो डिनर के लिए रॉयल चाइना जा रही थी तो 8.34 और 9.15 बजे के बीच उसका प्लान बदला...।

इंद्राणी—हाँ...बिलकुल।

राहुल—हाँ, ये बड़ा...अगर...है...।

इंद्राणी—सुनो, अगर-अगर...अगर...रॉयल चाइना वाक़ई खुला था तो, ओके।

राहुल—हाँ।

इंद्राणी—जब हम अन्दर गए, मैं उस तरह की नहीं हूँ, जो तुम्हें कहानियाँ गढ़कर परोसेगी, जब हम वहाँ गए।

राहुल—हम्म...।

इंद्राणी—तो वो वाक़ई बन्द था। मैंने उनका नम्बर भी ट्राई किया था। मैंने अपने सेक्रेटरी से नम्बर लिया था। मैंने कॉल करके कोशिश की थी कि कोई उठा ले, या जो भी। लेकिन किसी ने नहीं उठाया। तब हम निकले। हम निकले, इस बारे में तुम जानते हो। हम ताज के लिए निकले। (अस्पष्ट आवाज़)। हम निकले क़रीब (अस्पष्ट आवाज़) या शायद इससे पहले...तो अगर मुझे ठीक से याद है तो मुझे नहीं मालूम कि उसने तुम्हें कितने बजे मैसेज किया था, या जो भी। मुझे नहीं मालूम वो क्या मैसेज भेज रही थी। वो लगातार फ़ोन पर थी। यहाँ तक कि वो मुझसे बात करते वक़्त भी फ़ोन पर थी। ऐसा नहीं था कि वो फ़ोन पर नहीं थी।

राहुल—वो फ़ोन पर नहीं थी?

इंद्राणी—वो लगातार थी। ऐसा नहीं था कि वो फ़ोन पर नहीं थी। वो लगातार फ़ोन पर थी। एसएमएस वग़ैरह कर रही थी।

राहुल—हम्म...।

इंद्राणी—मुझे नहीं पता वो किसे भेज रही थी। तुम्हें एसएमएस कर रही थी या किसी और को भेज रही थी। मुझे वो सब नहीं पता।

राहुल—हम्म...।

इंद्राणी—तो उनसे ये पता करो कि वो कितने बजे शटर खोलते हैं। तुम उनसे पूछ सकते हो।

राहुल—याह।

इंद्राणी—तब तुम्हें पता चलेगा कि वो 7.30 बजे खोलते हैं या...तब तुम्हें मालूम होगा कि मैं सच बोल रही हूँ, नहीं...तब कोई बात ही नहीं है।

राहुल—लाइन पर रहो...कितने बजे?

इंद्राणी—(अस्पष्ट आवाज़)।

राहुल—आप लोग कितने बजे रॉयल चाइना से गुज़रे?

इंद्राणी—मुझे नहीं पता। हमने 6.30 बजे उसे ड्रॉप किया था।

राहुल—अच्छा, ठीक है।

इंद्राणी—हम वहाँ गए, उसने आसपास देखा। अमर संस से साड़ी ली...हम वहाँ से गए। रॉयल चाइना से गुज़रे, मोती महल के क़रीब, उस जगह गए।

राहुल—उसने, उसने ली...उसने आसपास देखा, उसने छह साड़ियाँ देखी...उसने खरीदी।

इंद्राणी—उसने एक साड़ी ख़रीदी...एक साड़ी ली।

राहुल—अरे, उसने पाँच-छह साड़ियाँ देखीं और एक साड़ी ली।

इंद्राणी—ओह! हाँ, हाँ।

राहुल—और ब्लाउज़। उसने एक ख़रीदा।

इंद्राणी—उसने तीन-चार साड़ियाँ देखीं।

राहुल—तीन-चार।

इंद्राणी—ब्लाउज़, वो साड़ी के साथ ही आते हैं। ब्लाउज़, साड़ी के साथ आते हैं।

राहुल—अच्छा। ठीक है।

इंद्राणी—मेरे पास मिनट-मिनट की डिटेल नहीं है राहुल। मेरे पास कुछ नहीं है, क्योंकि मैं वहाँ बैठी नहीं रही।

राहुल—मैं सिर्फ़ कोशिश कर रहा हूँ।

इंद्राणी—मुझे हिसाब रखना था।

राहुल—मैं सिर्फ़ ये देखने की कोशिश कर रहा हूँ कि तीन-चार-पाँच साड़ियाँ या जो भी, ट्राई करने में कितना समय लगता है। इन सबमें कितना समय लगा...इससे मुझे पता लग जाएगा।

इंद्राणी—राहुल, वहाँ लोग हैं, जो...तुम एक काम क्यों नहीं करते...

तुम्हें शीना ने ज़रूर एसएमएस किए होंगे कि हम कब ताज लैंड्स एंड गए।

राहुल—हम्म...।

इंद्राणी—तो तुम चेक करो न कि हम कितने बजे ताज लैंड्स एंड में थे। तुम्हें पता लग जाएगा।

राहुल—हाँ। मेरा मतलब है कि 8.34 पर मैसेज आया था कि वो रास्ते में है।

इंद्राणी—हाँ।

राहुल—रास्ते में।

इंद्राणी—ताज लैंड एंड्स से...हम ताज लैंड्स एंड में किसी वक़्त रहे होंगे, नहीं...।

राहुल—आप लोग उससे पहले होने चाहिए।

इंद्राणी—उसने तुम्हें मैसेज भेजा होगा...तुम्हारे पास ज़रूर होगा।

राहुल—इंद्राणी, इस तरह के मूर्खतापूर्ण उदाहरण देने का कोई मतलब नहीं है। नहीं, मैं पता लगाने की कोशिश कर रहा हूँ।

इंद्राणी—राहुल, अगर तुम मुझे ये कहने की कोशिश कर रहे हो कि तुम्हें मालूम है कि मुझे मालूम है तो मैं बता दूँ कि शीना के ग़ायब होने के बारे में मुझे नहीं मालूम। मैं साफ़ तौर पर तुम्हें ये बता रही हूँ।

राहुल—ओके।

इंद्राणी—मैं जो कह रही हूँ, उस पर तु्हें यक़ीन करना होगा। तुम्हारे पास चॉइस है कि तुम भरोसा करो या न करो। मैं तुम्हें वही बता सकती हूँ जो सच है, न कि वो जो तुम सुनना चाहते हो।

राहुल—हम्म...।

इंद्राणी—ओके, मैं तुम्हें घटनाओं का सटीक ब्योरा देती हूँ। मुझे जो नहीं पता है वो ये कि वो 6.15 पर पहुँची या 6.30 बजे।

राहुल—आं...।

इंद्राणी—मैसेज के मुताबिक़ वो 6.15 बजे पहुँची, ओके...।

राहुल—हम्म...।

इंद्राणी—अगर वो वहाँ 6.15 पर पहुँची, उसने तीन-चार साड़ियाँ ट्राई की, जिसे पहनाने में उन लोगों ने मदद की, ओके।

राहुल—हाँ।

इंद्राणी—उन लोगों को इस काम में दो मिनट से ज़्यादा का वक़्त नहीं लगता।

राहुल—हाँ, मुझे मालूम है कितना समय लगता है।

इंद्राणी—मान लो कि इसमें 15 मिनट लगे, अमर संस में कैमरे हैं। वो

तुम्हें दिखा देंगे कि हम कितने बजे अन्दर गए और कितने बजे बाहर आए। तुम्हें सब कुछ पता लग जाएगा, राहुल।

राहुल—हाँ।

इंद्राणी—तुम्हें मालूम है कि उसके बाद हम ज्वैलरी शॉप गए। ज्वैलरी शॉप गए...ज्वैलरी शॉप में भी कैमरे होंगे, नहीं...।

राहुल—ओके...कौन-सी?

इंद्राणी—मैंने तुम्हें बताया था, नोतनदास...मोतीमहल के सामने है।

राहुल—ओके।

इंद्राणी—अमर संस से नोतनदास के रास्ते में हमने देखा कि रॉयल चाइना बन्द था, ओके। जब हमने क्रॉस किया तो उसने कहा, रॉयल चाइना में बुकिंग कर दो। लेकिन मुझे यहाँ 9.15 बजे तक वापस आना था।

राहुल—ओके।

इंद्राणी—तो इसलिए 9.15 वाली बात मेरे दिमाग़ में घुसी हुई है।

राहुल—हम्म...।

इंद्राणी—तो 9.15 का आँकड़ा मेरे दिमाग़ में घुसा हुआ है।

राहुल—तो उसे 9.15 बजे अमर संस पर ड्रॉप किया गया...ज्वैलरी और उसकी दो-तीन साड़ियों के साथ।

इंद्राणी—कौन-सी ज्वैलरी? कोई ज्वैलरी नहीं थी...किसी ने कोई ज्वैलरी नहीं ख़रीदी...वो सिर्फ़ ज्वैलरी देखने गई थी।

राहुल—ओके-ओके...ओके।

इंद्राणी—हमने कोई ज्वैलरी नहीं ख़रीदी।

राहुल—ओके-ओके...ओके। सॉरी, मेरी ग़लती है।

इंद्राणी—उसने सिर्फ़ साड़ी ख़रीदी थी। उसके पास सिर्फ़ साड़ी थी बस, यही कुछ।

राहुल—ओके।

इंद्राणी—जो पैकेट में थी।

राहुल—ओके। मुझे ज़रा चेक करने दो...अपने तरीक़े से। उसके बाद मैं तुम्हें वापस फ़ोन करूँगा।

इंद्राणी—हाँ, प्लीज़ तुम चेक करो ताकि तुम्हें विश्वास हो जाए...और समय का भी पता लगाना, जब हम दोनों ने शटर बन्द देखा था।

राहुल—हाँ।

इंद्राणी—ओके। अब मैं तुम्हें एकदम सटीक नहीं बता सकती कि हम

अमर संस में पौने सात बजे थे या सात बजे थे। लेकिन हमें वहाँ क़रीब आधा घंटा लगा था। मैं इसे आधा घंटा मानकर चल रही हूँ तो अमर संस में हमने क़रीब आधा घंटा बिताया। आधे घंटे के हिसाब से वो समय पौने सात से ज़्यादा नहीं होना चाहिए।

राहुल—हाँ।

इंद्राणी—तो पौने सात बजे जब हम वहाँ से निकले तो वो बन्द था...तो तुम उनसे चेक करो प्लीज़। फिर मुझे फ़ोन करना...मेरे लिए, क्योंकि मैं नहीं चाहती कि तुम वहाँ बैठे सोचते रहो कि मैं तुमसे कुछ छिपा रही हूँ, क्योंकि मैं ऐसा नहीं कर रही हूँ।

राहुल—नहीं-नहीं, नहीं।

इंद्राणी—इससे ज़्यादा मेरे पास तुम्हें बताने के लिए और कोई जानकारी नहीं है।

राहुल—मैं ऐसा कुछ नहीं सोच रहा हूँ। मैं पता लगाने जा रहा हूँ। तुम जानती हो क्या करना है?

इंद्राणी—और आख़िरी बात। मैंने शीना को 9.15 बजे छोड़ा था...9.30 बजे भी हो सकता है। लेकिन मैंने तुम्हें अमर संस से लेकर सारी घटनाएँ सिलसिलेवार बताई हैं। हम रॉयल चाइना से गुज़रे। रॉयल चाइना का शटर बन्द था। उसके बाद हम नोतनदास गए, ओके। मैं तुम्हें ज्वैलर का नाम बता रही हूँ...नोतनदास। वहाँ हमने कुछ अँगूठियाँ वग़ैरह देखीं। उसके बाद हम ताज लैंड्स एंड गए। वहाँ उसने लॉन्ग आइलैंड आइस्ड टी पी और एक मार्ग्यूरिटा लिया। मैंने दो मार्ग्यूरिटा लिये। इसके बाद हमने बिल का भुगतान किया। मेरे पास बिल नहीं है लेकिन उनके पास होगा। ताज में कैमरे हैं तो वो बता सकते हैं कि हम कब भीतर गए और कब बाहर आए, नहीं?

राहुल—हाँ, करेक्ट...करेक्ट।

इंद्राणी—रॉयल चाइना में ये मुमकिन नहीं है। कोई नहीं जानेगा...अगर मैं रॉयल में खड़ी हूँ। किसी ने मुझे रॉयल चाइना में नहीं देखा...तो ये सम्भव नहीं है, नहीं?

राहुल—करेक्ट...करेक्ट।

इंद्राणी—एक सेकंड, एक सेकंड। पापा तुमसे बात करना चाहते हैं।

पीटर—हैलो।

इंद्राणी—(अस्पष्ट आवाज़)।

राहुल—हैलो, हैलो...।

पीटर—राहुल, सुनो...तुम कुछ ज़्यादा ही जाँच कर रहे हो। इंद्राणी ने तुम्हें बताया...।

राहुल—हम्म...।

पीटर—वो जानती हैं।

राहुल—हम्म...।

पीटर—वो कहाँ थी।

राहुल—हम्म...।

पीटर—घटनाओं का सिलसिला क्या है।

राहुल—हम्म...।

पीटर—और उसने शीना को कहाँ ड्रॉप किया था, राइट।

राहुल—हाँ...।

पीटर—उसके बाद तुम्हें उसके मुँह से कुछ सुनने को नहीं मिला है। तुम्हें मैसेज मिला?

राहुल—हाँ।

पीटर—राइट।

इंद्राणी—उसे मैसेज मिले थे।

पीटर—करेक्ट। अगली सुबह तुम्हारे पास मैसेज थे।

राहुल—हाँ-हाँ, थे।

पीटर—इंद्राणी ने व्यक्तिगत रूप से तुम्हें रात 10 बजे मैसेज भेजे थे।

राहुल—हम्म...।

पीटर—राइट...तो ये पूरा मामला है।

राहुल—हम्म...।

पीटर—अब, इसके बाद भी तुम्हें पता लगाना है कि वो कहाँ है तो शौक़ से ऐसा करो।

राहुल—हाँ।

पीटर—ओके। इससे ज़्यादा मैं तुम्हें कोई जानकारी नहीं दे सकता...या मुझे नहीं लगता कि इंद्राणी भी दे सकती है।

राहुल—हाँ।

पीटर—मैं सिर्फ़ तुम्हें इतना ही कह सकता हूँ कि वो सकुशल है।

राहुल—ओके।

पीटर—अब तुम भले ही जाओ और (अस्पष्ट आवाज़), उसमें कोई दिक़्क़त नहीं है। वो तुम्हारा कॉल है।

राहुल—हाँ, लेकिन आप जानते हैं। मैं (अस्पष्ट आवाज़)...मैं कुछ खो-सा गया हूँ। वास्तव में मेरे पास कोई विकल्प नहीं है।

पीटर—ठीक है, तब तुम करते रहो। मेरा मतलब है कि तुम रॉयल चाइना जाओ, ताज के चक्कर लगाओ। ज्वैलरी शॉप में जाओ, अमर संस साड़ी शॉप में जाओ।

इंद्राणी—(अस्पष्ट आवाज़)।

पीटर—देखो, तुम्हें जो बताया जा रहा है वो सही है या नहीं...और तब तुम...।

इंद्राणी—उसे यह करना चाहिए।

पीटर—तुम ख़ुद करो।

राहुल—हम्म।

पीटर—कोई नहीं कह रहा है (अस्पष्ट आवाज़)।

राहुल—हम्म...ठीक है।

पीटर—हाँ, तब ठीक है।

राहुल—ठीक है, बाय।

पीटर—बाय-बाय।

बातचीत-10

पिछली बातचीत की निरन्तरता इस बातचीत में भी रही। 24 अप्रैल की शाम की घटनाएँ और ताज से रॉयल चाइना रेस्टोरेंट जाने या न जाने के मसले पर बात होती है। इंद्राणी राहुल से कॉल करने के लिए कहती है। राहुल उसकी बात समझ नहीं पाता है। इंद्राणी राहुल से दोबारा कहती है कि जब उसकी रॉयल चाइना में बात हो जाए तो वह उसे भी कॉल करके बताए। इंद्राणी राहुल से कहती है कि वह पहले ही उसे बता चुकी है कि वे लोग उस रात रॉयल चाइना नहीं गए थे। इस पर राहुल कहता है कि वह जानता है कि उस रात वे लोग रॉयल चाइना नहीं गए थे। वह सिर्फ़ यह जानने की कोशिश कर रहा है कि आख़िर उस रात हुआ क्या था? राहुल का यही सवाल इससे पहले की सभी बातों में भी बार-बार उभरकर आता है। दरअसल, वह उस रात की मिस्ट्री को समझ नहीं पा रहा है। राहुल जब भी पीटर या इंद्राणी से उस रात की वास्तविक घटनाओं के बारे में पूछता है तो वे दोनों उसे घुमा-फिराकर वही जवाब देते हैं, जो वे उसे देना चाहते हैं। बातचीत के अगले

भाग में इंद्राणी राहुल से कहती है कि तुम्हें शीना का मैसेज मिला था। इस मैसेज में अगर शीना राहुल से कहती है कि वह इंद्राणी के साथ थी तो यह एकदम झूठ है। इंद्राणी कहती है कि वे रॉयल चाइना नहीं गए तो उसके साथ शीना के होने का सवाल ही नहीं उठता। वह कहती है राहुल जानता है कि उस वक़्त वहाँ कोई नहीं था और वे लोग ताज से पौने नौ बजे निकले थे। राहुल कहता है कि वह इंद्राणी पर आरोप नहीं लगा रहा है। वह बस जानना चाहता है कि शीना के साथ उस रात हुआ क्या था? इस सबसे राहुल थोड़ा तनावग्रस्त हो गया है। इंद्राणी राहुल से बार-बार रॉयल चाइना कॉल करने और वापस उसे कॉल करने बताने के लिए कहती हुए कॉल काट देती है—

इंद्राणी—एक बार मुझे कॉल करके बता देना, हाँ?

राहुल—सॉरी, क्या कहा?

इंद्राणी—मैंने कहा, एक बार रॉयल चाइना में तुम्हारी बात होने के बाद...।

राहुल—हाँ।

इंद्राणी—तुम मुझे बताओगे?

राहुल—हाँ, बेशक। जैसे ही पता चलता है।

इंद्राणी—हाँ, जैसे ही वो तुम्हें बताते हैं, जो कि मैं तुम्हें बता चुकी हूँ कि हम कभी रॉयल चाइना नहीं गए।

राहुल—हाँ, हाँ।

इंद्राणी—अगर वो तुमसे कहते हैं कि हम रॉयल चाइना नहीं गए और वो इस बात की पुष्टि करते हैं कि हम रॉयल चाइना में नहीं थे, तब तुम्हें पता चल जाएगा कि मैं सच बोल रही थी, राइट?

राहुल—हाँ इंद्राणी। मैं जानता हूँ। मैं सिर्फ़ ये जानने की कोशिश कर रहा हूँ कि क्या हुआ था? तुम्हें पता है कि शीना ने मुझे कहा था कि तुम लोग रॉयल चाइना जा रहे हो। मैं रॉयल चाइना में पहले ही पता कर चुका हूँ।

इंद्राणी—क्या तुम्हें मैसेज मिले थे...क्या उसके बाद तुम्हें उससे मैसेज मिले थे?

राहुल—हाँ, हाँ। मेरे पास हैं।

इंद्राणी—तुम्हें मैसेज मिले थे तो अब तुम जानते हो कि मैंने 9.15 के बाद शीना को नहीं देखा। ओके?

राहुल—ओके।

इंद्राणी—अगर उसने तुम्हें ये मैसेज भेजा था कि वो मेरे पास बैठी है तो

वो पूरी तरह बकवास है, क्योंकि मैं उसके साथ रॉयल चाइना नहीं गई। उसके बाद मैंने उसे नहीं देखा।

राहुल—ओके।

इंद्राणी—तुम जानते हो वहाँ कभी कोई नहीं था और मुझे अच्छी तरह मालूम है कि हम ताज से भी 8.40 पर नहीं निकले थे।

राहुल—नहीं, उससे पहले।

इंद्राणी—मुझे पूरा यक़ीन है।

राहुल—उससे पहले।

इंद्राणी—नहीं-नहीं, नहीं। हम उसके बाद निकले थे। मुझे इस बारे में पूरा यक़ीन है।

राहुल—ओके, ठीक है।

इंद्राणी—मैं उसके बाद निकली थी।

राहुल—सुनो इंद्राणी, मैं तुम पर आरोप लगाने की कोशिश नहीं कर रहा हूँ। मैं सिर्फ़ पता लगाने की कोशिश कर रहा हूँ कि क्या हुआ था? मैं थोड़ा-सा तनावग्रस्त हूँ (अस्पष्ट आवाज़)।

इंद्राणी—नहीं-नहीं...मैं सहमत हूँ। तुम रॉयल चाइना में कॉल करो, उसके बाद मुझे वापस कॉल करना।

राहुल—हाँ-हाँ।

इंद्राणी—ओके, बाय बाय...।

बातचीत-11

यह अधूरी बातचीत भी पिछली दो बार की बातचीत की निरन्तरता में है। इसकी शुरुआत में इंद्राणी राहुल से कहती है कि उसे वे सारी चीज़ें सिलसिलेवार चाहिए जो बाद में उन्होंने की, क्योंकि उसके बाद ही वे यह पता लगाएँगे कि क्या ग़ायब है। इंद्राणी सवालिया अन्दाज़ में राहुल से पूछती है कि मैं पल्ला झाड़ रही हूँ। इस पर राहुल कहता है कि केवल वही नहीं, वे सभी इस मामले से पल्ला झाड़ रहे हैं। पीटर राहुल से पूछता कि क्या उसने वह सुना जो इंद्राणी उससे कह रही है। राहुल उसे बताता है कि एक तरह से उसने सुन लिया है। इसके बाद राहुल कहता है कि उसे नहीं मालूम कि कौन क्या कह रहा है और उसमें क्या सच है और क्या झूठ? पीटर राहुल से पाँच मिनट बाद दोबारा कॉल करने का कहकर फ़ोन रख देता है—

इंद्राणी—(अस्पष्ट आवाज़) मुझे वो सारी चीज़ें सिलसिलेवार चाहिए जो बाद में उन्होंने की, क्योंकि उसके बाद हम ये पता लगाएँगे कि क्या ग़ायब है। मैं पल्ला झाड़ रही हूँ (अस्पष्ट आवाज़)।

राहुल—हम सभी।

इंद्राणी—(अस्पष्ट आवाज़)।

पीटर—तो तुमने वो सुना, बैकग्राउंड से?

राहुल—एक तरह से।

इंद्राणी—क्या मैं राहुल से बात कर सकती हूँ?

पीटर—हाँ, एक सेकंड।

इंद्राणी—(अस्पष्ट आवाज़)।

पीटर—ज़रा होल्ड करो। मैं कोशिश कर रहा हूँ। (अस्पष्ट आवाज़) एक सेकंड...।

राहुल—मुझे नहीं मालूम कि कौन क्या कह रहा है और उसमें क्या सच है और क्या झूठ है?

पीटर—हम्म...।

(एक लम्बा अन्तराल)।

राहुल—हैलो।

इंद्राणी—(अस्पष्ट आवाज़)।

पीटर—मैं तुम्हें पाँच मिनट में कॉल बैक करता हूँ। मुझे चेक इन करने दो।

राहुल—ओके।

पीटर—ओके, बाय।

बातचीत-12

इस बातचीत में राहुल बताता है कि वह लगातार कोशिश करके थक चुका है और इससे ज़्यादा कुछ और नहीं कर सकता। बात शुरू करते हुए इंद्राणी राहुल से कहती है कि राहुल जो कह रहा है वे सब बातें उसके दिमाग़ में भी है। उसका दिमाग़ हर तरह एकदम साफ़ है। वह राहुल से कहती है कि शायद तुम्हारे दिमाग़ में कुछ हो। लेकिन हमें जब भी शीना के बारे में कुछ ख़बर मिलेगी तो उसे बड़ी राहत मिलेगी; वह राहुल के पूर्व में कहे गए शब्दों को दोहराते हुए कहती है कि एक तरह से इस मामले का पूर्ण समापन हो जाएगा।

राहुल कहता है कि उसके पास पहले ही काफ़ी कुछ है। इस मामले पर चर्चा करना और इसके बारे में सोचना। राहुल कहता है कि उसकी ज़िन्दगी में पूरा दिन, पूरी रात लगातार यही चल रहा है। 24 अप्रैल या उसके बाद से ही वह इसके अलावा कुछ भी नहीं सोच पाया है। इंद्राणी इस बात पर सहमति में हुंकारा भरती है। राहुल अपनी तमाम जद्दोजहद के बावजूद, शीना के बारे में कुछ भी पता नहीं लगा पता है। हताश होते हुए वह इंद्राणी से कहता है कि वह अब कुछ नहीं कर सकता है। इस मामले में वह अपनी सीमा तक पहुँच चुका है। राहुल कहता है कि जब तक कि किसी को शीना की तरफ़ से ख़बर न मिले, जब तक किसी को पता न चले, जब तक कि पुलिस को शीना की ख़बर न लगे और कुछ उसे ठोस सबूत न मिल जाए तब तक वह कुछ नहीं कर सकता है। इस पर इंद्राणी उसे इन्तज़ार करने की सलाह देती है। वह उसे कहती है कि उन्हें शान्त बैठना चाहिए और अपने दिमाग़ को थोड़ा आराम देना चाहिए। राहुल भी उसकी इस बात से सहमति जताते हुए कहता है कि अगर उन्होंने ऐसा नहीं किया तो वे लोग एक ही दायरे में चलते रहेंगे। बातचीत ख़राब सिग्नल के कारण अचानक ही बन्द हो जाती है—

इंद्राणी—ये बात मेरे दिमाग़ में है। मेरे दिमाग़ में साफ़ है। तुम्हारे दिमाग़ में शायद और साफ़ हो कि हमें जब भी उसके बारे में कुछ ख़बर मिलेगी तो बड़ी राहत मिलेगी। तुम्हारे शब्दों में एक तरह से पूर्ण समापन हो जाएगा... तो ये है लेकिन...।

राहुल—मेरे पास पहले ही काफ़ी कुछ है। ये चर्चा करना और इसके बारे में सोचना। पूरा दिन, पूरी रात लगातार यही चल रहा है...24 अप्रैल या उसके बाद से ही।

इंद्राणी—हम्म...हम्म।

राहुल—मैं कुछ और नहीं कर सकता...मैं अपनी सीमा तक पहुँच चुका हूँ।

इंद्राणी—हम्म...हम्म।

राहुल—जब तक कि किसी को शीना की तरफ़ से ख़बर न मिले, जब तक किसी को पता ना चले, जब तक कि पुलिस को शीना की ख़बर ना लगे, जब तक कि किसी को शीना के बारे में ख़बर ना लगे...और मुझे कुछ ठोस सबूत ना मिल जाए।

इंद्राणी—हम्म...।

राहुल—तब वो ठीक है।

इंद्राणी—हाँ, ख़ैर। इन्तज़ार करते हैं। तब शायद हमारे लिए करने को कुछ न हो।

राहुल—बिलकुल सही।

इंद्राणी—हमें इन्तज़ार करना होगा और देखना है कि क्या होता है। मुझे लगता है, हम आराम से बैठते हैं और दिमाग़ को शान्त रखते हैं। तुम समझ रहे हो न, शान्त रखते हैं...दिमाग़ को आराम देते हैं।

राहुल—हम्म...बिलकुल। अन्यथा एक ही दायरे में ये चलता रहेगा, नहीं?

इंद्राणी—तब कॉल ले लो...मेरा मतलब है कि तुम जानते हो कॉल लेने के अलावा कुछ और नहीं है। मैं कल्पना कर रही हूँ, लेकिन ख़ैर।

राहुल—मतलब, हम कॉल ले सकते हैं?

इंद्राणी—तुम पापा से बात करो, एक सेकंड।

राहुल—ठीक है।

पीटर—हैलो...।

राहुल—हैलो, हैलो...हाय, हाय।

पीटर—हैलो।

राहुल—हैलो, हाय।

पीटर—हैलो।

राहुल—हैलो, क्या तुम मुझे सुन पा रहे हो, हैलो...।

इंद्राणी—(अस्पष्ट आवाज़)।

पीटर—हैलो।

राहुल—हैलो।

नोट—सारी बातचीत से एक बात का आभास मिलता है (आ़गे जाँच में भी पता चला) कि आईपीएस देवेन भारती का नाम लेकर पीटर जाने-अनजाने में और इंद्राणी जान-बूझकर, राहुल को अलग-अलग घुट्टी पिला रहे थे, जबकि देवेन भारती इस सबसे अनजान थे।

मीडिया मुग़ल का पतन

वो जो कल थे साहिब-ए-मसनद, आज उनके सिर पर ख़ाक उड़ती है।

निष्कर्ष पर पहुँचने के लिए आपको बार-बार उसी घटनाक्रम से गुज़रना होता है, जहाँ से किसी भी विवाद की शुरुआत हुई होती है।

हत्या के कुछ अरसे बाद श्यामवर राय को तीन महीने की अग्रिम तनख़्वाह देकर नौकरी से निकाल दिया गया। नौकरी से निकालकर राय को भरोसा दिया गया कि उसे दूसरी नौकरी दिला दी जाएगी। इंद्राणी ने मुम्बई न आने का फ़ैसला किया। वह विदेश में ही रहेगी। इंद्राणी के विदेश में रहने के इरादे ने श्यामवर को बेरोज़गार कर दिया। अब उसकी वर्ली वाले फ़्लैट में कोई ज़रूरत नहीं थी। इस बात की जानकारी इंद्राणी की सेक्रेटरी को भी दे दी गई थी। उसने ही अपनी बॉस के निर्देशानुसार, श्यामवर राय की नौकरी ख़त्म होने का ऐलान किया था और उसे तीन महीने की सैलरी भी दी थी। जमी-जमाई नौकरी जाने के बाद जीवन की कठिन डगर पर अगर कभी श्यामवर को किसी चीज़ की ज़रूरत होगी तो काजल उसकी मदद करने के लिए तैयार रहेगी। नौकरी से निकाले जाते वक़्त श्यामवर राय को यह भी निर्देश दिया गया कि वह उस पार्सल को, जो शीना की हत्या के वक़्त इंद्राणी ने उसे दिया था, अपने साथ लेता जाए। नौकरी छूटने के ग़म से उदास राय ने उस पार्सल को जब अपने घर जाकर देखा तो उसके होश उड़ गए। वह डर से काँपने लगा। उस पार्सल में कट्टा और गोली थी। राय ने इसकी जानकारी अपनी पत्नी को भी नहीं दी। उसने चुपके से उस पार्सल को घर के पुराने बॉक्स में छुपाकर रख दिया। वह लगातार सोचता रहता है कि उस पार्सल से कैसे छुटकारा पाए। उसे कहाँ ले जाकर छुपाए, जहाँ उसे कोई देख न सके? इस पूरे घटनाक्रम के बारे में राय ने पुलिस को दिये बयान में बताया—

इंद्राणी ने विदेश से मुझे फ़ोन किया और कहा, 'मैं अब मुम्बई नहीं आऊँगी, इसलिए तुम यह नौकरी छोड़कर दूसरी जगह नौकरी कर लो। मैं तुम्हारे लिए दूसरी जगह नौकरी देख रही हूँ। मैंने काजल को बता दिया है तुम्हें तीन महीने का वेतन देने के लिए।' साथ ही इंद्राणी ने यह भी कहा कि कभी किसी चीज़ की ज़रूरत हो तो (काजल) मैडम को फ़ोन करके बताना है, वह तुम्हारी मदद करेगी। साथ ही इंद्राणी ने कहा कि वह पार्सल, जो राय ने गैरेज में छिपाकर रखा है, उसे लेते जाना और कहीं फेंक देना। मैंने उक्त पार्सल को इंद्राणी के यहाँ नौकरी छोड़ने के बाद अपने घर ले जाकर देखा और डर गया। उस पार्सल में कट्टा और गोली थी। अपनी पत्नी को बिना बताए मैंने उसे घर के पुराने बॉक्स में छुपाकर रख दिया। काफ़ी दिनों तक सोचता रहा कि उसे कहाँ फेंकूँ। 21 अगस्त, 2015 को साहस जुटाकर उस ग़ैरक़ानूनी हथियार को फेंकने जा रहा था कि तभी पुलिस की गाड़ी देखकर थोड़ा तेज़ चलने लगा। शक के आधार पर पुलिस की पेट्रोलिंग पार्टी ने मुझे रोका और मेरी तलाशी ली, जिसमें वह हथियार बरामद हुआ। मुझे गिरफ़्तार कर लिया। खार थाना ले जाकर पूछताछ शुरू की तो मैं काफ़ी डर गया। इसी डर के कारण 'शीना बोरा मर्डर केस' के उपरोक्त वर्णित तथ्य को उजागर किया।[110]

श्यामवर राय ने यह भी माना कि वह इस पूरे मामले में रुपये, बच्चों के भविष्य के लालच और नौकरी के सम्बन्ध में इंद्राणी के वादे पर यक़ीन करके इस हत्याकांड में शामिल हुआ था।

पुलिस ने पहले श्यामवर राय को अवैध हथियार रखने के आरोप में गिरफ़्तार किया। बाद में उससे पूछताछ में शीना बोरा हत्याकांड के राज़ खुल गए। ऊपरी तौर पर देखने से ऐसा लग रहा था कि जैसे पुलिस के हाथ लॉटरी लग गई। मछली पकड़ने के जाल में मगरमच्छ फँस गया। इस मामले में काफ़ी संयोग भरे इंटर-कनेक्शन थे, जैसे श्यामवर राय वहाँ पार्ट टाइम ड्राइवर था और उसी सिक्यूरिटी एजेंसी में काम करता था, जिसे रिटायर्ड पुलिस अफ़सर सुहैल बुद्धा चलाता था। इसका ऑफ़िस खार पुलिस स्टेशन की हद में था।

श्यामवर राय को पकड़ने वाली पुलिस टीम का लीडर इंस्पेक्टर दिनेश क़दम था, जो मुम्बई पुलिस के बेहतरीन जाँच अधिकारियों में से एक था।

उसका महीने भर पहले खार पुलिस स्टेशन में ट्रांसफर हुआ था। इंस्पेक्टर दिनेश क़दम कमिश्नर राकेश मारिया का पसन्दीदा अफ़सर था।

कहा जाता है कि चोर-चोर मौसेरे भाई होते हैं तो पुलिसवाले सौतेले भाई। पुलिस वाले अलग-अलग पृष्ठभूमि के होने के बावजूद एक-दूसरे से ऐसे जुड़े रहते हैं कि उन्हें अलग करना या उनसे कुछ भी छुपाना मुश्किल होता है। अब यहीं देखिए कि सुहैल बुद्धा और दिनेश क़दम कभी साथ काम कर चुके थे। श्यामवर राय पीटर और इंद्राणी से जुड़ा था। इन्हीं पीटर-इंद्राणी के साथ रिटायर्ड पुलिस अफ़सर सुहैल बुद्धा काम कर चुका था और उनका परिचित था। यानी कमिश्नर राकेश मारिया से दिनेश क़दम और पूर्व अफ़सर बुद्धा जुड़े थे। दिनेश क़दम से पूर्व अफ़सर बुद्धा जुड़ा हुआ था। बुद्धा से एक तरफ़ पकड़ा गया आरोपी श्यामवर राय जुड़ा था, वहीं वह इंद्राणी-पीटर मुखर्जी से भी जुड़ा था। मामले में इतने सारे संयोग थे और सभी लोग एक-दूसरे से कनेक्टेड नज़र आ रहे थे। फिर भी 21 अगस्त, 2015 को कोई बड़ा मकसद या ग्रेटर गुड नज़र नहीं आ रहा था, जिसके लिए उनका सम्भावित जुड़ाव हुआ होगा। मगर जैसे ही शीना बोरा हत्याकांड की बात सामने आई तो इतने संयोग वाला 'ग्रेटर गुड' भी नज़र आ गया। मुझे ख़बर की बू लग गई। आम तौर पर पत्रकारों के पास ख़बरों की आहट सुनने की क्षमता होती है। उन्हें पहले ही दूर से आती ख़बरों की बू लग जाती है। मुझे सूत्रों से यह भी पता लगा कि मुम्बई पुलिस की कई टीमें इस केस पर काम कर रही हैं और मुम्बई के बाहर भी कोलकाता, महाराष्ट्र के रायगढ़ में भी टीम जाँच के लिए गई है। इस गुत्थी को सुलझाने के लिए इकोनॉमिक ओफ़ेन्स के स्पेशलिस्ट अफ़सरों की सेवाएँ भी ली जा रही हैं। इतनी लीड्स बहुत थी, यह समझने के लिए कि महाख़बर आ रही है।

ज़ी न्यूज़ का रेसिडेंट एडिटर होने के नाते अब इस कवरेज को लीड करने की ज़िम्मेदारी मेरी थी। मैं अपनी पूरी टीम (8-10 रिपोर्टर्स) लेकर फ़ील्ड में उतर गया। जल्द ही शीना बोरा हत्याकांड की सच्चाई सामने आ गई।

21 अगस्त, 2015 को श्यामवर राय की गिरफ़्तारी अवैध कट्टा रखने के मामले में हुई थी।[111]

25 अगस्त, 2015 को उसकी गिरफ़्तारी शीना बोरा हत्याकांड में आधिकारिक तौर पर कर ली गई।[112]

उसी दिन पुलिस की एक टीम इंद्राणी के वर्ली इलाक़े की मार्लो बिल्डिंग

वाले घर पहुँची। इसके बारे में विधि मुखर्जी ने अपनी किताब[113] में वर्णन किया है। उस दिन विधि स्कूल से घर पहुँची ही थी। बिल्डिंग के नीचे उसे अपने यहाँ काम करने वाली मेड मिली। वह असहज स्थिति में डरी हुई खड़ी थी। उसने विधि को देखा और नज़र चुरा ली। विधि ने उससे पूछा कि वह क्यों डर रही है? मेड ने कोई जवाब नहीं दिया। विधि ने फिर पूछा और उसके बाद कई बार और। विधि के इस तरह बार-बार पूछने पर उसने उसे बता दिया कि घर में पुलिस आई है। घर में पुलिस के आने का सुनते ही विधि हैरान हो गई। वह लिफ़्ट से निकलकर चिल्लाती और दौड़ती हुई घर में पहुँची। विधि ने देखा कि घर में इधर-उधर पुलिस वाले घूम रहे हैं। पुलिस वालों को घर में इस तरह घूमते देखकर वह हैरान रह गई। उसने इधर-उधर नज़र दौड़ाई तो उसकी नज़र अपनी माँ इंद्राणी पर पड़ी। इंद्राणी सामने सोफ़े पर एकदम शान्त मुद्रा में बैठी थी। ऐसे, जैसे कुछ हुआ ही न हो। घर में पुलिस वालों को यूँ घूमता देखकर विधि ने पापा पीटर को फ़ोन किया। पीटर तुरन्त घर पहुँचा और विधि के कहने पर उसने सीनियर एडवोकेट जेठमलानी को फ़ोन किया। फ़ोन पर पीटर ने जेठमलानी को उन धाराओं के बारे में बताया, जिनके बारे में पुलिस वाले चर्चा कर रहे थे। विधि को इसमें कुछ भी समझ नहीं आया। जेठमलानी ने पीटर को बताया कि पुलिस उसे भारतीय दंड संहिता (आईपीसी) की जिन धाराओं के बारे में बता रही है वे धाराएँ मर्डर केस में लगाई जाती हैं। पीटर ने जब यह सुना तो वह शॉक्ड रह गया। उसने फटी आँखों से अपने सामने खड़ी विधि को देखा। पापा पीटर की बात सुनकर विधि को पूरा यक़ीन हो गया कि ज़रूर कोई बहुत बड़ी ग़लतफ़हमी हुई है। इंद्राणी अभी वैसे ही बैठी थी। पुलिस ने छानबीन करने के बाद कहा कि इंद्राणी को उनके पुलिस स्टेशन जाना होगा। पुलिस के साथ जाने से पहले इंद्राणी विधि के पास गई। उसने विधि को गले लगाया और समझाते हुए कहा कि उसे चिन्ता करने की कोई ज़रूरत नहीं है। सब ठीक हो जाएगा। इस पूरे घटनाक्रम के बारे में विधि लिखती है—

> माया दीदी (मेड) मुझे देखने लगी, असहज और डरी हुई। वह मेरे कान में फुसफुसाने लगी कि घर पर पुलिस आई है। 'क्या?' मैं एलिवेटर में ही चिल्लाई। तब तक हम अपने फ्लोर पर पहुँच चुके थे। मैं अपने घर में घुसी और देखा कि दो पुलिस ऑफ़िसर मेरे डैड की स्टडी में जा रहे हैं। फ़्लैट के अन्दर घुसते ही लेफ़्ट साइड का

वह पहला ही रूम है, जिसमें एक लम्बा स्लाइडिंग दरवाज़ा भी है।

मैं लिविंग रूम में गई। मैंने देखा कि मेरी माँ सोफ़े पर दोनों पैर क्रॉस करके बैठी हुई है। लेडी पुलिस ऑफ़िसर उनकी बग़ल में है। मेरी मम्मा देखने में मुझे बहुत शान्त लगी। उन्होंने मुझे देखकर स्माइल किया और पूछा, 'हाय बेब्स, तुम्हारा स्कूल कैसा था', बिलकुल ऐसे जैसे कि वे बेख़बर हों कि हमारे घर के सामान की तलाशी लेने घर में दस पुलिसवाले आए हुए हैं। मैंने उन्हें देखा और पूछा, 'ये क्या बकवास हो रहा मॉम? क्या बकवास चल रहा।'

उन्होंने मुझसे कहा कि चिन्ता करने की कोई ज़रूरत नहीं है, यह सब एक ग़लतफ़हमी के तहत हो रहा है। उन्होंने कहा कि एक पुलिस वाले ने बताया कि यह एक 'हिट एंड रन केस' का मामला है। मेरे दिल की धड़कन नॉर्मल-सी हो गई। मैंने सोचा, 'ओह, चलो ठीक है, ग़लतफ़हमी हुई है...यह सब एक जाँच है बस।'

तभी, एक पुलिस वाला मेरे हाथ से फ़ोन ले लेता है। वह मुझसे कहता है कि मुझे इसे टेबल पर रखना है और चालू नहीं करना है। मैंने अचानक ज़ोर से पूछा, 'मेरे साथ क्यों, मैं क्यों करूँ ये, क्या आपके पास इस घर की तलाशी लेने के लिए सर्च वारंट है?'

मेरी मम्मी मुझे देखने लगी। उन्होंने मुझसे कहा कि वैसा ही करो जैसा ये बोल रहे हैं। उन्होंने फिर से दोहराते हुए कहा कि सब कुछ ठीक है। मैं भागकर अपने पेरेंट के रूम में चली गई, वहाँ, जहाँ पर लैंडलाइन रखा हुआ था। मैं अपने पापा को फ़ोन करने की कोशिश करने लगी लेकिन मैं उन्हें कर नहीं पाई। फिर मैंने अपनी बेस्ट फ्रेंड ईशा को फ़ोन किया। उससे कहा कि मेरे पापा को फ़ोन करे। उसे सब कुछ बताते हुए कहा कि उन्हें बता दे कि यहाँ क्या हो रहा है। मैंने दस मिनट तक इन्तज़ार किया और फिर से उन्हें फ़ोन करने की कोशिश की। इस बार क़िस्मत से उन्होंने फ़ोन उठा लिया, 'पापा! पापा! यहाँ घर में पुलिस आई है और वे आपको पूछ रहे हैं (मुझे पता था ऐसा कहने से उनका ध्यान ज़रूर यहाँ आएगा) आपको तुरन्त यहाँ आना चाहिए!'

'ठीक है! ठीक है! रुको आता हूँ,' उन्होंने कहा, लेकिन जो भी कहा पूरे तरीक़े से कन्फ़्यूज़्ड करने जैसा था, पहले उन्हें लगा कि मैं मज़ाक़ कर रही हूँ लेकिन बाद में उन्हें लगा कि मैं सच बोल रही हूँ। उन्होंने कहा कि रुको मैं फ़ोन करके कुछ पता करता हूँ कि क्या चल रहा है। वह भी उतने ही चकित थे जितनी कि मैं।

मैं वापस बाहर गई, मम्मी को देखने के लिए। वह वैसे ही शान्ति से बैठी हुई थी जिससे मैं और ज़्यादा चिन्तित हो गई। मैं पुलिस के पास गई, जो इस रेड के इंचार्ज थे। उनसे बहुत ही कठोर और टकराव वाली आवाज़ में बोली कि वे हमारे घर में बिना वारंट के क्यों घुसे हुए हैं, हमारे घर के सामान को ऐसे क्यों छू रहे और मेरे डैड की चेयर पर क्यों बैठे हैं? मैंने देखा कि वे मुझसे इरिटेट हो रहे थे, फिर भी उन्होंने मुझ पर कोई रिएक्ट नहीं किया। मुझे इग्नोर करते रहे। वे घर में चारों ओर घूम रहे थे। मुझे ग़ुस्सा आ रहा था, क्योंकि अभी तक मेरे पिता घर पर नहीं आए थे। मैं भागकर वापस अपने बाथरूम में गई लेकिन मैंने ये महसूस किया कि एक पुलिस वाला मेरे पीछे ही है तो मैं कॉल नहीं कर पाई। इसलिए मैंने नाटक करते हुए अपने टॉयलेट के फ्लश को चालू किया, हाथ धोए और चली आई।

सौभाग्य से तभी घर में पापा आ जाते हैं। जल्दी ही वह मुझे देख लेते हैं और हग करते हैं। यह बताने के लिए कि अब मैं घर आ गया हूँ और मैं सब ठीक कर दूँगा।

पापा आए और पुलिस से पूछा कि वे वहाँ क्या कर रहे हैं, क्योंकि यह अभी तक स्पष्ट नहीं हुआ था कि यह हिट एंड रन का केस है। पुलिस ने कोई भी इनफॉर्मेशन देने से मना किया। थोड़ी देर के बाद एक लम्बे और गम्भीर से पुलिस ऑफ़िसर गनोरे ने फ़ाइनली हमें मेरी मम्मी के नाम पर दर्ज चार्जेज के बारे में बताया यानी उन्होंने सिर्फ़ सेक्शन नम्बर दिया, बिना यह समझाए कि इसका मतलब क्या है। मेरे पिता ने जल्दी से पेपर और पेन लिया और फटाफट उसे नोट करने लगे। मुझे याद है कि उस इंस्पेक्टर ने क्या कहा था—302, 301 और 30...कुछ ऐसा।

मैंने अपने पिता को जेठमलानी को फ़ोन करने को कहा, 'आप सब भी जानते हैं कि वह एक बहुत बड़े लॉयर हैं।'

पापा ने तुरन्त वैसा ही किया, 'ऐसे अचानक से फ़ोन करने के लिए मुझे माफ़ कर दीजिए। मुझे थोड़ी आपकी मदद चाहिए। पुलिस मेरे घर पर आई है...' और ऐसी बात करते हुए वह टैरेस पर चले गए ताकि उन्हें बात करने में कोई भी दिक़्क़त न हो।

मेरी नज़र फिर मम्मी पर गई, जो अभी भी सोफ़े पर वैसे ही बैठी हुई थी।

मैं माया दीदी के पास गई और उससे पूछा कि क्या पुलिस ने उससे बात की है। उसने कहा कि उन्होंने उससे कुछ सवाल पूछे थे—क्या वह जानती है कि शीना बोरा कौन थी? और मिखाइल कौन है? मेरा और मेरी माँ से उनका क्या ताल्लुक़ है? मैंने मुँह फेरा और अपनी माँ के पास गई।

'माँ, उन्होंने माया दीदी से पूछा कि शीना और मिखाइल कौन हैं? आप मुझे कुछ बताना चाहती हैं? माँ, आप मुझ पर भरोसा कर सकती हैं, अगर वे आपके बच्चे हैं तो मुझे बताओ, मैं ग़ुस्सा नहीं होऊँगी। आप मुझ पर भरोसा कर सकती हैं, माँ। बस मुझे बताओ, क्या वे तुम्हारे बच्चे हैं? क्या यह सब इसी के बारे में है? क्या शीना ने बन्धनमुक्ति के लिए अर्ज़ी दी है?'

मेरी माँ ने मुझे ऐसे देखा जैसे मैं कोई अहमक़ हूँ।

'नहीं, माई लव, स्टुपिड मत बनो...जस्ट रिलैक्स,' उन्होंने कहा।

'क्या आपको यक़ीन है?' मैंने कहा, 'आप झूठ नहीं बोल रही हो? आप वादा करती हो?'

और फिर, कहीं से, मेरे पिता की चीख़ती हुई आवाज सुनाई दी, 'हत्या!'

मैं डरी-सहमी भागकर टैरेस पर गई। मैंने उनकी शर्ट को पकड़ा।

मुझे दूर करते हुए वे कहने लगे, 'थोड़ा रुको, विधि,' और मैं वहीं

रुककर फ़ोन ख़त्म होने का इन्तज़ार करने लगी। फ़ाइनली फ़ोन पर बातचीत पूरी हुई।

मैंने उनकी ओर बहुत ही डरते हुए और उलझी हुई नज़रों से देखना शुरू किया। उन्होंने कहा, '302, मतलब मर्डर, मर्डर के लिए उकसाना और बढ़ावा देना।'

लेकिन मुझे तब भी समझ में नहीं आया था। किसके मर्डर के बारे में पुलिस ने चार्जेज बताए होंगे? फिर मेरे और पापा दोनों के दिमाग़ में ऊटपटाँग बातें चलने लगीं। अब हमें पूरे तरीक़े से यक़ीन हो चला था कि ज़रूर कोई बहुत बड़ी ग़लतफ़हमी हुई है।

इसी दौरान मम्मी, जो अभी तक वैसे ही बैठी थी, पुलिस ने बताया कि उन्हें पुलिस स्टेशन ले जाना होगा, जाने के पहले वह मेरे पास आईं। उन्होंने मुझे हग किया और कहा, 'आई लव यू बेबी, मैं जल्दी ही घर आ जाऊँगी।'

पापा भी उनके साथ गए। दरवाज़े तक जाकर उन्होंने मुझे फ्लाइंग किस किया और कहा, 'चिन्ता मत करो।'

मैं अपने रूम में जा रही थी तभी मुझे मेरी एक फ्रेंड का मैसेज मिला, 'हाय दोस्त, मुझे उम्मीद है कि तुम ठीक होगी, अगर तुम्हें किसी भी चीज़ की ज़रूरत हो तो मुझे ज़रूर बताना, मैं हमेशा तुम्हारे साथ हूँ।'

मैंने उससे पूछा कि तुम किस बारे में बात कर रही हो? मैं हैरान थी कि किसी को कैसे कुछ पता चल सकता है, तभी उसने मुझे टीवी न्यूज़ चैनल की हेडलाइन का एक स्क्रीन शॉट भेजा, जिसमें लिखा हुआ था, 'आइएनएक्स मीडिया की सीईओ इंद्राणी मुखर्जी को गिरफ़्तार कर लिया गया है, अपनी बेटी शीना की हत्या के इल्ज़ाम में।'

मौसम के लिहाज से भारत में अगस्त का महीना काफ़ी बारिश वाला होता है। बारिश की वजह से कई बार देश के अलग-अलग हिस्सों में बाढ़ भी आ जाती है, जिससे जान-माल का काफ़ी नुक़सान होता है। समुद्र किनारे बसा होने पर

भी मुम्बई में लगभग हर साल बारिश आती है। बारिश के दिनों में मुम्बई पुलिस और दूसरी रेस्क्यू टीमें शहर की सड़कों पर फँसे लोगों की मदद करती नज़र आती हैं। मगर इस साल मुम्बई पुलिस गिरफ़्तारियाँ करने में ज़्यादा व्यस्त है। एक के बाद एक गिरफ़्तारियाँ हो रही हैं। गिरफ़्तारियाँ भी इतनी हाई-प्रोफ़ाइल हैं कि मीडिया से लेकर राजनीतिक वर्ग तक सब इस बात के इन्तज़ार में हैं कि पुलिस को इस मामले की जाँच में क्या मिलता है? गिरफ़्तार शख़्सियत की ओर से कहा जा रहा है कि यह केवल ग़लतफ़हमी की वजह से हो रहा है। इसके अलावा, कुछ नहीं। ग़लतफ़हमी के आधार पर ही पुलिस ने इतनी बड़ी शख़्सियत को गिरफ़्तार किया है। वह भी उसके ड्राइवर को गिरफ़्तार करने के कुछ ही देर बाद।

मुम्बई पुलिस ने 25 अगस्त, 2015 को श्यामवर राय की शीना बोरा हत्याकांड में गिरफ़्तारी की, उसी दिन इंद्राणी को भी गिरफ़्तार कर लिया गया। इसके अगले दिन संजीव खन्ना को शाम 5.30 बजे कोलकाता से गिरफ़्तार कर मुम्बई लाया गया। इन सभी के ख़िलाफ़ भारतीय दंड संहिता (आईपीसी) की धारा 302, 364, 328, 307, 201, 202, 203 और 120(बी) के तहत मामला दर्ज किया गया। यानी उन पर हत्या, हत्या का प्रयास, आपराधिक साज़िश, ज़हर देना, अपहरण आदि की धाराएँ लगाई गईं।[114]

इंद्राणी की गिरफ़्तारी की ख़बर मुम्बई की हाई सोसाइटी, पेज-थ्री की दुनिया, मीडिया हर जगह जैसे आग की तरह फैल गई। चूँकि मैं तब इसके कवरेज से सीधे तौर पर जुड़ा हुआ था, मीडिया के हिस्से और अन्दरूनी नज़रिये से जो मैंने देखा उसकी थोड़ी चर्चा यहाँ ज़रूरी है। मीडिया का जमावड़ा मुम्बई के खार पुलिस स्टेशन के बाहर होने लगा। मैं ख़ुद वहाँ दिन-भर अपने एक-दो रिपोर्टर्स के साथ जमा रहता। रात के वक़्त भी रिपोर्टर्स की ड्यूटी लगा दी गई। शहर की बाक़ी हर ख़बर को दरकिनार करके रिपोर्टिंग की पूरी ताक़त इसमें झोंक दी गई। मामले में रोज़ाना नये-नये ख़ुलासे होने लगे। रिश्तों की पेचीदगियों (कौन से नम्बर का पति और कौन किसकी सन्तान आदि) समझने में ही पत्रकारों को दो-तीन दिन लग गए। शुरुआत में जिसे इंद्राणी की बहन शीना बताया जा रहा था, अगले दिन उसे उसकी बेटी बताया जाने लगा।

देश-भर में न्यूज़ चैनलों की टीमें इस केस से जुड़े लोगों को खँगालने लगीं। कोलकाता में संजीव खन्ना-इंद्राणी के अतीत की परतें खोली गईं। असम में इंद्राणी के माँ-बाप तक पत्रकार पहुँच गए। देहरादून में पीटर की पहली पत्नी के घर भी मीडिया पहुँचा। शीना के पिता सिद्धार्थ दास, भाई मिखाइल बोरा

और मंगेतर राहुल को भी देश के अलग-अलग हिस्सों में ढूँढ़ा गया। पीटर तो मुम्बई में था ही। इसके अलावा, इस मामले से जुड़े लोगों के कॉमन फ्रेंड्स, सोशल मीडिया के दोस्त, हर किसी ने मीडिया या चुनिंदा मीडिया से बात की तो कुछ ने अपनी बात सोशल मीडिया के ज़रिये रखी।

इस मामले से जुड़े लोगों के आपस में भेजे गए ईमेल्स, एसएमएस, व्हाट्सएप मैसेज लगातार मीडिया के पास पहुँच रहे थे। एक से एक सनसनीखेज़ जानकारी रोज़ कई-कई बार सामने आ रही थी कि यक़ीन करना और फिर उसे रिपोर्ट करना मुश्किल काम था। टीवी पर डिबेट शो हो रहे थे। लग रहा था कि देश के सामने कोई और मुद्दा ही नहीं बचा है। मुम्बई के पुलिस कमिश्नर राकेश मारिया ख़ुद घंटों-घंटों इंद्राणी-पीटर और अन्य आरोपियों से पूछताछ कर रहे थे। इंद्राणी को उस वक़्त देश की सबसे बुरी महिला के रूप में देखा जा रहा था।

समाज में जहाँ इस मामले पर चटखारे लेकर चर्चा हो रही थी, वहीं उस चटखारे का मसाला परोसने में मीडिया भी व्यस्त था। आधी-अधूरी ख़बरें, पुष्ट-अपुष्ट ख़बरें, सही-ग़लत ख़बरें...जिसके मन में जो आ रहा था, वह चला रहा था। ग़लत ख़बरों के तहत कभी पतियों की संख्या बढ़ जाती तो कभी प्रेमियों की संख्या बढ़ जाती। किसी का भी किसी से नाम जोड़ दिया जाता। किसी के भी चरित्र पर बिना क्रॉसचेक किए कुछ भी थोप दिया जाता। कुछ मीडिया चैनल खार पुलिस थाने से जाँच लेकर क्राइम ब्रांच को सौंपने की वकालत कर रहे थे, तो कुछ इस केस को सीबीआई को दिलवाने का एजेंडा चला रहे थे। कुछ मीडिया वाले ख़ुद ही जासूसी कर रहे थे।

एक तरह से वे अफ़रा-तफ़री भरे, पागलपन और मीडिया की बेहूदगी के दिन थे।

इस मामले से जुड़ा कोई गवाह या व्यक्ति या पुलिस वाला जैसे ही पुलिस स्टेशन या कोर्ट या कहीं और दिख जाता वैसे ही टीवी रिपोर्टरों का झुंड अपने दर्जनों बूम माइक लेकर उसे घेर लेता। हालात ऐसे हो गए कि कई बार लॉ एंड ऑर्डर की समस्या खड़ी हो गई। मुम्बई पुलिस भी इसे थोड़ा-बहुत एंजॉय कर रही थी, क्योंकि इतने बड़े और सनसनीखेज़ हत्याकांड का न सिर्फ़ उसने पर्दाफ़ाश किया था बल्कि हफ़्ते भर से कम समय में केस सुलझा भी लिया था। उसकी टीमें दिल्ली, देहरादून, बैंगलोर, कोलकाता, गुवाहाटी में सबूत और गवाह इकट्ठा कर रही थीं।

पुलिस स्टेशन के अन्दर बन्द आरोपियों में श्यामवर राय सबसे पहले टूटा।

संजीव खन्ना ने भी क़बूल लिया कि उसने कोलकाता में कुछ सबूत छुपाए हैं, इसलिए पुलिस की एक टीम सबूत लेने के लिए उसे लेकर कोलकाता गई। वहाँ पुलिस ने खन्ना के एक दोस्त के पास रखा संजीव का लैपटॉप भी रिकवर किया।[115] मगर इंद्राणी अभी भी मज़बूती से टिकी हुई थी।

मुम्बई के तत्कालीन कमिश्नर राकेश मारिया अपनी किताब *लेट मी से इट नॉव* में लिखते हैं—

> इंद्राणी को हैंडल करने में हो रही दिक़्क़तों के बारे में मुझे बताया गया कि वह बेहद कुटिल और चालाक क़िस्म की महिला है। वह न सिर्फ़ लगातार झूठ बोल रही है बल्कि टूट भी नहीं रही है। साथ ही दिवालिया भी है। वह हवाबाज़ी करती है और नौटंकी भी अच्छी कर लेती है।[116]

पुलिस अपने अभी तक के पूरे अनुभव के साथ इस मामले की छानबीन कर रही है। पुलिस स्टेशन से लेकर कोर्ट तक और पूछताछ केन्द्र से लेकर अपराधियों की पकड़-धकड़ करती सायरन बजाती पुलिस की गाड़ियाँ मुम्बई की अलग-अलग सड़कों पर दौड़ रही थीं। मुम्बई पुलिस को इस मामले में जितनी मुस्तैदी से काम करते हुए देखा जा रहा था, उतना इससे पहले शायद ही कभी देखा गया हो। पुलिस एक के बाद एक हवा की तरह मामले से जुड़े हर व्यक्ति तक पहुँच गई। उसने पीटर, राहुल, सिद्धार्थ दास, इंद्राणी के माँ-बाप, शीना के दोस्तों, सहकर्मी, मकान मालिक आदि अनेकों के बयान लिये। कमिश्नर राकेश मारिया ने ख़ुद 28 अगस्त को श्यामवर राय, संजीव खन्ना और राहुल से पूछताछ की। इसके बाद 31 अगस्त को इंद्राणी से पूछताछ की और 7 सितम्बर को पीटर से।

आरोपी रसूखदार और पैसेवाले हैं। उनके लिए बड़े-बड़े क्रिमनल लॉयर बचाव में उतरते, इसलिए पुलिस ने वैभव बागड़े जैसे नामी सरकारी वकील को केस पर लगाया। साथ ही डीएनए टेस्ट और कई मेडिकल टेस्ट भी करवाने की ज़रूरत थी। इनके लिए शीना के शव या उसके अवशेषों की ज़रूरत थी, जो अब तक पुलिस के पास नहीं था। इसलिए अब शीना के शव को खोजा जाना था, ताकि डीएनए टेस्ट किया जा सके।

पुलिस की एक टीम रायगढ़ ज़िले के पेण इलाक़े के पास के जंगल में पहुँची। वहाँ से शीना के शव के अवशेष बरामद किए गए। यह पहली बार

नहीं था, जब शीना के शव के अवशेष बरामद किए गए थे। इससे पहले 2012 में भी शीना का शव बरामद किया जा चुका था।

24 अप्रैल, 2012 को हुई शीना की हत्या के एक महीने बाद 23 मई, 2012 को ही उसका शव बरामद कर लिया गया था। उस वक़्त उसके शव को सबसे पहले 34 साल के गणेश धेने ने देखा था। मंडप की सजावट का काम करने वाला गणेश पुलिस पाटिल भी था, जिसे 'पुलिस मित्र' भी कह सकते हैं। इस 'मित्रता' के तहत उसे अपने गाँव हेटावने और आसपास के इलाक़ों में होने वाली घटनाओं पर नज़र रखनी होती थी।

23 मई, 2012 को गणेश धेने पेण से अपने गाँव लौट रहा था। पेण में वह शादी में मंडप की सजावट के लिए गया था। गणेश धेने के मुताबिक़,[117] वह अपने टेम्पो में लौट रहा था कि रास्ते में उसे बड़ी ज़ोर से पेशाब करने की ज़रूरत महसूस होने लगी। उसने गागोड़े खुर्द के जंगल वाले इलाक़े में अपना टेम्पो रोका। पेशाब करने के बाद गणेश धेने ने पास ही ज़मीन पर गिरे कुछ आमों को उठाना शुरू कर दिया। आम उठाते-उठाते वह जंगल के थोड़ा और अन्दर चला गया। वहाँ, अचानक उसे दुर्गंध आने लगी। जब उसने उस दुर्गंध का पीछा किया तो देखा कि एक कंकाल ढलान पर पड़ा हुआ है, उससे ही दुर्गंध आ रही है। कोई मांस नहीं था, केवल कंकाल ही रह गया था। उसने बैग के कुछ फटे हुए हिस्से भी देखे। (बाद में पता चला यह वही बैग था, जिसे शीना ने जलती लाश पर फेंका था। यह बैग पूरी तरह जला नहीं था।) गणेश ने स्थानीय पुलिस चौकी को फ़ोन किया, जहाँ से आगे पेण पुलिस स्टेशन को फ़ोन किया गया। एक पुलिस इंस्पेक्टर, एक सहायक पुलिस इंस्पेक्टर और तीन और पुलिसकर्मी उस स्थान पर पहुँचे, जहाँ गणेश इन्तज़ार कर रहा था। पुलिस टीम के पहुँचते ही उसने शव की ओर इशारा किया। पुलिस ने स्थानीय डॉक्टर को बुलाया। यह इस क्षेत्र में नियमित रूप से पूरी की जाने वाली प्रक्रिया है। डॉक्टर ने शव के अवशेषों की जाँच की, जिनमें से कुछ हड्डियों के नमूने पोस्टमॉर्टम के लिए भेजे जाने के लिए संरक्षित किए गए। फिर ज़मीन खोदने वाले कुछ मज़दूरों की मदद से कंकाल को आम के एक पेड़ के पास दफ़ना दिया गया। पुलिस द्वारा एकत्र की गई हड्डियों को मुम्बई के जेजे अस्पताल भेज दिया गया। इसके बाद क्या हुआ, इसके बारे में गणेश को कुछ पता नहीं चला। धेने ने यह भी कहा कि उसे लग रहा था कि जलने के निशान दिखाई देने के कारण व्यक्ति को बेरहमी से मार दिया गया था।

लगता है कि लोकल पेण पुलिस द्वारा अपना काम ठीक से नहीं किया गया। उचित प्रक्रिया नहीं अपनाई गई। शरीर के जलने के संकेत के बावजूद न तो हत्या का मामला दर्ज किया और न ही एफ़आईआर दर्ज़ की गई। सिर्फ़ स्टेशन डायरी में एंट्री की गई। पोस्टमार्टम करने के लिए मुम्बई सैंपल भेजे गए। आगे जाँच करने की कोशिश ही नहीं हुई। पेण पुलिस की लापरवाही का पता जेजे अस्पताल की तरफ़ से जाँच करने वाले डॉ. ज़ेबा ख़ान के बयान[118] से भी चलता है। डॉ. ख़ान ने बताया कि पेण पुलिस स्टेशन ने जो सैंपल्स जाँच के लिए जेजे अस्पताल भेजे थे, उसकी रिपोर्ट (रिपोर्ट वाइड सर्टिफिकेट नम्बर 3/MLC/491 of 2013 दिनांक 20 दिसम्बर,12-2013) पूरी होने पर अस्पताल की तरफ़ से फ़ोन करके पेण पुलिस स्टेशन को बताई गई। मगर रिपोर्ट कलेक्ट करने कोई नहीं आया। आख़िरकार, वो रिपोर्ट 25 अगस्त, 2015 को खार पुलिस स्टेशन के इंस्पेक्टर क़दम ने कलेक्ट की।

अटकलें गरम हुईं कि एक सीनियर अफ़सर के कहने पर एफ़आईआर दर्ज नहीं की गई।[119]

2015 में हत्या का पता चलने पर सीनियर पुलिस अधिकारियों ने उक्त ख़ामियों की जाँच के आदेश दिये। पेण पुलिस ने अगर अपना काम शुरुआत में लाश का पता लगने पर ही ठीक तरीक़े से किया होता तो शायद केस बहुत पहले ही खुल गया होता।

डॉक्टर संजय ठाकुर के मुताबिक़, 2012 में वह रायगढ़ ज़िले के प्राथमिक स्वास्थ्य केन्द्र में काम करते थे। वह मेडिकल टेस्ट के लिए शव के नमूने लेने के लिए घटनास्थल गए थे। उन्होंने मामले में एडवांस डेथ सर्टिफिकेट और साथ ही पोस्टमार्टम रिपोर्ट बनाई थी। मगर उस रिपोर्ट में मौत के कारण के बारे में कुछ नहीं कहा।

अपने बयान में डॉ. संजय ठाकुर ने उस घटनाक्रम के बारे में कुछ इस तरह बताया—

> पुलिस ने मुझसे मौत का कारण नहीं पूछा। यह कहना सही है कि डॉक्टर के लिए पोस्टमॉर्टम के माध्यम से सामने आने वाली किसी भी गड़बड़ी या सन्दिग्ध परिस्थितियों का उल्लेख करना अनिवार्य है। यह कहना सही है कि मैंने पोस्टमॉर्टम में ऐसी कोई एंट्री नहीं की।[120]

इससे यही ज़ाहिर होता है कि यह केस पेण पुलिस के निकम्मेपन व

लापरवाही की वज़ह से दब गया या किसी 'ख़ास वजह' से दबा दिया गया।

अगस्त, 2015 में मुम्बई पुलिस को पहला सुराग़ मिलने तक यह मामला गुप्त रहा।

23 मई, 2012 को शीना के शव की पहली बरामदगी के बारे में पूछने पर पेण पुलिस ने मुम्बई पुलिस को बताया और कहा कि ऑन स्पॉट पोस्टमार्टम भी किया गया था।

28 अगस्त, 2015 में दूसरी बार शीना का कंकाल बरामद किया गया।[121]

मुम्बई पुलिस की एक टीम इसके लिए रायगढ़ जिले की पेण तहसील में गणेश धेने की मदद से उस जगह पहुँची। पुलिस की टीम में खुदाई करने वाले मज़दूर और कुछ फोरेंसिक एक्सपर्ट भी थे। इन्हें स्थानीय ग्रामीणों से भी मदद मिली। उस वक़्त तीन साल बाद शव की लोकेशन का पता लगाना आसान काम नहीं था। आसपास का माहौल काफ़ी कुछ बदल चुका था। अगस्त का महीना चूँकि मानसून का महीना होता है, इसलिए यह इलाक़ा उस समय (मई, 2012 यानी गर्मी का महीना) से अलग दिखता है, जब शव को दफ़नाया गया था। अब उसे ढूँढ़ना मुश्किल था। जंगल में कई नये पौधे उग आए थे, जिससे जगह अलग दिख रही थी। गणेश धेने को इतना याद था कि कंकाल को आम के एक पेड़ के पास दफ़नाया गया था, लेकिन उस इलाक़े में आम के बहुत सारे पेड़ थे। अगले छह घंटों तक कई जगह खुदाई की गई। हर बार असफलता ही हाथ लगी। मगर आख़िरकार गणेश धेने ने उस जगह को ढूँढ़ ही लिया। पुलिस शव के अवशेषों को बरामद करके डीएनए और बाकी मेडिकल टेस्ट के लिए ले गई।

इस टेस्ट की रिपोर्ट के बाद जन्म हुआ FM579/15 बनाम FM578/15 के विवाद का।

एफएम 579/15 बनाम एफएम578/15 विवाद

2 सितम्बर, 2015 को नायर अस्पताल ने खार पुलिस स्टेशन को भेजी गई बोन एग्जामिनेशन रिपोर्ट में कहा कि उनके द्वारा 2015 में खोदकर निकाली गई हड्डियाँ (सैंपल एफएम/578/2015) इंसान की ही थीं। मगर जैसे ही यह जानकारी निकलकर बाहर आई तो इस पर भी विवाद खड़ा हो गया। विवाद था एफएम 579/15 बनाम एफएम 578/15 का। 2015 में मामला खुलने

के बाद एक्सपर्ट राय के लिए नायर अस्पताल के पास दो सैंपल भेजे गए। एक सैंपल एफएम 579/15 था, जिसे पेण पुलिस ने जेजे अस्पताल के पास 2013 में भेजा था। इसी सैंपल को 2015 में नायर अस्पताल के पास भेजा गया। दूसरा सैंपल एफएम 578/15 था। इसे खार पुलिस ने पेण से खुदाई करके 2015 में बरामद किया था।[122]

5 सितम्बर, 2015 को नायर अस्पताल द्वारा खार पुलिस को भेजे गए लेटर में कई सवालों के जवाब दिये हैं। जैसे—

1. ज़्यादातर इंसानी हड्डियों की डुप्लिकेशन के आधार पर एफएम 578/15 और एफएम579/15 के भेजे गए कंकालों के अवशेष आपस में मैच नहीं करते।
2. एफएम578/15 और एफएम579/15 के दाँतों के सैंपल भी आपस में मैच नहीं करते।
3. एफएम 579/15 के बालों का एफएम578/15 के कंकालों के अवशेषों से जहाँ तक मैच करने का सवाल है, यह हो भी सकता है और नहीं भी हो सकता।
4. एफएम 578/15 और एफएम579/15 के बीच की हड्डियों के समान होने के बारे कहा गया कि नहीं, क्योंकि इंसानी हड्डियों के डुप्लिकेशन के अलावा जानवरों की हड्डियाँ भी थीं।

पेण पुलिस के लिए पोस्टमार्टम करने वाले डॉ. संजय ठाकुर ने लिखा कि उन्होंने सिर्फ़ राइट ह्यूमर्स (एक तरह की हड्डी का प्रकार) को ही संरक्षित किया था। मगर एफएम579/15 में कई सारी जली व बिन जली हड्डियाँ थीं, जिनमें जानवरों की हड्डियाँ भी थीं।

पेण पुलिस स्टेशन के 2012 के लिखे लेटर के मुताबिक़ दाएँ हाथ की हड्डी को संरक्षित किया गया था। उसके सैंपल एफएम 579/15 से ऐसा कुछ नहीं मिला। इसके विपरीत एफएम 578/15 वाले सैंपल की वजह से जाँच को बहुत बल मिला। बाद में अन्य फोरेंसिक मेडिकल टेस्ट्स में कई बातें सपोर्ट में आईं, जैसे—कंकाल का लिंग, हत्या के वक़्त की उम्र, क़द और मौत की वजह। एम्स (ऑल इंडिया इंस्टीट्यूट ऑफ मेडिकल साइंस) के मेडिकल बोर्ड ने भी नायर अस्पताल के निष्कर्षों को मेडिकल साइंस के आधार पर से सुसंगत माना। इसमें अपने अतिरिक्त निष्कर्ष भी जोड़े, जिसमें डीएनए रिपोर्ट (नम्बर एम.टी. नम्बर 24026-30/15) भी थी। इस रिपोर्ट[123] के मुताबिक़,

कंकाल की बायोलॉजिकल माँ इंद्राणी मुखर्जी थी। एम्स मेडिकल बोर्ड[124] ने कहा कि मौत क़रीब तीन साल पहले हुई थी। बोर्ड ने ये भी निष्कर्ष निकाला कि यह हत्या का मामला था। यह हत्या गला दबाने से हुई थी।

इन तमाम विसंगतियों के चलते बचाव पक्ष के वकीलों के सवाल और अभियोजन पक्ष का सिरदर्द बढ़ गया।

7 सितम्बर को अपनी टीम के साथ मिलकर मैंने एक रिपोर्ट[125] फ़ाइल की। इस रिपोर्ट में हमने ख़ुलासा किया कि फोरेंसिक जाँच में यह पुष्टि हो गई है कि रायगढ़ के जंगल से बरामद किए गए कंकाल के अवशेष के नमूने डीएनए टेस्ट में इंद्राणी मुखर्जी और मिखाइल बोरा से मेल खाते हैं।

पुलिस ने अब तक बहुत से सबूत इकट्ठा कर लिये थे लेकिन उनके सामने सवाल यह था कि अगर सिर्फ़ शीना की लाश को ठिकाने लगाना था तो एक बैग ही बहुत था। दो बैग क्यों ख़रीदे गए? दूसरा बैग किसके लिए था?

'सर, अब एक नया कैरेक्टर आया है,' सुबह-सुबह रिपोर्टर नित्यानन्द शर्मा के फ़ोन से नई ख़बर की आहट मिली।

नित्यानन्द दरअसल पॉलिटिकल बीट का रिपोर्टर था। ख़बर इतनी बड़ी हो चली थी तो मैंने अपने अंडर आने वाले ज़ी न्यूज़ के सारे रिसोर्सेस और रिपोर्टर इसी ख़बर पर तैनात कर दिये थे। नित्यानन्द की ख़ासियत यह थी कि उसका रिपोर्टिंग वाला स्वभाव आलू की तरह था। वह हर तरह की ख़बर में जैसे-तैसे जुगाड़ करके उसका हिस्सा बन जाता था। उसकी ड्यूटी खार पुलिस स्टेशन के बाहर लगी थी। वहीं से उसने किसी सोर्स के ज़रिये यह ख़बर हासिल की थी। कोई मिखाइल नाम का किरदार भी इस उलझन भरे फ़ैमिली ट्री से निकलकर आया है। नित्या बता रहा था कि जिस मिखाइल को पहले इंद्राणी का भाई बताया जा रहा था, वह इंद्राणी का बेटा है, और मृत शीना बोरा का भाई। वह इंद्राणी की पहली शादी या रिलेशनशिप से पैदा हुआ था। मिखाइल शीना बोरा से क़रीब एक साल छोटा था। वह शीना का सगा भाई था। इंद्राणी और सिद्धार्थ दास की दूसरी और आख़िरी औलाद।

वह बहुत छोटा ही था (दो-तीन साल का) तभी उसकी माँ और बाप एक-दूसरे से अलग हो गए थे। 1989-90 में कोर्ट ऑफ़ मजिस्ट्रेट : कामरूप : गुवाहाटी[126] में दिये हलफ़नामे में इंद्राणी ने कहा कि उसके 'पति' सिद्धार्थ दास का बच्चों (शीना-मिखाइल) पर कोई अधिकार नहीं होगा। इसके साथ इंद्राणी ने अपने बच्चों शीना और मिखाइल को उनके पिता से अलग कर दिया। फिर

एक दिन अचानक उनकी माँ उन्हें छोड़कर चली गई और सालों तक उनकी सुध नहीं ली। इंद्राणी के कहने पर उसके माँ-बाप (बोरा दम्पती) ने शीना और मिखाइल को एडॉप्ट कर लिया। अब नाना-नानी शीना और मिखाइल के माँ-बाप थे।

शीना ने अपनी पढ़ाई डिज़्नी हाईस्कूल से की थी। मिखाइल गुवाहाटी की क्रिश्चियन बस्ती के गॉडविन इंग्लिश मीडियम स्कूल में पढ़ा। कई साल बीत गए। 2004 में दुर्गा रानी और उपेंद्र बोरा ने एक अख़बार में अपनी बेटी इंद्राणी और पीटर की फ़ोटो देखी,[127] जिसके बाद उन्होंने इंद्राणी से सम्पर्क किया और शीना-मिखाइल के लिए आर्थिक मदद माँगी।

इंद्राणी ने दोनों बच्चों को कोलकाता बुलाया। वहाँ उनसे एक कैफ़े में मुलाक़ात की। इंद्राणी उनकी मदद करने को तैयार हो गई। पर इस मदद के लिए उसने उनके सामने शर्त रखी कि दोनों बच्चे उसे लोगों के बीच माँ कहकर नहीं बुलाएँगे। वे उसे यानी अपनी माँ को, पब्लिक में बहन कहकर बुलाएँगे। इंद्राणी ने उन्हें वजह बताई कि अब वह हाई-सोसाइटी का हिस्सा है। वह कोई बदनामी नहीं चाहती। इंद्राणी की बात पर मिखाइल राज़ी नहीं हुआ। मिखाइल ने इंद्राणी की शर्त का विरोध करते हुए कहा कि वे उसे लोगों के बीच 'बहन' कहकर नहीं बुलाएँगे। इस पर इंद्राणी ने उनकी मदद करने से साफ़ इनकार कर दिया। बाद में वे सब राज़ी हो गए। वे सहमत हुए कि शीना-मिखाइल अपनी माँ इंद्राणी को लोगों के सामने 'बहन' नहीं 'इंद्राणी' कहकर बुलाएँगे। मिखाइल कहता है कि उस वक़्त उनके पास इसके अलावा कोई विकल्प नहीं था। इंद्राणी के पास पैसा था। उनकी ज़रूरत थी। ख़ुद पढ़ाई के लिए उनके पास पैसे नहीं थे। वे राज़ी हो गए। साथ ही इस बात पर क्रोधित कि उसने बचपन से अपनी माँ को नहीं देखा था। अब इतने सालों बाद जब वह अपनी माँ इंद्राणी से मिल रहा था तो वह उसे माँ कहकर नहीं बुला सकता था।

इंद्राणी से अपनी पहली मुलाक़ात को याद करते हुए मिखाइल ने बताया—

> इंद्राणी ने हमारे सामने जब ख़ुद को माँ की बजाय बहन कहने की शर्त रखी तो मैं झल्ला गया। मैंने साफ़ कर दिया कि हम उसे लोगों के बीच बहन कहकर नहीं बुलाएँगे। फिर हम सब राज़ी हो गए कि उसे इंद्राणी कहकर बुलाएँगे। उस वक़्त हमारे पास चॉइस नहीं थी। हमारी ज़रूरत थी और पढ़ाई के लिए पैसे नहीं थे। हम राज़ी हो गए। मगर मैं क्षुब्ध और क्रोधित था, क्योंकि मैंने बचपन

> से अपनी माँ को नहीं देखा था और जब इतने सालों बाद मैं इंद्राणी से मिला तो मैं उसे 'माँ' कहकर नहीं बुला सकता था। ऐसे हालात, जिसमें आप अपनी बायोलॉजिकल माँ को माँ नहीं बुला सकते। मैं बहुत आहत हुआ था।[128]

शीना और मिखाइल दो दिन कोलकाता में रुके। उसके बाद वापस गुवाहाटी लौट आए। वे इंद्राणी की बहन-भाई (शीना-मिखाइल) को अलग करने की अगली चाल से अनजान थे। जाँचकर्ताओं के मुताबिक इंद्राणी ने फूट डालो और राज करो की नीति अपनाई। वह भविष्य में भाई-बहन के रिश्ते को तोड़ने में सफल रही। 2005 में मिखाइल ने दसवीं की परीक्षा दी। परीक्षा के बाद इंद्राणी ने मिखाइल को छुट्टी मनाने के लिए गुवाहाटी से मुम्बई बुलाया। इंद्राणी ने उसके लिए प्लेन की टिकट भेजी। मिखाइल तीन दिन इंद्राणी के घर पर ही रहा। एक दिन लंच के दौरान इंद्राणी ने मिखाइल को उसकी आगे की पढ़ाई के प्लान के बारे में बताया। 2006 में इंद्राणी ने मिखाइल को उसकी मर्ज़ी के ख़िलाफ़ हायर एजुकेशन के नाम पर बैंगलोर इंटरनेशनल स्कूल भेज दिया।[129]

इंद्राणी मिखाइल के साथ ख़ुद भी बैंगलोर गई। वह मिखाइल को वहाँ इंटरनेशनल स्कूल के हॉस्टल में छोड़कर मुम्बई चली आई। मिखाइल के लिए उस स्कूल में रहना बड़ा परेशानी भरा था। उसके हॉस्टल में भी 80-90 प्रतिशत विदेशी छात्र रहते थे। वे सिर्फ़ इंग्लिश में ही बात करते थे।[130] मिखाइल इस भाषा को उतना नहीं समझ पाता था। वह जिस हॉस्टल में रहता था, उसके लोग, उनके लाइफ़स्टाइल, रहने का तरीक़ा सब कुछ हाई स्टैंडर्ड का था। मिखाइल को इंद्राणी से जो पॉकेटमनी मिलती थी वह उस स्टैंडर्ड के हिसाब से बहुत ही कम थी। इस पैसे में वह उस जगह के स्टैंडर्ड को मैच नहीं कर पाता था। उसने इंद्राणी से उसे वहाँ से निकालने का अनुरोध किया। मिखाइल की इस बात को सुनकर इंद्राणी ख़ुश नहीं हुई। मगर मिखाइल के बार-बार कहने पर इंद्राणी ने उसे कुछ दिनों के लिए मुम्बई आने के लिए प्लेन की टिकट भेज दी।

मिखाइल जब मुम्बई पहुँचा तो इस बार उसके प्रति इंद्राणी का रवैया पहले से अलग था। इस बार उसे एयरपोर्ट लेने आने की बजाय इंद्राणी ने अपने ड्राइवर श्यामवर राय को भेजा। उसे घर पर भी नहीं बुलाया। घर की जगह उसने मिखाइल को होटल में ठहराया। एक दिन इंद्राणी उसे लोअर परेल इलाक़े में स्थित अपने आइएनएक्स सर्विस प्राइवेट लिमिटेड के ऑफ़िस लेकर गई।

वहाँ उसने सभी स्टाफ मेम्बर्स से मिखाइल को अपना भाई बताकर मिलवाया। ऑफ़िस में इंद्राणी ने मिखाइल को संजीव खन्ना से मिलवाया। संजीव खन्ना का परिचय उसने अपने क्लाइंट के रूप में दिया। बाद में खन्ना मिखाइल को होटल लेकर गया। होटल में संजीव खन्ना ने मिखाइल को टकीला (एक तरह की शराब) ऑफ़र की। उसने टकीला का ऑर्डर दिया। कुछ ड्रिंक्स के बाद मिखाइल सन्तुलन खो बैठा और बेहोश हो गया। मिखाइल को दूसरे दिन सुबह होश आया। मिखाइल ने अपने आप को एक बन्द कमरे में हाथ-पैर बँधी स्थिति में पाया। उसके बाल कटे हुए थे और उसके बदन पर चॉकलेटी रंग के कपड़े थे। मिखाइल ने जब चिल्लाना शुरू किया तो उसे एक इंजेक्शन दिया गया। इंजेक्शन लगने के तुरन्त बाद मिखाइल फिर बेहोश हो गया। उसे जब दुबारा होश आया तो उसने अपने आप को डॉ. माचिसवाला के मसीना अस्पताल के ड्रग्स डी-एडिक्शन सेंटर में पाया। इंद्राणी ने यह कहकर मिखाइल को इलाज के लिए एडमिट कराया था कि मिखाइल ड्रग्स लेता है।[131]

इस पूरे घटनाक्रम के बारे में मिखाइल ने पुलिस को दिये अपने बयान[132] में विस्तार से बताते हुए कहा—

> जब हम ड्रिंक्स ले रहे थे तब संजीव खन्ना मुझसे मेरी पढ़ाई और आदतों के बारे में पूछने लगा। मैंने दिल खोलकर उसे बताया कि मैं कभी-कभी सिगरेट और गुटखा खाया करता हूँ। साथ ही मैंने बताया कि बैंगलोर के हॉस्टल में दोस्त के साथ गाँजा भी पिया। तब संजीव खन्ना ने मुझसे पूछा, 'क्या आपने कभी टकीला ट्राइ किया है?' मैंने जवाब में कहा, 'टकीला क्या होता है?' संजीव खन्ना ने कहा कि आज हम टकीला ट्राइ करेंगे। उसने टकीला ड्रिंक मँगवाए। मैंने तुरन्त एक के पीछे एक-दो पेग मारे। हम रात को 11 बजे तक पब में ही थे। इस वजह से मुझे इतना नशा हो गया कि हम होटल रूम कब और कैसे पहुँचे, इस बारे में मुझे कुछ पता ही नहीं चला। आधी रात को थोड़ी नींद खुलने पर मुझे पता चला कि मैं होटल के कमरे में हूँ। मैं वैसे ही सो गया। अगले दिन (वक़्त याद नहीं) मुझे होश आया। मैं एक बन्द कमरे में अकेला था और मेरे दोनों हाथ बँधे हुए थे। मेरे सारे बाल कटे (गंजा) हुए थे। शरीर पर चाकलेटी रंग के कपड़े थे। मैंने डरकर चीख़ना-चिल्लाना शुरू किया तो दो/तीन लोग कमरे में आए। अपनी ड्रेस से वे वहाँ के

वार्ड बॉय लग रहे थे। उन्होंने मुझे इंजेक्शन दिया, जिसकी वजह से मैं फिर बेहोश हो गया। अन्दाज़ से दो-तीन घंटे बाद मुझे होश आया। मैंने जैसे-तैसे करके अपना हाथ खोला और ख़ुद को आज़ाद किया। कमरे से बाहर आया। वहाँ के लोगों से कहा कि मैं तुम्हें कोई तकलीफ़ नहीं दूँगा, सिर्फ़ आप मुझे बता दो कि मैं कहाँ हूँ। उस वक़्त उन्होंने कहा कि हम कुछ नहीं बता सकते, डॉक्टर आकर आपको बताएँगे। थोड़ी देर में कुछ डॉक्टर मेरे कमरे में आए। उनमें से एक ने अपना नाम डॉक्टर माचिसवाला बताते हुए कहा कि मैं मसीना अस्पताल में हूँ। मैंने उन्हें पूछा कि मुझे यहाँ कौन लाया है? डॉक्टर माचिसवाला ने कहा कि तुम्हारी बहन इंद्राणी मुखर्जी ने तुम्हें नशे की लत छुड़वाने के लिए यहाँ एडमिट कराया है। अगले एक महीने तक तुम्हारा यहाँ उपचार चलेगा। उसके बाद तुम्हारी बहन इंद्राणी यहाँ आएगी। उसके बाद आगे क्या करना है, इस पर फ़ैसला करेगी। फिर मैं उस जगह पर अगले एक महीने तक रहा। मेरा उपचार चलता रहा। एक महीने बाद जब इंद्राणी मसीना अस्पताल आई। मैंने उससे पूछा कि मुझे यहाँ क्यों रखा गया है? उसने कहा कि मुझे मादक पदार्थों की आदत हो गई है। इसलिए तुम्हें यहाँ व्यसन मुक्ति करने के लिए एडमिट किया गया है। मैंने उससे कहा कि बैंगलोर हॉस्टल में मैंने सिर्फ़ एक कश मारा था, उसके लिए इतनी बड़ी सज़ा क्यों? उसने मुझसे पूछा कि मैं क्या चाहता हूँ, जिसके जवाब में मैंने अपनी दिक़्क़त बताई कि मैं बैंगलोर वाले हॉस्टल में घुल-मिल नहीं पा रहा हूँ, इसीलिए वहाँ मुझे नहीं पढ़ना है। इस पर इंद्राणी ने कहा कि इसका दिमाग़ ख़राब हो गया है। इसे वापस अन्दर डाल दो, जिसके बाद वहाँ के वार्डबॉय मुझे खींचते हुए एक बन्द कमरे में ले गए। उन्होंने मुझे बाँधने के बाद कोई इंजेक्शन दिया। अन्दाज़न मैं वहाँ एक हफ़्ते और रहा और मेरा उपचार चलता रहा। उस एक हफ़्ते बाद मुझे फिर एक इंजेक्शन दिया गया। मुझे जब फिर होश आया तब मैं एक कमरे में था। मुझे अनजान लोग दिखे तो मैंने दरवाज़े पर लातें बरसाकर चीख़-चिल्लाहट की। इस शोर को सुनकर 3-4 लोग दौड़कर मेरे पास आए। मैंने उनसे पूछा कि ये सब क्या है और मैं कहाँ हूँ? उन लोगों ने मुझे बताया कि मैं पुणे के चैतन्य हेल्थ

केयर सेंटर में हूँ। वहाँ के मालिक रानी जॉर्ज ने बताया कि तुम्हारी बहन इंद्राणी के कहने पर मुझे मुम्बई के मसीना अस्पताल से पुणे लाया गया है। अब जब तक मैं पूरी तरीक़े से ठीक नहीं होता तब तक मुझे पुणे के इस चैतन्य हैल्थ केयर सेंटर में ही रहना होगा। मैं छह महीने तक एक बन्द कमरे में था। इसके बाद मुझे एक जनरल वार्ड में शिफ्ट किया गया। वहाँ गोलियाँ खिलाई जाती थीं। साथ ही कहा जाता था कि अगर मैंने चीख़ा-चिल्लाया तो वापस बन्द कमरे में डाल देंगे। इस पूरी कालावधि में मुझ पर जो अन्याय हो रहा था वह मैं बिना कुछ कहे सह रहा था। चैतन्य हेल्थ केयर के मालिक रानी और उनकी पत्नी हर शनिवार-रविवार को लोगों की काउंसलिंग करते थे। उनकी समस्या की जानकारी लेते थे। एक दिन जब मेरी काउंसलिंग चल रही थी तब मैंने उन्हें बताया कि इंद्राणी मेरी बहन नहीं बल्कि माँ है। तब वे दोनों फ़ोन पर बात करने के बहाने कमरे से बाहर गए। वापस आने पर उन्होंने कहा कि तुम्हारी मानसिक स्थिति ठीक नहीं है। इंद्राणी तुम्हारी माँ नहीं बल्कि बहन है। अपनी बात आगे भी 2-3 बार बताने के बावजूद जब मैंने पाया कि वे लोग मेरी बात पर ध्यान नहीं दे रहे तो मैंने उन्हें बताना बन्द कर दिया, क्योंकि वहाँ के लोगों को मेरी बात पर यक़ीन नहीं था। एक महीने तक मेरे शान्त और अच्छे बर्ताव के बाद चैतन्य हेल्थ केयर के मालिक रानी और उनकी पत्नी ने मुझसे कहा कि तुम अब नॉर्मल हो। तुम्हें इस सेंटर में कहाँ काम करना है, यह बताओ। मैं वहाँ के किचन में काम करने लगा, जहाँ मेरी दोस्ती दो नेपाली लड़कों से हो गई। अब मैं अपने मन की बात उनके साथ शेयर करने लगा। उनसे कहा कि मेरे नाना-नानी से फ़ोन पर बात करा दो, मगर ये बात पता चलने से हमारी नौकरी जा सकती है, कहने के बावजूद उन्होंने नाना-नानी से मेरी बात करवाई। मैंने नाना-नानी को कहा कि मुझे एक साल से यहाँ रखा गया है। मुझे यहाँ से लेकर जाओ, जिस पर उन्होंने कहा कि उन्हें यह सब पता है। इंद्राणी तुम्हारी माँ होने के चलते तुम्हारी भलाई के लिए यह कर रही है। यह कहकर फ़ोन रख दिया। 2007 में मुझे रानी जॉर्ज ने बताया कि मुझे कुछ दिनों में जाने दिया जाएगा। मगर तुम्हारी बहन इंद्राणी लेने नहीं आएगी। अब तुम्हें छोटी बहन शीना

> और आइएनएक्स कम्पनी के स्टाफ को सौंपा जाएगा। इसके बाद शीना और संजीव खन्ना मुझे लेने आए। संजीव खन्ना गाड़ी चला रहा था। उसे इंद्राणी का फ़ोन आया। उसने फ़ोन मुझे पकड़ा दिया। इंद्राणी ने मुझसे कहा कि मेरा फ़्लाइट का टिकट हो चुका है। मुझे दिल्ली जाना होगा। मैं फ़्लाइट से दिल्ली गया। दिल्ली एयरपोर्ट पर मुझे आइएनएक्स के विवेक मित्तल ने पिकअप किया। वह मुझे गुड़गाँव लेकर गए, जहाँ मेरे रहने का इन्तज़ाम था।

मिखाइल ने आगे बताया कि वहाँ उसका एडमिशन एक कॉलेज में करा दिया गया। धीरे-धीरे दवाई भी बन्द कर दी गई। उसका और शीना का जीवन ठीक-ठाक चल रहा था।

मिखाइल के इस बयान की तसदीक़ कुछ हद तक मशहूर मनोचिकित्सक डॉ. यूसुफ़ माचिसवाला के बयान से भी होती है। डॉक्टर माचिसवाला ने कहा कि 2006 में इंद्राणी ने मिखाइल को चरस-गाँजा का आदी बताकर इलाज के लिए मसीना अस्पताल में भर्ती कराया था। उस वक़्त मिखाइल पूरी तरह से मादक पदार्थों का व्यसनी हो चुका था। वह हाइपर और एग्रेसिव भी था। डॉ. माचिसवाला ने दो महीने तक मिखाइल का इलाज किया। उसकी हालत में थोड़ा सुधार आने पर उसे आगे के इलाज के लिए पुणे के एक हॉस्पिटल में भेज दिया गया। माचिसवाला कहते हैं कि मिखाइल जब तक मसीना अस्पताल में रहा तब तक इंद्राणी समय-समय पर उससे मिलने आती थी। हालाँकि, मिखाइल के अस्पताल से जाने के बाद भी इंद्राणी कई बार वहाँ डॉक्टर से मिलने गई थी। इंद्राणी ने एक-दो बार डॉ. माचिसवाला को फ़ोन भी किया था।

डॉक्टर माचिसवाला के बयान[133] के मुताबिक़—

> साल 2006 में इंद्राणी ने मिखाइल को चरस-गाँजा का व्यसनी बताकर इलाज के लिए मसीना अस्पताल में उनके वार्ड में एडमिड किया था। उस वक़्त वह पूरी तरह से मादक पदार्थों का व्यसनी था और हाइपर व एग्रेसिव था। तब मैंने दो महीने तक मिखाइल का इलाज किया। थोड़ा सुधार आने पर उसे आगे के इलाज के लिए मेरी सिफ़ारिश पर पुणे के चैतन्य मेंटल हॉस्पिटल में काउंसलर रानी जॉर्ज के पास भेज दिया गया। जब तक मिखाइल मसीना अस्पताल में था तब इंद्राणी उससे मिलने नियमित तौर पर आती

रहती थी और मुझसे भी मिलती थी। मिखाइल के मसीना अस्पताल से डिस्चार्ज होने के बाद भी इंद्राणी एक-दो बार मुझे मिलने आई थी और एक-दो बार फ़ोन पर सम्पर्क किया था।

यहीं से इंद्राणी का सम्पर्क डॉ. माचिसवाला से हुआ, जिस सम्पर्क का फ़ायदा उसने कई सालों बाद आगे जाकर अपने क़ातिलाना इरादों में इस्तेमाल करने की कोशिश की।

मिखाइल को उसकी पढ़ाई और अच्छे लाइफ़स्टाइल के लिए आर्थिक सपोर्ट की ज़रूरत थी, इसलिए उसने इंद्राणी से रिश्तों को नहीं तोड़ा। तभी उसके साथ उपरोक्त घटना हुई। यह घटना रिश्तों को तोड़ने के लिए काफ़ी थी।

मिखाइल अपनी बारहवीं की पढ़ाई के लिए दिल्ली में था, जहाँ 2007 से 2010 तक इंद्राणी ने मिखाइल के रहने की व्यवस्था आइएनएक्स ऑफ़िस के रीजनल हेड विवेक मित्तल के यहाँ की थी। मिखाइल ने नेशनल इंस्टीट्यूट ऑफ़ ओपन स्कूलिंग से बारहवीं की। उसके बाद वहीं से होटल मैनेजमेंट की डिग्री हासिल की। मिखाइल ने बाद में बताया कि उसने बारहवीं कक्षा पास नहीं की थी। इंद्राणी ने उसके लिए नई दिल्ली के नेशनल इंस्टीट्यूट ऑफ़ ओपन स्कूलिंग से फ़र्ज़ी सर्टिफ़िकेट की व्यवस्था की थी, जिसका इस्तेमाल कर उसने होटल मैनेजमेंट कोर्स किया था।[134]

शीना और मिखाइल एक-दूसरे से फ़ोन, सोशल मीडिया और व्यक्तिगत मुलाक़ात के ज़रिये सम्पर्क में रहे। मिखाइल से मिलने के लिए शीना कई बार दिल्ली भी आई। एक बार शीना, मिखाइल और विवेक मित्तल छुट्टी मनाने उत्तराखंड गए। एक बार मिखाइल के जन्मदिन पर शीना मिलने आई थी तब वह बीमार हो गई थी। उसे गुरुग्राम के अर्टिमिस हॉस्पिटल में एडमिट कराया गया था। इंद्राणी ने उसे वहाँ से बैंगलोर के अस्पताल में भिजवा दिया।[135]

मिखाइल के मुताबिक़, दिसम्बर, 2011 में शीना अपनी दोस्त की शादी अटेंड करने गुवाहाटी आई थी। उस शादी में वह मिखाइल से बात नहीं कर रही थी। मिखाइल के पूछने पर शीना ने उससे सवाल किया कि क्या मिखाइल को शीना-राहुल रिलेशनशिप से कोई दिक़्क़त है, जिसके जवाब में मिखाइल ने कहा कि उसे कोई दिक़्क़त नहीं है। इसके पहले उसने जो कुछ भी, इस बारे में नापसन्दगी के बारे में कहा था, वह इंद्राणी के बोलने पर कहा था।

मिखाइल ने अपनी पढ़ाई 2012 में पूरी की और दिल्ली में ही लुफ्थांसा एयरलाइंस कम्पनी में काम करने लगा। शीना की हत्या के कुछ महीने पहले इंद्राणी ने मिखाइल को फ़ोन किया था। मिखाइल ने जब शीना के बारे में उससे पूछा तो कुछ देर तक वह शान्त रही और कुछ जवाब नहीं दिया।

मिखाइल के अनुसार—

> अप्रैल, 2012 की शुरुआत में एक दिन उसे इंद्राणी के ड्राइवर श्यामवर राय का फ़ोन आया। श्यामवर राय ने कहा कि मैडम के घर पर बहुत सारा पैसा रखा है। अगर तुम उसे हासिल करने में मदद करो तो हम दोनों उसे आधा-आधा बाँट सकते हैं।

यह बात मिखाइल को हजम नहीं हुई। उसने सोचा कि अगर इतना सारा पैसा राय ख़ुद निकाल सकता है तो उसे गुवाहाटी से क्यों बुला रहा है? मिखाइल ने जवाब दिया—'इस सबमें इंटरेस्ट नहीं है। आपको निकालना है, निकाल लीजिये।'[136]

मिखाइल को मुम्बई बुलाने का यह प्लान नहीं चला। मगर उस शातिर शिकारी के तरकश में अभी और भी तीर थे। इसके बाद इंद्राणी ने मिखाइल को 18 अप्रैल, 2012 को फ़ोन किया।[137] यानी शीना की हत्या के क़रीब हफ़्ता-भर पहले। इंद्राणी तब इंग्लैंड में रह रही थी। इंद्राणी ने उसे कहा कि वह इंडिया आ रही है। इंद्राणी ने मिखाइल से कहा कि वे दोनों काफ़ी समय से मिले नहीं हैं। वह उससे मिलना चाहती है। उसने मिखाइल को 24 अप्रैल को मुम्बई आने के लिए कहा। उस समय पैसे के मामले में तंग मिखाइल गुवाहाटी में था। किसी तरह उसने अपने लिए पैसे का इन्तज़ाम किया और टिकट बुक की।

24 अप्रैल, 2012 को रात के क़रीब आठ-साढ़े आठ बजे वह मुम्बई पहुँचा। वह नहीं जानता था कि कुछ समय पहले ही शीना की हत्या कर दी गई है। उसने मुम्बई एयरपोर्ट पर लैंड करते ही इंद्राणी को फ़ोन किया। उसने पूछा कि उसे पिकअप करने कौन आ रहा है? जवाब में इंद्राणी ने कहा कि वह अभी उसे लेने नहीं आ सकती। ड्राइवर श्यामवर राय भी बिजी है।[138] इंद्राणी ने उससे कहा कि वह सीधा उसके घर मार्लो बिल्डिंग चला जाए। फ़्लैट की चाबी गार्ड के रूम में है, वहाँ से ले ले।

मिखाइल ने वर्ली स्थित मार्लो बिल्डिंग पहुँचकर गार्ड से चाबी ली और बिल्डिंग के चौथे फ़्लोर के फ़्लैट नम्बर अठारह में चला गया। वह जब

रूम में पहुँचा तो उसने देखा कि रूम पहले से ही खुला हुआ है। तभी एक नौकरानी आई और उससे उसकी पहचान पूछी। मिखाइल ने जब उसे बताया कि वह इंद्राणी का भाई है तो वह उसे गेस्ट रूम ले गई। कुछ देर बाद एक और महिला आई। उसने भी मिखाइल से पूछा कि वह कौन है? दोबारा अपनी पहचान बताने पर उसने मिखाइल से कहा कि ये वाला (फ़्लैट नम्बर 18) इंद्राणी ने किराये पर दिया है। मिखाइल को फ़्लैट नम्बर 19 में जाना चाहिए, जो कि पाँचवीं मंज़िल पर है।

मिखाइल को थोड़ा अजीब लगा। फिर भी वह ऊपर चला गया। उसने वहाँ पाया कि फ़्लैट नम्बर 19 का दरवाज़ा पहले से खुला हुआ है। एसी भी चालू है। मिखाइल ने इंद्राणी को फ़ोन करके पूछा कि वह कहाँ है तो इंद्राणी ने बहाना बनाते हुए कहा कि वह अभी बहुत बिजी है। एक मीटिंग में जा रही है, जैसे ही फ़्री होगी वह घर आ जाएगी।[139]

रात के क़रीब 10.15 बजे इंद्राणी घर आई। उसने हाथ में पानी की बोतल पकड़ी हुई थी (यह वही बोतल होगी जो उसने शीना को दी होगी।)। इंद्राणी आकर मिखाइल से गले मिली। फिर दोनों ने बैठकर बातें कीं। वह पूरी तरह से सामान्य दिख रही थी। उसके चेहरे पर न कोई डर था और न ही घबराहट का कोई चिह्न दिखाई दे रहा था, जबकि थोड़ी देर पहले ही वह कथित तौर पर शीना को मारकर उसकी लाश बिल्डिंग में ले आई थी।

इंद्राणी ने मिखाइल से कहा कि क़रीब ही एक बढ़िया चाइनीज़ रेस्टोरेंट है। वह श्यामवर राय को भेजकर वहाँ से कुछ खाना मँगवा रही है। इंद्राणी ने मिखाइल को शराब ऑफ़र की। मिखाइल के बयान के अनुसार—

> उसने दो पेग लिये थे। दो पेग पीने से ही उसका सिर चकराने लगा और बहुत पसीना आने लगा।[140]

इंद्राणी ने उसे और शराब पीने को कहा। मगर मिखाइल ने ऑफ़र की गई शराब फेंक दी। मिखाइल परेशान था कि सिर्फ़ दो पेग पीने के बाद ही उसकी हालत ऐसी क्यों हो रही है?

मिखाइल ने अपने बयान में बताया—

> दो ड्रिंक के बाद जो हालत हुई, वह नार्मल नहीं थी। उस वक़्त मुझे कुछ गड़बड़ लगी कि ये क्या हो रहा है?

वह अन्दर के कमरे में अपनी तबीयत सुधारने के लिए बैठ गया। उसी

वक़्त ड्राइवर राय खाना लेकर पहुँचा। थोड़ी देर में संजीव खन्ना भी पहुँच गया।

मिखाइल ने अपने बयान में कहा—

> संजीव खन्ना दरवाज़े के पास खड़ा था। मैंने जब संजीव खन्ना को देखा तो मैं डर गया। इस आदमी से मैं दूसरी बार मिल रहा था। इसी ने मुझे मसीना अस्पताल पहुँचाया था। मुझे पक्का लगने लगा कि ये लोग कुछ ग़लत करने वाले हैं।[141]

यह समझने के बाद मिखाइल ने तबीयत ख़राब होने पर भी ऐसा ज़ाहिर किया कि वह ठीक है। इंद्राणी, राय और खन्ना बालकनी में खड़े होकर कुछ खुसुर-फुसुर कर रहे थे। उनकी इस बातचीत को मिखाइल सुन नहीं पा रहा था। उनके इस तरह बात करने के अन्दाज़ से मिखाइल को उन तीनों का बर्ताव नॉर्मल नहीं लगा। उसे डर था कि शायद उसे ख़त्म करने के लिए इंद्राणी ने उसे गुवाहाटी से यहाँ बुलाया है।[142]

इसके बाद इंद्राणी ने बार-बार मिखाइल से कहा कि वह कुछ ड्रिंक्स और ले, खाना खाए और सो जाए। मगर मिखाइल ने कहा कि उसे नींद नहीं आ रही है।

मिखाइल बेहोश नहीं हो रहा था, और इंद्राणी का उतावलापन बढ़ता जा रहा था।

इंद्राणी ने उसी वक़्त डॉ. माचिसवाला को फ़ोन किया। बातों-बातों में उसने डॉ. माचिसवाला से कहा कि मिखाइल पर उसकी दी हुई दवाई का असर नहीं हो रहा है।[143] माचिसवाला ने बताया कि उन्हें 24-25 अप्रैल के बीच की रात एक बजे इंद्राणी का फ़ोन आया। इंद्राणी ने उन्हें बताया कि उनकी दी हुई दवाई का मिखाइल पर कोई असर नहीं हो रहा है। इस पर डॉ. माचिसवाला ने इंद्राणी को दवाई की मात्रा बढ़ाकर देने की सलाह दी। ऐसा करने से ज़रूर असर होगा। माचिसवाला के मुताबिक़, इसके पहले भी अप्रैल, 2012 में इंद्राणी ने इस दवाई के सिलसिले में कई बार उनसे बात की थी।

मुम्बई पुलिस का पूछताछ कक्ष। एक बड़ी-सी टेबल के चारों ओर पुलिस अधिकारी बैठे हैं। टेबल के दूसरी ओर ड्राइवर श्यामवर राय बैठा है। वह पुलिस अधिकारियों को उस रात की घटनाओं के बारे में विस्तार से बता रहा है जिस रात इंद्राणी ने शीना का क़त्ल किया था। एकदम सन्नाटे में डूबा पूछताछ कक्ष रोशनी से नहाया हुआ है। सभी पुलिस अधिकारियों की नज़रें ड्राइवर राय

के चेहरे पर गड़ी हैं। ड्राइवर राय भी अपने सामने बैठे पुलिस अधिकारियों को देख रहा है। वह कुछ डरा और घबराया हुआ लग रहा है। वह साँस लेता है। साँस लेने से उसके गले की हड्डी ऊपर-नीचे होती है। लगता है, जैसे वह कुछ गटक रहा है। वह पलक झपकता है। कुर्सी पर बैठकर नीचे की ओर लटकी टाँगों के बीच वह अपने दोनों हाथों को क़रीब लाता और उन्हें किसी निर्जीव वस्तु की तरह छोड़ देता है। लगता है कि वह सोचने की कोशिश कर रहा है कि उसे क्या कहना है? पुलिस अधिकारियों को देखते हुए वह फिर पलक झपकता है।

पलक झपकने के तुरन्त बाद वह बताना शुरू करता है कि उस रात शीना को क़त्ल करने के बाद इंद्राणी घर पहुँची। वहाँ उसे मिखाइल मिला। इंद्राणी ने मिखाइल से कुछ औपचारिक बातचीत करने के बाद उसे ड्रिंक्स ऑफर की। इंद्राणी का ख़याल था कि ड्रिंक के कुछ पेग लेते ही मिखाइल बेहोश हो जाएगा। मगर वह नहीं हुआ। इंद्राणी ने राय से कहा कि यह (मिखाइल) कितनी शराब पीता है, अभी तक बेहोश नहीं हुआ। तभी खन्ना ने कहा कि मिखाइल को बाद में देख लेंगे, क्योंकि एक साथ दो लाशें सँभालना और उन्हें अलग-अलग जगहों पर ठिकाने लगाना मुश्किल होगा। मिखाइल की क़िस्मत अच्छी थी कि इंद्राणी ने खन्ना की बात मान ली।[144]

थोड़ी देर के बाद राय और खन्ना चले गए।

मिखाइल ने खाना खाया और वहीं बैठा रहा। इंद्राणी ने उसे सो जाने के लिए कहा। मिखाइल ने उसकी बात अनसुनी कर दी। वह अब भी यही सोच रहा था कि अगली सुबह वह न जाने कहाँ होगा। इंद्राणी परेशान दिखी और जाने लगी। जाते-जाते उसने मिखाइल से कहा कि सुबह किसी ज़रूरी काम से उसे जल्दी जाना है। (वह जिस ज़रूरी काम से गई थी, तीन साल बाद मिखाइल उसे ख़ुद ही समझ गया।)

मिखाइल[145] के अनुसार—

> इंद्राणी ने आकर बताया कि सुबह मीटिंग में जाना है। तुमको सोना है तो जाकर सो जाना, लेकिन दरवाज़ा अन्दर से लॉक मत करना। मुझे अन्दर से इतना डर लग रहा था, इसलिए मैंने उनके जाने के तुरन्त बाद दरवाज़ा लॉक किया। रात को वहाँ से निकलने में डर लग रहा था। सुबह सूरज निकलने से पहले ही मैं अपना सामान लेकर वहाँ से निकल गया।

इंद्राणी के घर से निकलकर मिखाइल सीधे एयरपोर्ट पहुँचा। एयरपोर्ट पहुँचकर उसने 15000 रुपये में जेट एयरवेज़ की इकोनॉमी क्लास की टिकट ख़रीदी। वह जहाज़ में बैठा और सीधा गुवाहाटी गया। घर पहुँचने के बाद अगले दिन तक वह फ़ोन बन्द करके सोया ही रहा। जब वह सोकर उठा तो फ़ोन चालू किया। उसने मोबाइल की स्क्रीन पर इंद्राणी का एसएमएस देखा। इस एसएमएस में इंद्राणी ने मिखाइल से नाराज़गी से पूछा कि वह उसे बिना बताए मुम्बई से वापस क्यों चला गया? मिखाइल ने तुरन्त ख़राब सेहत का बहाना बना दिया। मिखाइल ने कहा कि अब वह अपने घर आ गया है तो वह अपना ध्यान रख सकता है, आप चिन्ता न करें। इतना कहकर वह फ़ोन रख देता है।

ऐसी स्थिति में इंद्राणी का दिमाग़ तेज़ी से चला। उसका यह सोचना भी स्वाभाविक था कि कहीं मिखाइल को कुछ शक तो नहीं हो गया? बाद में इंद्राणी ने मिखाइल को ईमेल कर उसकी सेहत के बारे में पूछताछ की। इस मेल में इंद्राणी ने मिखाइल को बताया कि उसकी बहन शीना अमेरिका में है और नहीं चाहती कि उसे डिस्टर्ब किया जाए। कुछ दिन बाद इंद्राणी मिखाइल को बताती है कि जल्द ही शीना उसे ईमेल करेगी।

24 अप्रैल, 2012 के बाद शीना और मिखाइल के बीच कभी कोई बातचीत नहीं हुई थी। मगर इंद्राणी के मेल के तुरन्त बाद मिखाइल को शीना के अकाउंट से दो ईमेल आए। इनमें से एक ईमेल के अटैचमेंट में शीना के मुम्बई स्थित किराये के घर के रेंट एग्रीमेंट कैंसल करने का लेटर था।[146] यह उसी अँधेरी स्थित फ़्लैट के बारे में था, जिसमें शीना-राहुल साथ रहते थे। मिखाइल ने निर्देशानुसार, उसका प्रिंट आउट लेकर गुवाहाटी से मुम्बई मकान मालिक को कूरियर कर दिया।

इंद्राणी ने अपने इस एक तीर से दो शिकार किए। एक तो मकान का रेंट एग्रीमेंट कैंसल कराया, दूसरे, मिखाइल को भी यह संकेत देने में कामयाब रही कि शीना सच में इंडिया छोड़कर यूएस चली गई है। मिखाइल ने शीना के अमेरिका के नये फ़ोन नम्बर को इंद्राणी से लेने की कोशिश की लेकिन इंद्राणी ने उसे मना कर दिया। उसने कहा कि अमेरिका में पढ़ रही शीना नहीं चाहती है कि कोई उसे परेशान करे।

इसके काफ़ी समय बाद तक भी जब मिखाइल को शीना की कोई ख़बर नहीं मिली तो उसे फिर शक होने लगा। 2013 में उसने फिर से इंद्राणी को फ़ोन करके शीना के बारे में जानकारी लेने की कोशिश की। इंद्राणी ने इस बार

मिखाइल से रूखे और ग़ुस्सैल अन्दाज़ में बात की। मिखाइल को धमकाते हुए इंद्राणी ने यहाँ तक कह दिया कि शीना के बारे में ज़्यादा पता करने की कोशिश की तो इंद्राणी से हर महीने मिलने वाली आर्थिक सहायता रुक सकती है।

उन दिनों इंद्राणी काफ़ी परेशान और बेचैन रही थी, क्योंकि राहुल के साथ-साथ अब मिखाइल ने भी उससे शीना के बारे में पूछना शुरू कर दिया था। इसी दौरान इंद्राणी की माँ गुवाहाटी में गिरने की वजह से घायल हो गई थी। इंद्राणी ने इसका ज़िम्मेदार मिखाइल को ठहराया। उसने मिखाइल को धमकी दी कि वह अपने माता-पिता को गुवाहाटी से लाकर मुम्बई के ओल्ड एज होम (वृद्धाश्रम) में शिफ़्ट कर देगी।

2014 में इंद्राणी जब गुवाहाटी गई तो वह अपने माता-पिता के घर नहीं ठहरी। तीन दिन होटल में रुकी। उसने फ़ोन कर मिखाइल को मिलने के लिए होटल बुलाया। होटल में उसने मिखाइल को शराब ऑफ़र की। दो पेग पीने के बाद मिखाइल को फिर वैसी ही फीलिंग होने लगी, जो उसे मुम्बई में हुई थी। उसे चक्कर और पसीना आने लगा। उसे लगा कि इंद्राणी ने उसके ड्रिंक में कुछ मिला दिया है। तबीयत ख़राब होते देख मिखाइल होटल से निकलकर हॉस्पिटल गया। इंद्राणी भी उसके पीछे-पीछे हॉस्पिटल गई। वह हॉस्पिटल में 15 से 20 मिनट रुकी रही।

मिखाइल ने इंद्राणी के गुवाहाटी आने और उसे मिलने के लिए होटल बुलाने के बारे में अपने बयान में कहा—

> जब अस्पताल में अगले दिन इंद्राणी मुझसे मिलने आई तो ऐसे जताया जैसे माँ होने के चलते उसे मेरी बड़ी फ़िक्र है। इंद्राणी ने कहा कि मुझे मुम्बई आना चाहिए। वहाँ वह मुझे जॉब दिला देगी। मैंने कहा कि पहले मैं कम्पनी की सारी डिटेल्स देखूँगा, उसके बाद ही मुम्बई आने के बारे में सोचूँगा। इसके साथ ही इंद्राणी ने नाना-नानी को वृद्धाश्रम भेजने की बात भी कही, इस पर मैंने साफ़ इनकार कर दिया। मेरा इनकार सुनकर इंद्राणी ग़ुस्सा हो गई। वह मुझे आर्थिक सहायता बन्द करने की धमकी देने लगी। मैंने उससे पूछा कि बेटे के अस्पताल में होते हुए वह ऐसे बर्ताव कैसे कर सकती है? मैंने उससे कहा कि मैं अपनी बहन शीना से बात करना चाहता हूँ, जिसके बाद इंद्राणी तुरन्त वहाँ से निकल गई। जाते-जाते उसने कहा कि आगे से तुम्हें मुझसे कोई आर्थिक सहायता नहीं मिलेगी।[147]

इंद्राणी मुम्बई लौट गई तो उसने सच में मिखाइल को पैसे देने बन्द कर दिये।[148] मिखाइल ने जब इस बारे में पूछना चाहा तो इंद्राणी ने उसके मैसेज और ईमेल का भी जवाब देना बन्द कर दिया। मिखाइल के किरदार, उसकी हरकतों, बर्ताव, मीडिया से बातचीत और अदालत में पेशी के दौरान उसके जवाबों से लगता है कि वह थोड़ा-बहुत कन्फ़्यूज़्ड इंसान है। उसने ऐसा ज़ाहिर किया कि इंद्राणी ने एक से ज़्यादा बार उसकी जान लेने की साज़िश की। मिखाइल को मारने के इंद्राणी के प्लान के बारे में ड्राइवर और सह-आरोपी श्यामवर राय ने भी कबूली दी।[149]

मिखाइल के मुताबिक़ इंद्राणी ने उसे दो बार जान से मारने की कोशिश की। इस सबके बावजूद वह इंद्राणी से भिड़ना तो दूर उससे दबता रहा। अपनी ज़रूरतों के लिए हमेशा इंद्राणी के आगे हाथ फैलाता रहा। उससे मदद माँगता रहा। उदाहरण के लिए अप्रैल, 2012 में उसकी हत्या की 'तथाकथित' कोशिश होती है। अगले ही महीने 28 मई, 2012 को टाटा अरिया गाड़ी मिलने पर इंद्राणी को ईमेल लिखकर ख़ुशी और प्यार जताता है।[150]

24 जनवरी, 2013 को वह ईमेल से इंद्राणी से पैसे माँग रहा है। इस मेल में वह इंद्राणी को बताता है कि उसने अपने कुछ सब्जेक्ट्स का ट्यूशन लगवाया है, इसलिए उसे पैसों की ज़रूरत है। ब्लैकबेरी फ़ोन से किए गए इस मेल में मिखाइल ने पैसों की ज़रूरत का ज़िक्र करते हुए इंद्राणी को कुछ इस तरह लिखा—

> मम्मी,
>
> मैंने आज से मैथ्स और फिजिक्स का ट्यूशन शुरू कर दिया है। क्या आप अगले महीने से छह हज़ार रुपये और दे सकती हैं। क्योंकि मुझे हर विषय के लिए तीन हज़ार रुपये देने होंगे। बहुत सारा प्यार...
>
> XXX

27 मई, 2014 को लिखे एक अन्य ईमेल से पता चलता है कि वह गाड़ी की मरम्मत के लिए इंद्राणी से पैसों की गुहार लगा रहा है। मिखाइल इंद्राणी को बताता है कि उसकी एस्टीम कार बाढ़ की वजह से पूरी तरह ख़राब हो गई है। बाढ़ का पानी कार के इंजन में घुस गया है। इंजन ठीक कराने के लिए

वह मैकेनिक के पास गया था। मैकेनिक उसे बताता है कि अब इंजन ठीक नहीं हो सकता। वह इंद्राणी से कहता है कि अब उसके काका और आइता को बाहर ले जाने के लिए कोई वाहन नहीं है। अपने इस मेल को मिखाइल कुछ इस तरह शुरू करता है—

> हाय माँ,
>
> कृपया इस बार मदद करें। मैंने आइता (नानी) के इलाज के लिए पैसे जमा किए थे। हालाँकि वह अब अच्छी है और ठीक-ठाक खा-पी रही है। लेकिन मुझे एक समस्या और है। मुझे अपनी एस्टीम कार का बीमा जमा करना था, जो 3,800 रुपये का था। मैं इसे जमा करने जा रहा था कि मैं कल आई बाढ़ में फँस गया। बाढ़ के कारण बारिश का पानी इंजन के अन्दर चला गया। इससे इंजन बन्द हो गया। मैंने इसे मैकेनिक को दिखाया तो उसने बताया कि इंजन पूरी तरह ख़राब हो गया है और अब इसकी मरम्मत नहीं की जा सकती। अब मेरे पास काका और आइता को बाहर ले जाने के लिए कोई वाहन नहीं है। कृपया सुझाव दें कि क्या करना है।
>
> बहुत सारा प्यार...
>
> XXX

इंद्राणी की दुत्कार से नाराज़ होकर भी मिखाइल पूरी तरह उसके ख़िलाफ़ बग़ावत नहीं करता। राहुल ने जिस शिद्दत से प्रेमिका शीना को ढूँढ़ने की कोशिश की, उस शिद्दत से मिखाइल ने अपनी बहन की तलाश नहीं की।

24 सितम्बर, 2013 को राहुल ने एक दोस्त को भेजे मैसेज[151] में लिखा कि शीना की तलाश में उसे मिखाइल से कोई मदद नहीं मिली।

मगर इस मामले में मिखाइल का दृष्टिकोण अलग था। मिखाइल ने कहा कि उसके पास शीना का जो नम्बर था, वह बन्द था। उसके अलावा उसके पास शीना का और कोई नम्बर नहीं था। उसने शीना को सोशल मीडिया पर भी सम्पर्क करने की कोशिश की, लेकिन कोई कामयाबी न मिल सकी। शीना की तलाश में अपनी कोशिशों को बताते हुए मिखाइल ने पुलिस को दिये बयान[152] में कहा—

> शीना का मेरे पास कोई फ़ोन नम्बर नहीं था। उसका फ़ोन बन्द था। उसने मेरे ईमेल्स का भी जवाब नहीं दिया। फेसबुक से भी मैसेज भेजे मगर तब तक उसका फेसबुक अकाउंट बन्द हो गया था। मैंने इंद्राणी को कई बार पूछने की कोशिश की। उसने मुझे धमकी दी।

ऐसे ही एक वाक़िये का ज़िक्र वह एक मीडिया इंटरव्यू में करता है—

> जब इंद्राणी अगस्त, 2014 में गुवाहाटी आई थी तब मैंने उससे कहा कि मेरी शीना से अपने फ़ोन से बात कराओ, क्योंकि नानी की सेहत ख़राब है। शीना को यहाँ तुरन्त होना चाहिए। इस पर इंद्राणी ने धमकी देते हुए कहा, 'अगर तुमने इस तरीक़े से परेशान करना और शीना के बारे में पूछना जारी रखा तो मैं तुम्हारे नाना-नानी की फंडिंग रोक दूँगी। उसके बाद तुम और वे कैसे जिएँगे, ये मेरा सरोकार नहीं होगा।' मेरे पास कोई विकल्प नहीं था, क्योंकि मेरे नाना-नानी अस्पताल से लौटे थे। मैं इंद्राणी से लड़कर अपने बीमार नाना-नानी की फंडिंग नहीं रुकवाना चाहता था।

मिखाइल ने माना कि एक तरह से उसकी चुप्पी ख़रीद ली गई थी, क्योंकि उसे फंडिंग रोकने की धमकी मिल रही थी। बीमार नाना-नानी की ज़िम्मेदारी उस पर थी और उसके पास पर्याप्त पैसे नहीं थे।

2015 में इस मामले के उजागर होने के बाद मिखाइल ने मीडिया के सामने बयान देते हुए शीना हत्याकांड के लिए पूरी तरह इंद्राणी को ज़िम्मेदार ठहराया। उसने अपनी माँ इंद्राणी के लिए मौत की सज़ा की कामना की।[153] हालाँकि इससे कुछ पहले ही वह इंद्राणी को ख़ुद को उसका बेटा होने की दुहाई देते हुए मदद की गुहार लगाता दिखता है। 15 मई, 2015 को इंद्राणी को लिखे अपने मेल में वह कहता है—

> हैलो मम्मी, प्लीज़ मॉम ज़रा सोचिए मैं आपका बेटा हूँ। आपने मुझे जन्म दिया है। इससे कुछ नहीं होता, मैं आपका बेटा हूँ। मैं बेटा हूँ। मम्मी, प्लीज़ मॉम, अगर आप मुझे कॉल करती हैं तो हम बात कर सकते हैं। मैं कोई बाहरी नहीं हूँ, आपका बेटा हूँ।

मैं उन्हें बीस साल से जानता था। उनके साथ कई बार मिलना-जुलना हुअ।

मेल-मुलाक़ात और चाय पर चर्चा भी होती थी। कुछ ऑन रिकॉर्ड, ज़्यादातर ऑफ़ रिकॉर्ड।

राकेश मारिया एक सेलिब्रिटी पुलिस अफ़सर थे, जो सर्विस में रहते हुए ही किंवदंती बन गए थे।

बॉलीवुड से पिता के जुड़े होने के बावजूद भी राकेश मारिया ने करियर के तौर पर पुलिस सेवा को चुना। इस पर बॉलीवुड से उनका जुड़ाव नहीं छूटा। उनके किरदार को डायरेक्ट या इनडायरेक्ट तरीक़े से कई नामी-गिरामी अभिनेताओं ने निभाया, जिनमें 'ब्लैक फ्राइडे' फ़िल्म में के. के. मेनन द्वारा निभाया गया किरदार प्रमुख है। कई सारी फ़िल्मी हस्तियों से उनकी अच्छी-ख़ासी दोस्ती थी। एक बार फ़िल्मकार महेश भट्ट ने मुझसे (2004) कहा था कि पुलिस में उनका कोई सबसे बड़ा दोस्त है तो वह है राकेश मारिया।

राकेश मारिया ने एक बार चाय पर चर्चा के दौरान बताया था कि वह पुलिस में कैसे आए। उनके अनुसार, घर चलाने के लिए राकेश के पिता बॉलीवुड की फ़िल्मों में छोटे-मोटे रोल किया करते थे। राकेश जब काफ़ी छोटे थे तो एक बार उनके पिता का एक सहकर्मी भाग गया, जिसकी किसी अपराध में फँसे होने पर उनके पिता ने ज़मानत करवाई थी। उस शख़्स के फ़रार होने के बाद उनके पिता को पुलिस के सामने हाज़िरी देनी पड़ती और पूछताछ का सामना करना पड़ता। अपने पिता के साथ हो रहे इस तरह के व्यवहार के कारण राकेश मारिया ने बचपन में ही पुलिस अधिकारी बनने की ठान ली। उन्होंने सारी परीक्षाएँ पास कीं। फ़ाइनल इंटरव्यू से पहले उम्मीदवार को अपनी पसन्द के पदों का चुनाव करना होता है। आम तौर पर उम्मीदवार आईएएस, आईपीएस, आईएफ़एस समेत कई पदों का चुनाव करते हैं। राकेश मारिया ने फ़ार्म में दिये गए ऑप्शन में पाँचों जगह आईपीएस ही लिखा, क्योंकि उन पर पुलिस अधिकारी बनने का जुनून सवार था।

1993 के सीरियल बम धमाकों की जाँच के दौरान राकेश मारिया सुर्ख़ियों में आए। तत्कालीन डीसीपी मारिया को युवा अफ़सर दिनेश क़दम, सुहैल बुद्धा, सुखलाल वरपे जैसे तेज़तर्रार सब-इंस्पेक्टर्स का साथ मिला, जो आने वाले दो दशकों से ज़्यादा वक़्त तक चला। 1993 के सीरियल बम धमाकों के मामले में अभिनेता संजय दत्त की गिरफ़्तारी भी उन्होंने ही की थी। संजय दत्त को थप्पड़ जड़ने की उनकी हरक़त आज भी बॉलीवुड, मीडिया और पुलिस हलक़ों में चर्चित है। आगे भी कई मामलों में सफल इन्वेस्टिगेशन करते-करते उनके करियर में चार चाँद लगते गए। मैच फ़िक्सिंग का ख़ुलासा करना हो या

माफ़िया सरगना दाऊद इब्राहिम के भाई को थप्पड़ मारना हो, राकेश मारिया से ज़्यादा हिम्मत किसी में नहीं दिखती।

2008 के 26/11 आतंकवादी हमले के आरोपी अज़मल कसाब से भी उन्होंने ही जुर्म कबुलवाया था। एक के बाद एक तरक़्क़ी की सीढ़ियाँ चढ़ते हुए वह अब मुम्बई के पुलिस कमिश्नर थे। उनके करियर का सबसे महत्त्वाकांक्षी और प्रतिष्ठित पद। मगर अपने अभी तक के करियर में उनका सामना इंद्राणी जैसी किसी आरोपी से नहीं हुआ था। यह ऐसे ही था जैसे बाउंसी और तेज़ पिचों पर दुनिया के सबसे ख़तरनाक गेंदबाजों का सामना करने के आदी बैट्समैन को अचानक टर्निंग पिच पर शातिर स्पिनर की गुगली का सामना करना पड़े।

शीना बोरा हत्याकांड में जैसे ही इंद्राणी मुखर्जी की गिरफ़्तारी हुई, राकेश मारिया ख़ुद जाँच में उतर आए। आम तौर पर ऐसे मामलों की जाँच इंस्पेक्टर रैंक के अफ़सर द्वारा की जाती है, बड़े अफ़सर सिर्फ़ सुपरविज़न और गाइडेंस के लिए आते हैं। मुम्बई के पुलिस कमिश्नर ऑफ़िस से खार पुलिस स्टेशन घंटे-भर की दूरी पर है। राकेश मारिया का ख़ुद वहाँ जाकर घंटों-घंटों पूछताछ करना स्पष्ट रूप से मामले की गम्भीरता को बताता था। इसलिए जहाँ अभी तक सिर्फ़ क्राइम रिपोर्टर्स जा रहे थे वहाँ अब उनके बॉस, ब्यूरो चीफ़ और रेसिडेंट एडिटर जैसे सीनियर पत्रकारों को भी जाना पड़ा। मैं ख़ुद खार पुलिस स्टेशन के बाहर घंटों खड़े रहकर रिपोर्टिंग करता था।

पुलिस कमिश्नर पर वैसे तो किसी तरह की बन्दिश नहीं होती। वह किसी भी पुलिस स्टेशन में जाकर किसी भी केस की जानकारी ले सकता है। मगर यह पहली बार हो रहा था कि पुलिस कमिश्नर ख़ुद घंटों-घंटों बैठकर पूछताछ कर रहा हो। यह अपवाद था और निहायत ही ग़ैर-मामूली। 27, 28 और 31 अगस्त और 7 सितम्बर, 2015 को कमिश्नर राकेश मारिया ने खुद पूछताछ की थी। चूँकि कमिश्नर जाते थे तो उनके मातहत सीनियर अफ़सर जैसे स्थानीय डीसीपी सत्यनारायण चौधरी, एडिशनल कमिश्नर छेरिंग डोरजे और ज्वाइंट कमिश्नर (लॉ ऐंड ऑर्डर) देवेन भारती भी हमेशा साथ रहते। लग रहा था जैसे पुलिस के पास एकमात्र यही केस है। मीडिया का पूरा फ़ोकस भी इसी केस पर था। रोज़ाना मीडिया में राकेश मारिया का चेहरा चमक रहा था। यह पहली बार नहीं था कि राकेश मारिया इतनी लाइम लाइट में थे। इसके पहले भी वे अपने सीनियर्स और पॉलिटिकल आकाओं से ज़्यादा मीडिया में छाए रहे थे। मगर अब वक़्त बदल चुका था। यह सभी को नज़र आ रहा था। यहाँ तक कि सरकार को भी।

इससे पहले की सरकारों को इससे बहुत ज़्यादा फ़र्क़ नहीं पड़ता था। मगर 2014 से आई सरकारों और राजनीतिक परिदृश्य में मीडिया पर उनका और उन पर मीडिया का परस्पर खुमार छाया हुआ था। एक दिन चीफ मिनिस्टर देवेन्द्र फडणवीस ने एक बयान दिया, जिसमें कुछ संकेत छुपे हुए थे। एक कार्यक्रम के दौरान, सीएम ने कहा कि मुम्बई पुलिस को शीना मर्डर केस ही नहीं, दूसरे केसों पर भी इसी तरह ध्यान देना चाहिए।[154]

सीएम द्वारा दिये गए इस संकेत और बदले हुए राजनीतिक परिवेश को मारिया समझ नहीं पाए। उनकी जाँच में शिरकत पहले जैसे ही जारी रही। उसके बाद राकेश मारिया की शीना बोरा केस में खार पुलिस स्टेशन में चौथी और आख़िरी विज़िट हुई, जिसके बाद सब कुछ बदल गया।

तारीख़ थी, 7 सितम्बर, 2015।

शाम के वक़्त खार पुलिस स्टेशन में पीटर मुखर्जी से पूछताछ चल रही थी।

राकेश मारिया ने पीटर मुखर्जी से पूछा, "तुम्हारी एजुकेशन क्वालिफ़िकेशन क्या है?"

पीटर ने जवाब दिया, "मैं दून स्कूल से हूँ। यूनिवर्सिटी एजुकेशन लंदन से किया।"

मारिया बोले, "आई डोंट बिलीव इट। तू बहुत बड़ा गधा है!"

"क्यों सर?" यह पूछने से पहले पीटर सकपकाया। उससे किसी ने कभी ऐसे बात नहीं की होगी।

मारिया ने पूछा, "तेरा बेटा आकर तुझे बोलता है कि उसकी मंगेतर, जो कि तेरी सौतेली बेटी या साली या बहू या जो भी सम्बोधन हो, ग़ायब है और तू उस बारे में कुछ नहीं करता।"

पीटर ने कहा, "नो, सर, मैं हाथ पर हाथ रखे नहीं बैठा रहा।"

"क्या किया तुमने?" मारिया ने सवाल दागा।

"मैंने देवेन को बताया था," पीटर ने ज्वाइंट कमिश्नर (लॉ एंड ऑर्डर) देवेन भारती को देखते हुए जवाब दिया।

मारिया को अपने कानों पर यक़ीन नहीं हुआ। उन्होंने फिर पूछा, "तूने क्या किया?"

पीटर ने बताया कि उसने और इंद्राणी ने देवेन भारती को शीना के ग़ायब होने और राहुल की शिकायत के बारे में बताया था।

कमरे में सन्नाटा पसर गया।

इस बातचीत का ख़ुलासा राकेश मारिया ने अपनी किताब में किया है।[155]

एक बार काफ़ी बाद में जाकर जब मारिया से मुलाक़ात हुई तो उन्होंने बताया कि उस वक़्त यह बात सभी के लिए सदमे वाली थी। जूनियर अफ़सरों के सामने उन्होंने अपने ज्वाइंट कमिश्नर देवेन भारती से पूछताछ कर ज़लील करना ठीक नहीं समझा। मारिया ख़ुद परेशान थे कि देवेन उनके साथ रोज़ रहते हैं, फिर भी उन्होंने यह बात क्यों नहीं बताई कि वह पीटर और इंद्राणी को पहले से जानते हैं। अपनी किताब[156] में मारिया लिखते हैं कि उन्होंने पीटर से कहा—

> मुझे तेरी बात पर यक़ीन नहीं है। कल दोपहर तक का टाइम देता हूँ। सच-सच बता दे नहीं तो क़ानून तुझ पर भारी पड़ेगा।

राकेश मारिया के मुताबिक़ उस रात उन्हें वक़्त नहीं मिला। उन्होंने अगले दिन अपने सीनियर आईपीएस अफ़सर देवेन भारती से इस बारे में पूछने की ठानी। मगर वक़्त ने राकेश मारिया को इंद्राणी-पीटर से देवेन के सम्बन्ध में पूछताछ करने का मौक़ा ही नहीं दिया।

पता नहीं यह संयोग था या देवेन भारती की अच्छी क़िस्मत या कुछ और कि वक़्त का पहिया रात-भर में ऐसे घूमा कि अगले दिन 8 सितम्बर, 2015 को सुबह 11:35 बजे राकेश मारिया को मुम्बई पुलिस कमिश्नर पद से हटाकर डीजी, होमगार्ड के पद पर ट्रांसफर कर दिया गया। उनकी जगह अहमद जावेद को नया कमिश्नर बनाया गया। इसी के साथ देवेन भारती के पीटर-इंद्राणी से परिचित होने पर सवाल पूछने की इच्छा उनकी अधूरी ही रह गई।

यह ख़बर जब *ज़ी न्यूज़*[157] पर ब्रेक की तब मैंने अपनी रिपोर्ट में डिटेल देते हुए बताया—

1. वक़्त से पहले राकेश मारिया का प्रमोशन, उन्हें मुम्बई पुलिस कमिश्नर पद से हटाने के लिए किया गया।
2. हालाँकि इसे प्रमोशन का नाम दिया गया, मगर मुम्बई पुलिस कमिश्नर के मुक़ाबले डीजी, होमगार्ड का पद महत्त्वहीन होता है।
3. शीना बोरा केस में ज़रूरत से ज़्यादा दिलचस्पी राकेश मारिया को भारी पड़ी।
4. सीएम देवेन्द्र फडणवीस की नसीहत के बावजूद मारिया जाँच में अत्यधिक दिलचस्पी दिखाने से बाज़ नहीं आए।

राकेश मारिया ने तुरन्त पद छोड़ दिया और नये कमिश्नर को पदभार सौंपने की औपचारिक रस्म शुरू होने से पहले ही कमिश्नर ऑफ़िस से चले गए। उनके चेहरे पर नाराज़गी और ग़ुस्सा साफ़ दिख रहा था। शीना बोरा केस की गुगली ने सियासत की टर्निंग पिच पर मारिया जैसे नामी बैट्समैन का विकेट ले लिया था।

राकेश मारिया के इस तबादले को लेकर क़यास लगे। सरकार के आधिकारिक दावे के विपरीत इसे प्रमोशन और रूटीन ट्रान्सफर नहीं माना गया। इसे 'बेआबरू' कर हटाया जाना ही कई मीडिया पब्लिकेशंस ने माना।[158] मुझे भी यही लगता है।

अन्दर इंद्राणी मुखर्जी परेशान थी। बाहर उसके केस की वजह से आईपीएस राकेश मारिया को ज़िल्लत झेलनी पड़ रही थी, जिसका दर्द उनकी किताब में भी झलकता है। इसके विपरीत सरकार की तरफ़ से कहा गया कि यह एक रूटीन तबादला है। बाद में सीएम फडणवीस ने इसे अलग-अलग तरीक़े से पेश किया। उन्होंने कहा कि काफ़ी विवाद हो रहा था,[159] सवाल भी उठ रहे थे कि क्या कमिश्नर मारिया शीना बोरा केस में ज़रूरत से ज़्यादा इंटरेस्ट ले रहे हैं? उन विवादों से बचने के लिए मारिया का वक़्त से पहले प्रमोशन देकर तबादला किया गया।[160] फडणवीस ने एक जगह यह भी कहा कि इस मामले में उन्हें मुम्बई पुलिस द्वारा भ्रमित किया गया।[161]

फिर भी मारिया को इस तरह हटाया जाना विवाद का विषय रहा। मुम्बई और शायद देश के अब तक के सबसे सेलिब्रेटेड सुपरकॉप, मुम्बई के पूर्व पुलिस कमिश्नर, गुजरात और पंजाब के पूर्व डीजीपी, सीआरपीएफ के पूर्व डीजी, पूर्व राजदूत और साल 1987 में 'पद्म विभूषण' अवार्ड से सम्मानित जूलियो रिबेरो का *इंडियन एक्सप्रेस* अख़बार में एक खुला ख़त[162] छपा। अपने इस लेख को रिबेरो ने 'The Whim of Mr Fadanavis' (फडणवीस की सनक) का शीर्षक दिया। उन्होंने एक जगह लिखा—

> मुझे यह समझने में दिक़्क़त हो रही है कि सीएम फडणवीस ने शहर के लोकप्रिय और असरदार पुलिस कमिश्नर राकेश मारिया को इतने नाटकीय तरीक़े से क्यों हटाया? यह फ़ैसला न तो अक्लमंदी भरा था और न ही कैलकुलेटिव। इससे एक ही निष्कर्ष निकलता है कि सीएम फडणवीस, राकेश मारिया का चेहरा पसन्द नहीं करते थे। बारीकी से देखने पर बाक़ी सभी स्पष्टीकरण बेमानी हो जाते हैं।

राकेश मारिया को हटाने के पीछे मीडिया में जो क़यास लगे उनमें एक यह भी था कि राकेश मारिया की पीटर-इंद्राणी मुखर्जी से दोस्ती थी, जिसके चलते पीटर को गिरफ़्तार नहीं किया जा रहा था। यह सच नहीं था। मारिया ने ख़ुद यह बात कही कि वह पीटर-इंद्राणी से नहीं मिले। मारिया ने खार पुलिस स्टेशन में ही इंद्राणी-पीटर को पहली बार देखा था। मगर पीटर-इंद्राणी से दोस्ती या सम्पर्क होना ही कितना बड़ा सिरदर्द हो सकता है, यह सबको पता चल गया था।

राकेश मारिया से भले ही पीटर-इंद्राणी का परिचय न हो पर नये पुलिस कमिश्नर अहमद जावेद का तो था। क्या यह बात सरकार को पहले से पता थी? क्या अहमद जावेद ने सरकार को इस बारे में जानकारी पहले से दी थी? ऐसे बहुत से सवाल सितम्बर, 2015 के दूसरे हफ़्ते में उभरे।

सितम्बर, 2015 के दूसरे हफ़्ते की बात है। मुझे एक सूत्र से ख़बर मिली कि मुम्बई पुलिस के तब के ज्वाइंट सीपी लॉ एंड ऑर्डर देवेन भारती और एडिशनल डीजी अहमद जावेद पहले से इंद्राणी-पीटर को जानते थे। अहमद जावेद के इंद्राणी व पीटर से सामाजिक सम्बन्ध थे। दोनों जावेद की ईद पार्टी में आमंत्रित हुए थे। यह बड़ी ख़बर थी, क्योंकि इतने सनसनीखेज़ केस की जाँच करने वाली मुम्बई पुलिस का मुखिया और उसके नम्बर दो के अधिकारी का आरोपियों और सस्पेक्ट को जानना कई सवाल खड़े कर सकता था। लेकिन इस एकतरफ़ा ख़बर को चलाना पत्रकारिता के मापदंडों के हिसाब से ठीक नहीं रहता, तो इस ख़बर को कन्फ़र्म करने के लिए और प्रतिक्रिया के लिए मैंने नये पुलिस कमिश्नर अहमद जावेद और ज्वाइंट कमिश्नर देवेन भारती को फ़ैक्स, ईमेल और व्हाट्सएप के ज़रिये आधिकारिक तौर पर सम्पर्क किया। उधर से कोई जवाब नहीं आया। मगर कहीं और से एक फ़ोन कॉल आया।

मुझे दिन याद है। गणेश चतुर्थी की पूर्व-संध्या थी। चूँकि मेरे घर में गणेश उत्सव के दौरान गणपति की स्थापना होती है, इसलिए गणेश चतुर्थी की पूर्व संध्या 16 सितम्बर, 2015 को मैं अपनी पत्नी के साथ ग्रांट रोड मार्केट में पूजा सामग्री ख़रीद रहा था। उस वक़्त मुझे अपने संस्थान में 'ऊपर' से फ़ोन आया। 2014 के बाद देश में आए स्वयंभू 'स्वराज' पर पॉज़िटिविटी वाले माहौल को प्रमोट करने की बजाय आईपीएस अफ़सरों के पीछे पड़ने का 'फ़ालतू' काम करने पर लेक्चर पिलाया गया। कुल मिलाकर मैंने अपने पत्रकारीय दिमाग़ से यह मतलब निकाला कि मैंने जो 'इंद्राणी-पीटर' से ईमेल पर रिएक्शन के

लिए कोशिश की थी, उसे ठंडे बस्ते में डाल देना चाहिए।

पत्रकारिता में ख़बरें पानी की तरह होती हैं। वे अपना रास्ता बना लेती हैं, जब मेरे यहाँ यह ख़बर नहीं चली तो मैंने यह जानकारी कुछ दूसरे मीडिया के लोगों के साथ साझा की। नतीजतन यह ख़बर दूसरे न्यूज़ ऑर्गेनाइज़ेशंस तक पहुँच गई। अब कहाँ-कहाँ, किस-किस को मैनेज किया जाता। ख़बर के सामने आने की देर थी कि 18 सितम्बर, 2015 को राज्य सरकार ने केस की जाँच सीबीआई को सौंप देने का ऐलान कर दिया।

राकेश मारिया ने जब अपनी किताब लिखी तो उन्होंने भी उसमें इस बात का ज़िक्र किया। अपनी किताब *लेट मी से इट नॉव* में राकेश मारिया ने अपने तबादले के बाद मुम्बई पुलिस कमिश्नर पद पर अहमद जावेद की तैनाती को लेकर सवाल उठाया। मारिया ने जानना चाहा कि क्या सरकार को इस बात की जानकारी थी कि जावेद की एक ईद पार्टी में पीटर और इंद्राणी मुखर्जी शामिल हुए थे? मंत्रालय के सूत्रों को इस बात की जानकारी क्यों नहीं हो पाई? मारिया ने इस बात का भी ज़िक्र किया है कि रायगढ़ ज़िले के जंगलों में जब मानव अवशेषों की तलाश की जा रही थी तो उस समय जावेद महाराष्ट्र के सभी ज़िलों के अपराध एवं क़ानून के प्रभारी थे। रायगढ़ के जंगल से बाद में शीना बोरा की लाश के अवशेष मिले थे। मारिया का आरोप है कि ज़िला पुलिस की ख़ामियों का पता करने के लिए जो जाँच हुई, उसका क्या हुआ?

मारिया ने आईपीएस देवेन भारती के बारे में लिखा[163] कि क़ानून एवं व्यवस्था के लिए ज़िम्मेदार अधिकारी तत्कालीन ज्वाइंट कमिश्नर देवेन भारती ने उन्हें अँधेरे में रखा। देवेन ने यह कभी नहीं बताया कि वह पीटर-इंद्राणी को पहले से जानते हैं।

किताब में किए गए दावों पर आईपीएस अफ़सर देवेन भारती ने भी खुलकर काउंटर अटैक किया। उन्होंने राकेश मारिया के ख़ुद पर लगाए आरोपों का जवाब देते हुए कहा[164]—

> मिस्टर मारिया ऐसे परिवार से नाता रखते हैं जिसका बॉलीवुड से ताल्लुक़ रहा है। ऐसा लगता है कि स्क्रिप्ट राइटर्स का उन पर गहरा प्रभाव रहा है। इसके अलावा, किताब और वेब सीरीज़ के लिए यह मार्केटिंग स्ट्रैटजी लगती है, इसमें तथ्यों को रखने की जगह ज़्यादा से ज़्यादा लोगों को आकर्षित करने का प्रयास है।

> पुलिसकर्मियों के लिए सलाह है कि वे चार्जशीट और केस-डायरी पढ़ें, न कि काल्पनिक कहानी। ट्रायल चल रहा है, इसलिए ज़्यादा कुछ बोलना उचित नहीं होगा। लेकिन इतना ज़रूर कहना चाहूँगा कि पूरी जाँच टीम को सारे घटनाक्रम का पता था और जब तक जाँच मुम्बई पुलिस के पास थी, सभी को समान रूप से ही पता था।

आईपीएस अहमद जावेद ने भी जवाब दिया। उन्होंने उलटे राकेश मारिया के ज्ञान, मंशा और कार्यशैली पर ही सवाल उठाया।

किताब में उठाए गए सवालों के सिलसिलेवार जवाब देते हुए अहमद जावेद ने लिखा[165]—

1. मेरे एडीजी लॉ एंड ऑर्डर रहते हुए शीना बोरा के शव की बरामदगी पर—यह ग़लत, झूठा और आक्षेप से ज़्यादा कुछ नहीं है। पूरी तरह से ग़लत और भ्रमित करने वाला है। वैसे भी यह जानकारी पब्लिक रिकॉर्ड में है और आसानी से पता लगाया जा सकता है कि उस वक़्त एडीजी लॉ एंड ऑर्डर कौन था। कम-से-कम मूल तथ्य तो सही होने चाहिए थे। लेकिन उनसे और उम्मीद ही क्या की जा सकती है।
2. रायगढ़ पुलिस की जाँच रिपोर्ट पर—क्या उन्हें पता नहीं कि यह जानकारी किसी अधिकारी या दफ़्तर से ली जा सकती है।
3. हितों के टकराव पर—उस वक़्त ठीक इसके विपरीत की स्थिति को स्पष्ट कर दिया गया था। इस बात को और पुष्ट करने के लिए केस की जाँच एक स्वतंत्र एजेंसी को सौंप दी गई थी।
4. क्या अथॉरिटी को जानकारी दी गई थी? उस समय जो ज़रूरी था वो किया गया था। लेकिन इसके पहले उन्हें कम-से-कम सम्बन्धित व्यक्ति से बात कर लेनी चाहिए थी।
5. मुखर्जी से नज़दीकी वाली बात पर—शब्दों का ख़राब चयन, बहुत ग़लत तरीक़े से लिखा गया, किसी तरह का कोई सच नहीं, शायद यह उनकी कार्यशैली का प्रतिबिम्ब है।

कमिश्नर पद से हटाए जाने के बाद मारिया ने तत्कालीन सीएम फडणवीस से एसएमएस के ज़रिये कई सारे मैसेज एक्सचेंज[166] किए, जिनके बारे में मारिया ने अपनी किताब में लिखा—

> मुख्यमंत्री फडणवीस के मीडिया को दिये एक बयान ने मुझे काफ़ी आहत किया। मुख्यमंत्री फडणवीस ने मीडिया से कहा कि मुम्बई पुलिस ने शीना की हत्या में पीटर मुखर्जी के रोल पर उन्हें ग़लत जानकारी दी। मैंने मुख्यमंत्री फडणवीस को मैसेज भेजकर बताया था कि पीटर के बारे में कोई ग़लत जानकारी नहीं दी गई थी। मुझे आश्वस्त किया गया था कि इस बारे में स्पष्टीकरण जारी किया जाए, लेकिन ऐसा हो नहीं पाया।
>
> मुख्यमंत्री फडणवीस ने इस मामले में कभी मुझसे सफ़ाई नहीं माँगी। वे ऐसा कर सकते थे, क्योंकि पूर्व आईपीएस कमिश्नर ललित मोदी से मुलाक़ात के बारे में सीएम ने मुझसे सफ़ाई माँगी थी। बाद में मुख्यमंत्री फडणवीस ने कहा कि अहमद जावेद का रास्ता बनाने के लिए मेरा प्रमोशन किया गया।

देखा जाए तो एक ज़बरदस्त करियर वाले अफ़सर राकेश मारिया को वह सम्मानित विदाई नहीं मिली, जिसके वह हक़दार थे। सरकार के रुख़ को उनके अपने साथी आईपीएस अफ़सरों ने भाँप लिया था। मुम्बई पुलिस कमिश्नर पद से हटाये जाने के कुछ महीनों बाद हुए एक वाक़िये से मुझे इसका अन्दाज़ा हुआ। मुम्बई के मरीन ड्राइव पर स्थित पुलिस जिमख़ाना में महाराष्ट्र पुलिस डे के मौक़े पर कार्यक्रम हुआ। वरिष्ठ पत्रकार होने के नाते मुझे भी बुलाया गया। पहली क़तार में मुख्यमंत्री देवेन्द्र फडणवीस, प्रदेश के तत्कालीन डीजीपी प्रवीण दीक्षित और मुम्बई के पुलिस कमिश्नर अहमद जावेद के साथ बैठे चाय पी रहे थे। सामने सुगम संगीत का कार्यक्रम चल रहा था। तभी राकेश मारिया वहाँ पहुँचे। पहुँचते ही उन्होंने इन्तज़ार किया ताकि मुख्यमंत्री उनकी तरफ़ देखें और वह उन्हें सिविल सलूट करें। सीएम ने उनकी तरफ़ गर्दन घुमाई। मारिया ने सलूट किया। सीएम वापस स्टेज की तरफ़ देखने लगे। कुल एक सेकंड से ज़्यादा वक़्त भी सीएम ने मारिया को नहीं देखा होगा। सीएम के इस ठंडे रेस्पांस को सीनियर आईपीएस अफ़सरों ने भाँप लिया। सभी ने उस कार्यक्रम में मारिया से दूरी बना ली। एक डीजीपी रैंक का अफ़सर इस तरह से ज़लील और अकेला खड़ा था। तब मैं और कुछ अन्य सीनियर पत्रकार मारिया के पास गए और बातचीत कर उनके अकेले और अलग-थलग रहने की फ़ज़ीहत से उन्हें थोड़ी राहत दी।

मारिया के रिटायरमेंट से एक दिन पहले मैंने उनके होम गार्ड्स वाले

ऑफ़िस में जाकर उनसे मुलाक़ात की। तब उन्होंने कहा था—

> जैसे तेज़ धावक, तेज़ी से भागते फ़िनिशिंग लाइन को क्रॉस करने के बाद तुरन्त नहीं रुकता है। वह अपनी स्पीड में कुछ और दूरी तक आगे निकल जाता है। मेरे साथ भी ऐसा ही हुआ। मैं थोड़ा आगे तक दौड़ गया।

उनकी इस बात के कई मायने निकलते हैं।

राकेश मारिया के साथ पुलिस विभाग का यह बर्ताव जारी रहा। आगे जाकर रिटायरमेंट के वक़्त जो सेरेमोनियल विदाई मारिया को मिलनी चाहिए थी, वह भी नहीं हुई। बाद में उनके दोस्तों और निजी तौर से जुड़े पूर्व अफ़सरों ने मिलकर वर्ली के एनएससीआई क्लब में विदाई का ग़ैर-सरकारी भव्य आयोजन किया।

इन्द्राणी मुखर्जी की गिरफ़्तारी तो हो चुकी थी। हाई-सोसाइटी के एक ख़ास तबक़े की सहानुभूति पीटर के साथ थी, जिसकी एक अच्छे पति की इमेज थी और चर्चा का विषय था कि इंद्राणी की सारी करतूतें जानने के बाद पीटर पर क्या गुज़री होगी?

पीटर ने अपने सदमे को लेकर एक मीडिया इंटरव्यू में कई बातें कही। यह इंटरव्यू *टाइम्स नाउ* चैनल पर 28 अगस्त, 2015 को प्रसारित हुआ।[167] इंद्राणी की गिरफ़्तारी के बाद और पीटर की गिरफ़्तारी से महीनों पहले हुए इस इंटरव्यू के बाद पीटर के बारे में 'एक बेचारा पति' की इमेज बनने लगी थी। शराब के जाम से चाय की प्याली तक एक दिलचस्प और रस-भरी चर्चा होने लगी। उस इंटरव्यू का सम्पादित सार कुछ इस प्रकार है—

> पीटर की प्रतिक्रिया थी कि वह निराशा और सदमे की स्थिति में है। पीटर ने मीडिया को बताया कि शीना का परिचय उसे इंद्राणी की बहन के रूप में दिया गया था, न कि बेटी के रूप में। उसके पास अपनी पत्नी इंद्राणी पर विश्वास न करने का कोई कारण नहीं था। पीटर के मुताबिक़, शीना ने 2011 के आसपास किसी समय रिश्ते का ख़ुलासा किया। पीटर ने कहा, शीना ने उसे बताया कि हालाँकि इंद्राणी ने उसे अपने रिश्ते का ख़ुलासा नहीं करने के लिए कहा था, लेकिन फिर भी शीना उसे बता रही है। शीना ने बताया कि राहुल उसका प्रेमी है। मुझे यह हज़म करना मुश्किल था, क्योंकि

इतने सालों में मुझे बताया गया था कि वह मेरी पत्नी इंद्राणी की बहन है। शीना के बाद मेरे बेटे राहुल ने भी उसे बताया कि इंद्राणी और शीना दोनों माँ-बेटी हैं।

मैंने जब इस बारे में अपनी पत्नी इंद्राणी से बात की तो उसने कहा कि यह बिलकुल बकवास है। पीटर का कहना था कि मैं अपनी पत्नी पर 10 में से 9.9 बार विश्वास करता हूँ। मैं 10 में से 10 बार कहने तक जाऊँगा, जब तक कि मैं ग़लत साबित नहीं हो जाता या यह साबित नहीं हो जाता कि वह ग़लत है क्योंकि वह मेरी पत्नी है।

पीटर अपने डिफ़ेंस में बार-बार कह रहा था कि 2012 में हत्या के समय वह अपनी बेटी विधि के साथ इंग्लैंड और फिर रोम, इटली में था। पूरे परिवार को लगा कि शीना पढ़ने के लिए अमेरिका गई है। पीटर ने वित्तीय समस्या और हत्या से कनेक्शन होने की बात से भी इनकार किया।

इस सवाल के जवाब में कि क्या पीटर को लगता है कि उसकी पत्नी शीना की हत्या कर सकती थी? इस पर पीटर का जवाब था कि उसके लिए यह विश्वास करना लगभग असम्भव है कि इंद्राणी हत्यारी है।

पीटर को लेकर *ज़ी न्यूज़* ने भी डिबेट शो किए कि पीटर मासूम है या शातिर?[168]

पीटर से पहले भी कई बार पूछताछ हो चुकी थी। ऐसे में किसी भी अगली पूछताछ के लिए बुलाए जाने पर गिरफ़्तारी का वह डर नहीं होता, जो पहली बार में होता है। पीटर की बेटी विधि ने अपनी किताब *डेविल्स डॉटर* में 19 नवम्बर, 2015 के बारे में जो कुछ लिखा उसके सम्पादित अंश हैं[169]—

19 नवम्बर को पापा ने हमेशा की तरह सुबह मुझे फ़ोन किया। मेरे लिए सुबह के नौ बजे (विधि इंग्लैंड में थी) और पापा के लिए इंडिया में लंच टाइम। पापा सीबीआई ऑफ़िस में थे, जहाँ उनसे पूछताछ होनी थी। उन्होंने कहा कि वे अगली शाम गोवा जाने वाले हैं और उसके लिए उन्होंने सीबीआई से कुछ दिन छुट्टी की अनुमति भी ले ली है। उन्होंने कहा कि सीबीआई ने उनसे कहा

कि 'नो प्रॉब्लम'। सिर्फ़ बुधवार तक वापस आ जाइएगा, क्योंकि हमारे कुछ सवाल हैं। उसके बाद आप अपनी बेटी विधि से इंग्लैंड मिलने जा सकते हैं।

पापा लंच के बाद दोपहर दो बजे सीबीआई ऑफ़िस गए। मैं अपनी क्लास ख़त्म कर रही थी और पापा के फ़ोन का इन्तज़ार कर रही थी। मगर कोई जवाब नहीं आया। कुछ घंटे और निकल गए और उन्होंने अब तक फ़ोन नहीं किया था। मुझे थोड़ी चिन्ता होने लगी। मैंने बुआ को मैसेज भेजकर पूछा कि क्या हो रहा है? मुझे अन्दर से अज़ीब तरीक़े से महसूस हो रहा था कि सब कुछ ठीक नहीं है। मुझे कोई आइडिया नहीं था कि क्या होने जा रहा है? मगर कुछ-न-कुछ तो ज़रूर होने का एहसास हो रहा था। मैं पापा का नाम गूगल और ट्विटर पर सर्च कर रही थी कि कुछ पता चल जाए।

मैं अपने कमरे की तरफ़ जा रही थी और मैंने मोबाइल रिफ्रेश किया। सुर्ख़ियाँ देखी, 'सीबीआई ने पीटर मुखर्जी को गिरफ़्तार कर लिया।'

19 नवम्बर, 2015 को सीबीआई ने पीटर मुखर्जी को गिरफ़्तार कर लिया। पीटर या उसके वकीलों को इस गिरफ़्तारी का पहले से कोई अन्दाज़ा नहीं था।

एनडीटीवी में काम करने के दिनों की सहयोगी सुनेत्रा चौधरी ने अपनी किताब *सलाखों के पीछे* में उस दिन को पीटर की जबानी दर्ज किया है। पीटर कहता है—

मेरी पत्नी तीन महीने पहले, अगस्त में गिरफ़्तार की गई थी, जिस दौरान मैं हर दूसरे दिन खार पुलिस स्टेशन और सीबीआई ऑफ़िस के चक्कर लगाता रहा। ज़ाहिर है कि वह बहुत सुखद वातावरण नहीं था। जैसी कि उम्मीद थी हम सब तनाव में थे। मुझे सीबीआई द्वारा बुलाया गया कि आकर मैं अपनी आवाज़ का नमूना दूँ। उन्होंने 10 बजे बुलाया, फिर समय बदलकर 11 बजे कर दिया। मैं, मेरा भाई, बहन और बेटा राहुल यह सोचते हुए गए कि दो-ढाई घंटे का वक़्त लगेगा। हम जब वहाँ पहुँचे तो वे तैयार नहीं थे और फोरेंसिक लैब के तकनीशियनों के आने का इन्तज़ार करते रहे। फिर बताया गया कि इन्तज़ार करना होगा, क्योंकि वे लोग मेरी पत्नी, उसके पूर्व पति और ड्राइवर राय के ख़िलाफ़ अदालत में आरोप-पत्र दाख़िल

करने जा रहे हैं। इन सभी को तीन महीने पहले गिरफ़्तार किया जा चुका था। उन्होंने मेरे परिवार के सदस्यों को बाहर खाना खाने जाने दिया मगर मुझे नहीं जाने दिया, जो कि अजीब बात थी और इससे पहले कभी नहीं हुई थी। मेरी गिरफ़्तारी सीबीआई अफ़सरों के कोर्ट में आरोप-पत्र दाख़िल कर लौटने के बाद शाम 7 बजे के क़रीब हुई। जिस तरह की गिरफ़्तारियाँ होती हैं, उन्हें देखते हुए इसमें नीरसता थी। उन्होंने मुझे अगले दिन अदालत में पेश किए जाने तक हिरासत में रहने को कहा। मुझे गहरा झटका लगा और मैं दहशत से भर उठा। ख़ास तौर पर इसलिए कि मैं गिरफ़्तारी की अपेक्षा नहीं कर रहा था। अगर मैंने ऐसी उम्मीद की होती तो मैं अग्रिम ज़मानत के लिए कोशिश कर सकता था।[170]

पीटर का सबसे बड़ा डिफ़ेंस यह था कि वह क़त्ल के वक़्त इंग्लैंड में था और वारदात के दो दिन बाद ही मुम्बई आया था। इस बार यह दलील काम नहीं आई। सीबीआई को उसके तर्क में दम नहीं लगा। उसका परिवार उसकी बेगुनाही पर अड़ा रहा। उसके भाई गौतम मुखर्जी ने मीडिया में अपना बयान जारी किया—

पीटर मुखर्जी की गिरफ़्तारी ने दुनिया-भर में स्थित हमारे परिवार और दोस्तों को झकझोर दिया है। यह समय हमारे परिवार के लिए कठिन समय रहा, जो कि समान परिस्थिति में किसी और के लिए भी हो सकता है। पीटर, परिवार का चहेता सदस्य है, वह अपने उदार और दयालु स्वभाव और सम्माननीय बेदाग़ प्रतिष्ठा के लिए जाना जाता है।

बयान में परिवार के न्यायिक व्यवस्था पर पूर्ण विश्वास की बात बोलने के साथ ही कहा गया—

पूरे परिवार को पीटर की बेगुनाही पर पूरा भरोसा है। इस वक़्त बेहतर यही होगा कि एजेंसियों को बिना किसी बाधा के और इस दौरान किसी भी पार्टी के ग़ैर-ज़िम्मेदाराना निष्कर्ष पर आए बिना अपना काम करने दिया जाए।[171]

परिवार के साथ विधि भी पीटर के बचाव में आगे आई। शीना उसकी

ख़ास दोस्त थी, पर अपने गोद लेने वाले पिता से भी वह उतना ही प्यार करती थी। उसका दावा था कि पीटर क़त्ल से अनजान था। अगर उसे पता होता तो इंद्राणी 2012 में ही अपराधी ठहरा दी जाती। विधि ने कहा कि दिल की बीमारी से पीड़ित एक 60 वर्षीय व्यक्ति को बिना किसी सबूत के केवल सन्देह के आधार पर गिरफ़्तार करना अनुचित और अन्यायपूर्ण है। विधि का मानना था कि पीटर को इस मामले में बेवजह घसीटा जा रहा है, जबकि ऐसा कोई सबूत मौजूद नहीं है, जो पीटर के ऊपर लगे सन्देह को साबित कर सके। पापा जाँच एजेंसियों के साथ पूरा सहयोग कर रहे थे। उनका ब्रिटिश पासपोर्ट है। वह चाहते तो किसी भी वक़्त इंडिया छोड़ सकते थे।[172]

राकेश मारिया को मुम्बई पुलिस कमिश्नर पद से हटाने के पीछे जो कारण अपुष्ट तरीक़े से ख़बरों के गलियारे में घूम रहे थे, उनमें एक यह था कि मारिया जान-बूझकर पीटर की गिरफ़्तारी में देरी कर रहे थे। मगर मारिया को हटाए जाने के क़रीब 70 दिन बाद 19 नवम्बर, 2015 को पीटर की गिरफ़्तारी हुई। उसी दिन राकेश मारिया के बेटे की शादी की संगीत सेरेमनी हो रही थी, जिसके बाहर मीडिया का जमावड़ा हो गया ताकि मारिया का रिएक्शन लिया जा सके और उन्हें ग्रिल किया जा सके कि उन्होंने पीटर को क्यों अरेस्ट नहीं किया था?

राकेश मारिया का स्टैंड यह रहा कि अगर पीटर की तात्कालिक गिरफ़्तारी न करने को लेकर उन पर सवाल उठाए गए थे तो फिर सीबीआई ने गिरफ़्तारी में इतनी देर (सीबीआई के पास केस जाने के 52 दिन बाद) क्यों लगाई? मारिया ने लिखा कि पीटर की तुरन्त गिरफ़्तारी न करने को लेकर उन पर इतने सवाल खड़े किए गए तो अब सीबीआई से क्यों नहीं पूछा गया कि उन्हें इतनी देरी क्यों हुई?[173]

पीटर की गिरफ़्तारी के साथ ही एक नई अपुष्ट कहानी ने जन्म लेना शुरू कर दिया।

उस दिन सीबीआई के ऑफ़िस के बाहर पत्रकारों का भारी जमावड़ा था। जिसमें एक ख़ास क़यास पर चर्चा चल रही थी। अन्दर की ख़बर रखने वाले जो धुरंधर क्राइम जर्नलिस्ट फ़ील्ड में मौजूद नहीं थे, वे प्रेस क्लब में शराब की चुस्कियों के साथ उसी ख़ास क़यास पर चर्चा कर रहे थे। मेरी भी अपनी टीम और अन्य मीडिया ऑर्गनाइज़ेशंस के पत्रकारों से चर्चा हुई। उस ख़ास क़यास के बारे में चर्चा इसलिए भी, क्योंकि शीना बोरा केस में क़रीब दो महीने

से कोई बड़ी गिरफ़्तारी नहीं हुई थी। इस दौरान अन्दर की ख़बर निकालने के लिए पत्रकारों को बहुत-सा वक़्त मिल जाता है, साथ ही जो तस्वीर दिख रही है उसके पीछे की कहानी ढूँढ़ने का भी। पीटर भी कोई मामूली आदमी नहीं था। ख़ुद मीडिया से था तो उसके लिए कई सीनियर पत्रकारों और सम्पादकों तक कॉन्टैक्ट गैप नहीं था। बतौर सीनियर पत्रकार मुझे लगा कि जिस ख़ास क़यास के बारे में चर्चा हो रही है उस तक पहुँचने के लिए तीन-तरफा सोर्सेस से ख़बर आई होगी। ख़बर अगर एक से ज़्यादा या अलग-अलग फ़ील्ड के सोर्सेस से आती है तो उस पर विश्वास करने का पत्रकार का मन करता है, भले ही वह ऑफ़ रिकॉर्ड और अपुष्ट ही क्यों न हो।

तीन-तरफ़ा जिन सोर्सेस का अन्दाज़ा मैं लगा रहा हूँ, वे हो सकते थे—

1. पीटर के मीडिया कनेक्शन।
2. मुम्बई पुलिस के अन्दरूनी सोर्सेस।
3. सीबीआई के अन्दरूनी सोर्सेस।

मगर क़यास अब एक कहानी की शक्ल ले चुका था, जिसे ऑफ़ रिकॉर्ड और अपुष्ट जानकारी के अलग-अलग हिस्सों को जोड़कर बनाया गया था, जो कुछ इस तरह से थी—

> पीटर-इंद्राणी की शादी के बाद कुछ साल तो सब ठीक चला। उसके बाद पेचीदगियाँ शुरू हुईं। बिज़नेस में पीटर को भारी नुक़सान हुआ। इसका ज़िम्मेदार इंद्राणी को माना गया, क्योंकि पीटर पहले से ही एक सफल और महारथी खिलाड़ी था, इंद्राणी उसके मुक़ाबले नौसिखिया थी। इंद्राणी का बर्ताव, पर्याप्त बिज़नेस सेंस की कमी, कंट्रोलिंग नेचर से शायद पीटर परेशान था। घरेलू फ्रंट पर भी कलह बढ़ती जा रही था। इंद्राणी के कई बार चीख़ने-चिल्लाने से हिंसक होने को लेकर पीटर परेशान था। फिर भी वह दाम्पत्य जीवन में बँधा रहा। पीटर के काफ़ी पैसे भी इंद्राणी की वजह से और इंद्राणी के पास फँसे हुए थे। उसे वह हासिल नहीं कर पा रहा था। इसी बीच उसके पास एक मौक़ा आया, जिसमें वह एक तीर से कई शिकार कर सकता था। पीटर को किसी तरह से पता चला कि इंद्राणी और साथियों ने मिलकर शीना को मार दिया है। शायद पीटर को श्यामवर राय से सीधे यह बात पता चली होगी या फिर अपने

परिचित पूर्व पुलिस अफ़सर बुद्धा से पता चली होगी, जिसके पास 2015 में श्यामवर राय काम कर रहा था। पीटर जानता था कि इस हत्या के मामले में उसके पास स्ट्रांग बचाव है कि हत्या के दिन वह यूरोप में था। ख़ुद पीटर के कहने पर या ख़ुद अपने आप पूर्व पुलिस अफ़सर बुद्धा ने खार पुलिस स्टेशन के इंचार्ज सुखलाल वरपे को अप्रोच किया। वरपे, दिनेश क़दम और बुद्धा लम्बे वक़्त तक साथ-साथ राकेश मारिया की ख़ास टीम में काम कर चुके थे। लेकिन खार पुलिस स्टेशन के तत्कालीन इंचार्ज वरपे ने इस स्कीम में शामिल होने से मना कर दिया। इसके बाद कुछ महीनों का इन्तज़ार हुआ। कुछ महीनों बाद वरपे का ट्रान्सफर खार पुलिस स्टेशन से कहीं और कर दिया गया। इसी दौरान दिनेश क़दम नाम के अफ़सर का ट्रान्सफर 7 जुलाई, 2015 को खार पुलिस स्टेशन में हुआ। दिनेश क़दम मुम्बई पुलिस के सबसे तेज़तर्रार इन्वेस्टिगेशन अफ़सरों में से एक था और उसका बेहतरीन सर्विस रिकॉर्ड था। साथ ही कमिश्नर राकेश मारिया का पुराना भरोसेमंद अफ़सर था। फिर पहले श्यामवर राय को अनाधिकारिक तौर पर उठाया गया और उससे हुई पूछताछ में सारी डिटेल सामने आ गई। अब एक केस बिल्ड-अप करना था। तब एक फ़िल्मी कहानी के तौर पर श्यामवर राय को अवैध हथियार के साथ 21 अगस्त, 2015 को गिरफ़्तार किया गया। ऑफ़िशियल वर्ज़न था कि खार पुलिस स्टेशन की टीम गश्त लगा रही थी, उसे एक आदमी सन्देहास्पद तरीक़े से जाता हुआ दिखा। पुलिस को देखकर वह भागने लगा। पुलिस ने उसका पीछा किया और उसे धर दबोचा। तलाशी में उसके पास से प्लास्टिक बैग में लिपटे हथियार मिले। पुलिस ने इंडियन आर्म्स एक्ट की धारा 3 और 25 के तहत केस दर्ज़ कर लिया। बाद में इसी श्यामवर राय से शीना बोरा हत्याकांड की जानकारी मिली। फिर अभूतपूर्व तेज़ी दिखाते हुए 25 अगस्त, 2015 को इंद्राणी को मुम्बई से और उसके दूसरे पति (सह-आरोपी) संजीव खन्ना को कोलकाता से गिरफ़्तार कर लिया। इतने बड़े केस की वाहवाही पुलिस लूटने लगी और वह उस क्रेडिट की हक़दार भी थी एक से एक सनसनीखेज़ जानकारियाँ अप्रत्याशित तेज़ी से बाहर आने लगीं। मीडिया को रोज़ाना मसाला मिलने लगा और इस केस ने

सारे देश को हिलाकर रख दिया। यहीं पर एक गड़बड़ होती है। राकेश मारिया, ख़ुद जाँच-पड़ताल करने के मोह को छोड़ नहीं पाए और खार पुलिस स्टेशन में की गई चार विज़िट्स में घंटों बिताए। यह एक ग़ैर-मामूली बात थी कि मुम्बई पुलिस कमिश्नर इतना ज़्यादा वक़्त एक केस के आरोपी से पूछताछ में बिता रहा है। यहीं से सवाल उठने शुरू हुए। राज्य के सीएम को मारिया के अंडर आने वाले एक सीनियर आईपीएस अफ़सर ने चोरी-छुपे कुछ सही और कुछ भरमाने वाली जानकारी देना शुरू किया। साथ ही मीडिया ने भी मारिया पर सवाल उठाए कि वह इस केस को खार पुलिस स्टेशन से लेकर क्राइम ब्रांच के हवाले क्यों नहीं कर देते, जो कि इस तरह के केसों को हल करने में माहिर हैं। क्राइम ब्रांच भी मारिया के ही अधीन थी, फिर भी मारिया के इस केस को क्राइम ब्रांच को न सौंपने ने नई पहेलियों को जन्म दिया। फिर रणनीतिक तरीक़े से यह झूठी ख़बर भी फैलाई गई कि मारिया की पीटर-इंद्राणी से दोस्ती है, इसलिए पीटर को गिरफ़्तार नहीं किया गया। इस तरह की बातें राज्य की पॉलिटिकल लीडरशिप को नागवार गुजरीं। मारिया को पिछली सरकार ने कमिश्नर बनाया था। मगर 2014 में केन्द्र और राज्य में नई सरकार आने के बाद पुलिस विभाग के सत्ता के साथ समीकरण बदल गए। राज्य के साथ-साथ केन्द्र में बैठी एक ताक़त भी चाहती थी कि मुम्बई कमिश्नर की अहम पोस्ट पर कोई उनका आदमी बैठे। इस तरह के तेज़ी से हुए घटनाक्रम और उठे सवालों ने सारा सिनेरियो और नैरेटिव ही बदल दिया। लिहाज़ा पहले मारिया को जाना पड़ा, फिर केस सीबीआई के पास चला गया, क्योंकि नये कमिश्नर अहमद जावेद नहीं चाहते थे कि उनकी और पीटर की दोस्ती का काला साया उनके करियर पर पड़े। कुल मिलाकर एक वेल प्लांड ऑपरेशन की वेल प्लांड स्क्रिप्ट में एक-एक कर सब धराशायी हो गए। आख़िरकार पीटर की गिरफ़्तारी हुई, जिसकी उसे उम्मीद नहीं थी। जब ओरिजिनल प्लान बना तो उसमें इसके लिए कोई गुंजाइश नहीं थी। पीटर एक तरह से गेम का सूत्रधार और सबसे ज़्यादा फ़ायदा उठाने की फ़िराक़ में था। वह हत्या या हत्या की साज़िश में शामिल नहीं था तो उसके लिए यह सब कुछ वैसा ही था जैसे टी 20 में नो-बाल

होने पर अगली गेंद पर फ्री हिट की सुविधा। लेकिन उस फ्री हिट वाली गेंद पर भी रन-आउट होकर बल्लेबाज को वापस लौटना पड़ सकता है। पीटर के साथ भी शायद ऐसा ही हुआ था, वह रन-आउट हो गया। अब पीटर सलाखों के पीछे था। सब कुछ पर मर्फी का नियम लागू हो गया, जो यह कहता था कि अगर कुछ ग़लत हो सकता है तो वह होगा ही।"

उपरोक्त कहानी सिर्फ़ चर्चा तक ही सीमित होकर रह गई, क्योंकि कन्फ़र्मेशन का अभाव था और जो किरदार थे, वे इस बारे में ऑन रिकॉर्ड अपना मुँह नहीं खोल रहे थे। मतलब यह कि एक ऐसी कहानी, जो क्राइम जर्नलिस्ट्स और पुलिस विभाग में शायद सबको पता थी, मगर कोई उस पर आधिकारिक तरीक़े से ताल ठोंककर कुछ बोल नहीं रहा था। ऐसे में इसका भी वही हश्र हुआ जो ऐसी कहानियों का होता है, यानी हवा में ही रह जाना।

बाहर भले ही जो भी थ्योरी और कहानियाँ हवा में तैर रही हों, पीटर को गिरफ़्तार करने के पीछे सीबीआई के पास अपने कारण थे, जो रिमांड एप्लिकेशन और चार्जशीट के ज़रिये ज़ाहिर हो गए। साथ ही यह भी पता लग गया कि सीबीआई हवा में तीर नहीं चला रही थी।

सीबीआई की चार्जशीट के अनुसार, पीटर पर चार्ज लगाया गया कि शीना बोरा को ख़त्म करने के लिए पीटर-इंद्राणी ने आपस में और अन्य आरोपियों के साथ मिलकर आपराधिक साज़िश रची। पीटर को शीना की हत्या और लाश ठिकाने लगाने के बारे में सब कुछ पता था और आपराधिक साज़िश के तहत ही पीटर ने कोई शिकायत दर्ज नहीं कराई। साथ ही पीटर ने इंद्राणी के साथ मिलकर हत्या और लाश ठिकाने लगाने की जानकारी को छुपाया और जान-बूझकर राहुल को ग़लत जानकारी दी, क्योंकि पीटर-इंद्राणी राहुल-शीना प्रेम-सम्बन्धों से ख़ुश नहीं थे और उन्होंने दोनों को अलग करने की हर सम्भव कोशिश की। पीटर पर सीबीआई ने हत्या के लिए अपहरण, हत्या, हत्या का प्रयास, आपराधिक साज़िश, सबूतों को मिटाना, बेहोशी की दवा देकर नुक़सान पहुँचाना, चीटिंग, जालसाज़ी और ग़लत जानकारी देना, जैसे आरोप लगाए।

इन आरोपों के लिए सीबीआई ने जाँच से हासिल जानकारियों[174] को आधार बनाया, जिनमें से कुछ इस प्रकार हैं—

- प्रेम-सम्बन्ध शुरू होते ही 2008 को (शीना की हत्या होने से चार साल पहले) शीना ने राहुल को बता दिया था कि इंद्राणी उसकी

बहन नहीं, बल्कि माँ है। राहुल ने यह बात पीटर को बताई। पीटर और इंद्राणी राहुल-शीना के प्रेम सम्बन्ध से ख़ुश नहीं थे।

- 2009 में साथ रह रहे राहुल-शीना को पीटर-इंद्राणी ने प्रीतुल सांघवी की मदद से अलग कर दिया।
- राहुल के शीना से प्रेम-सम्बन्ध के चलते पीटर ने राहुल के कज़न की मार्च, 2011 में गोवा में हुई शादी में शीना को आने से मना कर दिया। इस बात का पता राहुल द्वारा पीटर को भेजे ईमेल से चलता है।
- दिल्ली के एक फ़्लैट को बेचने का ज़िक्र भी चार्जशीट में है। इंद्राणी ने अपनी वसीयत में जो फ़्लैट शीना के नाम पर किया था, उसे पीटर-इंद्राणी ने मिलकर किसी और को बेच दिया। राहुल को वसीयत की फ़ोटोकॉपी पर पीटर के हस्ताक्षर में गड़बड़ी होने का शक था, उसने यह बात शीना और पीटर को बताई थी मगर पीटर ने कुछ नहीं किया।
- 04 अप्रैल, 2011 को पीटर ने शीना को भेजे एक मेल में लिखा—'मैं इस बात से परेशान हूँ, क्योंकि मैंने राहुल को इंग्लैंड से वापस इंडिया बुलाया ताकि वह यहाँ आकर कुछ करे, आज़ाद जिये और अपनी लाइफ़ ख़ुद बनाए। मगर अब मैं पा रहा हूँ कि वह रिलेशनशिप में है। वह आज़ादी से नहीं जी रहा और न ही अपनी लाइफ़ ख़ुद बना पाया, बल्कि उसने उन मामलों से जुड़कर अपना क़ीमती समय बर्बाद किया है, जो उससे सम्बन्धित नहीं हैं, क्योंकि वे तुम्हारे निजी पारिवारिक मामले हैं। जब तक तुम उसके जीवन में नहीं आई थीं तब तक सब ठीक था और हम बतौर परिवार अपना समय और छुट्टियाँ साथ बिताते थे, मगर जैसे ही वह तुम्हारे साथ जुड़ा, ये सब ख़त्म हो गया। अब वह गोवा में परिवार के साथ क्रिसमस की छुट्टियाँ पहले से प्लान करने के बावजूद नहीं बिता पा रहा है, क्योंकि तुम उसे अपने निजी मामलों में शामिल करना चाहती हो। यही इसका सार है।' सीबीआई के मुताबिक़ इस ईमेल से पता चलता है कि पीटर राहुल-शीना प्रेम-सम्बन्ध से ख़ुश नहीं था।
- 13 अप्रैल, 2011 को राहुल द्वारा पीटर को भेजे गए ईमेल में राहुल अपने और शीना की जान को ख़तरे का ज़िक्र करता है। उस मेल में राहुल ने लिखा, "हमें बहुत से मौक़ों पर इंद्राणी से धमकी मिली

है। हमने उसे गम्भीरता से लिया है, इसलिए मैंने ख़ुद को और शीना को बचाने के लिए सारी स्थिति को तारीख़, घटनाओं, इतिहास, बातचीत और मैसेज के साथ दर्ज कर लिया है। इसे किसी थर्ड पार्टी को सँभालकर रखने के लिए दिया है, अगर मुझे या शीना को कुछ होता है तो भारत और इंग्लैंड की अथॉरिटी को इसके बारे में बता दिया जाएगा।"

- अप्रैल, 2012 के शुरू (हत्या से बीस दिन पहले) में इंद्राणी छह दिनों के लिए इंग्लैंड से इंडिया आई थी। तब शीना का विश्वास हासिल करने के लिए इंद्राणी ने शीना से एक बार डिनर पर मुलाक़ात की ताकि आगे जाकर वह शीना को ख़त्म कर सके। अपनी इस विज़िट के दौरान इंद्राणी लगातार पीटर के सम्पर्क में थी। इसमें दो बार (6 अप्रैल, 2012 और 9 अप्रैल, 2012) को ऐसा हुआ कि शीना को एसएमएस भेजने के ठीक अगले मिनट इंद्राणी ने पीटर से बात की।
- सीबीआई के पास ड्राइवर श्यामवर राय (सह-आरोपी, जो बाद में सरकारी गवाह बन गया) अप्रूव बन चुका था। उसका बयान मजिस्ट्रेट के सामने भी दर्ज हो चुका था। राय के मुताबिक़ क़त्ल के एक दिन पहले इंद्राणी उस जगह को देखने गई थी, जहाँ लाश को ठिकाने लगाना था। वे लोग लोनावाला और पेण-खोपाली रोड पर दो बार गए थे। तब उसने इंद्राणी को दो बार पीटर से बात करते हुए सुना था। उसने सुना कि इंद्राणी पीटर को बता रही थी, 'जगह ठीक है।' इस दौरान इंद्राणी ने शीना और मिखाइल का नाम भी लिया। ये बातचीत अंग्रेज़ी में हो रही थी। सीबीआई ने राय से हासिल जानकारी को काउंटर चेक किया तब पाया कि इंद्राणी ने लाश ठिकाने लगाने की जगह चुनने के बाद पीटर को उसी लोकेशन से दोपहर 12:36 पर फ़ोन किया और 272 सेकंड बात की।
- 23 अप्रैल, 2012 को ही सुबह शीना को 08:59 बजे एसएमएस करने के ठीक अगले मिनट पीटर को भी एसएमएस भेजा। रात को 10-11 बजे के बीच शीना को तीन एसएमएस करने के बाद 11:30 बजे इंद्राणी ने पीटर को फ़ोन किया और 28 सेकंड बात की। फिर तुरन्त एक मिनट बाद पीटर ने इंद्राणी को फ़ोन किया और 685 सेकंड बात की। ये बातचीत सीबीआई की नज़र में इसलिए भी महत्त्वपूर्ण थी, क्योंकि अब तक इंद्राणी ने हत्या के बाद लाश

को ठिकाने लगाने के लिए इस्तेमाल में आने वाले तेल के कैन और लाश के लिए बड़े बैग खरीद लिये थे।

- 24 अप्रैल, 2012 को आया हत्या का दिन। इस दिन हत्या के निर्धारित वक़्त से पहले इंद्राणी के कॉल रिकॉर्ड्स में बहुत-सी एक्टिविटी दिखती है, जिसमें पहले पीटर से भी एक से ज़्यादा बार बात होती है—

- सुबह 07:42 पर संजीव खन्ना से 997 सेकंड बातचीत।
- सुबह 08:07 पर श्यामवर राय से बातचीत।
- सुबह 09:21 पर सेक्रेटरी काजल शर्मा से 238 सेकंड बातचीत।
- सुबह 09:37-38 पर श्यामवर राय से बातचीत।
- सुबह 10:39 पर शीना को एसएमएस भेजा।
- सुबह 10:50 पर शीना का फ़ोन आया और 551 सेकंड बातचीत हुई।
- सुबह 10:59 पर सेक्रेटरी काजल शर्मा से बातचीत।
- सुबह 11:00 बजे शीना से 852 सेकंड बातचीत हुई।
- सुबह 11:29 बजे शीना को एसएमएस भेजा।
- सुबह 11:35 और 11:44 पर श्यामवर राय से बातचीत।
- सुबह 11:59 बजे शीना का फ़ोन आया और 438 सेकंड बातचीत। पीटर को दोपहर 12:26 बजे कॉल किया और 1329 सेकंड बात की।
- दोपहर 12:53 बजे शीना ने एसएमएस भेजा।
- दोपहर 12:58 बजे शीना को एसएमएस भेजा।
- दोपहर 13:09, 13:11 और 13:18 पर संजीव खन्ना से बातचीत।
- पीटर का दोपहर 13:36 बजे फ़ोन आया और 242 सेकंड बातचीत।
- दोपहर 13:52 और 13:55 पर संजीव खन्ना से एसएमएस का आदान-प्रदान।
- पीटर से दोपहर 14:04 पर एसएमएस का आदान-प्रदान। पीटर से दोपहर 14:08 पर बातचीत।

इससे पता चलता है कि हत्या वाले दिन इंद्राणी लगातार पीटर के सम्पर्क में थी।

- शीना बोरा के अपहरण और क़त्ल के बाद, शव के ठिकाने लगाने से पहले इंद्राणी ने पीटर को 24 अप्रैल की आधी रात 2:24 बजे

(तकनीकी तौर पर 25 अप्रैल की सुबह) पीटर को फ़ोन किया। इस बार उनके बीच 924 सेकंड लम्बी बातचीत हुई। सीबीआई के मुताबिक़, जो बेवक़्त होने पर क़त्ल की जानकारी और उसमें भागीदारी की ओर इशारा करता है। इस बातचीत के दो-तीन घंटे बाद इंद्राणी, संजीव खन्ना और श्यामवर राय लाश को ठिकाने लगाने निकल गए।

- 25 अप्रैल को, हत्या के अगले दिन राहुल शीना को ढूँढ़ता हुआ मार्लो (पीटर-इंद्राणी का निवास स्थान) आया। वहाँ उसे प्रदीप वाघमारे (घरेलू नौकर) ने शीना के बारे में अनभिज्ञता जताई और कहा कि इंद्राणी के निर्देशानुसार वह ख़ुद कई दिन बाद वहाँ आया है। उसी दिन दोपहर 3:15 बजे इंद्राणी का कोलकाता से फ़ोन आया तब वाघमारे ने राहुल की विज़िट के बारे में बताया। शीना बोरा के बारे में पूछने पर वाघमारे ने कहा—'मैंने बोला कि मैं नहीं बता सकता कि शीना कहाँ है? मैं ख़ुद मैडम के कहे अनुसार, तीन दिन बाद आया हूँ।' इंद्राणी ने वाघमारे का फ़ोन काट दिया और तुरन्त पीटर को फ़ोन किया। उसने पीटर को राहुल के मार्लो वाले घर आने के बारे में बताया। पीटर ने तुरन्त वाघमारे को इंग्लैंड से फ़ोन किया और पूछा, 'क्या राहुल आया था?' वाघमारे के सकारात्मक जवाब देने पर पीटर ने कहा, 'मैडम ने राहुल को शीना से अलग किया है। जाने दो, कोई बात नहीं।' इस एक के पीछे एक वाघमारे टू इंद्राणी, इंद्राणी टू पीटर, पीटर टू वाघमारे फ़ोन कॉल्स का मतलब सीबीआई ने निकाला कि पीटर को सब पता था, इसलिए राहुल के अचानक मार्लो पहुँचकर शीना के बारे में पूछताछ करने की घटना से वह चकित नहीं था।
- शीना की लोकेशन के बारे में पीटर ने शीना की तलाश में परेशान हो रहे राहुल को गुमराह करने की कोशिश की। पीटर ने इन्द्राणी के साथ मिलकर क़त्ल की बात छुपाई।
- चार्जशीट में कुछ ईमेल्स का ज़िक्र भी है, जिनमें सीबीआई को पीटर के गुमराह करने के प्रयास का पता चला। हत्या के एक महीने बाद 27 मई, 2012 को एक ऐसे ही ईमेल में पीटर ने राहुल को लिखा, 'जैसा कि मैंने कुछ समय पहले कहा था और उसी बात पर क़ायम हूँ कि शीना बिलकुल ठीक है। अगर कोई उसके बारे में पूछता है

या उसके लिए सच में परेशान है तो उसे इंद्राणी से बात करने के लिए कहो।'

- बेक़रार राहुल ने लगातार पीटर पर दबाव बनाए रखा। उसने पीटर से शीना के नये नम्बर की माँग की तो उसे पीटर से यही जवाब मिला, 'ठीक है। चिन्ता करने की कोई बात नहीं है।' इसके जवाब में राहुल ने पूछा, 'वो कहाँ गई है? उसने क्या कहा?' इस पर पीटर ने जान-बूझकर एक और झूठ बोला। पीटर ने कहा कि उसने शीना से फ़ोन पर बात की थी। शीना ने उसे 'जीजू' कहकर पुकारा और बताया कि वह ख़ैरियत से है (जबकि शीना मर चुकी थी)। सीबीआई के मुताबिक़ साज़िश के तहत ही पीटर ने राहुल को गुमराह करने के लिए जान-बूझकर झूठ बोला ताकि राहुल आगे शीना को न ढूँढ़े।
- जब राहुल ने पीटर को बताया कि शीना का पासपोर्ट उनके अँधेरी के फ़्लैट में मिला है तो इंद्राणी के दावे के अनुसार शीना का यूएसए में होना सम्भव ही नहीं था। इस मामले में भी पीटर-इंद्राणी ने मिलकर राहुल से जान-बूझकर झूठ बोला कि शीना के नाम पर नया पासपोर्ट बन चुका है।
- राहुल के कहने पर इंद्राणी और पीटर ने शीना की तलाश करने के लिए आईपीएस ऑफ़िसर देवेन भारती से मदद माँगी। फिर कुछ दिन बाद अपनी शिकायत यह कहते हुए वापस ले ली कि उन्होंने लापता शीना का पता लगा लिया है (जबकि शीना का क़त्ल हुए कई महीने हो चुके थे।)। इसके पीछे यह मक़सद था कि पुलिस को जाँच से दूर रखे और राहुल को जताए कि वे कोशिश कर रहे हैं। सीबीआई के मुताबिक़, चूँकि पीटर साज़िश में शामिल था, इसलिए उसने पुलिस में शिकायत दर्ज नहीं करवाई। पीटर ने ग़लत जानकारी देकर तथा राहुल को गुमराह करके ख़ुद को और अन्य आरोपियों को बचाने की कोशिश की।
- मुखर्जी दम्पती का बर्ताव ऐसा शर्मनाक था कि एक तरफ़ जहाँ राहुल शीना को ढूँढ़ने में परेशान था, वहीं पीटर इंद्राणी के साथ गोवा छुट्टी मनाने गया हुआ था। वहीं से इंद्राणी शीना के ईमेल का पासवर्ड ढूँढ़ने की कोशिश कर रही थी और दूसरे आरोपी संजीव खन्ना व श्यामवर राय से लम्बी बातचीत कर रही थी। पीटर इस दौरान, गोवा में इंद्राणी के साथ था और इस सबसे अनभिज्ञ नहीं था।

इन सब जानकारियों पर आधारित सीबीआई की चार्जशीट यही कहती है कि पीटर ने इंद्राणी के साथ मिलकर शीना से हमेशा के लिए छुटकारा पाने के लिए मिलीभगत की ताकि शीना-राहुल को हमेशा के लिए अलग किया जा सके। पीटर-इंद्राणी के बीच का लगातार सम्पर्क, साज़िश और अपराध में इंद्राणी और पीटर के शामिल होने की कड़ी को पूरा करता है।

अदालती कार्यवाही के दौरान पीटर के वकीलों द्वारा सीबीआई के आरोपों से इनकार किया गया। सीबीआई के मुताबिक़ इन सब बातों से यह पता चलता है कि पीटर ने राहुल को शीना के ठिकाने के बारे में पता लगाने से रोकने की बहुत कोशिश की।

गवाहों के बयान, कॉल डाटा रिकॉर्ड, ईमेल आदि से सीबीआई को लगता है कि इंग्लैंड में रहने के बावजूद पीटर ने हत्या की साज़िश और बाद में उस पर परदा डालने में महत्त्वपूर्ण भूमिका निभाई, मगर इसी बीच एक और दिलचस्प बात होती है।

सीबीआई एक हद तक जिस राहुल के संघर्ष, बयान और ईमेल पर निर्भर कर रही थी, उसने जता दिया कि ख़ून तो ख़ून होता है। पीटर की गिरफ़्तारी के बाद बेटा राहुल बाप के बचाव में उतर आया। राहुल ने अपने ट्विटर हैंडल पर जनवरी, 2017 में एक लेटर पोस्ट किया। राहुल मुखर्जी ने कहा कि उनके पिता पीटर इंद्राणी के किसी गुनाह में शामिल नहीं हैं। पीटर के ख़िलाफ़ लगे सभी आरोपों को फ्रेम करने की बजाय हटा देना चाहिए। वह स्पष्टत: इस मामले में शामिल नहीं थे। राहुल ने लेटर में लिखा कि इंद्राणी पीटर से झूठ बोलती थी। राहुल ने शीना बोरा मर्डर केस की पूरी ज़िम्मेदारी इंद्राणी पर डाली। इस ओपन लेटर के बारे में तब हमने *ज़ी न्यूज़*[175] में रिपोर्टिंग भी की थी। 28 जनवरी, 2017 को प्रधानमंत्री और राष्ट्रपति को लिखे गए इस पत्र में राहुल ने पीटर का यह कहते हुए बचाव किया कि वह इस अपराध में शामिल नहीं था। राहुल ने अपने इस ओपन लेटर में लिखा था—

> अब, जब शीना बोरा मामले की जाँच पूरी हो गई है और ट्रायल शुरू होने वाला है तो यह अत्यंत महत्त्वपूर्ण है कि सभी सन्दर्भों व परिस्थितियों को सही ढंग से जाना जाए। ख़ासकर तब, जब मीडिया का एक तबक़ा लोगों में ग़लत सूचना फैला रहा हो।
>
> क़त्ल में पीटर की भागीदारी बताने वाली कहानी बिलकुल ग़लत है और निष्पक्ष व सन्तुलित प्रतिक्रिया के बिना एकतरफ़ा दृष्टिकोण

से बताई जा रही है। इस जानकारी को न्याय और निष्पक्षता के हित में रखते हुए साझा करना महत्त्वपूर्ण है। सही सन्दर्भ कुछ इस प्रकार हैं—

इन्द्राणी ने शीना और मिखाइल को अपने भाई-बहन के रूप में सभी से मिलवाया था। ज़ाहिर है कि वह नहीं चाहती थी कि लोगों को यह पता चले कि वे उसके बच्चे थे। शुरुआत में जब इन्द्राणी शीना और मिखाइल से उनके उसे न्यूज़ पर देखने पर सम्पर्क करने के बाद मिली, तब उसने उन्हें इस झूठ को बनाए रखने के लिए कहा और ऐसा नहीं करने पर आर्थिक मदद नहीं करने की धमकी दी। यह बात कि वे उसके बच्चे हैं, पीटर से हमेशा छुपाकर रखी गई।

पर जब शीना और मैंने पीटर को इस झूठ के बारे में बताने की कोशिश की तब इन्द्राणी ने इसका पूरी तरह विरोध किया और इस बात पर ज़ोर दिया कि यह सच नहीं है। वे सच में उसके भाई-बहन हैं, न कि उसके बच्चे। इंद्राणी ज़रूर शीना के उसके महत्त्वपूर्ण आदेशों का इस तरह पालन न करने और उसे ख़िलाफ़ जाने के लिए ग़ुस्सा हुई होगी।

पीटर, शीना और इन्द्राणी के रिश्ते को लेकर अनजान था। अगर पीटर उससे पूछता कि इन सारे ख़ुलासों में कुछ सच्चाई है या नहीं तो वह सीधे इनकार करती और दावा करती कि वे बहनें ही हैं। नि:सन्देह, यहाँ पैसों का मामला नहीं था। इंद्राणी ने जो कुछ भी किया होगा अपने व्यक्तिगत कारणों के लिए किया होगा। पीटर नि:सन्देह इसमें भागीदार नहीं था।

इन्द्राणी ने पीटर को गुवाहाटी में रह रहे अपने माता-पिता से मिलने की इजाज़त कभी नहीं दी, क्योंकि ऐसा करने से उसे शीना और इन्द्राणी के अतीत और उसके बच्चों से जुड़ी सच्चाई का पता लग जाता, जिसे वह आज तक छिपाने की कोशिश कर रही थी। इंद्राणी ने उसे शीना को लेकर यह कहानी बताई कि शीना ने उसे हमारे रिश्ते से बाहर आने के इरादे से सम्पर्क किया था, जिसके लिए उसे पैसों और मदद की ज़रूरत थी (जो कि झूठ है)। पर अपनी पत्नी पर विश्वास करते हुए उसने उसकी इस बात पर भरोसा कर

लिया। इंद्राणी ने अपनी कहानी को मज़बूत करने के लिए शीना के नम्बर से पीटर के फ़ोन पर एसएमएस किए, जिससे उसे लगा होगा कि शीना बिलकुल ठीक है।

यह सब सुनने के बाद कि शीना मुझे छोड़कर जाना चाहती है, पीटर ने इन्द्राणी से सिर्फ़ इतना कहा कि अगर वह राहुल को छोड़कर जाना चाहती है तो उसे किसी-न-किसी तरह राहुल को यह बात बतानी होगी। इस तरह वह बिना कुछ कहे नहीं जा सकती (जैसे कि मेरे या किसी के लिए भी इन सब चीज़ों से निपटना आसान नहीं होता)। इसलिए, शीना के फ़ोन से इंद्राणी द्वारा मैसेज भेजे गए।

इंद्राणी धूर्त और चालाक थी और दुर्भाग्यवश बहुत विश्वसनीय भी। इन्द्राणी पीटर को अपने झूठ पर भरोसा दिलाने में सफल हो गई थी, जिससे वह अपने कपट को मनचाहे तौर पर जारी रख सके। पीटर को निश्चित रूप से इन्द्राणी के अपराधों की जानकारी नहीं थी, न पहले थी और न ही बाद में।

सबूतों को सही सन्दर्भों में देखना आवश्यक है। इंद्राणी ने उससे जो कुछ भी कहा पीटर ने उस पर भरोसा कर लिया कि शीना बिलकुल ठीक है। वह किसी से सम्पर्क नहीं करना चाहती, इसीलिए इस आधार पर वह इन्द्राणी के दावों का समर्थन कर रहा था कि शीना ठीक थी। यह पीटर के किसी भी अपराध में सहभागी होने के कारण गुमराह करने का मामला नहीं था। लेकिन परिस्थिति यह थी कि उसने अपनी पत्नी की बातों का भरोसा किया कि शीना बिलकुल ठीक थी, क्योंकि उसकी पत्नी इंद्राणी उसे ऐसा आश्वासन दे रही थी और उसी तरह उन्होंने मुझे भी आश्वासन देने की कोशिश की

2012 के शुरुआती दौर में जब शीना ने चीज़ों की सफ़ाई देने और सन्देह दूर करने के लिए इंद्राणी को फ़ोन किया तब इंद्राणी ने पीटर को बताया कि वाक़ई शीना ने राहुल के साथ रिश्ता तोड़ने के सम्बन्ध में उससे सम्पर्क किया था और वह उसकी ऐसा करने में मदद करना चाहती थी (पीटर से झूठ बोला गया था)। अतः शीना की सलामती को लेकर पीटर द्वारा मुझे दिये गए आश्वासन कि वह सलामत है या सलामत होगी, वह सब पीटर का इंद्राणी पर भरोसा

करने का नतीजा था, जिसे इंद्राणी ने शीना के फ़ोन से पीटर और ख़ुद को मैसेज कर और भी पुख़्ता कर दिया था, जिसने भी शीना के बारे में पूछताछ की, इन्द्राणी ने उसे भी यही कहानी सुनाई और वे भी उतने ही आश्वस्त थे, जितने कि पीटर। प्रतिकूल दावों के बावजूद, पीटर न तो किसी क़त्ल में शामिल थे और न ही उन्हें इसकी ख़बर थी, जिसे इन्द्राणी ने अंजाम दिया था।

ये महत्त्वपूर्ण हालात, जिनकी तरफ़ आज तक कोई इशारा नहीं किया गया, स्पष्ट रूप से बताते हैं कि न तो पीटर इस अपराध के बारे में जानते थे और न ही इसके भागीदार थे। इसलिए, पीटर के ऊपर लगे सभी आरोपों को हटा देना चाहिए।

सच हमेशा ख़ुद के लिए खड़ा होता है, चाहे वह सनसनीखेज़ या लोक-प्रसिद्ध न हो, पर सच यही है। मैं, आपके अधिकारियों द्वारा इस मामले को लेकर लिये जाने वाले किसी भी क़दम की सराहना करता हूँ, जिससे यह सुनिश्चित हो सके कि फ़ैसला निष्पक्ष और न्यायपूर्ण हो।

आपका आभारी,
राहुल मुखर्जी

फरवरी, 2020 में लगभग चार साल बाद पीटर को इस मामले में ज़मानत मिली।[176] बॉम्बे हाईकोर्ट ने पीटर को जमानत देते हुए कहा कि प्रथमदृष्ट्या अपराध में शामिल होने का कोई सबूत नहीं है। जस्टिस नितिन सांबरे ने कहा, 'जब अपराध हुआ, तब आवेदक (पीटर मुखर्जी) भारत में नहीं था। मामले की पहले ही सुनवाई चल रही है। आवेदक चार साल से अधिक समय से जेल में है और हाल में उसकी बाइपास सर्जरी हुई है।'

कोर्ट का कहना था कि सरकारी गवाह श्यामवर राय के बयान के अलावा पीटर मुखर्जी के ख़िलाफ़ किसी और सबूत में कोई सन्दर्भ नहीं है। कोई और सबूत नहीं है, जो हत्या की साज़िश में पीटर की शिरकत ज़ाहिर करे। कोर्ट का कहना था कि बाक़ी आरोपियों (इंद्राणी और खन्ना) की गिरफ़्तारी के इतने वक़्त बाद पीटर मुखर्जी पर दोषारोपण कर आरोपी बनाने के मसले पर सीबीआई की तरफ़ से कोई सफ़ाई नहीं दी गई। कोर्ट ने अभियोजन पक्ष की

उस दलील को भी नहीं माना जिसमें कहा गया था कि शीना-राहुल के बीच के सम्बन्धों से नाराज़ होने के चलते पीटर शीना को मारने की साज़िश में शामिल था। आदेश में कहा गया कि इस कोर्ट ने पीटर और राहुल के बीच के विभिन्न ईमेल एक्सचेंज को देखा है। यह तर्क नहीं दिया जा सकता कि इसके पीछे पीटर की कोई आपराधिक मंशा थी। एक ज़िम्मेदार पिता होने के नाते पीटर सिर्फ़ अपने बेटे को सलाह देने की कोशिश कर रहा था।[177]

पीटर मुखर्जी ने बाद में अपना संस्मरण *स्टारस्ट्रक : कन्फेशंस ऑफ़ अ टीवी एग्ज़ीक्यूटिव* जारी किया। इस किताब के बारे में पीटर ने कहा कि यह एक ऑटोबायोग्राफ़ी है, इससे ज़्यादा कुछ नहीं। यह भारत में सैटेलाइट टेलीविज़न के प्रारम्भिक वर्षों के सबसे कठिन दौर और तेज़ी से बदलते मीडिया परिदृश्य में अपनी स्मृतियों का संग्रह है। इसका इरादा न तो कोई विवाद खड़ा करना है और न ही कोई गोपनीय बात सामने लाना है। इस किताब में पीटर ने शीना बोरा केस या उससे जुड़े किसी पहलू का कोई ज़िक्र नहीं किया। पर पीटर ने शीना बोरा हत्याकांड को लेकर जेल यात्रा के दौरान सुनेत्रा चौधरी की किताब *सलाखों के पीछे* में एक इंटरव्यू दिया है। पीटर इस इंटरव्यू में कहता है—

> मुझे इंद्राणी से कोई नाराज़गी नहीं है, सिवाय इसके कि जब उसके पास अवसर था तो उसने अपनी ज़िन्दगी का पूरा क़िस्सा नहीं सुनाया, क्योंकि तब मुमकिन था कि मैं चिन्ताओं से उबरने में उसकी मदद कर सकता। उसको अदालत में देखकर मन बहुत विचलित होता है।[178]

2017 में मैं एलएलबी कर रहा था। मैंने (उम्र के चौथे दशक में) मुम्बई के लाला कॉलेज में दाख़िला लिया था। एलएलबी की पढ़ाई के दौरान फ़ील्ड विज़िट्स भी होती है। इनमें जेल की विज़िट्स भी शामिल होती है। इसी सिलसिले में हमारे बैच के सभी छात्र-छात्राओं ने 2018-19 में जेल की दो विज़िट्स कीं। इन जेल विज़िट में एक थी आर्थर रोड जेल की और दूसरी थी भायखला जेल। दोनों जेल विचाराधीन क़ैदियों की थी। आर्थर रोड जेल सिर्फ़ पुरुष क़ैदियों की जेल थी। भायखला जेल में ज़्यादातर महिला क़ैदी थीं। इसमें छोटे-मोटे अपराधों के लिए पकड़े गए पुरुष क़ैदियों के लिए भी एक सेक्शन था। आर्थर रोड जेल में पीटर को रखा गया था। इंद्राणी भायखला जेल में थी।

भायखला जेल की विज़िट के दौरान हम सभी छात्र भावी वकीलों की ड्रेस कोड (सफ़ेद शर्ट-काली पैंट) में थे। जेल में मैंने छरहरी काया वाली एक महिला को देखा। यह इंद्राणी थी। उसने डार्क पिंक रंग की टीशर्ट और काले रंग का ट्रैक पैंट पहना हुआ था। (विचाराधीन क़ैदियों के लिए जेल की यूनिफ़ार्म पहनने की कोई अनिवार्यता नहीं होती।) इंद्राणी के हाथ में एक-दो फ़ाइलें थीं। वह जेल के खुले प्रांगण से गुज़र रही थी। काले बाल, साफ़ त्वचा...देखकर यक़ीन नहीं हुआ कि यह वही इंद्राणी है।

गिरफ़्तारी के कुछ दिनों बाद जिस इंद्राणी को अदालत में लाते-ले जाते देखा था, उस दौरान शुरू में उसके बाल काले थे, जैसा कि उसकी पुरानी तस्वीरों और वीडियो में देखा गया था। मगर अदालत में पेशी के दौरान बालों में सफ़ेदी बढ़ती गई। उस वक़्त देखकर लगता नहीं था कि यह सफ़ेद बालों वाली महिला, इंद्राणी ही है। उसको हमेशा काले बालों में देखा गया था। इंद्राणी के चेहरे पर झुर्रियाँ दिख रही थीं। वह बीमार, थकी-थकी और कमज़ोर नज़र आने लगी थी। बतौर पत्रकार हम लोग इस बात को नोटिस कर चर्चा करते थे कि जेल जाने के बाद इंसान कैसे अपनी चमक-दमक खो देता है। इंद्राणी को हिरासत में पार्लर वाली सुविधा मिलनी दुर्लभ थी, जिसके चलते अब उसकी वास्तविक उम्र दिखाई दे रही थी। इसके अलावा एक लम्बी, पेचीदा, थकाने वाली क़ानूनी लड़ाई और जेल जीवन का तनाव भी था, जिसने उसे कमज़ोर बना दिया था। इस बदले हुए लुक से बाहरी दुनिया तो हैरान थी ही, अन्दाज़ा लगाना मुश्किल नहीं कि जब इंद्राणी ने पहली बार ख़ुद को जेल के आईने में देखा होगा तो उस पर क्या गुज़री होगी? इंद्राणी अब अपने सिर पर दुपट्टा ओढ़कर बालों की सफ़ेदी छिपाने की कोशिश करती दिखती थी, फिर भी सफ़ेद बालों को ज़्यादा देर तक छुपाया नहीं जा सकता था। उसकी सफ़ेद बालों वाली वे तस्वीरें जल्द ही मीडिया में छा गईं।

इंद्राणी के जेल में बहते आँसू और दर्द को उसकी बेटी विधि ने भी देखा, जब वह इंद्राणी से मिलने जेल गई। विधि के मुताबिक़ इंद्राणी रोती रही और जो कुछ हुआ उसके लिए माफ़ी माँगती रही।[179]

अब उस बात को दो साल से ज़्यादा हो गए हैं।

भायखला जेल में इंद्राणी को दो साल से ज़्यादा हो गए। इतना अरसा किसी के लिए भी जेल में सेटिंग करने के लिए पर्याप्त होता है। मैं भी अब उसके केस की हर सुनवाई को कवर नहीं करता था, क्योंकि धीमी अदालती प्रक्रिया के चलते कोई ख़ास ख़बर नहीं मिलती। उस दिन इंद्राणी को क़रीब

दो साल बाद देख रहा था, वह भी जेल में। बतौर पत्रकार नहीं, भावी वकील के तौर पर। इस बार काले बाल, साफ़ त्वचा और संयत चाल के साथ... लग रहा था जैसे इंद्राणी अब जेल के माहौल में एडजस्ट हो चुकी है। फिर भी अन्दर का पत्रकार कहाँ शान्त बैठता है। मैंने एक जेलकर्मी से पूछा कि इंद्राणी के काले बालों का क्या राज़ है। इस सवाल पर उसने सिर्फ़ इतना कहा, 'गुप्त सेटिंग'। इसका मतलब यह निकाला जा सकता है कि या तो इंद्राणी ने जेल में कोई सेटिंग कर ली है या फिर कोर्ट से वापसी के दौरान रास्ते में कोई सेटिंग रही होगी। यहाँ मैं यह बताना ज़रूरी समझता हूँ कि इंद्राणी को ख़ुद को मेंटेन रखने और ख़ूबसूरत दिखने की शायद आदत थी। इसीलिए शीना के मर्डर वाले दिन भी (24 अप्रैल, 2012) वह पहले ब्यूटी पार्लर गई थी। वह जानती थी कि तीन-चार घंटे में उसे अपनी सगी बेटी की गला घोंटकर हत्या करनी है। इस पर भी उसकी साज-सज्जा करवाने की मानसिकता या लोभ नहीं छूटा। शीना की हत्या वाले दिन, हत्या से पहले ब्यूटी पार्लर जाने की बात मुझे याद आई तो उसके बाद जेल में इतना ख़ुद को मेंटेन रखना मुझे कोई बहुत अचरज वाली बात नहीं लगी। बतौर पत्रकार भी मैं जानता था कि जेल में ज़्यादा वक़्त तक रहने से वहाँ का सिस्टम भी इस हद तक सेट हो जाता है कि पैसा-रसूख होने पर बहुत-सी सुविधाएँ मिल जाती हैं।

इंद्राणी ने अपने आपको धीरे-धीरे जेल की दिनचर्या और सिस्टम में ढाल लिया था। जेल के अन्दर अलग-अलग ग्रुप्स थे, इंद्राणी ने सबसे पहचान बना ली। इसी दौरान, जेल में बन्द 31 वर्षीय कैदी मंजुला शेटे की जेल स्टाफ़ द्वारा कथित 'पिटाई' के बाद मौत हो गई। इस पर जेल में तक़रीबन 200 महिला क़ैदियों ने विरोध प्रदर्शन किया था। इस हिंसक प्रदर्शन में जेल के कई कर्मचारी ज़ख़्मी हुए। अधिकारियों के हवाले से इस तरह की ख़बरें भी आईं कि इंद्राणी मुखर्जी ने जेल के दूसरे क़ैदियों को पानी में मिर्च और अचार पाउडर मिलाने के लिए कहा ताकि दंगे के दौरान जेल स्टाफ़ पर उसे फेंका जा सके। इंद्राणी ने महिला क़ैदियों को भड़काया कि वे अख़बारों और जेल के अन्य उपकरणों को जला दें।[180] सूत्रों ने यह भी बताया कि प्रारम्भिक जाँच में क्राइम ब्रांच को बताया गया कि इंद्राणी ने कथित तौर पर अन्य क़ैदियों को कई और निर्देश भी दिये। इन निर्देशों में से एक यह था कि मंजुला की मौत को लेकर बड़ा विरोध किया जाए। बच्चों को मानव ढाल के रूप में इस्तेमाल किया जाए। दूसरे क़ैदी साथियों को इन घोषणाओं के बारे में जानकारी देने के लिए उसने अधिकारी का माइक्रोफ़ोन छीन लिया। बात यहाँ तक पहुँची कि महाराष्ट्र विधानसभा में

भी मामला गूँजा। बीजेपी एमएलए आशीष शेलार ने विधानसभा में कहा कि मंजुला इंद्राणी की देखभाल करती थी। इंद्राणी को जेल में फ़ेशियल, मसाज़ और पेडीक्योर की सुविधा मिल रही थी।[181]

इस मामले में पुलिस ने इंद्राणी को प्रमुख आरोपी बनाते हुए 200 महिला क़ैदियों के ख़िलाफ़ आईपीसी की अलग-अलग धाराओं के तहत दंगा फैलाने, ग़ैरक़ानूनी तरीक़े से इकट्ठा होने, सरकारी कर्मचारी पर हमला करने और अन्य सम्बन्धित धाराओं के तहत मामला दर्ज किया।[182]

इंद्राणी अब जेल में पहले जितनी कमज़ोर महसूस नहीं कर रही थी। इसीलिए जब एक अरसे के बाद विधि दोबारा इंद्राणी से मिलने जेल गई तब इंद्राणी ने विधि की हिम्मत बढ़ाते हुए कहा—

> जो कुछ हुआ है उसकी शर्मिन्दगी के प्रेशर के तहत दबना मत। तुम वैसी नहीं हो। अगर कोई कुछ कहता है तो उसे भाड़ में जाने दो। कोई और यह तय नहीं कर सकता कि तुम्हें कैसा महसूस होना चाहिए। मेरी वजह से तुम्हें ख़ुश या दुखी नहीं होना चाहिए।[183]

यह उस माँ के बोल थे जो ख़ुद जेल के अन्दर एक टफ़ लाइफ़ बिता रही थी, और अपनी बेटी को बाहरी दुनिया में मज़बूत होने की प्रेरणा दे रही थी।

इन जेल विज़िट्स के दौरान मैं आर्थर रोड पर पीटर वाली जेल भी पहुँचा। कॉलेज की तरफ़ से अपने सहपाठियों के साथ जब मैं आर्थर रोड जेल गया तो वहाँ पीटर के बारे में पता चला। आर्थर रोड जेल के अहाते में जो स्पेशल कोर्ट बना था, वहाँ दो केस (1993 सीरियल बम ब्लास्ट केस और 26/11 आतंकवादी हमला केस) कवर करते हुए कई बार पहले भी आना हुआ था। इस कोर्ट का एंट्री गेट अलग था, फिर भी एक-दो सन्तरी कई बार देख-देख कर परिचित हो गए थे। उन्हीं में से एक ने मुझे जेल में पहचाना। मुझे पता चला कि पीटर और एनसीपी नेता छगन भुजबल[184] दोनों को एक ही बैरक (बैरक नम्बर 12) में रखा गया है। यहाँ अमूमन हाई प्रोफ़ाइल क़ैदियों को रखा जाता है। बताते हैं कि वहाँ भुजबल और पीटर की अच्छी दोस्ती हो गई थी। भुजबल को घर का खाना दिये जाने की अर्ज़ी अदालत ने ठुकरा दी थी। पर पीटर को घर का खाना खाने की इजाज़त मिली हुई थी। पीटर को घर का खाना दिया जाता, जिसे वह एनसीपी नेता छगन भुजबल के साथ बाँटकर खाता था।[185]

बेटी विधि मुखर्जी जब जेल में पीटर से मिलने गई तो उसने पीटर को उस रूप में देखा, जो इसके पहले उसने कभी नहीं देखा था। उसने पीटर को इस रूप में देखकर कुछ चौंक गई थी। पीटर से अपनी इस मुलाक़ात का वर्णन करते हुए उसके हुलिये के बारे में विधि ने लिखा—

> मैंने उन्हें देखा। वे टीशर्ट और शॉर्ट्स में थे। जेल की यूनिफ़ार्म में नहीं। उन्होंने चश्मे पहने हुए थे। उनके सिर पर पहले के मुक़ाबले कम बाल थे और उनका वज़न काफ़ी कम हो गया था।[186]

ज़मानत मिलने के बाद अपने जेल-जीवन के बारे में पीटर ने एक इंटरव्यू में बताया—

> जेल कोई स्पा नहीं है। यह बहुत दर्दनाक है, जेलों में क्षमता से ज़्यादा लोग भरे हुए हैं। ये सुधारगृह होने से बहुत दूर, जीवन की वास्तविक परीक्षा लेने का स्थल है।[187]

इंद्राणी-पीटर के बीच अब तक जो कुछ हुआ था, वह ऐसा नहीं था जिस पर किसी शादीशुदा दम्पती को गर्व हो। शादी की सबसे बड़ी बुनियाद 'विश्वास' को माना गया है। सवाल यह था कि दोनों में अब कितना विश्वास बचा था? जवाब जल्द ही सामने आ गया।

पीटर ने 2016 में बताया कि वह इंद्राणी मुखर्जी को तलाक़ देना चाहता है। पहले तो इंद्राणी ने इसे 'लाइफ़ का बिगेस्ट शॉक' बताया मगर एक साल बाद इंद्राणी ने भी पीटर को तलाक़ देने की इच्छा जताई।[188] पीटर को तलाक़ देने के बारे में बताते हुए इंद्राणी ने कहा कि उसे इस बात का शिकवा था कि लोग उससे मिलने नहीं आते। पीटर के घरवाले भी बस पीटर से मिलकर ही वापस चले जाते थे। जेल में रहने के दौरान दूसरे लोगों ने तो क्या ख़ुद पीटर तक ने उसका साथ नहीं दिया। इंद्राणी ने पीटर से अलग होने के सम्बन्ध में कहा कि वह पीटर से इसलिए तलाक़ लेना चाहती है, क्योंकि वह जीवन को अपने तरीक़े से जीना चाहती है और कुछ अलग करना चाहती है। पीटर और ख़ुद के जेल-जीवन और तलाक़ के बारे में इंद्राणी ने कहा—

> पीटर की गिरफ़्तारी के बाद लोग उससे मिलने आते थे, मुझसे मिलने कोई नहीं आता था। बाक़ी लोगों को छोड़िए, पीटर ने भी मेरा सपोर्ट नहीं किया। मैंने पीटर से तलाक़ इसलिए माँगा, क्योंकि

हम आगे बढ़ जाना चाहते थे। कल को अगर पीटर को मेरी ज़रूरत होगी तो मैं उसकी मदद करूँगी।

इसके बाद वही हुआ जो एक अलग होने वाले पति-पत्नी के बीच होता है, सम्पत्ति के बँटवारे[189] को लेकर तक़रार। अचल सम्पत्ति के निपटान की शर्तों में वर्ली की मार्लो बिल्डिंग के फ़्लैट, ब्रिस्टल और लंदन (दोनों इंग्लैंड में), गोवा और माराबेला (स्पेन) के अपार्टमेंट शामिल थे। साथ ही लोअर परेल में ऑफ़िस भी अचल सम्पत्ति की लिस्ट में था। इसके अलावा, भारत में सिंडिकेट बैंक, स्पेन में बैंक सबडेल अटलांटिको और न्यूज़ीलैंड में एएनजेड बैंक में अन्तरराष्ट्रीय खाते में जमा राशि और फ़िक्स्ड डिपॉज़िट मिलाकर 53 करोड़ रुपये की दौलत भी दोनों के बीच मुद्दा बना। विभिन्न बैंकों और लॉकरों में ढेर सारे महँगे ज़ेवरात और घड़ियाँ भी थीं। इनके अलावा कई और चल सम्पत्तियाँ भी विवादों में थीं।

गिरफ़्तारी के तीन साल बाद दोनों के बीच तलाक़ की प्रक्रिया शुरू हुई। फिर भी इस तलाक़ के केस के दौरान लगभग हर बार इंद्राणी जब-जब अदालत और फ़ैमिली कोर्ट में पेश हुई, उसने सिंदूर[190] लगाए रखा। यह भी रेयर था कि कोई कपल हिरासत में तलाक़ के दौर से गुज़र रहा हो। इसका मतलब है कि जब दोनों हत्या के मुक़दमे के लिए पेश होते तब उनके वकीलों को अदालत में आपसी सहमति से तलाक़ के लिए शर्तों पर बातचीत करनी थी और दस्तावेज़ तैयार करना था। इंद्राणी और पीटर ने अपनी-अपनी जेल में बन्द रहते हुए डाक के माध्यम से संवाद किया। सूत्रों ने बताया कि जेल से अदालत ले जाती पुलिस वैन में उनके बीच सम्पत्तियों के बँटवारे को लेकर चर्चा हुई।[191] तलाक़ की अर्ज़ी देने के बाद पीटर-इंद्राणी को अपने फ़ैसले पर पुनर्विचार करने के लिए छह महीने का समय दिया गया। लेकिन दोनों अपनी शादी ख़त्म करने पर अड़े रहे। इसकी जानकारी उन्होंने कोर्ट को दी। तमाम बाधाओं के बावजूद, इंद्राणी और पीटर पाँच महीनों में ही तलाक़ की सहमति की शर्तों पर एकमत हो गए। उनके वकीलों ने सहमति की शर्तों का क़बूलनामा फ़ैमिली कोर्ट में पेश किया, जिसे अदालत ने स्वीकार कर लिया। 2019 में दोनों का तलाक़ हो गया। 2002 में हुई यह शादी कुल 17 साल चली। जितने उतार-चढ़ाव इस शादी ने देखे उतने बहुत कम शादीशुदा ज़िन्दगियों में दिखने को मिलते हैं। रिश्तों की जितनी पेचीदगियाँ इस शादी के दोनों पक्षों के अलग-अलग रिश्तों में थी, उतनी मैंने अपने पत्रकारिता

जीवन में कवर किए मामलों में से किसी में भी नहीं देखी।

इन पेचीदगियों का थोड़ा अन्दाज़ा उनके बीच की ईमेलबाजी से भी मिल जाता है।

पीटर की ख़ुद की प्रतिक्रिया और दावों के मुताबिक़ वह 2015 में मामला खुलने के पहले तक हमेशा इंद्राणी के पक्ष में खड़ा रहा। उसने इंद्राणी की हर बात का यक़ीन किया। मगर अन्दर से सब कुछ इतना साफ़ नहीं था। 28 मई, 2012 को पीटर ने अपने बेटे राहुल को लिखे ईमेल[192] में इंद्राणी के बारे में लिखा। इस मेल में पीटर ने अपने बेटे राहुल को इंद्राणी के प्रति अपनी चाहत के बारे में बताया। साथ ही यह भी बताया कि इंद्राणी उसका कितना ख़याल रखती है। पीटर कहता है कि वह इंद्राणी के इस व्यवहार से ख़ुश है। पीटर ने इंद्राणी से शादी करने की बात से अपने मेल की शुरुआत करते हुए लिखा—

> आख़िरकार हम दोनों ने एक-दूसरे से शादी की है और उसके दिल में मेरा हित है। वह मुझे ग़लत या ज़रूरत से ज़्यादा खाने-पीने नहीं देती। तय करती है कि मुझे अच्छी नींद आए और आराम मिले। आम तौर पर यह थोड़ा बोरिंग हो सकता है मगर शायद यही ज़्यादा है, जो मैं चाहता हूँ, बजाय इसके कि वह पार्टनर जो मेरी अति को हमेशा मान ले।

तीन महीने बाद ही पीटर ने इसके एकदम उलट एक दूसरा मेल लिखा। पीटर ने 28 सितम्बर, 2012 को यह मेल[193] इंद्राणी को लिखा। इस मेल में इंद्राणी की नज़रों में पीटर की अहमियत के बारे में पता चलता है। मेल को पढ़ने से पता चलता है कि इंद्राणी की नज़रों में पीटर एक भद्दे, मोटे और बेवकूफ़ आदमी से ज़्यादा कुछ नहीं है। इंद्राणी पीटर को कपटी, छल करने वाला और बिना रीढ़ की हड्डी वाला इंसान समझती है। पीटर कहता है कि इंद्राणी की नज़रों में वह सिर्फ़ उसे और अपने बच्चों को बकवास देने लायक है। वह एक बर्बाद इंसान और उसे इंद्राणी की रोज़ाना की ज़िन्दगी में नहीं होना चाहिए। अपने प्रति इंद्राणी के इस नफ़रत भरे रवैये को उजागर करते हुए पीटर ने लिखा—

> तुम्हारी नज़र और भाषा में मैं न सिर्फ़ अक्षम हूँ बल्कि मोटा, घिनौना, झूठा, सड़ा अंडा, मूर्ख, जोड़-तोड़ वाला, स्वार्थी, धूर्त,

साँठ-गाँठ करने वाला, अविवेकी, छलने वाला, कुटिल, बिना रीढ़ की हड्डी का और ख़राब इंसान हूँ, जो तुम्हें, विधि, मेरे बेटे और हर किसी को सिर्फ़ बकवास देने के लायक हूँ। हर किसी के समय की बरबादी और नाकामयाब हूँ, जिसका चेहरा और मौजूदगी को तुम बर्दाश्त नहीं कर सकती। मुझे लगता है कि मुझे तुम्हारी रोज़ाना की ज़िन्दगी में नहीं होना चाहिए।

इस मेल में पीटर ने आगे लिखा—मैं खर्राटे भरता हूँ, जिसके चलते तुम्हारी शान्तिपूर्ण नींद में रोज़ खलल पड़ता है। एक और जगह पीटर ने लिखा, तब तुम किसी भी बारे में और जो मन में आए उसके लिए गंदी गालियाँ देती हो, भले ही वे बातें हों, जिसका कोई सम्बन्ध नहीं होता, जैसे मेरी निजी मेडिकल की समस्याएँ।

नवम्बर, 2014 में पीटर-इंद्राणी के एक-दूसरे को लिखे गए ईमेल[194] में भी काफ़ी कुछ कहा-सुनी होती है।

15 नवम्बर, 2014 को इंद्राणी ने पीटर को लिखा कि वह उसके साथ अपने दिल की बात भी नहीं कर सकती, क्योंकि यह हर बीतते दिन के साथ मुश्किल से मुश्किल होता जा रहा है। इंद्राणी कहती है कि वह चाहकर भी पीटर से अपने मन की बात नहीं कर सकती, क्योंकि ऐसा करने से हमेशा इसका अन्त झगड़े पर ही होता है। इंद्राणी ने लिखा—

गुज़रते वक़्त के साथ मुझे लग रहा है कि तुम्हारे सामने दिल खोलकर बात करना मुश्किल पर मुश्किल होता जा रहा है, क्योंकि कुछ ख़ास मामलों में इसका अन्त सुखद नहीं होता। कल तुमने कहा कि मेरे सिवा किसी और ने तुमसे आज तक बहस नहीं की। अगर यह सच है तो तुम्हें इसके लिए बधाई। मगर मैं अलग हूँ। अपने क़रीबी चाहे परिवार हो या मित्र, मैंने उनसे दिल खोलकर अपनी बात करने और बहस करने से कभी परहेज़ नहीं किया।

16 नवम्बर, 2014 को पीटर ने इसका जवाब दिया। पीटर ने अपने मेल में एक जगह लिखा—

मैं सहमत हूँ और मैं भी जब भी सम्भव हो अपना दिल-मन खोलकर तुमसे बात करना पसन्द करता हूँ। तुम्हारी ही तरह मैं भी इस प्रक्रिया

> में तुम्हें आहत नहीं करना चाहता, मगर जब भी मैं अपने जवाब से तुम्हारे चेहरे पर परेशानी देखता हूँ तब मैं उसके बारे में कोई और बात या बहस नहीं करना चाहता। मुझे नहीं पता कि शायद ये मेरी नाकामयाबी या कमज़ोरी है, मगर उस वक़्त में मैं यही महसूस करता हूँ। शायद ईमेल एक बेहतर विकल्प है।

17 नवम्बर, 2014 को इंद्राणी ने पीटर के इस मेल का जवाब दिया। इस मेल में पीटर को अपने बेटों राहुल-रॉबिन के साथ ज़्यादा वक़्त बिताने, उनके साथ छुट्टियों पर जाने और अपने से सोलह साल छोटी लड़की से शादी करने के बारे में ताने देती है। इंद्राणी ने अपनी मेल में और बातों के अलावा यह भी लिखा—

> मैं समझती हूँ कि तुम उनके (राहुल-रॉबिन) के पिता हो। किसी ने तुम्हें उन्हें प्यार करने से नहीं रोका है। पर मुझे लगता है कि उनके साथ हर छुट्टी बिताने की कोशिश में तुम अपना बहुत सारा वक़्त बरबाद कर रहे हो, उनके फ़्लाइट टिकट, रहने का इन्तज़ाम, पिक-अप आदि में। यह मुझे अपसेट करता है, क्योंकि उनको अकोमडेट करने में मेरी लाइफ़ में सब कुछ उनके इर्द-गिर्द केन्द्रित हो जाता है। ये मेरे लिए वक़्त की बरबादी है। तुम्हारा ये सब करना ठीक रहता अगर तुम अब भी उनकी माँ से विवाहित रहते या फिर अकेले होते। मगर अपने से 16 साल कम उम्र वाली से शादी करने का क्या मतलब अगर तुम उसे बूढ़ी औरत का दर्जा दोगे, जो दो जवान युवकों की लाइफ़/छुट्टियाँ नियमित करने में लग जाएगी। मैं 42 साल की हूँ। मेरी उम्र के लोग जमकर मज़ेवाला जीवन जीते हैं। तुमने भी 42 की उम्र में वही सब किया होगा। मैं दो जवान युवक, जो लगभग मेरी उम्र के हैं, उनकी काठी बनकर नहीं रहना चाहती। 13 साल से वही कर चुकी हूँ, जब मेरे सारे दोस्त ज़िन्दगी के मज़े लूट रहे थे। कल एक डिनर के दौरान कई सारे कपल्स को बार पर अच्छा समय बिताते देखा और जाना कि एक नॉर्मल लाइफ से मैं कितनी दूर हूँ और इसके लिए किसी और को नहीं बल्कि ख़ुद को ब्लेम करती हूँ।

यहाँ यह दावा किया जा सकता है कि ये लगभग 13 साल साथ बिता

चुके किसी शादीशुदा कपल के जीवन में आम बात होती है। इस दावे को पूरी तरीक़े से ख़ारिज नहीं किया जा सकता है। साथ ही ये भी उतना ही बड़ा सच है कि ज़्यादातर मामलों में जब कपल तलाक़ के लिए फ़ैमिली कोर्ट जाते हैं तो लम्बे अरसे के कई पुराने रिश्तों के ज़ख़्म भी साथ होते हैं।

3 बीएचके का राज़?

वादामाफ़ गवाह ड्राइवर श्यामवर राय ने अपने बयान में कहा कि शीना की हत्या के ठीक बाद इंद्राणी ने उसको कहा था, 'शीना को अब 3 बीएचके का फ़्लैट मिल गया।' ऐसे में इस बात की पड़ताल करना भी ज़रूरी हो जाता है कि क्या था यह '3 बीएचके' का राज़? इस पर एक क़यास यह लगाया गया कि शीना अपनी माँ इंद्राणी को ब्लैकमेल कर रही थी। शीना मुम्बई के बांद्रा में फ़्लैट माँग रही थी। क्या इसी के चलते इंद्राणी ने शीना को अपने रास्ते से हटाया?[195] अगर यही बात थी तो फिर सवाल यह उठता है कि शीना को परिवारवालों के सामने इंद्राणी के माँ-बेटी वाले राज़ से जो परदा उठाना था, वह तो उठा ही चुकी थी। अपने ईमेल में शीना कह चुकी थी कि उसे इंद्राणी से कुछ नहीं चाहिए। इंद्राणी के सुर भी साफ़ थे कि वह झुक नहीं रही थी। ऐसे में किस आधार पर शीना ने 3 बीएचके का फ़्लैट माँगा होगा और क्यों इंद्राणी ने देने या न देने के बारे में सोचा होगा? बांद्रा में साल 2012 में 3 बीएचके फ़्लैट की क़ीमत लगभग पाँच करोड़ के आसपास हुआ करती थी। 3 बीएचके फ़्लैट का ऐसा क्या गुस्सा था कि शीना की हत्या के बाद इंद्राणी के मुँह से तुरन्त ये बोल निकले थे? क्या यह महज़ 'माँ-बेटी' वाले राज़ को जगज़ाहिर करने की चेतावनी भर थी? या इसका सम्बन्ध कहीं विदेश में छुपे पैसे से भी था?

गिरफ़्तारी के बाद शुरुआती दौर में जब आरोपियों की रिमांड[196] ली जा रही थी तब नवम्बर, 2015 के आख़िरी हफ़्ते में सीबीआई की तरफ़ से कोर्ट में हत्या से जुड़े वित्तीय एंगल को लेकर कुछ बड़ी बातें कही गईं। सीबीआई के अनुसार मुखर्जी दम्पती की कम्पनी *9 एक्स मीडिया प्राइवेट लिमिटेड* ने अपना आन्तरिक ऑडिट किया, जिसमें मार्च, 2009 तक शेयर धारण करने वाली नौ कम्पनियों में पीटर और इंद्राणी द्वारा ग़लत आवंटन और बड़ी राशि की घपलेबाज़ी के मामले पाए गए। सीबीआई के सीरियस फ्रॉड इन्वेस्टिगेशन कार्यालय और आयकर और चार्टर्ड एकाउंटेंट के दस्तावेज़ इस बात की पुष्टि

करते हैं। सीबीआई ने कहा कि मुखर्जी दम्पती ने करोड़ों रुपये का निवेश किया। इंद्राणी और पीटर ने साल 2006-07 के दौरान विभिन्न कम्पनियों का गठन किया। इन कम्पनियों में 900 करोड़ रुपये का निवेश किया, जिसे बाद में घपलेबाज़ी करके विदेशी बैंक अकाउंट में शिफ़्ट कर दिया गया। सीबीआई को शक है कि ये रकम जिस एकाउंट में ट्रान्सफ़र की गई वह शीना के नाम पर था। सीबीआई के मुताबिक़ डीबीएस बैंक सिंगापुर में काम करने वाली गायत्री आहूजा नाम की महिला ने एचएसबीसी सिंगापुर में खाता खुलवाने में इंद्राणी की मदद की थी। जाँच के दौरान पीटर ने सीबीआई से कहा कि हो सकता है एचएसबीसी और हांगकांग और सिंगापुर के अन्य बैंकों में शीना बोरा के नाम पर इंद्राणी ने खाते खुलवाए हों। और आइएनएक्स सौदों से घपला किए गए धन को सिंगापुर में शीना बोरा के एचएसबीसी खाते में भेजा गया हो। यहाँ एक सम्भावना यह भी उभरकर आई कि शीना की हत्या के पीछे वित्तीय कारण भी हो सकता है। सीबीआई ने वित्तीय लेन-देन को शीना की हत्या का उद्देश्य बताया है। इसके बाद उस दौर की मीडिया की रिपोर्टिंग में यह एंगल भी जमकर छा गया।

थोड़े दिनों बाद यह भी ख़बर आई कि सीबीआई ने मुखर्जी के विदेशी बैंक खातों तक पहुँचने के लिए इंटरपोल से मदद माँगी है।[197] सीबीआई ने मुम्बई की एक विशेष अदालत से हत्या के मामले के सम्बन्ध में अनुरोध पत्र (एक तरह का ज्यूडिशियल अनुरोध) जारी करने की अपील की। अनुरोध पत्र को ज़्यादा जानकारी हासिल करने के लिए सिंगापुर, हांगकांग और अमेरिका भेजा गया। इस सबके बीच यह भी याद रखना चाहिए कि महाराष्ट्र के तत्कालीन (2015) मुख्यमंत्री देवेन्द्र फडणवीस ने कहा था कि मुम्बई पुलिस से केस लेकर सीबीआई को ट्रान्सफर करने की एक वजह यह भी थी कि इसमें वित्तीय एंगल भी शामिल था।

फिर आगे जाकर इस तथाकथित 'वित्तीय एंगल' का क्या हुआ? 900 करोड़ रुपये वाली थ्योरी का क्या हुआ? सीबीआई ने हिरासत में लेते वक़्त रिमांड एप्लिकेशन में जो बातें कहीं, उसका बाद में दायर हुई चार्जशीट में कोई ज़िक्र नहीं था। सीबीआई इस मामले में कुल तीन चार्जशीट दाख़िल कर चुकी है और सभी में वह 900 करोड़ वाले एंगल पर ख़ामोश दिखी।[198]

अगस्त, 2021 में सीबीआई ने कोर्ट को बताया कि शीना बोरा हत्याकांड में उसकी जाँच पूरी हो गई है और वह आगे और जाँच नहीं करेगी।[199]

भारतीय राजनीति के लिहाज से वह एक आम-सा दिन था। दलगत राजनीति में जैसा होता है रोज़मर्रा की तरह उस दिन भी सत्ता-पक्ष और विपक्ष में एक-दूसरे पर आरोप लगाने का दौर जारी था। उन दिनों सत्ता पक्ष हमेशा की तरह विपक्ष पर न केवल हावी था, बल्कि वह आत्मविश्वास से भरा हुआ भी नज़र आ रहा था। कुछ ही महीने पहले नरेन्द्र मोदी के नेतृत्व में भारतीय जनता पार्टी (भाजपा) केन्द्र में दूसरी बार पूर्ण बहुमत के साथ सरकार बनाने में कामयाब रही थी। विपक्ष चुनावों में हार को पचा नहीं रहा था और वह सत्ता-पक्ष पर लगाए जा रहे आरोपों के लिए आधार ढूँढ़ रहा था कि तभी विपक्ष को एक ओर ज़ोरदार झटका लगा। कांग्रेस के वरिष्ठ नेता और पूर्व वित्त मंत्री पी. चिदंबरम की गिरफ़्तारी की ख़बर फ़्लैश होने लगी। मीडिया हाउस में सन्नाटा पसर गया। विपक्ष को समझ नहीं आ रहा था कि यह हुआ क्या है? आमजन इस उम्मीद में था कि देखते हैं, पी. चिदंबरम की गिरफ़्तारी की क्या वजह निकलकर आती है? 21 अगस्त, 2019 को जब सीबीआई की टीम पी. चिदंबरम को गिरफ़्तार करके निकली तो मीडिया हाउस चिल्ला उठे। लाइव शो और डिबेट का शोर शुरू हो गया। बताया गया कि पी. चिदंबरम की गिरफ़्तारी आइएनएक्स मामले में हुई है। मीडिया के एक तबक़े ने कहना शुरू कर दिया कि पी. चिदंबरम की गिरफ़्तारी शीना बोरा हत्याकांड की वजह से हुई है। मीडिया के इस दावे से लोग हैरान रह गए। उन्हें तो अभी तक यही पता था कि शीना बोरा का मर्डर तो शीना-राहुल को अलग करने के इंद्राणी-पीटर के मक़सद के तहत किया था। इसमें देश के प्रतिष्ठित और चर्चित राजनेता का लिंक कैसे जुड़ गया? मगर शीना बोरा की हत्या की तरह पी. चिदंबरम की इस गिरफ़्तारी के पीछे भी इंद्राणी मुखर्जी का ही हाथ पाया गया। इंद्राणी ने देश की इस सबसे चर्चित राजनीतिक गिरफ़्तारी के पीछे भी मुख्य भूमिका निभाई।

पी. चिदंबरम की गिरफ़्तारी के तुरन्त बाद ही पीटर-इंद्राणी के प्रोफ़ेशनल और कॉरपोरेट जीवन के बारे में बातचीत शुरू हो गई। ख़ास तौर पर उस दौर की जब से वे एक साथ आए। पीटर ने स्टार पर 'केबीसी', 'क्योंकि सास भी कभी बहू थी', 'कहानी घर घर की' जैसे टीवी प्रोग्राम्स के ज़रिये न सिर्फ़ स्टार टीवी को नम्बर वन बनाया था बल्कि पूरी टीवी इंडस्ट्री की दशा और दिशा दोनों ही बदल दी थीं। इसके बाद पीटर एक किंवदंती बन गया था। पीटर जब अपनी इस सफलता को इंजॉय कर रहा था तभी उसकी ज़िन्दगी में इंद्राणी आई।

इस मामले में सीबीआई का एक गुप्त गवाह[200] था। बाद में उसकी पहचान रवीना राज कोहली के रूप में हुई। रवीना राज कोहली पीटर की पूर्व सहकर्मी और *स्टार न्यूज़* चैनल की पूर्व प्रमुख थी। रवीना राज कोहली ने कहा था—

> मेरी समझ से इंद्राणी षड्यंत्रकारी, जोड़-तोड़ करने वाली और दूसरों पर हावी होने वाली प्रकृति की महिला है।

कोहली के मुताबिक़ इंद्राणी ने उसे बताया था कि वह कोलकाता में एचआर फ़र्म चला रही है। बाद में उसने दिल्ली और बैंगलोर में एजेंसी की ब्रांचेस खोली। थोड़े अरसे में ही वह स्टार को एचआर सपोर्ट की सेवाएँ देने लगी। पीटर से उसकी शादी के वक़्त तक तो स्टार को मिलने वाला मैक्सिमम ह्यूमन रिसोर्स इंद्राणी की कम्पनी से ही आ रहा था। मुझे अपने स्रोतों से पता चला कि पीटर के ज़रिये इंद्राणी ने एचआर कॉन्टैक्ट में हेर-फेर की थी। इंद्राणी स्टार के पेरोल पर नहीं थी, फिर भी पीटर इंद्राणी को कम्पनी के मामलों में इतना हस्तक्षेप करने दे रहा था। वह पीटर के सभी बड़े फ़ैसलों को प्रभावित करती थी।

कोहली ने कहा कि एक बार मुझे पीटर से इंद्राणी के बारे में बातचीत करने का अवसर मिला। चर्चा के दौरान पीटर ने इंद्राणी का उल्लेख अपने 'रिटायरमेंट प्लान'[201] के तौर पर किया। यही कारण था कि पीटर द्वारा मीडिया बिज़नेस सर्कल में इंद्राणी को प्रमोट किया जा रहा था। कोहली ने दावा किया कि पीटर *स्टार* को कंट्रोल करता था तो इंद्राणी अपने निजी फ़ायदे के लिए पीटर की ताक़त का फ़ायदा उठा रही थी। पीटर ने *स्टार* में रहते हुए ही *आइएनएक्स मीडिया कम्पनी* बनाने की योजना बनाई। कोहली के बयान में यह भी कहा गया कि पीटर और इंद्राणी को 'बंटी और बबली' (बंटी और बबली : चालबाज़ लुटेरे फ़िल्मी किरदार) कहा जाता था।[202]

पीटर-इंद्राणी की शादी के ठीक पहले और शादी के ठीक बाद वाले वक़्ती दौर की बात करें तो इस दौरान टीवी इंडस्ट्री में भी कई उतार-चढ़ाव आए। पीटर अब *स्टार* में साइडलाइन हो चुके थे। पीटर ने 2007 में 14 साल की नौकरी के बाद *स्टार इंडिया* छोड़ दिया था। अब पीटर को दूसरी पारी की ज़रूरत थी, जिसमें वह भारत के सबसे बड़े मीडिया मुग़ल कहलाए। इंद्राणी की भी अपनी महत्त्वाकांक्षाएँ थीं। उसकी कम्पनी *आइएनएक्स सर्विसेज* एचआर कंसल्टेंट देती थी। पीटर के सीईओ रहने के दौरान *स्टार इंडिया* को भी इंद्राणी की इस कम्पनी की सेवाएँ मिलीं। मगर इंद्राणी सिर्फ़ एचआर कंसल्टेंट वाली

कम्पनी से सन्तुष्ट नहीं थी। वह और ऊँची उड़ान भरना चाहती थी। इंद्राणी ने ही पीटर को एक नये वेंचर की शुरुआत के लिए तैयार किया। दोनों ने 2007 में मिलकर *आइएनएक्स नेटवर्क*[203] बनाया, जिसकी फ़ाउंडर और सीईओ इंद्राणी ही बनी। पीटर इसलिए नहीं बने, क्योंकि उनका *स्टार* के साथ कॉन्टैक्ट था कि वो किसी नई या राइवल कम्पनी के साथ नहीं जुड़ सकता।

इस *नवोदित* कम्पनी की शुरुआती कामयाबी के पीछे इंद्राणी नहीं बल्कि पीटर का ज़बरदस्त सफल ट्रैक रिकॉर्ड था। पीटर के नाम पर निवेशक और प्रतिभाएँ लाइन लगाकर इस कम्पनी से जुड़ने लगीं। पीटर-इंद्राणी के पास *आइएनएक्स मीडिया* का 50 प्रतिशत हिस्सा था। बाक़ी का 50 प्रतिशत पीई (प्राइवेट इक्विटी थी। इसमें टेमसेक के 20 प्रतिशत, न्यू सिल्क रूट एडवाइज़र के 20 प्रतिशत और कोटक महिंद्रा बैंक एंड न्यू वेरनॉन के क़रीब 10.01 प्रतिशत थे) थी। उनके न्यूज़ चैनल *न्यूज़-एक्स* के लिए हाई-प्रोफ़ाइल सम्पादक वीर सांघवी को नियुक्त किया गया। (एक समय में लेखक भी *न्यूज़-एक्स* चैनल से जुड़ा।) पीटर-इंद्राणी की जोड़ी अपनी इस नई कम्पनी के ज़रिये क़रीब 750 करोड़ रुपये की पूँजी जुटाने में सफल रही। उन्होंने पहले म्यूज़िक चैनल *9 एक्सएम* को लॉन्च किया। उसके बाद एक *जीईसी* (जनरल एंटरटेनमेंट चैनल) *9 एक्स* को 2007 में लॉन्च किया गया। *न्यूज़-एक्स* नाम के न्यूज़ चैनल की शुरुआत 2008 में की गई। आ‌ो की योजना कुल 11 चैनलों को लॉन्च करने की थी। इसके लिए वे कुछ रीज़नल (भाषायी) मार्केट को टटोल रहे थे। भले ही निवेशक पीटर की साख पर आए थे मगर कम्पनी का असली कंट्रोल इंद्राणी के पास ही था।

लेखक ने बाद में जब न्यूज़-एक्स चैनल ज्वॉइन किया तब उसे कई पूर्व और वहाँ कार्यरत कर्मचारियों से क़िस्से और जानकारियाँ सुनने को मिलीं। आइएनएक्स मीडिया में पीटर मुखर्जी एडवरटाइज़मेंट, फ़ाइनेंस, डिस्ट्रीब्यूशन, रिवेन्यू और स्टूडियो सेटअप करने जैसे तकनीकी पहलू देख रहा था। दूसरी तरफ़ इंद्राणी कंटेंट, ह्यूमन रिसोर्स और मार्केटिंग देख रही थी। प्रोग्रामिंग कंटेंट (कार्यक्रम और शो) किसी भी चैनल का सबसे महत्त्वपूर्ण हिस्सा होते हैं। इसका अनुभव होते हुए भी पीटर इसे नहीं देख रहा था। इस मामले में अनुभवहीन इंद्राणी उस विभाग को देख रही थी, जो प्रोग्रामिंग कंटेंट की दुनिया से जुड़े लोगों के लिए अजीब बात थी।

आइएनएक्स पर पहले साल में ही इतना ज़बरदस्त ख़र्च किया गया कि मीडिया पर नज़र रखने वाले चौंक गए। एक अनुमान के मुताबिक़ प्रोग्रामिंग

पर 360 करोड़, डिस्ट्रीब्यूशन पर 150 करोड़ और मार्केटिंग पर 100 करोड़ रुपये ख़र्च किए गए। इसके अलावा ऑफ़िस, कर्मचारियों के लिए सुविधा वग़ैरह पर भारी रकम ख़र्च की गई। कम्पनी का शानदार ऑफ़िस मुम्बई के लैमिंग्टन रोड इलाक़े में था। इसी अरसे में कई बार शीना (बतौर इंद्राणी की बहन) और विधि का इस ऑफ़िस में आना-जाना हुआ।

कम्पनी के नाकाम होने पर कॉस्ट कंट्रोल में असफलता या जान-बूझकर ज़्यादा किए गए ख़र्चों में से कोई भी आरोप लगे, मगर इतना तो तय था कि दो साल का अनुमानित ख़र्च 800 करोड़ रुपये से ज़्यादा हुआ। इतनी ज़्यादा हाइप हुई थी कि उसका फ़ायदा शुरुआत में कम्पनी को मिला भी। कुछ अरसा चैनलों ने अच्छा प्रदर्शन किया। मगर आगे जाकर उनका पतन हो गया। भारी ख़र्चे वाली इस कम्पनी को आख़िरकार पैसे की कमी खलने लगी। 2008 ख़त्म होते-होते फिर से पीटर-इंद्राणी फंडिंग के लिए मार्केट में उतर चुके थे, लेकिन इस बार कोई उन पर पैसा लगाने को तैयार नहीं था। एक तरफ़ चैनलों कि ख़राब परफ़ॉरमेंस और दूसरी तरफ़ बेलगाम ख़र्च जैसी ख़बरें निवेश बाज़ार में फैल चुकी थीं। इसके अलावा, वीर सांघवी समेत कई अन्य बड़े नामी पत्रकारों को दर्जनों अन्य स्टाफ़ मेम्बर्स की बेइज़्ज़ती (और कई को धकियाते हुए) करके अचानक निकाल दिया गया था। इस ख़बर से बड़ा हंगामा खड़ा हुआ, जिन्हें नहीं पता था उन्हें भी पता चल गया कि पीटर-इंद्राणी की कम्पनी में सब कुछ ठीक नहीं है।

अपनी शुरुआत के महज़ डेढ़ साल के अन्दर ही यह कम्पनी मार्केट वाचर्स को डूबता हुआ जहाज़ लगने लगी। ज़ाहिर है कि कोई डूबते जहाज़ पर सवार नहीं होना चाहता था, इसलिए पीटर-इंद्राणी फ़ंड जुटाने में असफल रहे। पीटर के बारे में कहा जाने लगा कि वह *स्टार* में जितना ज़्यादा सफल था, *आइएनएक्स* में उतना ही नाकाम रहा। पीई (प्राइवेट इक्विटी) वाले निवेशक भी अब पीटर-इंद्राणी से नाराज़ थे। आख़िरकार, पीटर (चेयरमैन एंड चीफ़ स्ट्रैटजी ऑफ़िसर) और इंद्राणी (सीईओ) को अपने पदों से हटना पड़ा। 2009 के पहले कुछ महीनों में दोनों कम्पनी में अपने पदों से हट गए। दोनों कम्पनी में अपना हिस्सा *पीई* (प्राइवेट इक्विटी) निवेशकों को बेचकर कम्पनी से अलग हो गए। पीटर-इंद्राणी इंग्लैंड शिफ़्ट हो गए।[204]

पीटर-इंद्राणी के जाने के बाद अब नये मालिकों ने *आइएनएक्स* की गाड़ी पटरी पर लाने की कोशिश की। इसी के तहत *न्यूज़-एक्स* (*आइएनएक्स* का न्यूज़ चैनल) को एक दूसरी कम्पनी *इंडी मीडिया* को बेच दिया गया। इंडी

मीडिया इंदौर का मशहूर अख़बार *नई दुनिया* चलाती थी। इस कम्पनी को विनय छजलानी लीड कर रहे थे। इस बार बिज़नेस *वर्ल्ड* पत्रिका के पूर्व सम्पादक जहाँगीर पोचा को *न्यूज़-एक्स* का एडिटर बनाया गया।[205] मैंने *न्यूज़-एक्स* चैनल मुम्बई में बतौर रेसिडेंट एडिटरज्वॉइन किया। एडिटर जहाँगीर पोचा, न्यूज़ चैनल के हेड ऑफ़िस नोएडा में बैठते थे। मेरा ऑफ़िस लैमिंग्टन रोड का वही दफ़्तर था, जहाँ से कुछ महीने पहले तक *आइएनएक्स* को पीटर-इंद्राणी चलाते थे। ज्वॉइन करने के बाद मुझे एहसास हुआ कि कैसे भारी ख़र्च हो रहा है और इन्तज़ाम ज़रूरत से ज़्यादा है। इसी वजह से ख़र्च बढ़ रहा था। इस एक्स्ट्रा बोझ को कम किए जाने की ज़रूरत थी। पुराने कर्मचारियों ने भी अपने इनपुट दिए। मैंने इस बारे में तब एडिटर जहाँगीर पोचा से बात की। उन्होंने मुझे बताया कि मैनेजमेंट को पता चला है कि पीटर-इंद्राणी के कार्यकाल के दौरान कई बार मार्केट से सेवाएँ (कार रेंटल आदि), सामान या तकनीकी इक्विपमेंट जान-बूझकर दो से तीन गुना ज़्यादा दाम पर लिये गए। बिलों को और ख़र्चों को बढ़ा-चढ़ाकर बताया गया। जहाँगीर पोचा की इस बात की पुष्टि बाद में कम्पनी की आन्तरिक आर्थिक जाँच में भी हुई।

पीटर की पूर्व सहकर्मी और स्टार न्यूज़ चैनल की पूर्व प्रमुख रवीना राज कोहली ने सीबीआई को दी जानकारी में बताया कि उन्हें मीडिया में अपने सूत्रों के माध्यम से पता चला कि इंद्राणी और पीटर ने कम्पनी के पैसे का इस्तेमाल नकली प्रोडक्शन कम्पनियों से रिश्वत लेने के लिए किया। इंद्राणी और पीटर ने किक बैंक के माध्यम से इस पैसे को विदेश में कुछ अज्ञात बैंक खातों में जमा किया, जो 'एचएसबीसी सिंगापुर या हांगकांग' हो सकता है। इंद्राणी-पीटर ने कम्पनी के पैसे का इस्तेमाल नकली प्रोडक्शन कम्पनियों से रिश्वत लेने के लिए किया था।[206]

आइएनएक्स के बिज़नेस एंगल से हुए इस गड़बड़झाले और पतन का राजनैतिक परिदृश्य भी है, जिसमें इंद्राणी की वजह से पूर्व केन्द्रीय वित्त और गृहमंत्री पी. चिदम्बरम को जेल जाना पड़ा। इस गिरफ़्तारी ने देश की राजनैतिक व्यवस्था को हिलाकर रख दिया था।

आइएनएक्स नेटवर्क में कई एंटरटेनमेंट और एक न्यूज़ चैनल भी था। इससे जुड़ी कम्पनी के निवेश को लेकर बड़ा खेल हुआ। पीटर-इंद्राणी मुखर्जी को अपने नये वेंचर के लिए निश्चित रूप से बड़ी पूँजी की आवश्यकता थी, जिसका भार वे अकेले वहन नहीं कर सकते थे। इसलिए उन्होंने एफडीआई (फ़ॉरेन डायरेक्ट इनवेस्टमेंट) का रास्ता चुना। इसके ज़रिये विदेशी कम्पनियों

द्वारा उनकी कम्पनी में निवेश करवाकर पूँजी जुटाई जा सकती थी। पर इसके लिए सरकारी अनुमति (एफआईपीबी) की आवश्यकता थी।

एफ़आईआर[207] के मुताबिक़, जानकारी कुछ इस तरह से है। *आइएनएक्स मीडिया प्राइवेट लिमिटेड* ने *फॉरेन इन्वेस्टमेंट प्रमोशन बोर्ड* (एफआईपीबी) से टीवी चैनलों के नेटवर्क शुरू करने और चलाने के लिए अनुमति माँगी। इस कम्पनी ने *आइएनएक्स न्यूज़ प्राइवेट लिमिटेड* के लिए भी 26 प्रतिशत आर्थिक निवेश की अनुमति माँगी। *एफ़आईपीबी* ने एंटरटेनमेंट चैनलों के लिए *आइएनएक्स मीडिया* के लिए तो अनुमति दे दी पर न्यूज़ चैनल के लिए *आइएनएक्स मीडिया* द्वारा *आइएनएक्स न्यूज़* में निवेश की अनुमति नहीं दी। *आइएनएक्स मीडिया* ने अनुमति की शर्तों का उल्लंघन करते हुए *आइएनएक्स न्यूज़* में 26 प्रतिशत का निवेश किया। साथ ही *आइएनएक्स मीडिया* को सिर्फ़ 4.62 करोड़ की अनुमति मिली थी, मगर उसने 305 करोड़ का निवेश लिया। जब मामला खुलना शुरू हुआ तो *आइएनएक्स मीडिया* ने कार्रवाई से बचने के लिए कार्ति चिदंबरम (तत्कालीन केन्द्रीय वित्त मंत्री पी. चिदंबरम के बेटे) की मदद ली। 2008 में एक जाँच एजेंसी की जाँच में ये सब गड़बड़ियाँ पाई गईं। इन गड़बड़ियों के निपटारे के लिए *आइएनएक्स मीडिया* ने एक 'चेस मैनेजमेंट सर्विस प्राइवेट लिमिटेड कम्पनी' से क़रार किया। कार्ति चिदंबरम इस कम्पनी के फ़ाउंडर-डायरेक्टर थे। कथित रूप से ख़ुद को बचाने के लिए *आइएनएक्स मीडिया* ने चिदंबरम के बेटे कार्ति के साथ मिलकर अफ़सरों को प्रभावित करने का प्रयास किया। फिर नियमों में हेर-फेर कर और *आइएनएक्स मीडिया* के निवेश को जान-बूझकर छिपाकर केन्द्रीय वित्त मंत्रालय द्वारा मान्य करा लिया गया। इस मामले में यह भी कहा गया कि कार्ति चिदंबरम की सेवाओं के बदले उनसे जुड़ी कम्पनियों को इंद्राणी और पीटर मुखर्जी के मीडिया हाउस से फ़ंड ट्रान्सफर हुआ था, जो एक तरह से रिश्वत थी।

इस गड़बड़ी का पाया जाना और जाँच का आग़ाज़ 2014 के पहले की तत्कालीन यूपीए सरकार के कार्यकाल में ही हो गया था। मगर आगे जाकर 2014 में केन्द्र में सरकार बदली। अब एक तो गड़बड़ी थी, फिर नई सरकार की इच्छा (राजनैतिक फ़ायदा) भी थी। लिहाज़ा, अलग-अलग जाँच एजेंसियों ने शिकंजा कसना शुरू कर दिया।

2018 में इस मामले में कार्ति चिदंबरम को गिफ़्तार किया गया। जाँच एजेंसियाँ कार्ति के पिता पी. चिदम्बरम पर भी शिकंजा कसना चाहती थीं। उसके लिए उन्हें कुछ ठोस सबूत चाहिए थे। मामले की चार्जशीट में पी. चिदंबरम,

पीटर-इंद्राणी मुखर्जी समेत 14 आरोपियों के नाम शामिल थे, इसलिए इंद्राणी के लिए तो जैसे यह एक मौक़ा था।

सीबीआई द्वारा कार्ति चिदंबरम, मुखर्जी, *आइएनएक्स मीडिया* और अन्य के ख़िलाफ़ उस साल 15 मई को मामला दर्ज करने के बाद इंद्राणी ने इससे अपना फ़ायदा उठाने की सोची। *हिन्दुस्तान टाइम्स*[208] की रिपोर्ट के अनुसार, इंद्राणी ने मुम्बई की भायखला जेल से तत्कालीन वित्त मंत्री अरुण जेटली (2017) को पत्र लिखा।

इंद्राणी ने अरुण जेटली को लिखे अपने पत्र में कहा—

> *आइएनएक्स मीडिया* केस, जिसमें कार्ति मुख्य आरोपी हैं, मेरे पास केसी और पीसी (कार्ति चिदंबरम और पी. चिदंबरम) दोनों के शामिल होने सम्बन्धी जानकारी है, जो सीबीआई के लिए उपयोगी साबित हो सकती है। मैं गवाही देने के लिए तैयार हूँ। इसके लिए मैं शीना और *आइएनएक्स मीडिया* से सम्बन्धित दोनों मामलों पर आपका मार्गदर्शन चाहती हूँ। मैं आपको एक दोस्त के साथ-साथ ऐसा व्यक्ति भी मानती हूँ जो किसी भी अन्याय और भ्रष्टाचार को बर्दाश्त नहीं करेगा। कृपया मुझे अगले क़दमों के बारे में सलाह दें ताकि इस तरह के कदाचार के लिए ज़िम्मेदार लोगों की छँटाई करने में आपकी मदद कर सकूँ। साथ ही 2012 में अपनी बेटी शीना के लापता/सम्भावित निधन के बारे में अपनी बेगुनाही साबित कर सकूँ। मैं आपके या आपके डिप्टी से सुनने का इन्तज़ार कर रही हूँ।

इस पत्र को जेटली के ऑफ़िस द्वारा सीबीआई को फ़ॉरवर्ड कर दिया गया।

जेटली को यह पत्र लिखे जाने के बाद ही सीबीआई ने भायखला जेल में इंद्राणी मुखर्जी से सम्पर्क किया और आपराधिक प्रक्रिया संहिता (सीआरपीसी) की धारा 161 के तहत उसने जाँच अधिकारी के समक्ष अपना पहला बयान दर्ज कराया। इंद्राणी इस मामले में अप्रूवर (वादामाफ़ गवाह या सरकारी गवाह) बन गई। वह भी तब जब वह ख़ुद शीना बोरा की हत्या के मामले में मुख्य आरोपी थी। उसके ख़िलाफ़ सबसे बड़ा साक्ष्य उसका सह-आरोपी से वादामाफ़ गवाह बना ड्राइवर श्यामवर राय था। *आइएनएक्स* मामले में इंद्राणी ने जाँच एजेंसी को बयान दिया कि चिदंबरम उस वक़्त केन्द्रीय वित्त मंत्री थे और पीटर ने मुश्किलों के समाधान के लिए उनसे मिलना तय किया। पीटर ने कहा कि कथित अनियमितताओं से सम्बन्धित मसले को कार्ति चिदंबरम की

सलाह और मदद से सुलझाया जा सकता है, क्योंकि उनके पिता ही वित्त मंत्री हैं। इंद्राणी मुखर्जी ने जाँच एजेंसियों के सामने अपने बयान में कहा कि वित्त मंत्री रहने के दौरान पी. चिंदबरम ने उसके पति पीटर मुखर्जी से अपने बेटे कार्ति चिदंबरम के कारोबार में मदद करने को कहा था। इंद्राणी ने बताया कि कार्ति से उसकी और पीटर की मुलाक़ात दिल्ली के एक होटल में हुई थी।[209]

इंद्राणी ने अपने बयान में आगे कहा—

> कार्ति ने इस मामले को सुलझाने के लिए 10 लाख रुपये रिश्वत के तौर पर माँगे।[210] कार्ति ने कहा कि उनके किसी ओवरसीज बैंक अकाउंट या असोसिएट के बैंक अकाउंट में यह रकम जमा करनी होगी ताकि मामले को सुलझाया जा सके। पीटर ने कहा कि ओवरसीज ट्रान्सफ़र सम्भव नहीं है तो कार्ति ने दो फ़र्म *चेस मैनेजमेंट* और *एडवांटेज स्ट्रैटजिक* में पेमेंट करने का सुझाव दिया।

इंद्राणी के वादामाफ़ गवाह बनने के दस दिन बाद ही पी. चिदम्बरम को गिरफ़्तार कर लिया गया। देश के गृहमंत्री और वित्तमंत्री रहे इस राजनेता के लिए यह बहुत बड़ा झटका था।

पी. चिदंबरम की इस गिरफ़्तारी पर इंद्राणी की प्रतिक्रिया भी दिलचस्प थी। उसने कहा—

> उनकी (चिदंबरम) गिरफ़्तारी अच्छी ख़बर है। वह अब चारों ओर से घिर गए हैं।[211]

अदालत में कार्ति और उनके पिता पी. चिदंबरम ने अपने ऊपर लगे आरोपों से इनकार किया। आगे जाकर उन्हें ज़मानत भी मिल गई। यह केस अभी भी अपने अन्तिम मक़ाम तक नहीं पहुँचा है। पर, किताब अपने आख़िरी मक़ाम तक ज़रूर पहुँच गई है।

उपसंहार

18 मई, 2022 के दिन भायखला जेल के बाहर मीडियाकर्मियों का जमावड़ा लगा है। देश के हाई-प्रोफ़ाइल मर्डर केस की मुख्य आरोपी इंद्राणी मुखर्जी को सुप्रीम कोर्ट ने जमानत दे दी है। इंद्राणी को जमानत तो एक दिन पहले ही मिल गई थी पर काग़ज़ी कार्रवाई पूरी न होने के चलते उसे रिहा नहीं किया जा सका था। अब उसे रिहा किया जा रहा है। देश के विभिन्न न्यूज़ चैनल्स और अख़बारों के स्थानीय संवाददाता उसके इन्तज़ार में खड़े हैं। वे अपने माइक्स और कैमरों के साथ उससे पूछे जाने वाले सवालों को तैयार कर रहे हैं। लगभग एक घंटे से ज़्यादा वक़्त से वे लोग उसका इन्तज़ार कर रहे हैं। इन्तज़ार के इस समय को काटने के लिए वे आपस में बातचीत करते हैं। इस केस की, इसकी जाँच की और कार्रवाही की भी।

सुप्रीम कोर्ट द्वारा ज़मानत दिये जाने से पहले इंद्राणी की कई ज़मानत याचिकाएँ अलग-अलग अदालतों द्वारा ख़ारिज की जा चुकी थीं। सिवा एक बार के, जब इंद्राणी को एक दिन के लिए जमानत मिली थी। उसके पिता उपेंद्र बोरा का 15 दिसम्बर, 2016 को असम में निधन हो गया था। इंद्राणी ने पिता के अन्तिम संस्कार में शामिल होने के लिए ज़मानत अर्जी दी थी। मगर इंद्राणी के बेटे मिखाइल ने एक और अर्ज़ी दाख़िल कर इंद्राणी की ज़मानत का विरोध किया। मिखाइल ने अपनी अर्ज़ी में कहा कि मेरी बहन शीना को मारने और परिवार को बर्बाद करने की आरोपी इंद्राणी को अगर असम भेजा जाता है तो मीडिया और बाक़ी लोगों के जमावड़े से अव्यवस्था और ग़ैरज़रूरी अशान्ति फैलेगी। मिखाइल की अर्ज़ी पर विचार करते हुए अदालत ने इंद्राणी को असम जाने की इजाज़त नहीं दी।[212] मगर अदालत ने इंद्राणी को पिता के अन्तिम संस्कार से जुड़ी रस्में मुम्बई में ही पूरा करने के लिए एक दिन की ज़मानत दे दी। इंद्राणी ने 27 दिसम्बर, 2016 को मुम्बई में ब्राह्मण सेवा समिति में पुलिस निगरानी में पिता के अन्तिम संस्कार से जुड़ी रस्म पूरी की और शाम को वापस भायखला जेल लौट गई।[213]

इसी ज़मानत अर्ज़ी की सुनवाई में एक और दिलचस्प बात हुई। अदालत जब दिन का कामकाज ख़त्म करके उठने को थी तो इंद्राणी ने कहा कि उसने जेल में अपने सह-क़ैदियों की हालत देखी है। उसे अब सिंपल लाइफ़ जीनी है, इसलिए वह अपनी 75 फ़ीसदी सम्पत्ति दान करना चाहती है। जज ने कहा कि ऐसा करने के लिए इंद्राणी को कोर्ट की अनुमति की ज़रूरत नहीं है। इसके साथ ही इंद्राणी ने कहा कि उसे नहीं पता कि उसका क़ानूनी अंजाम क्या होगा, इसलिए वह अपने ऑर्गन (अंग) दान करना चाहती है। जज ने तब पीटर से पूछा कि क्या वह भी अपने अंग दान करना चाहता है? पीटर ने जवाब देते हुए कहा कि उसके सारे अंग ठीक से काम कर रहे हैं और उन्हें दान करने का उसका कोई इरादा नहीं है।[214]

अगर उपरोक्त एक दिन की ज़मानत को छोड़ दें तो इंद्राणी की कई सारी ज़मानत याचिकाएँ 2016 से 2021 के बीच ख़ारिज की चुकी थीं।[215]

इंद्राणी ने सबसे पहले 2016 में मेडिकल आधार पर ज़मानत याचिका दायर की थी। इस ज़मानत याचिका को विशेष अदालत ने ख़ारिज कर दिया था। दूसरी ज़मानत याचिका सितम्बर, 2017 में ख़ारिज कर दी गई। इस याचिका को ख़ारिज करते हुए विशेष अदालत ने कहा था कि वह जेल के अन्दर सुरक्षित रहेगी। नवम्बर, 2018 में उसकी तीसरी याचिका को विशेष अदालत ने यह कहते हुए ख़ारिज कर दिया कि अगर वह रिहा हो जाती है तो वह सबूतों और गवाहों के साथ छेड़छाड़ कर सकती है।

2019 में विशेष अदालत ने भी इंद्राणी की एक ज़मानत अर्ज़ी ख़ारिज कर दी थी।

6 अगस्त, 2020 को फिर से उसकी ज़मानत इस आधार पर ख़ारिज कर दी गई कि वह एक प्रभावशाली व्यक्ति होने के नाते गवाहों को प्रभावित कर सकती है।

जुलाई, 2021 में स्पेशल सीबीआई कोर्ट ने इंद्राणी की ज़मानत याचिका ख़ारिज कर दी। स्पेशल जज ए.एस. सैयद ने पाँच पेज के ऑर्डर में एक जगह लिखा कि अपराध में एक्टिव भागीदारी के बारे में प्रथम दृष्ट्या सबूत हैं।

16 नवम्बर, 2021 को बॉम्बे हाईकोर्ट ने उसकी ज़मानत याचिका ख़ारिज कर दी थी।

बॉम्बे हाईकोर्ट ने इंद्राणी की ज़मानत याचिका को ख़ारिज करते हुए कहा कि परिस्थितिजन्य साक्ष्य के रूप में सामग्री ने हत्या में उसकी प्रत्यक्ष संलिप्तता का दृढ़ता से समर्थन किया। हाईकोर्ट ने कहा—

> यहाँ तक कि अगर ट्रायल शुरू हो गया है तो इसमें कुछ समय लगने की सम्भावना है पर यह वर्तमान मामले में रिहाई का आधार नहीं हो सकता। विशेष रूप से आरोपी द्वारा किए गए कथित अपराध की प्रकृति को देखते हुए, जिसके लिए अभियुक्त के अपराध को साबित करने के लिए बड़ी संख्या में गवाहों की आवश्यकता होती है। फिर भी एक साल से अधिक समय तक चलने वाली महामारी के कारण मुक़दमे में देरी हुई, जिसे अभियोजन पर दोष नहीं दिया जा सकता है।

इस सबके बावजूद, अब उसे सुप्रीम कोर्ट ने ज़मानत दे दी है।[216]

सुप्रीम कोर्ट की जस्टिस एल. नागेश्वर राव, जस्टिस बीआर गवई और जस्टिस एएस बोपन्ना की बेंच ने नवम्बर, 2021 में बॉम्बे हाई कोर्ट द्वारा ज़मानत याचिका ख़ारिज करने के आदेश के ख़िलाफ़ दायर विशेष अनुमति याचिका में यह ज़मानती आदेश पारित किया। सुप्रीम कोर्ट ने इंद्राणी को इस तथ्य पर विचार करते हुए ज़मानत दी कि वह 6.5 साल से हिरासत में है। इसके बावजूद, मुक़दमे के जल्द पूरा होने की सम्भावना नहीं है। सुप्रीम कोर्ट ने कहा—

> मामला परिस्थितिजन्य साक्ष्यों पर आधारित है और अगर अभियोजन पक्ष 50 प्रतिशत गवाहों को छोड़ भी देता है तो भी मुक़दमा जल्द ख़त्म होने की सम्भावना नहीं है।

इंद्राणी के घर के बाहर जमा पत्रकार भी परेशान हैं। इधर-उधर घूम रहे हैं, माइक और कैमरों के साथ। तभी एक गाड़ी आकर रुकती है। पत्रकार दौड़कर गाड़ी के पास पहुँचते हैं और उसे तीन ओर से घेर लेते हैं। सवाल पूछने के लिए उनके माइक और रिकॉर्ड करने के लिए कैमरे पूरी तरह तैयार हैं। गाड़ी में से एक के बाद एक तीन महिलाएँ उतरती हैं। गाड़ी थोड़ा पीछे हटती है और तीनों महिलाएँ पत्रकारों के सामने आ खड़ी होती हैं। मीडियाकर्मी तीनों महिलाओं को चारों ओर से घेर लेते हैं। उन महिलाओं में दो महिलाओं ने कुर्ती-जींस पहन रखा है। बाएँ वाली महिला काले-सफ़ेद चेक की कुर्ती पहने है तो बाएँ वाली सफ़ेद कपड़े पर फूलों की छाप वाली कुर्ती पहने है। उनके बीच में जो महिला है, उसने हल्के-सफ़ेद रंग का कुर्ता-सलवार पहना हुआ है। इसी मैचिंग का उसके गले में दुपट्टा पड़ा है। उसका खिला हुआ चेहरा

चमक रहा है, ख़ुशी और आत्मविश्वास से...बिना किसी लज्जा या अपराधबोध के। उसके घने, काले और सिल्की बालों के बीच निकली माँग सिंदूर से भरी है और चमकदार माथे पर गोल बिंदिया लगी है। थ्रेडिंग एकदम चाँद के आकार में बनी है। पलकों को बहुत अच्छे से सँवारा गया है। लिपस्टिक नें लिपटे होंठ हँसी से बार-बार खुलते और फैलते हैं। हँसने से उसकी आँखों की चमक और बढ़ जाती है। यही इंद्राणी है।

जेल से निकलने के तुरन्त बाद इंद्राणी की इस चमक-दमक को देखकर सामने खड़े पत्रकारों में हैरानी भरी एक ख़ामोश लहर दौड़ जाती है। लगता है वह जेल से नहीं किसी ब्यूटीपार्लर से निकलकर आ रही है। किसी ने कुछ नहीं पूछा। लम्हे भर के लिए सब उसे टकटकी लगाए देखते रहे। यह इंद्राणी का अप्रत्याक्षित रूप था। कम-से-कम उस वक़्त के लिए तो। यह उस इंद्राणी से एकदम उलट इंद्राणी थी, जो पिछले साढ़े छह सालों से जेल में थी। उसकी हर पेशी के दौरान उसके काले बाल सफ़ेद से सफ़ेदतर होते गए। गले की हड्डियाँ और हाथों की नसें उभर आईं। उसके कपड़े किसी मिडिल क्लास अधेड़ उम्र की औरत के से होते थे। चेकदार कोई पुराना कुर्ता और उस पर गले में लिपटा काला दुपट्टा। महिला पुलिसकर्मियों से घिरी हुई। उभरी हुई नसों से भरे हाथों में मुक़दमे के काग़ज़ात लिये और उन पर अन्दर धँसी नज़र गड़ाए उन्हें पढ़ते हुए। उसके सिर के बीच के हिस्से के सभी बाल एकदम सफ़ेद हो गए थे। कानों के पास और पीछे के हिस्से के बाल हालाँकि अभी भी काले थे। पत्रकारों को देखकर वह लगातार मुस्कुरा रही थी। उसकी मुस्कुराहट के जवाब में शिष्टाचारवश पत्रकार भी मुस्कुराए और फिर एकदम सवालों का शोरगुल शुरू हुआ, एक महिला पत्रकार ने उससे विधि के बारे में पूछा।[217]

इस पर इंद्राणी ने जवाब दिया—"मैं विधि से अभी बात नहीं कर सकती। एक बार उसकी गवाही हो जाए उसके बाद उससे बात कर सकती हूँ। तो शायद मैं कोर्ट से रिक्वेस्ट करूँगी कि उसकी गवाही जल्द से जल्द हो।"

इसके तुरन्त बाद दूसरी महिला पत्रकार पूछती है, "इंद्राणी, अब क्या फ्यूचर प्लान है?"

इंद्राणी दूसरी महिला पत्रकार के सवाल का जवाब देती, इससे पहले एक दूसरा पत्रकार उससे कहता है, "मैडम, हिन्दी में बताएँ..." एकाएक बहुत सारे पत्रकार एक साथ बोल उठते हैं। गाड़ियों के हॉर्न का शोर और पत्रकारों के एक साथ बोलने पर इंद्राणी अपनी आवाज़ को थोड़ा ऊँची करती हुई कहती है—

"हिन्दी में, ये यही पूछ रही हैं कि..." तुरन्त कई आवाज़ों का मिला-जुला शोर होता है और इंद्राणी विधि के बारे में जो अंग्रेज़ी में कहा था उसे हिन्दी में दोहराती है।

कई पत्रकार एक साथ अलग-अलग पूछते हैं। इंद्राणी उनकी तरफ़ देख रही है, उनकी बातों को समझते हुए और ख़ुद को जवाब देने के लिए तैयार करते हुए। आवाज़ लगातार आ रही है, गाड़ियों के हॉर्न्स और ट्रैफ़िक की।

"मैम, आपको कैसा लग रहा है, आप साढ़े छह साल बाद जेल से निकली हैं, कैसा महसूस हो रहा है?"

"ख़ुशी तो बहुत हो रही है," इंद्राणी जवाब देने के साथ ही हँसती है, "ख़ुशी तो बहुत हो रही है," (पास से गुज़रती हुई गाड़ी के हॉर्न की आवाज़ सुनाई देती है) "इसके अलावा और कोई इमोशंस नहीं है। लेकिन सबको इंडिया के क़ानून के ऊपर भरोसा रखना चाहिए, (बोलने के एक्सप्रेशन को ज़ाहिर करने के लिए दायाँ हाथ ऊपर-नीचे होता है) भले ही थोड़ा टाइम, लेकिन न्याय होता है," वह फिर हँसने लगती है। बिन आवाज़ की हँसी।

एक महिला पत्रकार सवाल करती है। उसकी आवाज़ ट्रैफ़िक के शोर में दब जाती है। इंद्राणी उसे देखकर हँसती है और थोड़ा पीछे को खिसकती है। वह महिला पत्रकार के सवाल के जवाब में अस्पष्ट-सा जवाब देती है।

इंद्राणी अपनी दाईं ओर के पत्रकारों की ओर देखती है और हँसती है। उसके सामने खड़े पत्रकारों के पीछे खड़ी एक महिला पत्रकार उससे पूछती है, "आपका फ्यूचर प्लान क्या है?"

इंद्राणी उसकी ओर न देखकर लगातार मुस्कुराते हुए बाईं ओर के पत्रकारों को देखती है और फिर से हँसती है, "प्लान नहीं है अभी कुछ। प्लान नहीं है।"

"जेल के दिन कितने बुरे रहे," एक पत्रकार पूछता है। उसके साथ ही एक महिला पत्रकार कहती है, "क्या आप कोई संस्मरण लिख रही हैं?"

जवाब में इंद्राणी कहती है, "संस्मरण तो नहीं, मगर कुछ लिख तो ज़रूर रही हूँ।"

सवाल, "एक किताब?"

इंद्राणी, "हाँ।"

एक महिला पत्रकार अस्पष्ट आवाज़ में कुछ पकने-पकाने के बारे में सवाल करती है। इंद्राणी इस पर मुस्कुराती हुई 'हाँ' कहती है।

कई अस्पष्ट आवाज़ें। सवालों और जवाबों का शोरगुल।

"मैम साढ़े छह साल पहले के समय में, साढ़े छह साल बाद आप जेल

से निकली हैं, कितना कुछ बदल गया है इस समय में," एक पत्रकार उससे सवाल करता है।

"अभी तो मैं जेल से गाड़ी से यहाँ आई हूँ, अभी तो कुछ मालूम नहीं है। अभी बाहर देखेंगे।"

"अपने घर के अन्दर जब आपने एंट्री की तो कैसा महसूस हुआ? घर ख़ाली-ख़ाली-सा लगा?" एक महिला पत्रकार सवाल करती है।

"अभी कुछ महसूस नहीं हुआ। दोनों साथ हैं ना, इसलिए घर ख़ाली नहीं लगेगा," इंद्राणी अपने अग़ल-बग़ल खड़ी दोनों महिलाओं की ओर हाथों से इशारा करते हुए कहती है।

"मैम, जैसा आप छोड़कर गई थीं, वैसा ही है...सजा हुआ?" ठीक सामने खड़ी महिला पत्रकार सवाल करती है।

"हाँ-हाँ..." इंद्राणी कहती है, "सजा हुआ है।"

एक साथ कई पत्रकार बोलने लगते हैं। इंद्राणी की बाइट लेने के लिए कहते हैं। पत्रकारों को आपस में बात करता देख इंद्राणी दाएँ हाथ से अपने बाल सँवारने लगती है। उसके बाद बाएँ हाथ से। वह लगातार अपने आपको चुस्त-दुरुस्त कर रही है। ऐसे ही जैसे कि वह गाड़ी से उतरने के दौरान लग रही थी।

कई महिला पत्रकार मामले को लेकर सवाल करती हैं। इसी बीच एक दूसरी महिला पत्रकार उससे पूछती है, "इंद्राणी, उस एप्लिकेशन का क्या, जिसमें शीना के जीवित होने के बारे में दावा किया गया था?"

"मैं केस के बारे में इस वक़्त कोई बात नहीं कर सकती। मामला अभी कोर्ट के सामने है," इंद्राणी सीने पर अपने हाथ हिलाते हुए जवाब देती है, "आपने कुछ भी पूछना है इनसे (अपनी लॉयर की तरफ़ इशारा करते हुए) पूछिए।" इंद्राणी ने कोई जवाब नहीं दिया।

एक महिला पत्रकार उसके जवाब को लेकर ही सवाल करती है पर इंद्राणी कोई जवाब नहीं देती। एक पत्रकार केस से सम्बन्धित सवाल को हिन्दी में करता है तो इंद्राणी इंग्लिश वाले जवाब को हिन्दी में दोहरा देती है। वह कहती है, "अभी मैं केस के बारे में कोई बात नहीं कर सकती हूँ। आपने कुछ भी पूछना है इनसे (अपनी लॉयर की तरफ़ इशारा करते हुए) पूछिए।"

"अपने जीवन में आने वाले परिवर्तन के बारे में बताएँ। साढ़े छह साल आप जेल में थीं, पहले कैसे रहती थीं और अब कैसे रहती हैं?"

"कोई बदलाव है आप में?" महिला पत्रकार पूछती है।

"अपने आप में कैसा महसूस करती हैं," दूसरी महिला पत्रकार पूछती है।

"मेरे ख़याल से मैंने जीवन को एक नई नज़र से देखा है। जीवन के अलग-अलग क्षेत्रों से आए लोगों से मिली। ये एक यात्रा थी। मैंने धैर्य से सीखा। आपको धैर्यवान होना पड़ता है। धीरज रखना सीखना पड़ता है," कुछ अस्पष्ट वाक्यों के बाद इंद्राणी कहती है, "मैंने सबको माफ़ कर दिया, जिन्होंने मुझे चोट पहुँचाई। जीवन में बहुत से लोग आते हैं। जीवन में आप बहुत कुछ सीखते हैं, हर किसी से कुछ-न-कुछ सीखने को मिलता है।"

"आपका पूरा परिवार बिखर गया," एक पत्रकार सवाल करता है। इसके साथ ही कई और पत्रकार सवाल करते हैं। इंद्राणी कुछ गम्भीर होकर उनके सवालों का जवाब देती है। पत्रकारों की आवाज़ लगातार आती रहती है और इंद्राणी की आवाज़ उन आवाज़ों के शोर में दब जाती है।

थोड़ा रुककर इंद्राणी फिर बोलना शुरू करती है, "मुझे एहसास हुआ है कि...वो सब पास्ट है। वो टाइम बीत गया है। मैं बहुत लोगों से मिली। अलग-अलग जगह से आए हैं जो लोग...उसमें...हर इंसान में मैंने एक चीज़ देखी, बुराई है तो अच्छाई उससे ज़्यादा है। भले ही वो क्रिमिनल्स हों, पुलिस अफ़सर हों। हम सबमें अच्छाई ज़्यादा होती है। हम सबमें अच्छाई होती है। वो मैंने जीवन से सीखा।"

दाईं ओर खड़ी महिला पत्रकार सवाल करती है और इंद्राणी उसकी ओर घूम जाती है। महिला पत्रकार सवाल करती है, लेकिन उसके साथी पत्रकार भी अलग-अलग सवाल करने लगते हैं। अपने पुराने सवालों को दोहराते हैं। इंद्राणी उनकी ओर देखकर मुस्कुराती है। मुस्कुराते हुए ही वह अपने बाएँ हाथ से कंधे पर गिर आए काले, सिल्की बालों को सँवारने लगती है। इसी बीच वह महिला पत्रकार की ओर देखती है और उसे जवाब देती है, "मैं अभी मामले के बारे में बात नहीं कर सकती। मामला विचाराधीन है। मुझे लगता है कि मैंने अब एक अलग तरह से जीवन जिया है। मैं अपने जीवन में सभी क्षेत्रों के लोगों से मिली हूँ। यह एक यात्रा रही है। मैंने सीखा है कि धैर्य रखें।"

"इस मौक़े पर आप किसी ख़ास व्यक्ति को याद करना चाहेंगी?" सामने खड़ी महिला पत्रकार पूछती है।

"मैं हर किसी को याद करूँगी," इंद्राणी जवाब देती है। अपने दोनों हाथों को लहराते हुए कहती है, "मैं हर किसी को याद करूँगी, लेकिन..."

"मैम आपका पूरा परिवार बिखर गया?" पत्रकार उससे सवाल करता है।

इंद्राणी पत्रकार की ओर नहीं देखती। पत्रकार अपने सवाल को दोहराता

है। इस बार इंद्राणी उसकी ओर देखती है और पूछती है, "हाँ, क्या कह रहे थे आप?"

"मैम, ऐसा वक़्त आया कि आपके जीवन में दूसरी बार आपका पूरा परिवार बिछड़ गया?"

एक लम्हे की ख़ामोशी के बाद इंद्राणी हँसती है और कहती है, "वही जाता है सबका," खिलखिलाकर हँसती है, "वही जाता है सबका। हो ही जाता है। सबसे बड़ी बात तो वही होती है। लेकिन..."

"आप इस सबके लिए किसी को ज़िम्मेदार ठहराएँगी?" महिला पत्रकार पूछती है।

इंद्राणी होंठों को सिकोड़ती है। कुछ निगलने के अन्दाज़ में गम्भीरता से बोलती है, "सीरियसली कहूँ तो मैंने सबको माफ़ कर दिया, जिन्होंने मुझे चोट पहुँचाई।"

एक महिला पत्रकार शीना के जीवित होने के बारे में फिर से सवाल करती है तो इंद्राणी कहती है कि वह केस के बारे में अभी कोई बात नहीं करेगी। आप केस से जुड़े लोगों के बारे में बात न करें।

"केवल अपने फ़्यूचर प्लान के बारे में बताएँ? केवल फ़्यूचर प्लान के बारे में...?" महिला पत्रकार पूछती है।

"अभी कोई प्लान नहीं है।"

"आपकी किताब का क्या?"

वह गाड़ी में झुकती है और कुछ निकालती हुई दिखाई देती है पर ख़ाली हाथ ही गाड़ी से सिर निकालकर खड़ी हो जाती है। वह कहती है, "अभी टाइम है। फ़िलहाल देखिए...जैसे टाइम नज़दीक आए। पाँच-छह महीने में हो जाए," यह कहते हुए वह आँखों को सिकोड़कर गालों में गड्ढे डालने के अन्दाज़ में मुस्कुराती है।

एक साथ सभी पत्रकार शोर करने लगते हैं। इंद्राणी अपनी गाड़ी की ओर झुकती है।

एक महिला पत्रकार उससे पूछती है, "इंद्राणी आख़िरी एक आख़िरी सवाल," इंद्राणी उसे सवाल पूछने की सहमति देते हुए गर्दन हिलाती है, "इस मौक़े पर आप पीटर के बारे में क्या कहेंगी?"

इंद्राणी कुछ सोचते हुए और बीता हुआ कुछ याद करने के अन्दाज़ में कहती है, "वह (पीटर) मेरी पसन्द था। मेरी चॉइस था। ये चॉइस मैंने की थी।"

इंद्राणी के पीटर पर दिये जवाब पर ही महिला पत्रकार फिर सवाल करती

है, “क्या आपको लगता है कि आप जेल में नहीं होतीं तो ये नहीं हुआ होता?”

जवाब में इंद्राणी कहती है, “मुझे पता नहीं। मेरा मतलब है कि अलग परिस्थितियों में क्या हो सकता था, मुझे नहीं पता।”

अगले एक मिनट में कुछ और आधे-अधूरे सवाल और आधे अस्पष्ट जवाब।

पत्रकार कई और सवाल करना चाहते हैं, पर इंद्राणी उन्हें अनसुना करते हुए बिल्डिंग के अन्दर चली जाती है। और अपने पीछे उन अनगिनत सवालों को छोड़ जाती है जिनके जवाब शायद ही कभी दिये जाएँ। क्या वाक़ई इंद्राणी ने ही शीना का क़त्ल किया है? शीना के क़त्ल के पीछे की असल वजह क्या थी? क्या इंद्राणी को शीना के क़त्ल पर अफ़सोस था? कभी इतनी शोहरत और दौलत के बीच रहने वाली इंद्राणी को जब जेल हुई तो उसे कैसा लगा? पीटर से शादी करना और फिर उसे यूँ इतनी आसानी से छोड़ देना, क्या वाक़ई इतना आसान था, जितना इंद्राणी ने दुनिया के सामने ज़ाहिर किया था? पीटर के नाम ने ही उसे एक नई पहचान दी थी, क्या उसे उस पहचान से अलग होने का कोई दुःख नहीं था? एक ज़िन्दगी में दो बार उसका परिवार बिखरा, पत्रकार ने यह सवाल किया था। इंद्राणी ने इस सवाल को बहुत सहज और ठिठोली वाली हँसी में उड़ा दिया। क्या वाक़ई यह सवाल इतना आसान था कि इसे ठिठोली और हँसी में उड़ा दिया जाए? फिर मिखाइल का क्या? पारिवारिक भारतीय संस्कृति में तो बेटे को घर का वंश कहा गया है। ख़ानदान का चिराग़। परिवार में वह देवताओं की तरह पूजता है। इंद्राणी ने उस 'देवता', वंश को बढ़ाने और घर के चिराग़ के साथ क्या किया? उसे मारने की कोशिश की और नाकाम होने पर पागलख़ाने में भर्ती करा दिया। मीडिया रिपोर्ट्स की मानें तो गिरफ़्तार होने के बाद इंद्राणी ने ख़ुद पीटर को बताया था कि शीना का क़त्ल उसने नहीं बल्कि मिखाइल ने किया है, उसने सिर्फ़ शीना की लाश छुपाने में मदद की थी।[218] यानी हत्या का दोषारोपण पूरी तरह से अपने बेटे मिखाइल पर ट्रान्सफ़र करने की कोशिश भी की। इसका मतलब तो ये भी निकलता है कि वह ख़ुद के फ़ायदे के लिए किसी की भी बलि चढ़ा सकती थी। एक माँ क्या इतनी स्वार्थी, कट्टर और निर्लज्ज हो सकती है? वह भी भारतीय समाज में, जहाँ परिवार ही समृद्धि का प्रतीक हो?

इंद्राणी पर केस में लगाए गए आरोपों को देखकर लगता है कि यह सब मुमकिन है। पर क्या वाक़ई! यक़ीन नहीं होता।

✪✪✪

सन्दर्भ सूची

1. FIR
2. E-mail was part of Annexure to chargesheet
3. Indrani sent emails from Sheena's a/c to make others believe she was alive: CBI | India News,The Indian Express
4. https://www.patrika.com/news/lucknow/swacchata-app-give-7th-rank-to-lucknow-cleanliness-rating-1393792/
5. https://www.indiatvnews.com/news/india/siddhartha-das-indrani-mukerjea-love-story-54212.html
6. Siddhartha Das statement to police
7. https://www.telegraphindia.com/india/indrani-s-sid-tells-his-story/cid/1481056
8. https://www.indiatvnews.com/news/india/siddhartha-das-indrani-mukerjea-love-story-54212.html
9. https://www.telegraphindia.com/india/indrani-s-sid-tells-his-story/cid/1481056
10. https://www.theweek.in/theweek/cover/sheena-bora-murder-case-siddhartha-das-speaks.html
11. Indrani affidavit
12. https://www.aajtak.in/india-today-hindi/cover-story/story/-indrani-mukerjea-the-story-of-wealth-friendship-and-ruse-311921-2015-09-07
13. https://www.firstpost.com/india/fall-of-sanjeev-khanna-from-rich-kolkata-biz-man-to-suspect-in-sheena-bora-murder-2411646.html
14. https://www.aajtak.in/india-today-hindi/cover-story/story/-indrani-mukerjea-the-story-of-wealth-friendship-and-ruse-311921-2015-09-07
15. https://timesofindia.indiatimes.com/city/mumbai/she-always-carried-pic-of-a-little-girl-boy-khanna/articleshow/48688177.cms
16. https://www.aajtak.in/india-today-hindi/cover-story/story/-indrani-mukerjea-the-story-of-wealth-friendship-and-ruse-311921-2015-09-07

17. https://timesofindia.indiatimes.com/city/mumbai/she-always-carried-pic-of-a-little-girl-boy-khanna/articleshow/48688177.cms
18. https://www.aajtak.in/india-today-hindi/cover-story/story/-indrani-mukerjea-the-story-of-wealth-friendship-and-ruse-311921-2015-09-07
19. Vidhi Mukerjea book ; The Devils Daughter; p. 12
20. https://www.hindustantimes.com/mumbai-news/sheena-bora-murder-case-indrani-mukerjea-would-not-let-ex-husband-sanjeev-khanna-meet-their-daughter-says-friend/story-Nm7BbxJw4elwuEFheWgDGP.html
21. https://www.telegraphindia.com/india/when-peter-met-indrani-and-told-me-to-lay-off/cid/1480892
22. Vidhi Mukerjea book 'Devils Daughter' p. 12-13
23. https://www.aajtak.in/india-today-hindi/cover-story/story/-indrani-mukerjea-the-story-of-wealth-friendship-and-ruse-311921-2015-09-07
24. https://www.bbc.com/hindi/india/2015/08/150827_peter_mukerjea_indrani_ra
25. https://www.indiantelevision.com/y2ktvx/pro.htm
26. https://www.indiatoday.in/magazine/cover-story/story/20060320-50-most-power-people-in-india-783469-2006-03-20
27. https://timesofindia.indiatimes.com/city/dehradun/Our-family-strongly-favoured-Rahul-Sheena-marriage-Shabnams-brother/articleshow/48701374.cms
28. https://www.hindustantimes.com/mumbai-news/peter-s-affairs-with-young-women-ended-our-marriage-says-ex-wife/story-SJH1MqlcJDG5LrNCB95nMJ.html#:~:text=Peter's%20affairs%20with%20young%20women%20ended%20our%20marriage%2C%20says%20ex%2Dwife,-Peter's%20lawyer%20claims&text=HT%20Correspondent%2C%20Mumbai-,Shabnam%20Singh%2C%20the%20first%20wife%20of%20former%20media%20mogul%20Peter,several%20affairs%20with%20young%2 women
29. Vidhi Mukerjea book; The Devils Daughter; p. 15
30. https://www.aajtak.in/india-today-hindi/cover-story/story/-indrani-mukerjea-the-story-of-wealth-friendship-and-ruse-311921-2015-09-07
31. https://ndtv.in/india-news/my-mother-is-so-pretty-a-young-sheena-bora-told-friends-1211761
32. https://www.hindustantimes.com/india/meritorious-and-humble-the-sheena-bora-i-knew/story-clFHuG6sPLQqvRRxxdsPmM.html
33. https://www.ndtv.com/blog/in-school-sheena-bora-known-for-her-

smile-1211575
34. https://www.indiatoday.in/mail-today/story/sheena-bora-case-mumbai-police-sends-bone-samples-collected-by-them-for-forensics-261123-2015-09-04
35. https://www.business-standard.com/article/pti-stories/sheena-knew-her-marriage-would-expose-indrani-s-lie-witness-116021801104_1.html
36. 2nd Supplementary Final Report U/S 173 (8) Cr PC by CBI
37. https://www.aajtak.in/india-today-hindi/cover-story/story/-indrani-mukerjea-the-story-of-wealth-friendship-and-ruse-311921-2015-09-07
38. https://youtu.be/E10oEAZJBpg Mikhail Bora Interview on Times Now
39. Indrani's classmate Pranami's statement to investigative agencies.
40. Vidhi Mukerjea book, The Devil's Daughter, p. 18
41. https://timesofindia.indiatimes.com/india/revealed-sheena-boras-emails-before-and-after-death/articleshow/49909859.cms
42. Vidhi Mukerjea book, The Devil's Daughter, p. 29
43. Vidhi Mukerjea book, The Devil's Daughter, p. 19
44. Rahul's statement to investigating agency
45. Vidhi Mukerjea book, The Devil's Daughter, p. 19
46. Rahul's statement to investigating agencies
47. Vidhi Mukerjea book, The Devil's Daughter, p. 26
48. Peter's audio interview to Times Now https://www.youtube.com/watch?v=0jBr8n_NjpM
49. Vidhi Mukerjea book, The Devil's Daughter, p. 27
50. Vidhi Mukerjea book, The Devil's Daughter, pp. 20-21
51. Rahul's statement to investigating agencies
52. Vivek Mittal's statement to CBI
53. Charge sheet
54. Rahul's statement to investigating agencies
55. https://navbharattimes.indiatimes.com/state/uttarakhand/dehradun/sheena-bowled-us-over-says-rahuls-uncle/articleshow/48706673.cms?minitv=true
56. Siddhartha das statement to police
57. Rahul statement to investigating agency
58. Rahul statement to investigating agency
59. Vidhi Mukerjea book ; The Devil's Daughter ; p. 28
60. CBI charge sheet
61. Rahul's statement to investigating agency
62. Vidhi Mukerjea book ; The Devil's Daughter ; pp. 29-30 only main

points
63. Mail is part of chargesheet
64. Mail is part of chargesheet
65. Mail is part of chargesheet
66. Mail is part of chargesheet
67. Mail is part of chargesheet
68. Mail is part of chargesheet
69. Mail is part of chargesheet
70. Mail is part of chargesheet
71. Part of chargesheet
72. Part of chargesheet
73. Mail is part of chargesheet
74. Rahul's statement to investigating agency
75. CBI Chargesheet
76. CBI Chargesheet
77. Yusuf Machiswala statement to investigating agnecy
78. Ajay Rawla statement
79. Shaymvar Rai's statement to Investigating agency
80. एक सॉफ़्टवेयर एप्लिकेशन है जो users को इंटरनेट पर वॉइस व वीडियो कॉल करने की अनुमति प्रदान करता है।
81. तमाम घटनाक्रम ड्राइवर श्यामवर राय के जबानी है। आरोपी श्यामवर राय बाद में approver यानी सरकारी गवाह बन गया। उसने अलग-अलग वक़्त पर जाँच एजेंसियों और मैजिस्ट्रेट के सामने जो इक़बालिया बयान दिये हैं उससे ये घटनाक्रम उबरकर आया। हालाँकि उसका इक़बालिया बयान एक 1st person account था मगर पाठकों तक कथा सरल भाषा में पहुँचाने के लिए इसे बिना किसी पूर्वग्रह और दुर्भावना के 3rd person account के रूप में तब्दील कर लिखा गया है। इसका अर्थ बिना अदालती फ़ैसले के किसी निष्कर्ष पर पहुँचना या पहुँचाना बिलकुल नहीं है।
82. Rahul's statement to police. पाठकों को समझने में सुविधा हो इसलिए इसे 1st person account से 3rd person account में बिना किसी पूर्वग्रह या दुर्भावना के तब्दील किया गया है।
83. Rahul's statement to police. पाठकों को समझने में सुविधा हो इसलिए इसे 1st person account से 3rd person account में बिना किसी पूर्वग्रह या दुर्भावना के तब्दील किया गया है।
84. CBI chargesheet
85. Part of chargesheet
86. Rahul's statement to police. पाठकों को समझने में सुविधा हो इसलिए इसे

1st person account से 3rd person account में बिना किसी पूर्वग्रह या दुर्भावना के तब्दील किया गया है।

87. Part of chargesheet
88. CBI chargesheet
89. Kajal sharma's statement to police. पाठकों को समझने में सुविधा हो इसलिए इसे 1st person account से 3rd person account में बिना किसी पूर्वग्रह या दुर्भावना के तब्दील किया गया है।
90. Rahul's statement to police. पाठकों को समझने में सुविधा हो इसलिए इसे 1st person account से 3rd person account में बिना किसी पूर्वग्रह या दुर्भावना के तब्दील किया गया है।
91. CBI chargesheet
92. Part of chargesheet
93. Statement is part of chargesheet
94. https://zeenews.india.com/news/india/indrani-mukerjeas-lie-nailed-sheena-boras-passport-found-in-dehradun_1664267.html
95. https://mumbaimirror.indiatimes.com/mumbai/crime/indrani-took-rahul-peter-for-a-ride-over-sheenas-passport/articleshowprint/48751504.cms?prtpage=1
96. https://www.rediff.com/news/special/sheena-bora-trial-how-will-the-indrani-saga-end/20180911.htm
97. CBI chargesheet
98. Statement of IPS Deven Bharati to CBI
99. CBI chargesheet
100. Vidhi statemenmt is part of chargesheet
101. Vibhuti's statement to investigating agency
102. https://www.indiatoday.in/india/story/sheena-bora-murder-case-indrani-peter-mukerjea-313386-2016-03-15
103. Part of chargesheet
104. CBI chargesheet
105. Rahul's statement to police
106. Part of chargesheet
107. All E-mails communication between Peter & Rahul mentioned in this chapter are part of chargesheet
108. https://www.deccanchronicle.com/nation/crime/260816/audio-clips-reveal-indrani-peter-misled-rahul-after-sheena-boras-disappearance.html
109. https://www.youtube.com/watch?v=L4slXi4SHEU
110. Shyamvar Rai statement to investigating agency
111. Remand application

112. Chargesheet
113. Vidhi Mukerjea Book ; The Devils Daughter; pp. 5-10
114. Remand Application
115. Rakesh Maria book; Let Me Say It Now; p. 567
116. Rakesh Maria book; Let Me Say It Now; p. 567
117. Ganesh Dhene statement to investigating agency
118. Part of chargesheet
119. https://zeenews.india.com/news/india/who-tore-pen-polices-fir-in-sheena-bora-murder-case_1666687.html
120. https://indianexpress.com/article/india/sheena-bora-murder-case-postmortem-of-2012-skeleton-did-not-ascertain-cause-of-death-says-witness-5801813/
121. Chargesheet
122. Part of chargesheet
123. DNA report
124. AIMMS medical board report
125. https://zeenews.india.com/hindi/india/sheena-bora-murder-dna-report-confirms-body-found-in-raigad-is-of-sheena/269330
126. Indrani's affedevit in court of magistrate : Kamrup:Guwahati in early 1990s
127. 2nd Supplementary Final Report U/S 173 (8) Cr PC by CBI
128. https://youtu.be/E10oEAZJBpg Mikhail Bora Interview on Times Now
129. 2nd Supplementary Final Report U/S 173 (8) Cr PC by CBI
130. 2nd Supplementary Final Report U/S 173 (8) Cr PC by CBI
131. 2nd Supplementary Final Report U/S 173 (8) Cr PC by CBI
132. Mikhail statement to investigating agency
133. Yusuf Machiswala statement to investigating agency
134. https://indianexpress.com/article/india/indrani-forged-my-class-xii-certificate-mekhail-bora-5301380/
135. Mikhail's statement to investigative agency
136. Mikhail deposition in court reported at https://www.rediff.com/news/special/sheena-bora-trial-like-indrani-mekhail-is-a-fighter/20180725.htm
137. https://youtu.be/E10oEAZJBpg Mikhail Bora Interview on Times Now
138. https://www.indiatoday.in/crime/story/sheena-bora-murder-case-mikhail-bora-testifies-against-indrani-says-she-blackmailed-him-1295270-2018-07-25
139. Chargesheet
140. Mikhail's statement to investigative agency

141. Mikhail deposition in court reported at https://www.rediff.com/news/special/sheena-bora-trial-like-indrani-mekhail-is-a-fighter/20180725.htm
142. 2nd Supplementary Final Report U/S 173 (8) Cr PC by CBI
143. Statement of Dr Machiswala to CBI
144. Chargesheet
145. Mikhail statement
146. 2nd Supplementary Final Report U/S 173 (8) Cr PC by CBI
147. Mikhail's statement to investigative agency
148. https://zeenews.india.com/news/india/i-know-why-indrani-%E2 %80%8Bmukerjea-murdered-my-sister-sheena-mikhail-bora_1653061.html
149. https://zeenews.india.com/mumbai/indrani-mukerjea-told-me-she-will-kill-sheena-mikhail-driver-shyamvar-rai-confesses-before-court-2028160.html
150. All E-mail communication between Mikhail & Indrani are part of chargesheet
151. Part of chargesheet
152. Mikhail statement to investigating agency
153. https://zeenews.india.com/news/india/death-penalty-for-indrani-mukerjea-wishes-her-son-mikhail-bora_1856668.html
154. https://hindi.news18.com/news/nation/mumbai-police-chief-rakesh-maria-axed-first-high-profile-casualty-of-sheena-bora-case-406887.html
155. Rakesh Maria book, Let Me Say It Now, pp. 568-69
156. Rakesh Maria book, Let Me Say It Now, pp. 568-69
157. https://zeenews.india.com/news/india/rakesh-maria-replaced-as-mumbai-police-chief-govt-denies-link-to-sheena-bora-murder-probe_1668737.html
158. https://www.india.com/news/india/rakesh-maria-removed-as-mumbai-police-commissioner-539651/
159. https://economictimes.indiatimes.com/news/politics-and-nation/rakesh-maria-was-promoted-to-avoid-controversy-devendra-fadnavis/articleshow/55189435.cms?from=mdr
160. https://www.freepressjournal.in/cmcm/rakesh-maria-was-promoted-not-sacked-devendra-fadnavis
161. https://timesofindia.indiatimes.com/city/mumbai/cops-misled-me-on-peter-mukerjeas-role-in-sheena-murder-fadnavis/articleshow/55136055.cms
162. https://indianexpress.com/article/opinion/columns/the-whim-of-mr-fadnavis/

163. Rakesh Maria book, 'Let Me Say It Now' pg 570
164. https://www.aajtak.in/india/story/sheena-bora-murder-case-mumbai-former-commissioner-rakesh-maria-claims-officials-counterattack-1027649-2020-02-18
165. https://ndtv.in/india-news/sheena-bora-murder-case-ahmed-javeds-counterattack-against-former-mumbai-police-commissioner-rakesh-2182649
166. Rakesh Maria book, 'Let Me Say It Now' 597-603
167. Peter's telephonic interview with TIMES NOW https://www.youtube.com/watch?v=0jBr8n_NjpM
168. Zee News debate show on peter https://www.youtube.com/watch?v=ppmaPAFE148
169. Devils Daughter book by Vidhi mukerjea, p. 70
170. सलाखों के पीछे, book by Sunetra Chaudhary pp. 137-38
171. https://www.thehindu.com/news/cities/mumbai/Mukerjea-family-speaks-out-against-charges-on-Peter/article60230760.ece
172. Devils Daughter book by Vidhi Mukerjea, pp. 73-74
173. Rakesh Maria book 'Let Me Say It Now', pp. 588-89
174. Part of chargesheet
175. https://zeenews.india.com/maharashtra/sheena-bora-case-rahul-defends-murder-accused-dad-peter-mukerjea-blames-indrani-behind-killing_1971424.html
176. https://zeenews.india.com/india/peter-mukerjea-gets-bail-in-sheena-bora-murder-case-after-four-years-2261950.html
177. https://www.ndtv.com/india-news/sheena-bora-murder-case-peter mukerjea-gets-bail-from-mumbai-high-court-2176103
178. सलाखों के पीछे, book by Sunetra Chaudhary, p. 140
179. Vidhi Mukerjea book; The Devils Daughter: p. 62
180. https://www.naidunia.com/maharashtra-indrani-mukerjea-instigated-inmates-during-riot-byculla-jail-officials-allegedly-told-crime-branch-1228529
181. https://indianexpress.com/article/india/maharashtra-govt-to-probe-allegations-of-sexual-abuse-in-jails-byculla-indrani-mukerjea-4771343/
182. https://zeenews.india.com/hindi/india/indrani-mukerjea-booked-for-rioting-inside-byculla-jail/331104
183. Vidhi Mukerjea book; The Devils Daughter: p. 171
184. भुजबल कालान्तर में बाहर आए और फिर राज्य सरकार में मंत्री भी बने। पीटर को भी आगे जाकर ज़मानत मिली
185. https://zeenews.india.com/news/maharashtra/chhagan-bhujbal-

lodged-in-barrack-he-once-constructed-as-minister-depends-on-peter-mukerjea-for-home-made-food_1872669.html

186. Vidhi Mukerjea book; The Devils Daughter: p. 153
187. Sunetra Chaudhary book, सलाखों के पीछे, p. 139
188. https://indianexpress.com/article/india/indrani-peter-mukerjea-unusual-divorce-5389970/
189. https://www.hindustantimes.com/mumbai-news/indrani-peter-mukerjea-agree-on-divorce-terms-petition-in-mumbai-court-on-tuesday/story-bV0yR5jal76PC6wJiVMceJ.html
190. https://www.freepressjournal.in/cmcm/sheena-bora-case-after-divorce-call-indrani-mukerjea-wears-sindoor-in-court
191. https://indianexpress.com/article/india/indrani-peter-mukerjea-unusual-divorce-5389970/
192. Part of chargesheet
193. Part of chargesheet
194. E-mail communication between Indrani & Peter are part of chargehseet
195. https://hindi.news18.com/news/nation/indrani-mukerjea-murdered-sheena-bora-408140.html
196. https://www.thehindu.com/news/cities/mumbai/Peter-Indrani-swindled-Rs.-900-crore-CBI/article60229600.ece
197. https://ndtv.in/india-news/cbi-sought-help-from-interpol-in-sheena-murder-case-1248076
198. https://mumbaimirror.indiatimes.com/mumbai/cover-story/sheena-bora-murder-case-charge-sheets-silent-on-peter-and-indranis-financial-deals/articleshow/55005144.cms
199. https://www.business-standard.com/article/current-affairs/investigation-in-sheena-bora-murder-case-closed-cbi-intimates-court-121081900424_1.html
200. https://indianexpress.com/article/india/india-news-india/sheena-bora-murder-indrani-mukerjea-schemer-and-manipulator-says-secret-witness-4401999/
201. https://mumbaimirror.indiatimes.com/mumbai/crime/peter-called-indrani-his-retirement-plan/articleshow/55696892.cms
202. https://www.firstpost.com/india/sheena-bora-murder-indrani-mukerjea-a-schemer-and-manipulator-by-nature-says-witness-in-the-case-3130878.html
203. https://economictimes.indiatimes.com/news/politics-and-nation/how-indrani-and-husband-peter-mukerjea-lost-the-plot-at-inx-media/articleshow/48716739.cms?from=mdr
204. https://economictimes.indiatimes.com/news/politics-and-nation/

how-indrani-and-husband-peter-mukerjea-lost-the-plot-at-inx-media/articleshow/48716739.cms?from=mdr

205. https://www.thehindu.com/business/companies/NewsX-to-re-launch-under-new-brand-name/article16614640.ece
206. https://www.firstpost.com/india/sheena-bora-murder-indrani-mukerjea-a-schemer-and-manipulator-by-nature-says-witness-in-the-case-3130878.html
207. CBI FIR No. RC2202017-E0011 https://indiankanoon.org/doc/42679608/
208. https://www.hindustantimes.com/india-news/how-indrani-came-forward-to-testify-against-chidambarams/story-8RjImT17L4kJsdzoEY2t2N.html
209. https://indiankanoon.org/doc/53448470/?type=print Tushar Mehta, Solicitor General of India in Supreme Court, on behalf of CBI
210. https://www.indiatoday.in/india/story/inx-media-case-what-indrani-mukerjea-told-ed-about-p-chidambaram-karti-chidambaram-business-overseas-payments-1590486-2019-08-22
211. https://www.abplive.com/news/india/inx-media-case-indrani-mukerjea-says-good-news-of-p-chidambaram-arrest-1191895
212. https://www.indiatoday.in/amp/pti-feed/story/court-declines-interim-bail-to-indrani-for-guwahati-visit-668056-2016-12-22
213. https://zeenews.india.com/hindi/india/indrani-mukerjea-came-out-of-jail-for-a-day-attend-post-death-rituals-of-her-father/313905
214. https://economictimes.indiatimes.com/news/politics-and-nation/indrani-mukerjea-says-she-wants-to-donate-organs-75-per-cent-of-property/articleshow/56124639.cms?from=mdr
215. https://www.hindustantimes.com/india-news/indrani-mukerjea-gets-bail-from-supreme-court-her-10th-request-a-timeline-101652866002413.html
216. https://indiankanoon.org/doc/102475385/
217. https://www.youtube.com/watch?v=M1lfudDtQ64
218. https://mumbaimirror.indiatimes.com/mumbai/cover-story/mikhail-killed-sheena-i-was-only-shielding-him-indrani-told-peter-in-jail/articleshow/51284707.cms